山东师范大学中国语言文学山东省高水平学科·优势特色学科建设经费资助

读懂古希腊神话

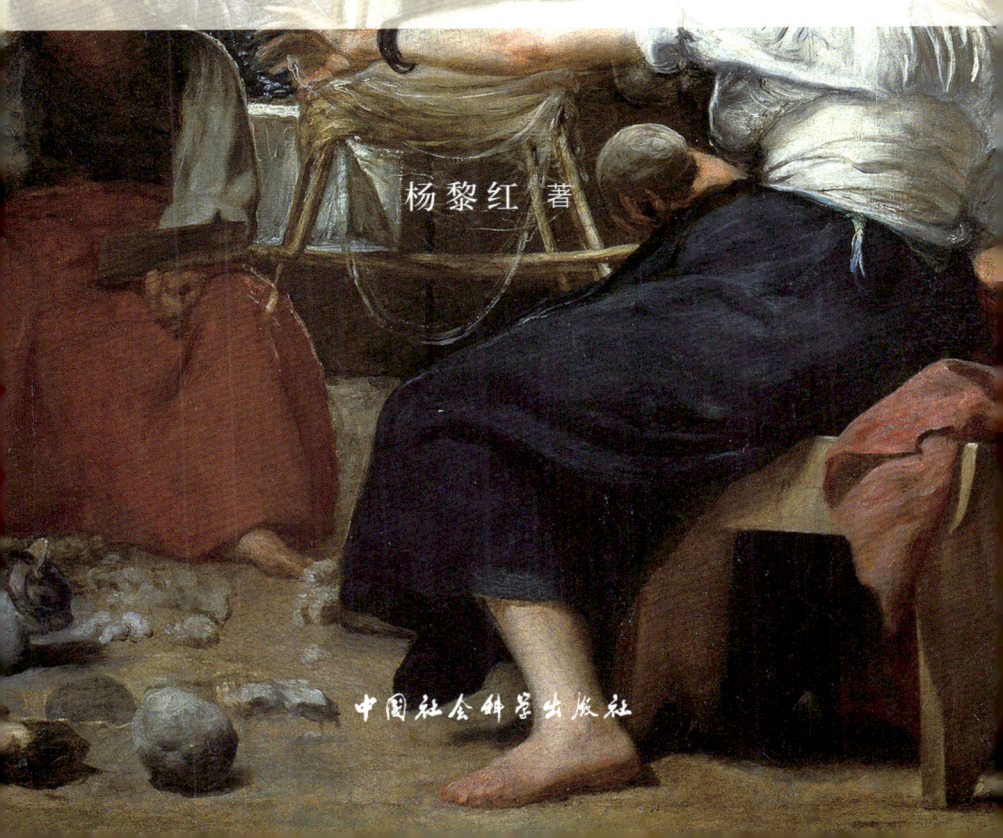

杨黎红 著

中国社会科学出版社

图书在版编目(CIP)数据

读懂古希腊神话/杨黎红著. —北京：中国社会科学出版社，2023.11
（2025.1 重印）

ISBN 978-7-5227-2116-3

Ⅰ.①读… Ⅱ.①杨… Ⅲ.①神话—研究—古希腊 Ⅳ.①B932.545

中国国家版本馆 CIP 数据核字（2023）第 112746 号

出 版 人	赵剑英
责任编辑	王小溪
责任校对	师敏革
责任印制	戴 宽

出　　版	中国社会科学出版社
社　　址	北京鼓楼西大街甲 158 号
邮　　编	100720
网　　址	http://www.csspw.cn
发 行 部	010-84083685
门 市 部	010-84029450
经　　销	新华书店及其他书店

印刷装订	北京君升印刷有限公司
版　　次	2023 年 11 月第 1 版
印　　次	2025 年 1 月第 2 次印刷

开　　本	880×1230　1/32
印　　张	15.25
字　　数	425 千字
定　　价	69.00 元

凡购买中国社会科学出版社图书，如有质量问题请与本社营销中心联系调换
电话：010-84083683
版权所有　侵权必究

阿佛洛狄忒的诞生

波提切利

Sandro Botticelli

(意大利画家，1445—1510)

雅典娜击败阿瑞斯

雅克-路易·大卫

Jacques-Louis David

(法国画家，1748—1825)

朱庇特与塞墨勒

古斯塔夫·莫罗

Gustave Moreau

（法国画家，1826—1898）

酒神与阿里阿德涅
提香·韦切利奥
Tiziano Vecellio
(意大利画家,1490—1576)

丘比特和普绪刻
弗朗索瓦·热拉尔
Francois Gerard
(法国画家,1770—1837)

山林女神与那喀索斯

约翰·威廉·沃特豪斯

John William Waterhouse

(英国画家,1849—1917)

俄耳甫斯和欧律狄刻告别冥王冥后

彼得·保罗·鲁本斯

Peter Paul Rubens

(佛兰德斯画家,1577—1640)

阿克泰翁之死
提香·韦切利奥
Tiziano Vecellio
（意大利画家，1490—1576）

纺织女或阿拉克涅的寓言
迪埃戈·德·西尔瓦·委拉斯凯兹
Diego De Silva Velazquez
(西班牙画家,1599—1660)

劫掠欧罗巴
弗朗索瓦·布歇
Francois Boucher
(法国画家,1703—1770)

制作特洛伊木马

乔万尼·多米尼克·提埃波罗

Giovanni Domenico Tiepolo

（意大利画家，1727—1804）

佩涅罗佩和求婚者

约翰·威廉·沃特豪斯

John William Waterhouse

（英国画家，1849—1917）

目　　录

代序言　野性思维弘愈朴　远年神话久弥新
　　——《读懂古希腊神话》印象 …………………（1）
前　言 …………………………………………………（1）

神的谱系与人类诞生

三代天帝权力更迭 ……………………………………（3）
神王宙斯和他的七次婚姻 ……………………………（12）
善妒的天后赫拉 ………………………………………（20）
冥王哈得斯和神秘的冥界 ……………………………（26）
冥王抢亲和四季产生 …………………………………（32）
海王波塞冬和他的婚姻 ………………………………（38）
农神得墨特尔和慈母情 ………………………………（43）
善良的灶神赫斯提亚 …………………………………（48）
爱与美之女神阿佛洛狄忒 ……………………………（50）
日月双神的诞生 ………………………………………（57）
光彩夺目的太阳神阿波罗 ……………………………（60）
英姿勃勃的月亮女神阿耳忒弥斯 ……………………（66）
全能的智慧女神雅典娜 ………………………………（71）
暴戾的战神阿瑞斯 ……………………………………（77）

巧手的火神赫淮斯托斯 …………………………………（81）
众神围观火神捉奸 ………………………………………（85）
机灵的神使赫耳墨斯 ……………………………………（88）
美女焚身与酒神诞生 ……………………………………（94）
逆袭的酒神狄俄尼索斯 …………………………………（98）
小爱神厄洛斯和他的婚姻 ………………………………（108）
爱妻如命的乐神俄耳甫斯 ………………………………（119）
起死回生的医神阿斯克勒庇俄斯 ………………………（126）
欢快顽皮的山林之神潘 …………………………………（132）
普罗米修斯造人和盗取天火 ……………………………（138）
潘多拉和她的盒子 ………………………………………（150）
丢卡利翁和皮拉再造人类 ………………………………（154）

神的奖惩故事

阿特拉斯支撑苍穹 ………………………………………（159）
法厄同的坠落 ……………………………………………（162）
伊克西翁之轮 ……………………………………………（167）
坦塔罗斯的痛苦 …………………………………………（170）
西绪福斯的苦役 …………………………………………（173）
吕卡翁变狼 ………………………………………………（177）
达那伊得斯姊妹之桶 ……………………………………（179）
阿斯卡拉福斯变猫头鹰 …………………………………（182）
王后恋上牛 ………………………………………………（185）
斯泰利奥变壁虎 …………………………………………（187）
厄里西克同吞食自身 ……………………………………（189）
吕西亚农民变青蛙 ………………………………………（191）
皮格马利翁喜得爱妻 ……………………………………（193）
曙光女神和蝉 ……………………………………………（198）

那喀索斯的自恋 ………………………………………… (200)
玛耳绪阿斯被剥皮 ……………………………………… (205)
尼俄柏痛丧子女 ………………………………………… (210)
阿克泰翁变鹿 …………………………………………… (214)
阿拉克涅变蜘蛛 ………………………………………… (217)
弥达斯与点金术 ………………………………………… (220)
彭透斯被肢解 …………………………………………… (223)
庇厄里亚姑娘变喜鹊 …………………………………… (226)

恋爱故事

神王变云雾占有伊娥 …………………………………… (233)
欧洲因她而得名 ………………………………………… (238)
大熊星座的由来 ………………………………………… (243)
变成美女蛇的拉弥亚 …………………………………… (247)
美少年伽尼墨得斯 ……………………………………… (251)
丽达和天鹅 ……………………………………………… (259)
蛇发女妖美杜莎 ………………………………………… (268)
阿多尼斯和红玫瑰 ……………………………………… (272)
达芙涅与"桂冠"的由来 ……………………………… (279)
向日葵花的爱恋 ………………………………………… (285)
女预言家卡珊德拉 ……………………………………… (288)
一心求死的西比尔 ……………………………………… (292)
太阳神与美少年之恋 …………………………………… (295)
玛耳佩萨的选择 ………………………………………… (299)
满月女神与长眠的恩底弥翁 …………………………… (301)
月亮女神与俄里翁 ……………………………………… (304)
独眼巨人的单恋 ………………………………………… (307)
三角恋爱的悲剧 ………………………………………… (310)

苦命姐妹的遭遇 …………………………………（313）
夫妻相疑的悲剧 …………………………………（316）
淮德拉爱上继子 …………………………………（319）

英雄传说

佩耳修斯的故事 …………………………………（325）
大力神赫拉克勒斯 ………………………………（336）
卡德摩斯创建忒拜 ………………………………（359）
俄狄浦斯弑父娶母 ………………………………（365）
安提戈涅的反抗 …………………………………（373）
柏勒洛丰跌宕起伏的一生 ………………………（380）
伊阿宋和金羊毛 …………………………………（384）
代达罗斯和伊卡洛斯 ……………………………（398）
女英雄阿塔兰塔 …………………………………（401）
雅典英雄忒修斯 …………………………………（405）
婚礼上的金苹果 …………………………………（416）
绝世美女海伦 ……………………………………（421）
群雄应召希腊联军 ………………………………（425）
伊菲革涅亚的献祭 ………………………………（428）
阿喀琉斯的愤怒 …………………………………（431）
阿喀琉斯的脚踝 …………………………………（436）
帕里斯之死与木马屠城 …………………………（440）
奥德修斯的归家之路 ……………………………（445）
阿伽门农之死与俄瑞斯忒斯为父报仇 …………（455）
参考文献 …………………………………………（461）
附录　早期神话作家作品简介 …………………（468）
后记 ………………………………………………（471）

野性思维弘愈朴　远年神话久弥新
——《读懂古希腊神话》印象
（代序言）

很大程度上，文学乃想象的产物，在其滥觞期尤其如此，神话是典例。道理何在？因为人类精神结构的进化，较为原始的成分更多属于生命本能，以感觉为主，而与外界无时无刻的接触联系（感觉）刺激情感及想象使之较易优先发达；相对而言，以分析推理见长的理性则稍迟滞、略显逊色。想象大抵为自然物所激发，天马行空，尽管不乏逻辑轨迹，但基本呈无序状态。兹或可借列维·斯特劳斯的术语"原始思维"（或称野性思维）来表达，其特征是形象性和神秘性。一般说来，神话就是上古时代人类开动脑筋创造的，乃人类思维较早阶段之产物。所以，其起源或发生应该非常古远，后人定义神话的年代普遍较晚，认为在氏族社会末到奴隶社会的过渡时期，其实这应该是它经过漫长的流传、整理（非指后世学者有意而为之）而定型乃至完善的时代。可以想见，神话这一文学形式，只能产生于上古原始时代，虽然每个时代都可能有神话或类似作品被创造出来，包括当代诸如《哈利·波特》等超自然的故事层出不穷且令读者如醉如痴，却是与古代那种来自民间的"集体创作"不可同日而语的。从接受的心理机制上说，读者宁可相信古代神话是真实的，无论多么荒诞，情感上并无距离；而后世之作，充其量只是娱人好奇而已，怎么都不会将其当真。马克思说："一个成人不能再变成儿童，否则就变得稚气了。"① 这实际上揭示了围绕神话的一些奥秘，人类动用思维的第一个成果之于人类的智力和文明发展，意义太过重大了。

世界各民族的古老神话多如莽原草籽、海滩之沙，无从计数，但共同点缀着人类文明的星空，为累代人的诗性生活注入滋养。洋洋大观的神话各系统，以地中海东北方巴尔干半岛古希腊生成者最为丰富、最成体系也最具魅力，它广泛、深刻地影响了西方文明（且辐射到全世界），是西方文明真正的源头之一。

古希腊神话乃希腊艺术的前提，也是西方文学之无尽的源泉，从孕育伟大的本土文明进而到整个西方文明。其丰富性及魅力是无与伦比的，就前者说，经过整理，形成庞大的故事系统，几乎涵盖自然、社会、人间一切可能被意识到的现象，通过幻想以"不自觉的艺术方式"提供了对宇宙万象的朴素解释；就后者讲，每则故事都浸透着强烈的人情味，加之与氏族崇奉的先祖记忆纠结附会演化成英雄传说，以致天上人间界限模糊而导致"神人同形同性"之特点，兹又决定了它丰厚的人文性，从而焕发出强大的感染力。它之所以能够流传几千年而不衰，甚至日益扩大范围而至全世界，奥秘即在此。希腊神话有多重要？举凡文明史的种种知识门类——哲学、神学、文学、史学、天文、地理、伦理、数理、逻辑、政治、经济，包括纯粹的自然科学各目，无不从其萌芽；举凡牵涉人皆躲不过的生存命题——爱恋、悲悯、嗔忿、妒忌、欺诈、野心、权力、苦难、宿命、希冀、绝望，包括善、恶、美、丑之心理体验，均可从中找到例案。仅从语言学的角度举例，日月星辰、花草虫鸟、水族山岚，有机体或是无机物，名谓取之彼者不计其数。九位文艺女神"缪斯"（Muse）之名让我们想起

---

① ［德］马克思：《〈政治经济学批判〉导言》，《马克思恩格斯选集》第二卷，人民出版社2012年版，第711页。

"博物馆"（museum）这个词，该不是九仙女的宫殿吧?！西人爱给女孩取"劳拉"（laura）作名，源于月桂树（laurel），可追溯至阿波罗（Apollo）因苦恋而穷追达芙涅（Daphne）以致后者变形为月桂的神话，太阳神用其枝条编成"桂冠"授予文豪，便是"桂冠诗人"（the poet lanreate）的由来；不必说，"达芙涅"还被商家打造成了一个家喻户晓的商业品牌。是类例子不胜枚举，包括许多基本词语，像回声（echo）、夜莺（philomel）、水仙花（narcissus）、点金术（golden touch）、地图册（atlas），甚至耐克运动用品（nike）等，不经意便发现它们具有希腊根源，神话之于西方文化的不解之缘由此可见一斑。唯其如此，它就不但是学人而且是大众俗成知识之必备。这或许是古希腊神话的介绍图书及研究它的学理文献层出不穷的原因吧。

伴随西学东渐，古希腊神话传入我国百多年来亦备受喜爱，娴引其典的汉语文献并非凤毛麟角，而当下由于教育水平的普遍提高，完全不知道希腊神话者已越来越少。在出版传播方面，针对不同读者层次，其占翻译引进图书有一定比重；还有一些是我国学者编写的，包括研究著作，呈现繁荣景象。这从侧面反映出广大读书界以及学界对希腊神话持续的热情和需求。

杨黎红博士的新著《读懂古希腊神话》是一部别具特色、全息介绍古希腊神话的优秀书稿，对于面上学习和深入研究均具指导意义与借鉴价值。作者长期在高校从事比较文学与世界文学的教学研究以及研究生培养工作，对欧洲古代文学用力最多；该文学性、文献性、学术性兼备的成果之诞生，可谓春潮涌处、水到渠成。

本书自成体系、亮点纷呈。首先，内容丰富完整、叙述详备。古希腊神话乃为一庞大系统，主干之外枝叶繁多。神话生自民间，在距今大约三千年由氏族社会末期向奴隶社会的漫长转变阶段已经广泛流传或可说非常成熟了，如果再向前追溯，一千年、两千年乃至更远都有可能。约公元前9世纪到公元前8世纪出现的《荷马史诗》歌咏公元前12世纪的民族记忆，战争、英雄、冒险、爱情……其宏大构思仍属野性思维，故保留了大量神话传说（就此而言堪称西方首部神话著作）。但真正有意识地进行整理还是荷马之后的赫西俄德（不晚于公元前7世纪初），他的《神谱》第一次把世代口传的散乱素材条理化。之后流传下来的神话专书极为罕见，或许因为那时的人民对之家喻户晓、耳熟能详，没有必要刻意记录。公元前3世纪希腊诗人阿波罗尼俄斯的《阿尔戈英雄纪》算是一部专颂英雄之书（神的故事和英雄传说是有区分的）；公元前2世纪的阿波罗多洛斯所著《书藏》涵盖神话与传说，乃为综合性的专书；然后就是公元前1世纪的古罗马作家奥维德的《变形记》了，它集千年流传之大成且以独特视角（转化与演变）叙事，古代地中海文化圈最初的智力成果或可说基本完成。此漫长过程中，神话给予希腊和罗马的先圣诗哲们——品达、伊索、柏拉图、希罗多德、维吉尔、阿普列尤斯及三大悲剧作家等——智慧与灵感，他们的著述便有丰富的神话被传录下来。所有这些构成一个纷杂的故事之海，为累代人所受用。可见，这既是难以搜罗穷尽却也能尽可能完善的文学工程，明乎此，就不难理解历代出现的各种各样的神话版本，宗旨有别亦各有千秋，如19世纪德国学者斯威布编写的《神祇和英雄》便是材料周全、流传广深的经典文本。就目前国内可见的同类著作，若从定位主讲神话即神的故事辅讲英雄传说之格局来说，本书可谓十分完整、系统、缜密，不但含尽体系内容，而且各部分错综复杂的关系交代井然有序，整体与局部、主干及旁支，构成一个完美的有机体。同时又一点不显臃肿反倒觉得简明，这是因为述说神之事迹或曰情节尽量不枝不蔓，每件神迹故事均给人一气呵成之感。当然过程包含其他神祇与神事，这种情况，就以页下注形式给出比较详细的解释，通过此，常见的甚至不常见的希腊神话学概念范畴，差不多尽悉覆盖了，这无疑大大扩充了信息量、拓展了知识空间。

其次，本书另一个重要创新，是讲叙神话主体之外设计了类似延展论坛的一些栏目，包括"早期文献""星空知识""词汇履历""周边链接""自由解读""延伸阅读""当代应用""艺术欣赏"诸项。这使读书过程及效果发生飞跃，理解得以深化，即把一般的欣赏了解引向探索研究；层面不同收获迥异，此乃由方法指向内涵的极好尝试。这些栏目的性质，或偏于知识性或偏于学术性或兼而有之，虽肩负的功能有别，但互补使读者最大限度地收到事半功倍之效。比方说，"星空知识"告知天文学上许多星辰之名的来龙去脉，或启发领悟：仰望星空并试图对之作出解释抑或古往今来人们的共同天性，希腊人用想象欲解开那围绕着的神秘与今人的外太空探秘，本质上也许是一回事。"词汇履历""周边链接"揭示之于西方语言及西人生产生活即风习的孕生关系，属于一个独立的知识系统，由之追本溯源，其形而上的意义便显示出来了。最彰显学术性的当数"自由解读"，根据每则故事的具体情节内容，极有针对性地提出几个问题并进行阐释解答；兹问题与解答是对作者知识结构、历史洞见、哲学境界、文学思维、文化观念以至生活常识的全方位考验，亦即综合认知水平与学术理论水平的真正考验，直接决定着书稿的内在价值。神话虽然是人类童年的产物，但即使在比喻的意义上，作为人类的早年期，古希腊人亦属于发育最正常的儿童，其聪慧与求知怀疑精神出奇的强大。他们所创造的神话，似无意识间成为意识到的自然、社会、人性的哲学对象物，稍有碰撞，辄闪火花。而作者所拟问题，往往振聋发聩；所备解答，旋可茅塞顿开。如关于创世观的谜底，乃：并非神创造了宇宙，而是宇宙孕育出诸神；神即自然本身且逐渐人格化；神的分工，意味着世界秩序观念的形成。一种完全区别于希伯来创世神学的意识形态，不是很有启发吗？再如，希腊人何以不太尊重战神？小爱神为何长不大？怎样理解俄耳甫斯的回望？乌鸦羽毛何以呈黑色？这类问题不但有趣还激发推理或想象，某种意义上仿佛开启思想的钥匙。"延伸阅读"更是个含金量大的栏目，颇多涉及跨学科问题以及引促后人灵感而再行创作的作品，特别是运用比较文学方法与我国神话作比较的对应研究。经过"延伸阅读"之诠释，极大地提升了学术性。顺及，"早期文献"也是个富有学术价值的栏目，表现于对神话出处及演变发展的文献梳理，涉及考订、辨正、比对等，乃神话学研究必不可少的基础与先期工作，向为学者所重。最后，"当代应用"栏目拉近了希腊神话与现代生活的距离，揭示其永葆青春的奥秘；而"艺术欣赏"则将历代造型艺术家取材希腊神话的杰作撷英例陈，图文并茂，平添艺术风采。

总之，《读懂古希腊神话》格外适合当代读者，它展现了互联网时代开阔的视野，信息广博、材料可靠、叙事流畅、文笔优美，知识性、学术性、可读性兼备，最值得青年学子和文学爱好者阅读学习以及专业学者研究参考。

杨黎红博士攻读硕士期间，我乃其业师，深知她对学术的痴迷；读书之多、学习之勤奋，给我留下极深印象。为学路上从不停歇，汗水不断浇出硕果，她迄今已出版专著3部，发表专业论文若干。该书稿让我确信，其学术思想已趋成熟。先哲言："苟日新，日日新，又日新。"感念兹精神于新时代学人身上的完美体现，心中无比惬意。

代以为序。

王化学
2021 年 3 月 21 日
于阳光舜城寓所

前　　言

　　神话是古代人对不能理解的事物的诗性解释,是他们认识世界和表达世界的方式。三千多年前,古希腊人充分运用了他们的诗性思维(即幻想),创造了一个亲切、活泼、天真的神话世界。这个世界包罗万象,并且谱系清晰。古罗马几乎全盘继承了古希腊的神,只是改成了罗马名字,然后经由欧洲推向了世界。在西方,对古希腊罗马神话了解的多寡曾一度被视为一个人受教育程度高低的标志。随着科学的发展,神话逐渐消失,但是对古典神话的聆听和阅读从未结束。原因如下。

　　首先,古典神话提供美的欣赏。古希腊神话是一个充满美和幻想的世界,这个世界体系完整,恢宏华丽,活力充沛。其中,无论是神还是人都形象丰满,神也和人一样有着七情六欲,从而有纷争、抉择和奋斗,也有胜利、失败和踌躇。这些故事精美动听,具有飞扬充溢的灵性和优美的艺术形式。阅读它,会带给读者非凡的愉悦感和美的享受。今天,在科学的指引下,我们看待世界的方式越来越实际、越来越琐碎,而神话则是以一种天马行空的浪漫方式去做梦,这些梦穿越时空的长河,留存每个人心底,帮助我们去诗性地理解世界、体验生命。这种轻舞飞扬的群体之梦给常常精神焦虑、心灵困顿的当代人带来了美的抚慰。

其次,古典神话中蕴含着深厚的思想内涵。古希腊神话不仅故事性强,而且每个故事都具有浓厚的哲理意味,寄寓了古希腊人对世界和人自身命运的哲学思考。这些神话故事包罗万象,既有对终极问题的探索,也有对日常自然现象的解释,还有对人性的全面观察与展现。例如,对终极问题的探索有:世界是如何形成的?(见《三代天帝权力更迭》)人是从哪里来的?(见《普罗米修斯造人和盗取天火》)人为什么会受苦受难?(见《潘多拉和她的盒子》)人死以后会怎样?(见《冥王哈得斯和神秘的冥界》)对日常自然现象的解释有:四季是如何产生的?(见《冥王抢亲和四季产生》)非洲人的肤色为什么是黑的?(见《法厄同的坠落》)向日葵为什么永远面朝太阳?(见《向日葵花的爱恋》)至于对人性的全面观察与展现,仅以恋爱的类型为例,古希腊神话中就讲述了自恋、同性恋、三角恋、单恋、恋父、恋母、恋子、恋兽、恋物等几乎人们所能想到的各种类型的恋爱故事。

再次,古典神话对当代社会仍具启示。古希腊神话中蕴含的以人为本的思想、民主和法制精神,有助于树立美好的人生观和价值观,使人们更加愉快和高尚,帮助人们更好地处理人与人、人与社会的关系。神话是人类一切精神文明的胚胎,是人类生存不可缺少的文化之根和精神本源,它成为素材、化为词语,遍及生活的方方面面。用马克思的话说,古希腊神话至今仍是"一种规范和高不可及的范本"[①]。在 21 世纪,它的巨大文化号召力和影响力,不仅涉及文学和艺术领域,而且普及到网络游戏、品牌策划、物语营销等各个文化产业领域,为符号经济时代的到来提供了深层的文化资本矿藏。作为思想资源和文化的原型编码,它在新的知识经济浪潮中起着符号催化剂作用。

此外,在全球范围内,一种文化寻根的诉求,使"新神话主义"

---

① [德]马克思:《〈政治经济学批判〉导言》,《马克思恩格斯选集》第二卷,人民出版社 2012 年版,第 711 页。

大行其道,"重述神话"的创作潮流方兴未艾。不仅以托尔金的《魔戒》、C. S. 刘易斯的《纳尼亚传奇》、J. K. 罗琳的《哈利·波特》系列为代表的奇幻文学离不开古典神话的滋养,而且一些严肃作家的作品也以古典神话为摹本,如乔伊斯的《尤利西斯》、阿特伍德的《珀涅罗珀记》、托宾的《名门》等。其中,有一部分当代作家重述神话的目的并不是拥抱神话,而是质疑神话,旧瓶装新酒,以新的角度重写古老的故事,扭转或打破其本身原有的文化俗套,开拓新视野,探索或表达符合时代的新理念或彰显个性的新思想。

总之,古希腊神话作为西方文化之源,是了解西方文化的一把钥匙。可以说,不了解它,就无法真正了解西方人。所以,了解古希腊神话及其当代阐释意义,有利于进行中外交流,也有利于商品营销(如品牌命名或设计 logo),打开国外市场。而且,我们国家的文化和文艺要繁荣发展,离不开学习借鉴世界优秀文化成果。只有坚持洋为中用、开拓创新,做到中西合璧、融会贯通,我国文艺才能更好地发展繁荣起来。

提及古希腊神话,大家可能会觉得,无论从空间还是从时间来说,它都离我们太遥远了,没必要费时费力去阅读它、学习它。其实,正如美国学者海厄特所说,"神话是永恒的。它们涉及了最重大的问题,这些问题没有改变,因为人类没有改变"[①]。而且,这些神话离我们一点儿也不远,它就在我们身边。例如,我们每个人都知道,玫瑰花代表爱情,桂冠象征胜利,它们就出自古希腊神话,源于爱与美之女神阿佛洛狄忒对美少年阿多尼斯的爱恋和太阳神阿波罗对美女达芙涅的求而不得。所以,我们不应该排斥古典神话,它带给我们的是别开生面、妙趣横生的故事;我们也不需要刻意去记忆,这些引人入胜的故事自然会不着痕迹地告诉我们很多东西,并留在我们的

---

① [美]吉尔伯特·海厄特:《古典传统:希腊—罗马对西方文学的影响》,王晨译,北京联合出版公司 2015 年版,第 447 页。

脑海里。我们只需要专心欣赏就可以了。

笔者是一名研究外国文学和比较文学的大学教师，承担过相关项目，也讲授过相关课程，对海厄特的下列见解深以为然，即"现代古典学术的根本性错误在于重研究而轻解释，在于对获取知识的兴趣超过了传播知识，在于拒绝或不屑承认自己的工作与当代世界的联系，也在于亲手造成了公众的漠视"①。所以在本书的写作过程中，笔者采用了轻学术重普及的方式，希望能够惠及更广大的读者群。

为了达到这一目的，也为了大家更好地理解和欣赏这些故事，从中学到一点儿知识，并能在未来进一步了解相关内容，本书设置了一些附加说明，包括以下几点。

早期文献：古希腊、古罗马时期的相关文献。神话在流传的过程中，往往会有若干个版本，并不存在唯一正确的版本。而且众多讲述神话的作家也各具风格，本书将在这一栏目中加以介绍。

星空知识：英语中许多星星是用神话中人物的名字命名的，许多星座与神话故事密切相关。本书将在这一栏中，介绍相关内容。

词汇履历：本栏目主要介绍英语中来自神话故事的词语。

周边链接：本栏目主要介绍与神话人物相关的节日、物品等知识，或是与重要人物密切相关的次要人物的故事。有些神话故事可能有不同的版本，本书在这一栏中也会介绍一些不同的传说。

自由解读：本栏目会以问答的形式出现，或是提供与其他文化相似神话的比较（包括与中国神话的比较），或是介绍从不同角度对神话故事的理解（如社会学、人类学、心理分析学、语言学等）。

延伸阅读：神话故事成为素材在后世作家的作品中经常出现，神话中的人物也往往成为创作的原型。本书将在这一栏目中介绍人物原型，并简要介绍后世的相关书籍、音乐和影视作品。

---

① ［美］吉尔伯特·海厄特：《古典传统：希腊—罗马对西方文学的影响》，王晨译，北京联合出版公司2015年版，第414页。

当代应用：本栏目主要介绍神话在当代科学、艺术、商业和日常生活等各领域中的应用。

艺术欣赏：本栏目主要介绍相关美术作家作品。

最后，是关于本书的几点说明。

1. 本书中所有人名皆采用吉林人民出版社《古希腊罗马神话鉴赏辞典》中所录人名，只有若干不易辨识的字略有替换。如乌剌诺斯，改为乌拉诺斯，等等。

2. 早期文献、延伸阅读、艺术欣赏部分仅为大家的延伸欣赏提供一些借鉴，没有也不可能全面地介绍相关的书籍、音乐和影视作品。

3. 本书中的故事一般源自最知名的版本，间或提及其他版本，当然在风格方面笔者难以复制。关于这些神话故事，笔者不敢奢求比这些大师们讲得更好，只能是在更简洁地把这些故事讲述出来的基础上，把今天大家仍然会感兴趣的点强调出来，希望带来更多的欢乐和思考。

神的谱系与人类诞生

三代天帝权力更迭

◇早期文献◇

古希腊诗人赫西俄德的《神谱》第一次讲述这个故事，清晰而简洁地梳理出众神的亲缘关系。另一位古希腊作家阿波罗多洛斯的《书藏》同样言简意赅地讲述了这最初的生育与争斗。

世界原本无形无相，唯有混沌大神卡俄斯（Chaos）① 居于其间。时光飞逝，混沌中孕育出了大地母神该亚（Gaia）②，她广阔无边，是生命的源泉，万物的始祖。同时，在大地之下深不可测之所，还出现了阴森可怕的地狱之神塔尔塔罗斯（Tartarus）③。随后，黑暗之神埃瑞波斯（Erebus）④ 和黑夜女神尼克斯（Nyx）⑤ 在阴阳交界处出

---

① 卡俄斯（Chaos）：是"混沌"一词的音译。在《神谱》中赫西俄德认为，世界之初是一片混沌，无形无状。罗马诗人奥维德又将其意扩展为无秩序的状态。其后古典作家将其神格化，认为他是最初的天神，孕育出了希腊神话中的第一代神祇，即五大创世神。

② 该亚（Gaia）：五大创世神之一，大地母神。至今西方人仍然用该亚来代称地球，在英语中也有许多"G"字母开头的单词和"地球"有关，如 geography（地理学）。

③ 塔尔塔罗斯（Tartarus）：五大创世神之一，地狱之神、冥土之神、深渊之神。

④ 埃瑞波斯（Erebus）：五大创世神之一，黑暗之神、幽冥神，位于阳间与冥界之间。

⑤ 尼克斯（Nyx）：五大创世神之一，黑夜女神，住在冥界的入口处。

生，此兄妹二人结合，又生下了光明之神埃忒耳（Aether）① 和白昼之神赫墨拉（Hemera）②。接着，混沌中诞生了最后一位创世神——威力无边、活力充沛的爱神厄洛斯（Eros）③。从此，世界有了黑暗与光明，有了爱恨情仇，也就有了纷争战斗和权力交替。

乌拉诺斯（Uranus）④ 是世界上的第一代天空之神，传说他诞生于大地母神该亚的指端，象征着希望和未来。他长得十分迅速，很快就能把地母该亚整个儿笼罩在自己的身下了。天地交和，万物生长，乌拉诺斯降下生育之雨，使该亚诞下了高山、湖泊和各种动植物。他和该亚还生了六儿六女十二位提坦（Titan）⑤ 神，全部是力大无穷的巨灵神。乌拉诺斯忌惮这些身材巨大的子女，害怕他们会威胁到自己的统治，于是把他们统统扔回大地母神黑暗的子宫里。提坦巨神们因此都深恨自私的父亲，但又畏惧父亲的威严，不敢轻举妄动。其中，最年幼的克洛诺斯（Cronus）⑥ 最勇敢，决心反抗父亲的淫威。他在为儿女不得出世而深感重负与痛苦的大地母神该亚的帮助下，精心制作了一把又大又锋利的镰刀，趁父亲不备之时用镰刀割下了其男性器官。被阉割的乌拉诺斯失去了生殖能力，也就失去了作为天父的资格。克洛诺斯在被他释放出来的提坦巨神的帮助下建立了稳定的新政权，成为第二代天帝。

---

① 埃忒耳（Aether）：埃瑞波斯与尼克斯之子，是太空上层的化身，此处明亮灿烂，因此他被视为光明神、太空神。后与妹妹赫墨拉成婚。
② 赫墨拉（Hemera）：埃瑞波斯与尼克斯之女，埃忒耳的妹妹与妻子，白昼女神。
③ 厄洛斯（Eros）：五大创世神之一，爱神、性欲之神，一切爱欲的化身（包括同性与异性）。与后来的小爱神（阿佛洛狄忒之子）同名。
④ 乌拉诺斯（Uranus）：第一代天空之神，地母该亚的受造物。
⑤ 提坦（Titan）：乌拉诺斯和该亚的十二位子女，也是身材巨大的神的统称。
⑥ 克洛诺斯（Cronus）：乌拉诺斯与该亚的小儿子，第二代天帝。其名与时间之神克罗诺斯（Chronos）发音相似，故常被视为时间之神。在英语中"Chron-"这个词根就代表时间。他的罗马名字是萨图恩（Saturn），可能源于拉丁语 satus，意为"播种"，因此在古代意大利，他是一位农业之神。罗马人传说，他被儿子打败后，逃到了意大利，为其带来了"黄金时代"。

老天帝乌拉诺斯受伤时因为剧痛而跃起，离开了该亚的身体，从此天地分离。做父亲的被儿子如此忤逆，其暴怒的程度可想而知，因此乌拉诺斯用最恶毒的话语诅咒逆子克洛诺斯必将重蹈覆辙，遭受与自己一样被儿女所取代的命运。克洛诺斯对此深为忌惮，在与自己的姐姐瑞亚（Rhea）① 结婚后，他总结上一代的教训，意识到作为母亲，该亚不愿忍受孩子们在体内的负担而与儿女们合谋是弑父行动能够成功的重要原因，因此他每次都在妻子刚刚分娩时，将婴儿吞到自己腹中。他一连吞了五个子女：赫斯提亚（Hestia）②、得墨特尔（Demeter）③、赫拉（Hera）④、哈得斯（Hades）⑤ 和波塞冬（Poseidon）⑥。瑞亚虽然不用承担子女不得出世的重负，但仍为失去孩子而万分悲痛，终于也不堪忍受了。她在最小的孩子宙斯（Zeus）⑦ 出生时，把一块包裹着襁褓的石头交给克洛诺斯。克洛诺斯没有发现异样，径直吞了下去。瑞亚将小宙斯藏在克里特岛上。岛上的仙女们用神羊阿玛尔忒亚（Amalthea）⑧ 的奶喂养小宙斯，每当他啼哭时，就用剑敲击

---

① **瑞亚（Rhea）**：乌拉诺斯与该亚的女儿，克洛诺斯的姐姐与妻子，是掌管时光流逝的女神。她为克洛诺斯生育了三男三女六个孩子。

② **赫斯提亚（Hestia）**：克洛诺斯与瑞亚的长女，炉火女神，掌管家庭事务，是家宅的保护神。她与月亮女神阿耳忒弥斯、智慧女神雅典娜并称为奥林匹斯山的三位处女神。其罗马名为维斯塔（Vesta）。

③ **得墨特尔（Demeter）**：克洛诺斯与瑞亚的次女，司掌农业的谷物女神、丰饶女神。其罗马名为刻瑞斯（Ceres）。

④ **赫拉（Hera）**：克洛诺斯与瑞亚的幼女，宙斯的妻子，天后，掌管婚姻。其罗马名为朱诺（Juno）。

⑤ **哈得斯（Hades）**：克洛诺斯与瑞亚的长子，宙斯的兄长，冥王，掌管冥界。其罗马名为普路同（Pluto）。

⑥ **波塞冬（Poseidon）**：克洛诺斯与瑞亚的次子，宙斯的兄长，海洋之王，掌管海洋。其罗马名为尼普顿（Neptune）。

⑦ **宙斯（Zeus）**：克洛诺斯与瑞亚的幼子，第三代天帝，降雨之神、雷电之神。罗马名是朱庇特（Jupiter）或约夫（Jove）。

⑧ **阿玛尔忒亚（Amalthea）**：曾经用乳汁哺育了幼年宙斯的母山羊的名字。它的一只角后来断了，被宙斯命名为丰裕之角（Cornucopia），拥有它的人可以从中倒出希望得到的任何东西，并取之不尽、用之不竭。

盾牌，以免哭声被克洛诺斯听到。宙斯很快成长为强健聪慧的神，他设法让父亲吃下了催吐剂。克洛诺斯呕吐不已，先吐出来的是代替宙斯的那块石头①，接着吐出了其余被他吞噬的孩子们。这些兄弟姐妹们立即在宙斯的带领下，发起反抗克洛诺斯和提坦巨神的战争，并最终取得了胜利，获得了对世界的统治权。宙斯成为新一代天帝和神王，他和兄弟姐妹以及儿女们因为居住在巍峨光明的奥林匹斯（Olympus）②山上，所以被称为奥林匹斯诸神。

◇星空知识◇

1. 天王星以第一代天神乌拉诺斯（Uranus）命名，它有27颗卫星，其名大多来自莎士比亚戏剧中的人物，如《暴风雨》中的爱丽尔（Ariel）、《哈姆雷特》中的奥菲莉亚（Ophelia）等。

2. 土星以乌拉诺斯之子克洛诺斯的罗马名萨图恩（Saturn）来命名，它有61颗卫星，大多以提坦神族和巨人族的名字来命名。在中国古代，土星也被称为镇星，因为它的运行周期约为28年，相当于坐镇天宫的二十八星宿。

◇词汇履历◇

1. 英语中的星期六（Saturday）来自克洛诺斯的罗马名萨图恩（Saturn）。据说，克洛诺斯被儿子宙斯打败后逃往意大利，为那里带来了和平美好的时代，因此罗马人为了纪念他，用他的名字命名了土

---

① 这块石头后来被宙斯安置在德尔斐，作为世界中心的标志，今天仍然可以看到。据说宙斯从世界的两极释放出两只神鹰，它们于德尔斐相遇，所以这里被认为是世界的中心。石头在各国宗教和神话中都是最常见的"显圣物"，因为它有力、永恒、坚固，迥异于人类的软弱和短暂，故而成为一种特殊的象征。

② 奥林匹斯（Olympus）：希腊最高的山脉。古希腊人认为，大地是扁平的，像个大圆盘，他们的国家位于中央，奥林匹斯山是其中心点。

星，星期制传到罗马后，他们又用土曜日来称呼星期六。

2. 由提坦神而来的 titan 一词的意思是"巨大的、了不起的"。1912年沉没的巨型邮轮就被命名为泰坦尼克（Titanic）号。

3. 宙斯的罗马名是朱庇特（Jupiter）或约夫（Jove）。在英文中衍生出 jovian 一词，意为雄伟的、威严的、木星的；还衍生出 jovial 一词，意为快活的、愉快的，这源于宙斯是非常好色的一位神，经常四处寻欢作乐。

◇自由解读◇

1. 古希腊人的创世观是什么？ 从神话中可以看出，古希腊人不相信是神创造了宇宙，相反，他们认为是宇宙孕育出诸神。最古老的神就是自然本身，后来的神逐渐人格化。同时古希腊人厌恶混乱，向往秩序。他们认为世界由混沌中诞生，天神乌拉诺斯的出现标志着世界最初的秩序开始形成，但老一辈神仍然是混乱和野蛮的表现。最终，宙斯获得胜利，分工明确的奥林匹斯诸神上位，代表着秩序战胜了混乱，这也说明奥林匹斯诸神是希腊人的政治文明达到一定程度后出现的神。

2. 地母该亚的地位和作用说明了什么？ 从古希腊的神话谱系中可以看到，地母该亚是混沌中降生的第一个神，其后的两次政变中母性神祇都起了相当重要的作用，这说明在神话中存在着原始的母系社会留下的印迹。直到宙斯上位，才象征着父系政权得以真正确立。

3. 三代天帝的权力更迭反映了怎样的历史现实？ 三代天帝的权力更迭不是和平的子承父业，而是老一辈压制年轻一辈，年轻一辈成长起来后又打倒老一辈，暴力获得政权，是一种"弑父"文化。它反映一定的历史现实：在远古初民或现代的一些原始部落中，国王或族长具有很高的地位和权威，但当他年老体弱时，再担当重任就会危及全族利益，于是就通过仪式庄严地把他处死，或由年轻力壮的子辈向父辈挑战，在决斗中将其杀死。这种风俗或制度是种族生存和发展的需要。

4. 人类生存的时空是如何产生的？ 第一代天帝乌拉诺斯的失败，导致了时空的产生：乌拉诺斯因伤痛离开了该亚，天与地分离，才有了空间；随后，克洛诺斯和瑞亚这一对掌管时间的提坦神从地母体内逃出，才有了时间。而有了时间和空间的存在，人类的出现才有了可能。

5. 克洛诺斯吞食子女的故事有什么含义？ 因为克洛诺斯是时间之神，所以他吞食代表万物的奥林匹斯诸神，具有"时光吞噬一切"的隐喻。

◇**当代应用**◇

1. 今天，科学家在认识地球的时候，仍然喜欢借用地母的名字，如提出"该亚意识""该亚假说"等。"该亚意识"指，地球或者宇宙拥有一个大意识，会不断地制造稳定状态，会对破坏稳态的行为反击，这个意识是由地球上所有的生物共同组成的。"该亚假说"是英国科学家詹姆斯·洛夫洛克提出的一个假说，即地球生命体和非生命体形成了一个可以互相作用的复杂系统。这些思想为环境保护组织和绿党的行动提供了重要的理论基础。

2. 提坦神不仅身材巨大，而且力量雄厚，因此有一种特别坚硬结实的金属就被命名为"钛"（Ti）。

3. 瑞士有一高端手表品牌以瑞亚命名，因为宙斯之母瑞亚是时光女神，掌管着时光的流逝。

◇**延伸阅读**◇

1. 在我们中国的创世神话中，世界的原初状态也是混沌一片。《淮南鸿烈解》云："古未有天地之时，惟像无形，窈窈冥冥，芒芠漠闵，澒蒙鸿洞，莫知其门。"盘古开天辟地的传说也由混沌开启，

《太平御览》云："天地浑沌如鸡子，盘古生其中。万八千岁，天地开辟，阳清为天，阴浊为地。"而且，我们中国的传说中也有混沌神的故事，"南海之帝为儵，北海之帝为忽，中央之帝为混沌。儵与忽时相与遇于混沌之地，混沌待之甚善。儵与忽谋报混沌之德，曰：人皆有七窍，以视听食息，此独无有，尝试凿之。日凿一窍，七日而混沌死"。这则故事来自《庄子》，讲的是顺应自然和"无为"的道理。同时，儵与忽代表非常快的时间，他们造成了混沌之死，似乎也隐喻着宇宙的鸿蒙状态在极短的时间中被改变的情形。

2. 很多民族有关于"世界起源＝混沌"的神话传说。古希腊赫西俄德《神谱》中提到"最先产生的确实是卡俄斯（混沌）"，认为广阔无垠的混沌是世界的原初状态。古罗马诗人奥维德在《变形记》中，将卡俄斯视为无形无色的一团，处于不停的变幻和纷争之中。"它是一团乱糟糟、没有秩序的物体，死气沉沉，各种彼此冲突的元素乱堆在一起。……陆地还不坚固，海洋还不能航行，天空还没有光明。它们都还不能保持自己的形状而不变，总是彼此冲突，同在一体而冷热、干湿、软硬、轻重彼此斗争。"印度史诗《梨俱吠陀》中记载："起初黑暗被黑暗掩盖，不能分辨的深渊，这就是一切。"希伯来的《旧约》也认为上帝从混沌中创造世界："起初神创造天地。地是空虚混沌，渊面黑暗。神的灵运行在水面上。"

3. "弑父"原型在文学中屡见不鲜，如索福克勒斯的《俄狄浦斯王》、陀思妥耶夫斯基的《卡拉马佐夫兄弟》等。

4. 该亚是大地母神，在文学中成为一类母亲的原型，这类作为母亲的女性是家庭的中心和支撑者，是中流砥柱式的存在。无论家庭成员中的其他人如何，只要这类母亲在，大家就有主心骨，家族就能延续。例如，《百年孤独》中的第一代乌苏拉等。

5. 美国科幻作家艾萨克·阿西莫夫（Isaac Asimov，1920—1992）曾在他的科幻小说《基地边缘》（1982年出版）和《基地与地球》

（1986年出版）中虚构了该亚行星，并提出该亚星系理论和宇宙大一统思想。即该亚的所有生物、非生物都是生命共同体，共享资源；该亚的所有生命共享记忆和喜怒哀乐；该亚人有强烈的脑电波，能控制其他人类的思想。

◇艺术欣赏◇

在美术作品中，克洛诺斯往往手握镰刀，因为这不仅是他的武器，是结束父亲暴政的工具和纪念物，而且还是进入农业社会、进入丰收季节的象征。

图1. 鲁本斯的晚期作品，创作于1636年，现藏于西班牙普拉多博物馆。鲁本斯是17世纪欧洲巴洛克绘画的代表作家，被同时代人誉为"诸画家之王"。他特别推崇文艺复兴时期的画家提香（Tiziano Vecellio），尤其赞赏其色彩艺术，他还吸收了丁托列托（Tintoretto）等威尼斯画派大师的构图及明暗法。他善于运用健康丰满、生机勃勃的形象表现自己的审美趣味，赞美人的力量和人生的欢乐。由于他身处上流社会，需要迎合上层贵族的审美要求，所以他笔下的女性几乎都是体态丰腴、皮肤细嫩的贵妇人，男子也都是衣着华丽、举止风流的贵公子，在一定程度上反映了当时上流人士追求享乐和骄奢淫逸的生活情趣。鲁本斯一生创作极为丰盛，作品多具有宏大的场面、强烈的动感、饱满的色彩，以及富有想象力和戏剧性的情节，给予观者富丽堂皇、荡魂摄魄的艺术感受，其中有很多是以神话为题材的。这幅《克洛诺斯吞子》凝固于克洛诺斯活生生吞食孩子的瞬间，十分恐怖。克洛诺斯被塑造成一个白发苍苍的老翁，与他手中娇嫩的婴儿形成鲜明对比，突出了他贪恋权位而采取的吞子行动的残酷。此外，画作没有采取神话传说中的囫囵式吞食，而是血肉淋漓的撕咬，产生了更为震撼的效果。

图2. 戈雅晚年所绘制的"黑色绘画"中最著名的一幅，创作于

1819—1823 年，现藏于西班牙普拉多博物馆。戈雅是西班牙一位画风多变的画家，他始终在探索、发展。他的画作粗糙而真实，给观者一种高度浓缩、强烈冲突的感觉。46 岁时，他的耳朵完全失聪。1819 年，在马德里购置寓所，命名为"聋人屋"，在其墙壁上绘制了系列"黑色绘画"，描绘人间的欲望与愚蠢。在这幅《吞食自己孩子的萨图恩》中，萨图恩完全被描绘成噬人的魔鬼，整个画面色彩压抑，令人毛骨悚然。

图 1　克洛诺斯吞子
彼得·保罗·鲁本斯
Peter Paul Rubens
（佛兰德斯画家，1577—1640）

图 2　吞食自己孩子的萨图恩
戈雅
Francisco Goya
（西班牙画家，1746—1828）

神王宙斯和他的七次婚姻

◇早期文献◇

赫西俄德的《神谱》清晰简洁地介绍了宙斯的七次婚姻。

新一代奥林匹斯诸神的王宙斯（Zeus）与其父祖一样是天空之神，掌控着刮风下雨等各种天象。他的武器是一根可以发射雷霆与闪电的权杖和一面被称为埃癸斯（Aegis）① 的神盾。前者是由独眼巨人库克罗普斯（Cyclops）② 打造，当它显示威力时，不仅凡人为之战

---

① **埃癸斯（Aegis）**：宙斯的盾牌，由赫淮斯托斯制造，用的是哺育宙斯的神羊阿玛尔忒亚的山羊皮。它威力无比，防御力极为强大。后来，宙斯把它送给了雅典娜女神，女神又在其中央镶上了戈耳工女妖美杜萨的头，从而具有了让人石化的功能，也就具有了强大的进攻力。

② **库克罗普斯（Cyclops）**：独目巨人三兄弟，第一代天帝乌拉诺斯与地母该亚之子，提坦巨神和百臂巨神的兄弟，世界上最好的工匠。乌拉诺斯把自己的子女囚禁在地母的子宫中，包括这三个独眼巨人。后来，克洛诺斯把他们放了出来，但在推翻了乌拉诺斯后，却又将他们打入了地狱深渊塔尔塔罗斯。直到宙斯向其父克洛诺斯开战，才又将他们放了出来。为了报答宙斯，他们为宙斯打造了能发射雷电和霹雳的权杖，为波塞冬和哈得斯分别打造了三叉戟和隐身帽，从而帮助宙斯兄弟最终战胜了提坦巨神。据说，他们还是匠神赫淮斯托斯的师傅。

栗，连众神也会被其力量震慑；后者是由匠神赫淮斯托斯（Hephaestus）①用神羊阿玛尔忒亚的山羊皮制成，它充满魔法，坚不可摧，连宙斯的雷霆也无法损及它丝毫。故此，宙斯的力量比其他诸神的力量总和还要大。宙斯的罗马名是朱庇特（Jupiter），他的圣鸟是雄鹰，圣木是橡树。他的神谕宣示所是位于橡树之乡的多多那，神的意旨通过橡树叶瑟瑟声显示出来，由祭司解释。

宙斯生性风流好色，刚刚成年，就开始四处猎艳。当时，还没有人类出现，甚至天上的神祇数量也有限，所以他不得不染指和自己有血缘关系的一些女神。他先后有过七次婚姻。

宙斯最先娶的是提坦神中大洋神俄刻阿诺斯（Oceanus）②和海洋女神特堤斯（Tethys）③的三千个女儿之一——最有智慧的墨提斯（Metis）④。据说，这位女神曾百般变化以求逃脱，但皆未成功，只好顺从，宙斯也由此得到了他最有智慧的军师。在反抗克洛诺斯的斗争中，正是墨提斯出计，使克洛诺斯吃下催吐剂，才将宙斯的哥哥姐姐们吐了出来。但当墨提斯怀孕时，有神谕说，如果这位女神生下来的是男孩的话，必将比自己的父亲更加强大，并且会推翻父亲的统治。为了避免被长子推翻的命运，宙斯将怀孕的妻子整个儿

---

① **赫淮斯托斯（Hephaestus）**：匠神、火神，神后赫拉之子，因长相丑陋，被弃。后学成高超手艺，回归奥林匹斯山，成为众神中不可缺少的一员。

② **俄刻阿诺斯（Oceanus）**：第一代天帝乌拉诺斯和地母该亚之子，十二个提坦巨神中的老大，克洛诺斯和瑞亚的哥哥，大洋流神，掌管围绕着大地边缘形成的圆形流涓区域。他娶了妹妹特堤斯，生下了身材稍小的小洋流神蓬托斯（Pontus），以及三千身材短小的河神和三千秀丽的大洋女神，从此，大地上有了海洋与河流。他的性情宽容，爱好和平，在提坦神与宙斯领导的新一代诸神作战时，并没有参与其中。

③ **特堤斯（Tethys）**：乌拉诺斯和该亚之女，十二个提坦巨神之一，克洛诺斯和瑞亚的姐姐，俄刻阿诺斯的妻子，最早的海洋女神。

④ **墨提斯（Metis）**：提坦神俄刻阿诺斯和特堤斯的女儿，宙斯的第一位妻子，最具智慧的大洋女神，Metis的希腊语意思是"审慎"。怀孕时被宙斯吞食，此后在宙斯体内为他出谋划策。

吞入腹中。这一举动，使他的女儿——雅典娜（Athena）① 直接从他的头颅中出生。

宙斯的第二个妻子是司掌法律、正义和预见的提坦女神忒弥斯（Themis）②，她在宙斯与提坦神开始战斗时，站在了宙斯一方，后来为他生下了著名的时序六女神（Horae）③。

宙斯的第三个妻子也是大洋神俄刻阿诺斯和海洋女神特堤斯的三千女儿之一——大洋女神欧律诺墨（Eurynome）④，她为宙斯生下了可爱迷人的美惠三女神（Charites）⑤。

宙斯的第四个妻子是其同胞姐姐、司掌农业的女神得墨特尔（Demeter），她为宙斯生下了美丽迷人的佩尔塞福涅（Persephone）⑥。

宙斯的第五个妻子为提坦神中的记忆女神谟涅摩绪涅（Mnemosyne）⑦，在提坦之战中，她同忒弥斯一样支持以宙斯为代表的年青一代神祇。她为宙斯生下了九位聪颖漂亮的女儿，也就是后来的九位缪

---

① **雅典娜（Athena）**：宙斯与墨提斯之女，智慧、技艺和战争女神。罗马名字弥涅瓦（Minerva）。

② **忒弥斯（Themis）**：乌拉诺斯和该亚之女，十二个提坦巨神之一，提坦巨神伊阿佩托斯的妻子，普罗米修斯兄弟之母，司掌法律、正义和预见。其形象往往是双目蒙布（象征不偏不袒），手持天平。

③ **时序女神（Horae）**：掌管四季更迭和社会稳定的女神，宙斯与忒弥斯之女。其中，时令三女神分别为代表"萌芽季"的塔罗（Thallo）、代表"生长季"的奥克索（Auxo）、代表"成熟季"的卡尔波（Carpo），秩序三女神分别为象征"法纪"的欧诺弥厄（Eunomia）、象征"公正"的狄刻（Dice）、象征"和平"的厄瑞涅（Eirene）。

④ **欧律诺墨（Eurynome）**：提坦神俄刻阿诺斯和特堤斯的女儿，宙斯的第三位妻子。

⑤ **美惠女神（Charites）**：代表快乐、花和光辉的三位女神，宙斯与欧律诺墨之女。她们分别为代表光辉的阿格莱亚（Aglaia）、代表快乐的欧佛洛绪涅（Euphrosyne）、代表鲜花盛开的塔利亚（Thalia）。

⑥ **佩尔塞福涅（Persephone）**：得墨特尔和宙斯的女儿，哈得斯的侄女和妻子。她原来的名字是科瑞（Kore），意为"少女"；嫁给冥王哈得斯、成为冥后以后，才被人们称为佩尔塞福涅，意思是"带来死亡者"。

⑦ **谟涅摩绪涅（Mnemosyne）**：乌拉诺斯和该亚之女，十二个提坦巨神之一，司掌记忆。宙斯的第五位妻子。宙斯与她连续同床九夜，生下了九个女儿，即缪斯女神。

斯女神（Muses）①。

宙斯的第六个妻子为暗夜女神勒托（Leto）②。勒托是宙斯的堂表姐，代表着无星无月的夜。她生性温柔，爱穿黑衣。她为宙斯生下了一对神圣的儿女——月亮女神阿耳忒弥斯（Artemis）③和太阳神阿波罗（Apollo）④。

宙斯娶的最后一位女神，是自己的另一位同胞姐姐、司掌婚姻的赫拉（Hera）。据说，宙斯追求了赫拉整整三百年，最终在下雨天变成布谷鸟躲到没能看透其伪装的赫拉怀中避雨才成其好事。赫拉答应宙斯求娶的条件是婚礼举行最隆重的神宴，也因此其成为宙斯的唯一正室。

成为天帝之后，尤其是人类出现之后，宙斯更是有着难以计数的风流韵事，生下众多子女，演绎了天上人间许多风花雪月的故事。

◇星空知识◇

最大的行星木星是以宙斯的罗马名朱庇特（Jupiter）来命名的。在古代中国，木星也被称为太岁，因为它的运行周期约为12年，相当于走过一个地支。木星有很多卫星，这些卫星就像月亮伴地球一样

---

① **缪斯女神（Muses）**：谟涅摩绪涅和宙斯的女儿，司掌文学艺术。包括史诗女神卡利俄佩（Calliope）、历史女神克利娥（Clio）、情歌女神厄拉托（Erato）、天文女神乌拉尼亚（Urania）、音乐女神欧特耳佩（Euterpe）、舞蹈女神忒耳普西克瑞（Terpsichore）、颂歌女神波吕谟尼亚（Polyhymnia）、喜剧女神塔利亚（Thalia）、悲剧女神墨尔波墨涅（Melpomene）。一般认为，她们住在赫利孔山和帕耳那索斯山上，侍奉阿波罗。

② **勒托（Leto）**：提坦神中科俄斯（Coeus）与菲碧（Phoebe）的女儿，宙斯的堂表姐，暗夜女神，罗马名字为拉多娜（Latona）。

③ **阿耳忒弥斯（Artemis）**：勒托与宙斯之女，阿波罗的孪生姐姐，奥林匹斯山十二主神之一，月亮女神和狩猎女神。罗马名字是戴安娜（Diana）。

④ **阿波罗（Apollo）**：勒托与宙斯之子，阿耳忒弥斯的孪生弟弟，奥林匹斯山十二主神之一，是太阳神，同时也是音乐、诗歌、预言、箭术之神。罗马名字是福玻斯（Phoebus）。

围绕木星旋转，因此这些卫星大多用宙斯情人的名字来命名。

◇ 词汇履历 ◇

1. "奥林匹斯山上的宙斯"（Olympian Zeus），常被用来形容最高权威。

2. 英语 aegis 一词源于宙斯之盾埃癸斯（Aegis），意思为保护或庇护，under the aegis of 意为"在……的支持（庇护）下"。

3. 英语中海洋（Ocean）一词，源于提坦神中的大洋流神俄刻阿诺斯（Oceanus）的名字。

◇ 自由解读 ◇

1. 宙斯神职的演化过程是怎样的？ 希腊对雨水的需求非常大，希腊人认为众神之王应该能赐予宝贵的生命之水，因此宙斯最初是降雨之神。后来随着社会发展，希腊人越来越重视精神的追求，越来越重视神性和美德，宙斯逐渐转变为主持正义的神祇。及至罗马，宙斯化名为朱庇特后，作为神王更具威严，在维吉尔的《埃涅阿斯纪》等作品中，真正成了天道的代言人和实施者。但是，如同古希腊、罗马神话中所有的神一样，他从来不是全知全能的神祇。他无法违抗命运，也曾遭到反抗和欺骗，这些在《伊利亚特》中都有表现。他也从来不是圣贤的化身，他的风流韵事不计其数，其中不少女子是被他诱骗或强迫的，而他也常常用诡计对妻子赫拉隐瞒自己的不忠行径。

2. 宙斯为什么风流？ 古希腊人认为，下雨就如同让大地受精，促使万物生长，因此，宙斯作为雷雨神，也就是强大的生殖神。他的风流韵事越多，促进生殖的作用就越强。如果他不近女色了，就意味着他精力衰竭，也就意味着不育、贫瘠和荒芜。

3. 宙斯为什么妻妾众多？ 随着宙斯崇拜影响的扩大，当他传播到其他地区时，与当地原有主神渐渐融为一体，原先那位神祇的妻子也就演变成了他的妻子,故而他妻妾成群。此外,宙斯的妻子们辈分不同、职能各异,保证了神王对过去、现在和未来的掌控,以及对自然和社会各领域的涉及。例如,他第一位妻子是智慧女神,第二位妻子是正义女神,而智慧和正义可谓宙斯掌握权力最先需要的两大职能,如果没有智慧的帮助和正义的导引,仅凭野蛮的力量是不可能统治诸神和世界的。所以为了达到目的,宙斯必须先与墨提斯和忒弥斯联姻。

◇当代应用◇

美国海军空中预警和地面整合系统又称"宙斯盾"(Shield of Zeus)系统,因为它可以有效防御敌方从四面八方发动的导弹攻击,构成海军的坚固盾牌。

◇延伸阅读◇

1. 在中国神话中,与奥林匹斯山地位相当的是昆仑山,同样是概念神山,是诸神所在的场所,并不一定与现实中的具体山脉对应。至于神山的主人神王,在中国最初指的是太帝,《淮南鸿烈解》云:"昆仑之丘……登之乃神,是谓太帝之居。"但这位古老的太帝没有具体的姓名、形貌和事迹,也许有过,但在漫长的历史变迁中逐渐遗失了。后来,昆仑成为西王母的属地,她的丈夫玉皇大帝则被视为神王。不过,玉皇大帝的地位虽与宙斯相似,却缺乏宙斯的强烈个性、绝对权威和无边法力。

2. 《荷马史诗·伊利亚特》(第八卷)中,宙斯对众神说:

> 我比全体天神强得多,你们这些神前来试试,就会清楚。你们把一根黄金的索子从天上吊下去,你们全体天神和女神抓住索子,可是你们不能把最高的主神从天上拖到地上,尽管你

们费尽力气。在我有心想往上面拉起来的时候,我会把你们连同大地、大海一起拖上来,然后把索子系在奥林波斯岭上,把全部东西一起吊在天空中间。我比天神和凡人就是强大这样多。①

3. 宙斯在后世的艺术作品中成为花心丈夫的原型,有时也是独裁者的原型。

◇艺术欣赏◇

1. 音乐天才莫扎特的最后一部交响乐《C大调第四十一》富有宏伟壮丽的英雄气概,故而被后人以神王命名,即《朱庇特交响曲》。

2. 图1. 拉斐尔创作于1504年的作品,现藏于法国尚蒂依孔代美术博物馆。拉斐尔是与达·芬奇、米开朗基罗并称"意大利文艺复兴美术三杰"的伟大画家。他的画风和谐明朗、优美典雅,是众多后世画家追随的典范。这幅画作布局完美和谐:三位女神形成一个圆圈,动作协调一致,皆一手持金苹果,一手轻扶另一人肩膀,一腿微曲,腰胯轻扭,有翩翩起舞之感。整幅画作给人带来宁静和欢乐之感。

图2. 罗塞蒂创作于1874年的作品,现藏于英国伦敦的泰特不列颠美术馆。罗塞蒂是英国拉斐尔前派代表画家,他的画作往往以女性为题材,充满象征和诗意。他笔下的女性,大都鬈发浓密、躯体修长,气质优雅而神情惆怅,从而使整幅画作既弥漫着忧郁而伤感的气息,又有超凡脱俗之感。绿色是罗塞蒂最喜爱的颜色,画作中那些身着绿袍的女性代表着希望和永恒。

---

① [古希腊]荷马:《荷马史诗·伊利亚特》,罗念生、王焕生译,人民文学出版社1994年版,第168—169页。

图1　美惠三女神

拉斐尔·圣奇奥

Raffaello Sanzio

（意大利画家，1483—1520）

图2　记忆女神谟涅摩绪涅

但丁·加百利·罗塞蒂

Dante Gabriel Rossetti

（英国画家，1828—1882）

善妒的天后赫拉

赫拉（Hera）是第二代天帝克洛诺斯和时光女神瑞亚的女儿，是新一代神王宙斯的姐姐。赫拉幼时曾经被托付给提坦夫妇大洋流神俄刻阿诺斯和海洋女神特堤斯抚育，受到良好的照顾和教养。她不仅姿容绝艳，而且端庄娴雅、仪态万方。风流成性的宙斯自然不会放过她，对她展开了热烈的追求，但赫拉深知自己这个弟弟的禀性，故而百般躲避。一个雨日，赫拉看见一只被打湿了羽毛的布谷鸟，心生怜悯，把它放进衣襟中，不料这鸟却是宙斯所化。赫拉见躲不过，于是提出要举行公开的仪式才肯与宙斯结合，热恋中的神王毫不犹豫地答应了这个条件。不久，二神就举办了隆重而热闹的婚礼，诸神都前来祝贺，并纷纷送上贺礼。其中最珍贵的是地母该亚送的一株金苹果树①，上面结满了美丽的金苹果。宙斯特意在人迹罕至的西方建造了一处圣园安置它，由擎天神阿特拉斯（Atlas）②

---

① **金苹果树**：这株金苹果树上结出的果实在许多神话中发挥了重要作用，如大英雄赫拉克勒斯的第十一项功绩就是获得这株树上的金苹果；希波墨涅斯也是用这株树上的三个金苹果战胜了阿塔兰塔；不和女神厄里斯投到佩琉斯和忒提斯婚宴上的金苹果也取自此，引起三女神的争执和帕里斯的裁决，间接导致了特洛伊战争的爆发。

② **阿特拉斯（Atlas）**：提坦巨神之一，第一代天帝乌拉诺斯和地母该亚的孙子，提坦神伊阿珀托斯和提坦女神忒弥斯的儿子，普罗米修斯、厄庇墨透斯的兄弟，（转下页）

的女儿赫斯珀里得斯姐妹（Hesperides）[1]和百头巨龙拉冬（Ladon）[2]看守。

由于这场盛大的婚礼，赫拉成了宙斯的正妻，被尊称为神后或天后。她主管婚姻和家庭，庇护孕产妇，是女性尤其是已婚妇女的保护神。在神话故事中，赫拉还一直是善妒妻子的象征，从未放松对宙斯外遇的警惕，始终不遗余力地追踪并折磨丈夫的情妇和私生子，以维护自己作为正室的合法权益。但即使风流成性的宙斯不断地背着她勾引别的女神或女人，赫拉也从未背叛过丈夫，是忠贞妻子的形象。有一次，赫拉终于对花心的丈夫忍受不了了，就悄悄离开神山，躲了起来。而没有了妻子的监视与争吵，宙斯反而对追求女性失去了兴趣。他开始思念妻子，想要妻子回家，但上天入地难觅其踪。一天，他想出了一条妙计：找来一个木头人，将它盛装打扮，戴上美丽的头饰和纯金的面网，穿上华丽的衣裙，然后驾起神车载着它招摇过市。以为又有新情敌出现的赫拉果然气势汹汹地现身了。她跳上神车，却发现所谓的情敌不过是个木头人。她意识到这一切都是丈夫为了见到自己而施的诡计，不觉破涕为笑。宙斯乘机甜言蜜语，夫妻两人和好如初。当然，不久之后，两人又故态复萌，继续吵吵闹闹。

赫拉的罗马名是朱诺（Juno），英语中有"气势非凡的女子"的意思。由于宙斯曾经变成布谷鸟接近赫拉，所以布谷鸟成为这位女神的圣鸟，高贵的孔雀和多产的母牛也是她的宠物。阿耳戈斯是她最喜欢的城市，也是供奉她的圣地。赫拉为宙斯至少生有三个孩子，即青春

（接上页）宙斯的堂兄弟，赫斯珀里得斯姐妹的父亲。由于在提坦之战中反对宙斯，而在奥林匹斯诸神掌权后被罚擎天。

[1] **赫斯珀里得斯姐妹（Hesperides）**：阿特拉斯之女，一般认为有三位：埃格勒、厄律提亚和赫斯珀剌瑞托萨。也有的传说中认为，她们是七姐妹。

[2] **拉冬（Ladon）**：万怪之父提丰和万怪之母厄喀德娜之子，一条一百个头的巨龙，而且它的头永远不会同时都睡着。

女神赫柏（Hebe）①、战神阿瑞斯（Ares）② 和助产之神厄勒提亚（Eileithyia）③。

◇词汇履历◇

英语中六月（June）是以赫拉的罗马名朱诺（Juno）命名的。英国姑娘喜欢在六月结婚，做六月新娘（June Bride），因为据说这样不仅能得到天后的保护，还能早生贵子。

◇自由解读◇

1. 赫拉的婚姻反映了怎样的历史现实？ 赫拉是掌管婚姻的女神，她的婚姻却因丈夫的不忠而显得不幸，这似乎是对婚姻概念的一种反讽。实际上，古希腊流行的一夫一妻制，并不是尊重女性和爱情专一的结果，而是两性关系不平等的体现。因为父权制下的这种婚姻制度，是丈夫对妻子的独占，男子可以在外风流，女人则必须严守贞操。神王夫妇的婚姻，可以说是这种情况的典型反映。

2. 如何理解赫拉的嫉妒？ 赫拉的嫉妒，可以看作女性对一心一意式爱情的渴望，对真正平等的一夫一妻制的追求，对女性被男性奴役的婚姻制度的反抗。

3. 如何理解赫拉的负面形象？ 赫拉的负面形象是男权话语对妻子的一种书写，反映了古希腊男性对婚姻与妻子的不满和不安，以及对女性生育能力的嫉妒和恐惧。

---

① 赫柏（Hebe）：青春女神。宙斯与赫拉之女，阿瑞斯和厄勒提亚的姐妹。在众神聚宴时，她的职责是为众神斟酒，直到伽尼墨得斯接替她成为侍童。在赫拉克勒斯与赫拉和解，升天成神后，赫柏嫁给了赫拉克勒斯。她的罗马名为宇文塔斯（Juventas），形象是头戴花冠、手持金杯的美少女。

② 阿瑞斯（Ares）：战神。宙斯与赫拉之子，赫柏和厄勒提亚的兄弟。

③ 厄勒提亚（Eileithyia）：助产女神。宙斯与赫拉之女，阿瑞斯和赫柏的姐妹。罗马名为卢西娜（Lucina）。

4. 赫拉为什么被称为"牛眼赫拉"?《荷马史诗》常把赫拉称为"牛眼赫拉",一方面是说明她的眼睛大而美,另一方面可能与原始人类对母牛的崇拜有关。

◇当代应用◇

1. 天后赫拉艳冠群芳,因此韩国有一化妆品公司以她命名系列产品。

2. 因为赫拉庇护孕产妇,所以还成为防辐射孕妇装的品牌。

◇延伸阅读◇

1. 在中国神话中,与天后赫拉地位相当的是玉皇大帝的妻子王母娘娘,《西游记》《宝莲灯》《天仙配》中都有她的形象。王母娘娘的前身是西王母,最初的记载来自《山海经》。与赫拉的地位和尊荣来自她与神王宙斯的婚姻不同,西王母本身就是昆仑仙山之主,掌管瘟疫和刑罚,是一位能主生死的非常有权威的神。她的职能中并不包括婚姻,这在中国是月老的工作。根据东方朔的《神异经》记载,西王母原来的配偶是东王公——蓬莱仙岛之主。玉皇大帝是更为晚近的神仙。唐宋之后,王母娘娘和玉皇大帝才成了一对,王母娘娘也就成了天宫中位置最尊贵的女神。还有一种说法,玉皇大帝的妻子是后土娘娘(中国的地母),但不如前一种说法流传广。

2. 英国诗人丁尼生(Alfred Tennyson,1809—1892)曾创作神秘而美妙的诗歌《赫斯珀里得斯之歌》,开头是这样的:

> 金苹果,金苹果,神圣的水果,
> 好好守护它,小心守护它,
> 站在它那迷人的树根周围,
> 快乐地歌唱吧。

四周一切静悄悄，
犹如山顶的雪地，
犹如山脚的沙地。
狭小海港里的鳄鱼
沉睡着一动不动。
一切都静悄悄，
如果你不歌唱，如果你不犯错，
我们将永远失去快乐，
活该永远不得安宁。
不要大声笑：请看管好
这西方智慧的财宝。①

3. 赫拉是嫉妒的妻子的原型，这类女性性情高傲、端庄自持，对丈夫忠实，但当她被丈夫背叛时，其怒火会席卷四周，波及相关的所有人。此外，由于在神话故事中嫉妒的赫拉总是对情敌的儿子百般刁难和迫害，有人认为她是西方童话中"恶毒继母"的原型。

◇ 艺术欣赏 ◇

图1. 莫罗1881年的作品，现藏于法国巴黎的古斯塔夫·莫罗博物馆。莫罗是法国19世纪象征主义画家，画作色彩富丽明亮，往往呈现梦幻式的神秘主义倾向。这幅画中天后赫拉头戴王冠，手揽金杖，身披华袍，脚边是开屏的孔雀，具有一种东方式的奢华。画作的左方，天边露出一鹰首，象征着神王宙斯。

图2. 莱顿爵士1892年的作品，现藏于英国的莱弗夫人艺术画

---

① ［美］查尔斯·米尔斯·盖雷编著：《英美文学和艺术中的古典神话》，北塔译，上海人民出版社2005年版。

廊。莱顿爵士是英国 19 世纪唯美主义画家,他的画风恬静典雅、精致高贵。画作中三姐妹正靠着金苹果树休憩,画作上方是金灿灿的苹果,远处有波光粼粼的大海。整幅画面灿烂辉煌,一派富足安适景象。巨龙拉冬被画家画成一条蛇,围绕在中间女子的腰间。女性、蛇和苹果,似乎在影射伊甸园。

图 1 朱诺
古斯塔夫·莫罗
Gustave Moreau
(法国画家,1826—1896)

图 2 守护金苹果树
弗雷德里克·莱顿爵士
Lord Frederic Leighton
(英国画家,1830—1896)

冥王哈得斯和神秘的冥界

◇早期文献◇

赫西俄德的《神谱》提及宙斯兄弟三分天下和冥界的产生,《荷马史诗》中有大量关于冥界的描写,阿波罗多洛斯的《书藏》也有相关论述。

奥林匹斯诸神战胜了父辈提坦神,成为新一代主神之后,宙斯、波塞冬和哈得斯弟兄三人通过拈阄儿分管世界,宙斯统治天空,是新一代天帝和神王;波塞冬掌管大海,成为海王;哈得斯主宰冥界,成为冥王。

哈得斯喜欢黑暗,行事冷酷严苛,令人惧怕,但他并不邪恶。他纪律严明且公正无私,把冥界的事务处理得井井有条。哈得斯的武器是双叉戟,以及独眼巨人库克罗普斯打造的一顶能隐身的头盔,这顶神奇的头盔使冥王成为最神秘的神祇。哈得斯的罗马名叫普路托(Pluto),他的宠物是有三个头的地狱之犬刻耳柏洛斯(Cerberus)[1],他的圣树是白杨,圣花是水仙。他最喜黑色,最爱的祭品是全身裹着

---

[1] **刻耳柏洛斯(Cerberus)**:守卫地狱入口的狗,提丰和厄喀德娜之子。一般认为,它有三个头,但赫西俄德在《神谱》中说它有五十个头。

黑纱的黑母羊或黑公牛。

哈得斯虽然作为冥王掌管冥界和死亡，但他既不是死神，也不是判官。死神名为塔那托斯（Thanatos）①，司掌冥界的武事；他的孪生兄弟睡神修普诺斯（hypnos）② 负责文案工作。判官有三位——弥诺斯（Minos）③、拉达曼提斯（Rhadamanthus）④ 和埃阿科斯（Aeacus）⑤，他们分别掌管亚洲人、非洲人和欧洲人的审判。遇到分歧时，埃阿科斯和拉达曼提斯先各自投票，然后由弥诺斯投出关键性的一票来最终裁定。此外，司掌正义的提坦女神忒弥斯以及复仇三女神厄里尼厄斯（Erinyes）⑥ 也常常下访冥界，参与管理。忒弥斯手持正义的天平，判断死者生前罪恶的轻重。

---

① **塔那托斯（Thanatos）**：死神，黑夜女神尼克斯的儿子，睡神修普诺斯的孪生兄弟。

② **修普诺斯（hypnos）**：睡神，黑夜女神尼克斯的儿子，死神塔那托斯的孪生兄弟。

③ **弥诺斯（Minos）**：宙斯和欧罗巴的儿子，拉达曼提斯的兄弟，克里特国王，死后成为冥界判官之一。据说，他从父亲宙斯那里学会制定法律，并因贤明公正而闻名。弥诺斯是最早使克里特岛文明发达的人，所以古代克里特文化，亦称为弥诺斯文化。

④ **拉达曼提斯（Rhadamanthus）**：宙斯和欧罗巴的儿子，弥诺斯的兄弟，埃勾斯国王，死后成为冥界判官之一。据说他制定的法律法规最为完美健全。

⑤ **埃阿科斯（Aeacus）**：宙斯与埃癸娜的儿子，埃癸娜岛国王，死后成为冥界判官之一。埃阿科斯起初娶马人喀戎的女儿恩得伊斯为妻，生了忒拉蒙和佩琉斯。后来，他又娶了海神涅柔斯的女儿普萨玛忒，生了福科斯。他对幼子百般宠爱，令两个年长的儿子心生嫉妒。两人在掷铁饼的时候假装失手，打死了幼弟。埃阿科斯查明真相后，将他们逐出了埃癸娜岛。埃阿科斯一向以虔诚、公正著称，而他对儿子的公正裁决尤其为人所称颂。

⑥ **厄里尼厄斯（Erinyes）**：在第一代天帝乌拉诺斯被其幼子克洛诺斯阉割时，他的血溅在大地上，大地母神该亚受孕，生出了复仇三女神厄里尼厄斯，其名含义是"愤怒者"。其中，大姐是不安女神，名为阿勒克图（Alecto），意为"永无止境"；二姐是报复女神，名为提西福涅（Tisiphone），意思就是"报复的声音"；三妹是嫉妒女神，名为麦格拉（Megaera），意为"嫉妒的怒气"。她们的外形更类女巫而非女神，不仅容色可怖，而且身缠蟒蛇，总是不停地挥舞着手里的火把和长鞭。她们专爱追捕那些在家庭或氏族之内犯有谋杀罪的人，惩治罪犯的撒手锏是把他们逼疯。她们威力无穷，令人发指。当地面上没有犯人可追捕时，她们就潜入地狱拷问死灵。

据说，冥界在极远的西方或大地的底层，四面有黄铜做的高墙围绕，活人是无法进入其中的，而鬼魂由神使赫耳墨斯（Hermes）① 引领至冥界入口②，一旦进入就绝不能再返回阳间。冥界和阳间之间有一道门，为"地狱之门"。这道门由冥王哈得斯的宠物——三头地狱犬刻耳柏洛斯看守。从地狱之门到冥界判官所在的审判所之间有一段很长的路，其间有一条河叫哀河，也名为阿刻戎（Acheron）河，是去接受审判的亡灵必经之地。哀河水色黝黑，水流湍急，即使一片轻巧的羽毛放在水面上也会立刻沉下去，因此没有任何人或亡灵可以游过去。一位名叫卡戎（Charon）③ 的艄公长年累月在此摆渡，只有他那艘特殊的船才能载人或亡灵过河。他向渡河者索要船费，收不到钱就断然拒载。如果那些前去接受审判的亡灵没有钱，就不得不在此等上一百年，才能得到卡戎的免费接渡。所以古代希腊人通常要在死者嘴里放一枚硬币以充船资。

亡灵在审判所被裁决后，会被分别送往三个地方。其中，大多数灵魂兼具小善小恶，被留在广阔的阿斯福得罗斯草原（Asphodel Meadow）上。少数罪大恶极者被投入位于西部的地狱深渊塔耳塔罗斯（Tartarus）④，他们会途经两条河：一条名为佛勒革同（Phlegethon），是火

---

① **赫耳墨斯（Hermes）**：神使，奥林匹斯山十二主神之一，宙斯和迈亚之子。他在冥界的职责是接引亡灵。

② **冥界入口**：在希腊神话中，它位于一个非常偏僻和隐蔽的地方。传说中，曾经前往冥界的活人（如奥德修斯、赫拉克勒斯、忒修斯、俄尔甫斯和普绪刻等）都是颇费一番周折才找到这个地方。只不过在不同的神话传说中，冥界入口的位置也有所不同，例如荷马笔下的奥德修斯是在世界的最西方、太阳落山的地方找到了冥界和人间的交界处，而赫拉克勒斯和忒修斯则是在伯罗奔尼撒半岛近前的一个荒无人烟、阴森恐怖的丘陵地带找到了通往地下世界的入口。

③ **卡戎（Charon）**：冥界之神，黑暗神厄瑞波斯和黑夜女神尼克斯的儿子，冥界哀河的艄公。

④ **塔尔塔罗斯（Tartarus）**：五大创世神之一，地狱之神，深渊之神。最初指整个地狱，在哈得斯成为新一代冥王之后，塔尔塔罗斯则代指地狱的最深处，最严苛的地狱监牢。

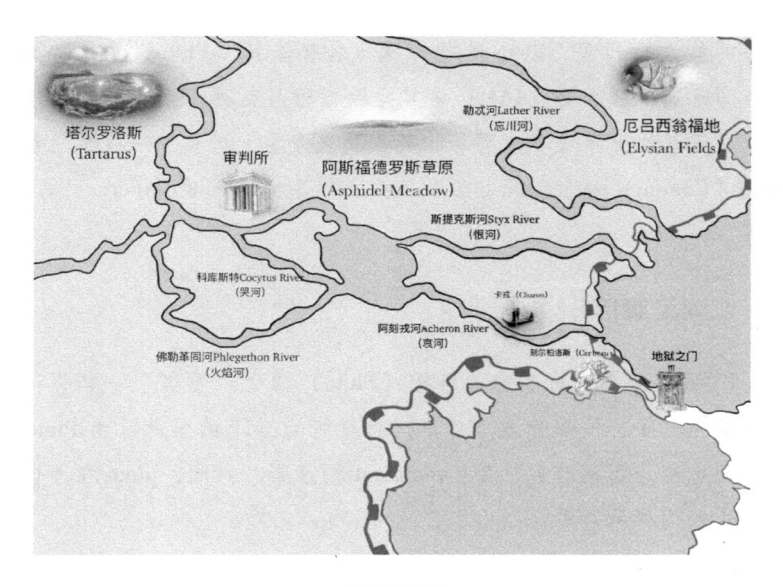

冥界地图

焰河，河中没有水，只有火；另一条名为科库特斯（Cocytus），是由这些服苦役者的眼泪形成的哭河，上面经常发出恐怖的哀号声。极少数高尚者则被送往西方的极乐世界——厄吕西翁福地（Elysian Fields），据说它是哈得斯为讨爱妻佩耳塞福涅欢心而特别建造的一处场所。那里四季常春，五谷丰登，没有痛苦和灾难。极乐世界西边还有一条名为勒忒（Lethe）的河，喝了这河水的亡灵会忘掉人间的一切。在冥界经过千年打熬后准备再入轮回的亡灵必须要先饮勒忒河水才能重新投胎。冥界还有一条名为斯提克斯（Styx）的恨河也十分重要，它是守誓之河，也是冥界的圣河，凡是在这里发过的誓言永远不许改口，所以众神发誓时也都要以左手指着斯提克斯河，表示永不反悔。

◇ **星空知识** ◇

离太阳最为遥远的行星冥王星于 1930 年被发现，当时被视为太阳系的第九颗行星，以哈得斯的罗马名普路托（Pluto）命名。2006年，国际天文联合会（IAU）将其排除出行星行列，重新划分为矮行星。冥王星的卫星大多以冥界相关人物来命名，如冥卫一以冥河艄公卡戎（Charon）命名，冥卫四以三头犬刻耳柏洛斯（Cerberus）命名，等等。

◇ 词汇履历 ◇

1. 哈得斯的罗马名字普路托（Pluto）源于"富有"一词，因为作为冥土之主，他掌管地下矿产，也就拥有地下的宝藏。由 Pluto 衍生的词也都与财富有关，如：plutocrat 指富豪、财阀，plute 在美国俚语中代表同样的意思。

2. 三头地狱犬刻耳柏洛斯看守着地狱之门，任何人想进去，都要向它扔一定的财物，所以英文中有 to throw a sop to Cerberus 的说法，即"向官员行贿"之意。

3. 厄吕西翁福地（Elysian Fields），亦称 Elysium，英语意为"乐土、天堂"。法国著名的旅游胜地香榭丽舍大街（des Champs-Elysées）就是由 Elysium 直接译成法文而得名。

◇ 自由解读 ◇

冥王名字的来源是什么？ 冥王哈得斯（Hades）名字的希腊语意思为"看不见的"。冥王以此命名，原因有二：一是他有一顶隐身头盔，使他能够隐匿身形，即使是法力无边的神祇也无法看见他；二是他掌管死亡，而死后的世界是活人看不见的。

◇ 当代应用 ◇

美国最大的一家私募股权投资公司名为刻耳柏洛斯资本管理公

司，该公司以地狱三头犬命名，意在将自己比作用户资金的忠实而可靠的守护者。

◇延伸阅读◇

1. 卡戎摆渡的哀河类似中国神话中的弱水。《山海经》有云："昆仑之北有水，其力不能胜芥，故名弱水。"《海内十洲记》曰："四面有弱水绕之，鸿毛不浮，不可越也。"可见，无论是西方的哀河还是东方的弱水，都是险恶而不可逾越之渊，隔绝凡人通往仙山或冥府之路。勒忒河则与中国神话中的忘川河相似，只不过中国忘川河的水不能喝，亡灵要喝的是坐在忘川河上奈河桥头的孟婆煮的孟婆汤，来忘掉前尘往事。

2. 在中国神话中，冥界又称阴曹地府或幽冥地府，其最高领导人是东岳泰山天齐仁圣大帝。他的身世有两种说法：道教认为他是盘古的第五代孙金虹氏；在《封神演义》中则是黄飞虎被封为此职，"乃敕封尔黄飞虎为五岳之首，仍加敕一道，执掌幽冥地府一十八重地狱……特敕封尔为东岳泰山天齐仙圣大帝之职"。不过在民间，人们一般认同地府的首领是阎罗王，而且阎王不止一位，有十殿阎罗的说法。

3. 哈得斯因其神秘而成为隐士与巫师类人物的原型，这类人物喜欢独处，在人群中像隐形人，往往性格怪诞，不为人所理解。

冥王抢亲和四季产生

◇早期文献◇

荷马（或托名）的《得墨特尔颂歌》中曾提及这个故事。阿波罗多洛斯的《书藏》也讲述了这个故事。古罗马诗人奥维德在《变形记》第3卷和第5卷中讲述了佩尔塞福涅被劫、得墨特尔寻女及母女团聚的过程。

尽管冥王哈得斯不仅把冥界管理得井然有序，还坐拥惊人的财富（地下世界矿产丰富、宝藏成堆），但他很长时间都没有得到美女青睐，这是因为嫁给他，就不得不居住在不见天日、阴森恐怖的地底深渊。哈得斯于是决定给自己抢一个妻子，他看上了姿容出众、美丽非凡的佩尔塞福涅（Persephone）①，得墨特尔和宙斯的女儿。但得墨特尔非常疼爱女儿，平时对她保护得很严密，哈得斯不得不事先做好万全准备。他先去征得女方父亲的同意，宙斯觉得自己这

---

① **佩尔塞福涅（Persephone）**：得墨特尔和宙斯的女儿，哈得斯的侄女。她原来的名字是科瑞（Kore），意为"少女"，成为冥后以后，才被人们称为佩尔塞福涅，意思是"带来死亡者"。

位兄弟才貌双全，有钱有地位，并不辱没女儿，但又害怕爱女心切的得墨特尔有异议，不敢明目张胆地做主，就默许了哈得斯的抢亲之举。没有了后顾之忧的哈得斯伺机而动。一天，趁得墨特尔外出，他施法使佩尔塞福涅平常玩耍的地方长出了几支不常见的水仙花——冥王的圣花。爱花的少女发现了这些风姿卓绝的小花，不由自主地顺着零星的花路前行，结果被诱至一处偏僻的地方。正当她沉浸在采花的喜悦中时，冥王突然出现，不顾她的大声呼救，把她劫持到了地狱里。毫不知情的得墨特尔回家之后发现爱女失踪，悲痛欲绝，于是放下手头的一切事务，满世界流浪去寻找女儿。由于她是掌管农业和丰收的女神，所以当她失魂落魄、无心管理农事时，漫长的冬季笼罩了大地，到处都是饥荒。宙斯只好要求哈得斯归还女儿，但是佩尔塞福涅已经被劝诱吃了几粒石榴籽，而无论是谁，只要吃了冥界的食物就只能留在阴间。既然木已成舟，他们只好采取一个折中的办法：佩尔塞福涅每年有一半的时间在阴间做冥后，其他时间则和母亲生活在一起。因此，每年佩尔塞福涅出来沐浴明媚的阳光时，大地回春；每当母女分离时，万物凋谢，于是就有了四季。

◇ **自由解读** ◇

1. 冥王抢亲这一类劫掠传说有没有现实依据？ 冥王的婚姻反映了原始社会一种抢亲的风俗。在原始社会里，尚未形成婚姻制度，为了繁衍后代，有时人们会用暴力掳掠女性。

2. 石榴象征着什么？ 在中国文化中，石榴象征着多子。而在希腊神话中，由于佩尔塞福涅吃了石榴籽而被迫做了冥后，所以石榴籽成了姻缘不断的象征物。也有人根据这则神话认为，石榴象征着地狱的诱惑，类似于基督教神话中夏娃偷吃的禁果。

3. 佩尔塞福涅的形象是怎样的？ 佩尔塞福涅在神话中表现出两

种形象：在阳间时，是明媚的少女，春之女神；在阴间时，身着黑衣，是阴沉严苛的冥后。有人说，她典型地表现了女性（妻子）既是天使又是魔鬼的双重性。

4. 如何理解这则神话？ 这则神话不仅表现了母女情深，而且想象性地解释了四季的产生，表现了原始希腊人对土地与植物的生命周期的认识，也表现了人类对饥荒的恐惧。

◇延伸阅读◇

1. 法籍意大利作曲家吕利（Jean-Baptiste Lully，1632—1687）的歌剧《佩尔塞福涅》讲述了这个美女被掳的故事。

2. 德国诗人席勒（Johann Christoph Friedrich von Schiller，1759—1805）的诗《刻瑞斯的悲歌》以此为题材而作。歌德（Johann Wolfgang von Goethe，1749—1832）也曾有一部戏剧以佩尔塞福涅为主人公，并将她吃石榴的行为与夏娃吃苹果进行类比，暗示她没有抵抗住坠入黑暗的诱惑。

3. 英国诗人雪莱著有《佩尔塞福涅之歌》（也译为《普洛瑟平之歌》：

一

庄严的女神，大地母亲，
  你啊，从你不朽的胸怀，
神和人，走兽和飞禽，
  草木和花蕾有了生命；
请把你最最神圣的气韵
给予你亲生的普洛瑟平。

二

如果你用夜露的晶莹
  哺育了这些年少繁英，

使它们绰约芳馨色彩缤纷，

　　在时间的儿女中娇美绝伦；
请把你最最神圣的气韵
给予你亲生的普洛瑟平。①

◇ **艺术欣赏** ◇

图 1. 17 世纪意大利伟大的雕塑家贝尔尼尼的作品，现收藏于意大利罗马的博格斯美术馆。它表现了冥王哈得斯强夺佩尔塞福涅的情景。冥王全身充满了阳刚之气，肌肉隆起，龙行虎步，志得意满。他轻松抱起佩尔塞福涅，完全无视其反抗。他的手指掐入少女柔嫩的大腿，留下深深的凹痕。而少女面露绝望之色，一手无助地挥舞，一手在推冥王的头，似乎拼尽了全力扭动着身体，试图摆脱冥王的束缚，表现出强烈的反抗意愿，但这一切在冥王强健有力的双臂下都是徒劳。整个作品动感激烈，张力十足。

图 2. 罗塞蒂 1874 年的作品，现藏于英国伦敦的泰特不列颠美术馆。画作描绘的是佩尔塞福涅拿着石榴沉思的姿态。她的头微垂，双目出神，左手拿着一个石榴，正是这个石榴使

图 1　普路托劫掠佩尔塞福涅
乔凡尼·洛伦佐·贝尔尼尼
Gian Lorenzo Bernini
（意大利雕塑家，1598—1680）

---

① ［英］雪莱：《雪莱诗选》，江枫译，外语教学与研究出版社 2011 年版，第 31 页。

她不得不滞留冥府,却也延续了姻缘。她的右手仿佛从黑暗中伸出,紧紧抓着左手腕,似乎怕她挣脱。罗塞蒂的这幅画作是以当时的情人珍妮为模特,但是其内容却是思念妻子西德尔。西德尔是拉斐尔前派画家(包括罗塞蒂)的模特,风华绝代,但在生下一名死婴后痛苦万分,不得不吸食鸦片缓解,最终因吸食过量去世。罗塞蒂借在冥界的佩尔塞福涅思念亡妻,整个画面透露出一种忧郁的情绪。罗塞蒂既是画家,又是诗人,他在题画诗中借佩尔塞福涅之口,表达了自己面对现实的彷徨和惆怅,诗中写道:

> 悲伤的果子,一旦品尝,禁锢我终生。
> 远远地,冥府的天空昏暗
> 令我颤冷,远远地,究竟有多远
> 长夜从白昼中降临。
> 远远地,从我内心起了彷徨,扑翅着
> 异想,喋听着惆怅。
> 心依旧碎,魂依旧断
> 而我性灵的声音
> 一声声呢喃。
> 唉,可怜你,不幸的佩尔塞福涅。

图3. 莱顿爵士1891年的作品,现藏于英国利兹美术馆。画作选取了母女重逢的瞬间,母亲激动地张开了双臂,要迎女儿入怀,而从冥界归来的女儿向母亲伸出了渴慕的双手。画家没有像传统艺术那样把佩耳塞福涅表现成身着黑衣的冥界女王,或天真娇憨的春之女神,而是塑造成刚从死亡之地归来的一位苍白孱弱的少女,她被神使赫耳墨斯拖曳着,终于又能回到母亲得墨特尔温暖的怀抱中了。

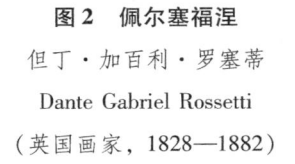

图 2　佩尔塞福涅
但丁·加百利·罗塞蒂
Dante Gabriel Rossetti
（英国画家，1828—1882）

图 3　佩尔塞福涅归来
弗雷德里克·莱顿爵士
Lord Frederick Leighton
（英国画家，1830—1896）

海王波塞冬和他的婚姻

波塞冬（Poseidon）在提坦之战后成为伟大而威严的海王，掌管环绕大陆的所有水域。他手持独眼巨人库克罗普斯为他打造的武器——三叉戟，能够随心所欲地引起或平息海啸和地震，因此被称为地震之神。据说，神秘国度亚特兰蒂斯（Atlantis）就是触怒了他而被沉没的。但三叉戟并非只能当作武器，它也可以敲击岩石、引出清泉以浇灌大地，从而使农民五谷丰登，所以波塞冬又被尊为丰收之神。波塞冬的宠物是马，他给予了人类第一匹马，故而他也被称为马神。海豚也是波塞冬的圣宠，代表着大海宁静的一面和波塞冬亲切的神性。每当他乘坐着由金色战马所拉的战车在大海上奔驰时，欢腾的海豚群追随于后，波浪也会变得平静。波塞冬的罗马名是尼普顿（Neptune）。

波塞冬和他的兄弟宙斯一样风流成性，但他的婚姻却比宙斯要美满。他的妻子名叫安菲特里忒（Amphitrite）[1]，是海上老人涅柔斯（Nereus）[2] 和大洋女神多里斯（Doris）[3] 的女儿，众多的海洋女神之

---

[1] **安菲特里忒（Amphitrite）**：海洋女神，涅柔斯和大洋女神多里斯的女儿。

[2] **涅柔斯（Nereus）**：海神，最早的海神蓬托斯和地母该亚的儿子，海上老人之一，多里斯的丈夫。他是位仁慈、公正的长者，有预言和变形的本领，是平静的大海的化身。他的形象是长着白胡须、手拿三叉戟的老者。

[3] **多里斯（Doris）**：提坦神俄刻阿诺斯和特堤斯的女儿，三千大洋女神之一，涅柔斯的妻子，海洋女神的母亲。

一。一天，海洋女神们在一座海岛上聚会玩耍，她们尽情地歌唱舞蹈，欢快的歌声引来了正在海上巡游的波塞冬。波塞冬被美貌出众、身材妖娆、舞姿优雅的安菲特里忒迷住了，立刻爱上了她，并开始疯狂地追求她。

波塞冬桀骜不驯，脾气暴躁易怒，而且一旦发起火来，总是山呼海啸、声势浩大。哪里惹怒了他，他就会引发海啸、地震、洪水或干旱，因此大家都惧怕他。这种性格使得波塞冬虽然眉目俊朗，却总是一副怒气冲冲的表情，即使向心爱的女子献殷勤时，也难显温柔。因此安菲特里忒畏惧他，不愿意嫁给他，甚至为了躲避他的追求而逃到了在西方擎天的提坦神阿特拉斯①那里去寻求保护。波塞冬发现心上人不见了，很是着急，就派出他所有的随从到处寻找。其中最聪明、最能干的海豚找到了安菲特里忒。因为海豚长相可爱、性情温顺，安菲特里忒很喜欢它，常常与它一起玩耍。海豚借机竭尽全力地赞美波塞冬，终于打动了安菲特里忒。当波塞冬得到消息，追来西天，再次向安菲特里忒求爱时，发现她态度大为软化，甚至默许了自己的亲近。波塞冬和安菲特里忒终成眷属，他们还有了一个人身鱼尾的孩子，名叫特里同（Triton）。这位小海神总是手持一只神奇的海螺，每当他吹响海螺时，大海的波涛就会平静下来，因此人们都很喜欢他。

◇周边链接◇

波塞冬是奥林匹斯众神掌权之后的新一代海王，在他之前，海洋世界已有两大世家繁衍生息。

其一，最古老的远古海神是蓬托斯（Pontus），他是地母该亚之子，又与地母结合，生下了：（1）象征"海之友善"的海上老人涅柔斯（Ne-

---

① 见本书《阿特拉斯支撑苍穹》的故事。

reus），娶大洋女神多里斯（Doris）为妻，生下了五十位海洋女神，其中比较著名的有阿喀琉斯之母忒提斯（Thetis），以及波塞冬的妻子安菲特里忒（Amphitrite）；（2）象征"海之奇观"的陶玛斯（Thaumas），娶大洋仙女厄勒克特拉（Electra）为妻；（3）象征"海之愤怒"的福耳库斯（Phorcys）和象征"海之危险"的刻托（Ceto），他们结合，生下了许多怪物，如生而苍老的灰衣三妇人格赖埃（Graeae）、能令人石化的蛇发女妖戈耳工（Gorgon）和众怪之母美女蛇厄喀德娜（Echidna）；（4）象征"海之力量"的欧律比亚（Eurybia），嫁给了提坦神克瑞俄斯（Crius）。

其二，第一代天神乌拉诺斯与地母该亚结合，生下了十二位提坦巨神，其中老大俄刻阿诺斯（Oceanus）是大洋流神，他和老海神蓬托斯的区别在于，蓬托斯是我们通常意义上的大海，俄刻阿诺斯则是环绕着整个大地边缘形成的巨大水域，代表了世界上的全部海域。他娶了妹妹、最早的海洋女神特堤斯（Tethys）。生下了三千身材短小的河神和三千秀丽的大洋女神。其子女中比较著名的有：长女斯梯克斯（Styx，冥河之一，宣誓之河）、亚细亚（Asia，亚洲大陆的命名者）、"智慧女神"墨提斯（Metis，雅典娜的母亲）及"幸运女神"提克（Tyche）。

◇ **星空知识** ◇

1. 蓝色的海王星以波塞冬的罗马名尼普顿（Neptune）命名。它有十三颗卫星，多以其情人和子女的名字命名。

2. 当波塞冬终于把心上人娶回家后，就把功臣海豚置于天上，化作海豚星座（Delphinus）以示感谢。

◇ **自由解读** ◇

1. 海王波塞冬为什么还是马神？ 波塞冬之所以还是与海洋风马

牛不相及的马神，原因可能有三：一是与原始的图腾崇拜有关；二是大海的波涛汹涌情景犹如万马狂奔；三是作为海神的波塞冬前身可能是史前游牧民族的水源神，而马擅长在草原中寻找水源，流传到后来波塞冬就身兼多职了。

2. 如何理解波塞冬形象与大海的关系？ 波塞冬怒气冲冲的表情、桀骜不驯的乱发和手中能引发地震和海啸的三戟叉，代表了大海神秘莫测、汹涌澎湃的一面；而他的宠物海豚和儿子特里同则代表了大海宁静温和的一面。

◇延伸阅读◇

1. 在中国古代神话中，海神很早就同方位联系起来。在《山海经》中，东海海神为禺猇，南海海神为不廷胡余，西海海神为弇兹，北海海神为禺强，他们共同的特征是"人面鸟身，珥蛇，践蛇"。先秦时《太公金匮》记载："四海之神，南海之神曰祝融，东海之神曰句芒，北海之神曰玄冥，西海之神曰蓐收。"汉代以后，四海神逐渐人格化，还有了妻子，在《鱼龙河图》中，东海神君冯修青，夫人朱隐娥；南海神君视赤，夫人翳逸寥；西海神君勾丘百，夫人灵素简；北海神君禹帐里，夫人结连翘。唐朝时，佛教引入，民间有了四海龙王的说法。清雍正年间，四海龙王才被正式册封为四海海神。

2. 因为掌管着变幻莫测的大海，所以波塞冬成为多变之人的原型。这类人物性情敏感，做事随性，有时不能控制自己的情绪，所以反复无常。

◇当代应用◇

1. 因为波塞冬掌管水，所以西方人经常把他的形象应用在喷泉雕塑方面。

2. 玛莎拉蒂的车标中三叉戟标志来源于波塞冬的武器，借海神的巨大威力,隐喻了该品牌汽车快速奔驰的潜力。

◇艺术欣赏◇

普桑1636年的作品,现藏于美国费城艺术博物馆。普桑是巴洛克时期的重要画家,也是法国古典主义绘画的奠基人,他的画作构图完美、风格明朗、庄重典雅。这幅画是应法国红衣大主教黎塞留之命而作,海神手持三叉戟,驾着马车,他的妻子安菲特里忒居于正中坐在贝形船上,端庄高雅,上方有小爱神在撒花,整幅画作热烈又均衡。

海神的凯旋

尼古拉斯·普桑

Nicolas Poussin

(法国画家,1594—1665)

农神得墨特尔和慈母情

◇早期文献◇

荷马（或托名）著有《得墨特尔颂歌》。

得墨特尔（Demeter）是农业和丰收女神，奥林匹斯十二主神之一，她掌管着大地上所有谷物的生长和土地的耕作。因为农业是人民安居乐业乃至繁荣昌盛的基础，所以她又被尊为立法女神。得墨特尔的形象是一位端庄和善的美女，有一头金灿灿的浓密秀发，经常编成形如麦穗的发辫。她常常一手持镰刀或其他农具，一手抱着刚刚收获的谷物或拿着丰裕之角（Cornucopia）[①]。镰刀和农具代表着劳作，谷物和丰裕之角象征丰收和财富。女神的圣动物是母猪，圣鸟是鹤。其罗马名字是刻瑞斯（Ceres），来自"谷物"一词。

得墨特尔是神王宙斯的姐姐，也是他的第四位妻子。她为宙斯生下了一个女儿——春之女神佩尔塞福涅，但这个美丽的少女后来被冥

---

① **丰裕之角（Cornucopia）**：曾经用乳汁哺育了幼小的宙斯的母山羊阿玛尔忒亚（Amalthea）的角。宙斯不小心将它掰断后，赋予了它聚宝盆般的神力，拥有它的人可以从中倒出希望得到的任何东西，并取之不尽、用之不竭。

王哈得斯偷偷劫持到冥府。在爱女失踪后，得墨特尔九天九夜滴水未饮、粒米未进，走遍各地去寻找女儿。最终，无所不见的太阳神告诉了她真相，得墨特尔立刻意识到，没有宙斯的默许甚至是同谋，冥王不可能得手。于是她愤而离开了奥林匹斯山，装扮成一个贫穷的老妇人在凡间流浪。一天，她来到国王厄琉西斯（Eleusis）的城邦，遇见了国王的四个女儿。这些善良的公主同情她，请求她们的母亲墨塔涅拉（Metaneira）雇用她做小弟弟的保姆，得墨特尔就在厄琉西斯的宫廷里住了下来。王后的一位侍女发现她郁郁寡欢，就经常给她讲笑话，成功使她露出了笑容。女神对生活又有了些许热情，她对自己照料的孩子产生了感情，决定让本来肉体凡胎的他成为不朽者，所以每天晚上把他放在神火中炙烤。王后偶然间见到这个情景，惊慌地尖叫起来。这惹恼了女神，中断了对孩子的锻炼，现出了真容。王后这时才明白自己铸下大错，悔之晚矣，只能命人建造神庙祭祀女神。再一次失去生活寄托的女神变得铁石心肠，她拒绝履行自己的职能，于是植物不再发芽，冬季笼罩大地，这才有了冥后佩尔塞福涅的部分回归。①

得墨特尔还有一次著名的情缘，是她与伊阿西翁（Iasion）② 的交往。伊阿西翁狂热地爱上了这位女神，热情地追求她，终于打动了她。他们在耕作了三次的田地上结合，生下了财神普路托斯（Plutus）③。得墨特尔还送给情人小麦的种子，教会他耕作之道，伊阿西翁走遍世界，传播女神的丰裕之种。但不幸的是，伊阿西翁最终被嫉妒的宙斯用雷电劈死了。

---

① 详见本书《冥王抢亲和四季产生》。
② **伊阿西翁（Iasion）**：宙斯与七星女神（普勒阿得斯七姐妹）之一厄勒克特拉的儿子。
③ **普路托斯（Plutus）**：财神，得墨特尔和伊阿西翁之子。据说，他一开始只去好人家，后来宙斯使他双目失明，他就分不清善恶了。

◇ **周边链接** ◇

厄琉西斯（Eleusis）秘仪：古希腊以得墨特尔和佩尔塞福涅为崇拜对象的一种神秘宗教仪式，因得墨特尔女神的宏伟神殿位于雅典附近的厄琉西斯小镇而得名。据说，庆典定于九月丰收季，每五年举行一次，时间长达九天。其时，大众欢庆游行，歌舞献祭，但神殿内举行的仪式却是保密的。据说入教者会接受这样的信条：死亡不可避免，它是生命不可缺少的部分。公元前7世纪时，厄琉西斯秘仪成为雅典官方崇拜的一部分。到了罗马时期，仍受特别的尊崇。罗马作家西塞罗说："没有什么能比这些圣礼更崇高了。它们滋润了我们的性格，柔化了我们的风尚，使我们从野蛮状态步入了真正的人类文明状态。它们不仅告诉了我们如何愉快地生活，而且也教会了我们如何怀着更美好的希望死去。"一直到公元4世纪，基督教成为罗马国教以后，这一秘仪才被取缔。

◇ **延伸阅读** ◇

1. 在中国古代神话中，公认的农神不是女神，而是一位男性——神农氏。他遍尝百草，从中筛选出的稻、黍、稷、麦、菽五谷作为粮食，又教会人们耕种。

2. 得墨特尔是极度关心孩子的母亲原型，这类人物随时随地关心孩子的幸福，具有牺牲精神。

◇ **艺术欣赏** ◇

图1. 鲁本斯1618年的作品，现藏于俄罗斯圣彼得堡冬宫博物馆。

有些艺术作品，会把农神与海神放在一起。有神话提到，海神波塞冬曾苦恋农神得墨特尔，女神则极力逃避，甚至化身为母马，躲到马群中。但波塞冬追踪而至认出女神，并化身为公马强暴了女神，令女神为他生下了神马阿雷翁（Arion）。从神话学的角度来看，波塞冬作为海神，主水，是万物生长的基础，得墨特尔是丰收女神，主管谷物成熟，因此二者结合有理可依。

图1　土和水

彼得·保罗·鲁本斯

Peter Paul Rubens

（佛兰德斯画家，1577—1640）

图2. 里奇1720年以前的作品，现藏于英国剑桥菲茨威廉博物馆。里奇是18世纪初活跃在威尼斯画坛的代表画家。他擅长表现灵动多变的人体，画作中人体造型动作夸张，光色运用丰富，肌肤的质

感和光泽表现细腻。

有些艺术作品,会把农神和酒神放在一起,但实际上没有关于他们联系在一起的故事。不过,有一句古罗马的谚语云:"没有了刻瑞斯(农神)和巴克斯(酒神),连维纳斯(爱神)也会变得冷漠无情。"意为人类需求中,农神和酒神所代表的食物需要高于爱神所代表的情感需要,这大概是把此二位神放在一起的原因吧。

图 2　酒神和农神

塞巴斯提亚诺·里奇

Sebastiano Ricci

(意大利画家,1659—1734)

善良的灶神赫斯提亚

赫斯提亚（Hestia）是克洛诺斯和瑞亚的第一个孩子，她是希腊神话中的灶神、家神，是家宅、厨师和磨坊工的保护者。她是一位处女神。据说，海王波塞冬和太阳神阿波罗都曾向她求婚，但她发誓终身不嫁，以保持贞洁。宙斯非常敬重她，要求每个家庭都必须供奉她，于是她主动下凡，保护每个有炉灶的家庭。因此，灶火象征她的存在，也是人丁兴旺、家族永续、繁荣稳定的保证，若一个家庭或城市灶火熄灭，则意味着血脉的中断、城市的消亡。她的罗马名字是维斯塔（Vesta），在罗马时期，专门设有维斯塔贞女（Vestal Virgin）作为祭司，维护城市圣火，并要求她们必须保持三十年童贞，否则将会受到活埋的惩罚。

一般认为，赫斯提亚是奥林匹斯十二主神之一，也有的传说提到，因为她常驻凡间，所以把主神之位让给了酒神狄俄尼索斯。

◇ 词汇履历 ◇

灶神赫斯提亚的罗马名字是维斯塔（Vesta），在英语中是"短火柴"的代名词。由于她是处女神，所以 vestal 一词既是形容词"贞洁的、处女的"，又有名词"纯洁的少女、处女、修女"之意。

◇ 自由解读 ◇

1. 为什么赫斯提亚的故事很少？ 在希腊神话中，赫斯提亚是一位心地善良、性情温和的女神，非常受人尊敬和爱戴，但并没有显著的个性和相关故事。这是因为她被供奉在每个家庭里，一方面近在咫尺，人们敬畏她，不敢随便谈论她、冒犯她；另一方面稳定不动，所以故事少。

2. 如何理解赫斯提亚的处女神身份？ 赫斯提亚是希腊神话中比较少有的处女神，由于男性对女性孕育生命能力的嫉妒和恐惧，无性的女神往往被认为是安全的和有帮助的。

◇延伸阅读◇

中国神话中，早期有反映女性崇拜（如《庄子》中的"灶有髻"）和祖先崇拜（《淮南子》中的"炎帝作火，死而为灶"）的灶神传说。但最为人们所熟知的是比较晚近的"上天言好事"的灶王爷形象。这一形象是道教兴起后，逐渐完善起来的。东晋葛洪的《抱朴子》提到"月晦之夜，灶神亦上天白人罪状"，就塑造了这个定期通风报信的民间小神形象。后来在民间传说中，人们甚至可以用麦芽糖来收买他。

◇艺术欣赏◇

考夫曼 1781 年的作品，现藏于德国德累斯顿国立美术馆。考夫曼是瑞士新古典主义女画家，擅长肖像画和装饰画。

画作中，通过头上的白纱和手中的油灯，可知这名女子扮演的是维斯塔贞女。

维斯塔贞女

安杰利卡·考夫曼

Angelica Kauffmann

（瑞士画家，1741—1807）

爱与美之女神阿佛洛狄忒

◇早期文献◇

关于女神阿佛洛狄忒的身世有多种说法。本书采用的故事源于赫西俄德的《神谱》，认为阿佛洛狄忒来自乌拉诺斯的阳物，可算是他的子女。但有的传说认为，阿佛洛狄忒女神并不是第一代天帝乌拉诺斯的女儿，而是第三代神王宙斯与狄俄涅（Dione）① 的女儿，辈分上降了两代。《荷马史诗》就明确采用了后面这种说法，史诗中的宙斯与阿佛洛狄忒俨然是一对慈父娇女形象。

第一代天帝乌拉诺斯被他的儿子克洛诺斯阉割后，其男性器官被抛入大海，溅起了白色的泡沫，从这泡沫里诞生了爱与美之女神阿佛洛狄忒（Aphrodite）。她一诞生就是最完美的成年女性形象，身段婀娜多姿，容颜娇艳绝伦，风韵优雅迷人。一扇巨大的贝壳载着她在温和的西风神仄费洛斯（Zephyrus）② 的吹拂下向东方漂移，经过爱琴

---

① **狄俄涅（Dione）**：一说她是第一代天神乌拉诺斯与地母该亚的女儿，提坦神之一。另一说她是提坦神中大洋神俄刻阿诺斯和最早的海洋女神忒提斯的女儿。
② **仄费洛斯（Zephyrus）**：西风神。提坦神中星空之神阿斯特赖俄斯和黎明女神厄俄斯的儿子，北风神玻瑞阿斯、南风神诺托斯和启明星福洛斯的兄弟。

海上的库特拉岛，来到了地中海东部的塞浦路斯（Cyprus）。女神在这里登上了海岸，于是塞浦路斯成为她的圣地，并有了浪漫的"爱之岛"的美称。女神踏足之处百花盛开，美不胜收，所有的生物都为之倾倒。时序女神荷赖（Horae）① 前来迎接她，为她披上鲜花织就的衣裳，还用精致的黄金头冠和晶莹的珍珠项链装扮她。丰姿绰约的女神随后登上了奥林匹斯神山，立刻赢得了众神的喜爱，在神山中有了一席之地，成为十二主神之一。

美丽的阿佛洛狄忒虽受到诸神的追捧，最终却阴差阳错嫁给了既丑又瘸的火神赫淮斯托斯（Hephaestus）②。她生性本就浪漫多情，不幸的婚姻更使她无视妇道，常常红杏出墙。③ 战神阿瑞斯（Ares）④是她最喜欢的情人，神使赫耳墨斯（Hermes）⑤ 也是她的入幕之宾。她在人间同样有许多风流韵事，如与塞浦路斯的美少年阿多尼斯（Adonis）⑥、特洛伊英俊的安喀塞斯（Anchises）⑦ 等的情缘。可以说，她在女性神祇中的风流程度差不多等同于宙斯在男神中的风流程度。

阿佛洛狄忒的罗马名是维纳斯（Venus），桃金娘是她的圣树，鸽子、天鹅是她的圣宠。她庇护天下有情人，却也自恃美貌、任性易怒，常常会诅咒或惩罚那些触犯她或不信奉她的神与凡人。

◇星空知识◇

最美、最亮的行星金星以阿佛洛狄忒的罗马名维纳斯（Venus）命

---

① **荷赖（Horae）**：时序女神，掌管四季更迭和社会秩序，共有六位，宙斯与忒弥斯之女。她们与美惠三女神一样，是阿佛洛狄忒的随从。
② **赫淮斯托斯（Hephaestus）**：天后赫拉之子，奥林匹斯十二主神之一，火神、匠神。
③ 详见本书《巧手的火神赫淮斯托斯》和《众神围观火神捉奸》。
④ **阿瑞斯（Ares）**：宙斯与赫拉之子，奥林匹斯十二主神之一，战神。
⑤ **赫耳墨斯（Hermes）**：宙斯与迈亚之子，奥林匹斯十二主神之一，神使。
⑥ **阿多尼斯（Adonis）**：著名的美少年，地中海岛国塞浦路斯的国王喀倪剌斯和他的女儿密耳拉公主乱伦生下的儿子。
⑦ **安喀塞斯（Anchises）**：特洛伊英雄，卡皮斯和忒弥斯忒之子，埃涅阿斯之父。

名。它在中国被称为太白金星，或早上名为启明星，傍晚名为长庚星。

◇ **自由解读** ◇

1. 如何理解阿佛洛狄忒的诞生？ 乌拉诺斯的男性生殖器官溅起浪花，从中诞生了无母的阿佛洛狄忒，在某种程度上被认为是男性对女性生殖能力提出的最初挑战。与之相应，克洛诺斯吞食孩子，在某种程度上也可以被认为象征着男性对女性子宫的嫉妒。

2. 如何理解阿佛洛狄忒的生而成年？ 阿佛洛狄忒一出生就是成年形态，象征着完美的女性，没有经历婴儿时期。古希腊哲学家柏拉图认为，这说明真正的美是不可能逐步完成或从非美中产生的，美只能自我完成。

3. 如何理解阿佛洛狄忒的两种不同形象？ 女神往往呈现出两种形象：天上的阿佛洛狄忒，乌拉诺斯的女儿，高雅脱俗，代表高尚理想的爱、精神之恋；世俗的阿佛洛狄忒，宙斯与狄俄涅的女儿，风骚入骨，代表着肉欲的爱、世俗的爱。柏拉图曾在《会饮篇》中谈论了女神的二重性。

4. 阿佛洛狄忒受欢迎和崇拜的原因是什么？ 爱与美是人类的原初本能，因而阿佛洛狄忒受到欢迎与崇拜。最早的时候，这种崇拜是一种生殖崇拜，后来其意义越来越丰富。阿佛洛狄忒身兼爱神与美神两职，也许意味着，古代希腊人已经认识到了爱产生美，正如中国人所谓的"情人眼里出西施"。对于男性来说，希腊的女神每一位皆美貌绝伦，而阿佛洛狄忒与众不同之处在于除了完美的容貌之外还具备更多的性吸引力，反映了男性对女性的另一重幻想。

◇ **延伸阅读** ◇

1. 在中国神话中，能当得起美神之称的当推洛神。她的名字是雒嫔，伏羲（宓牺）之女，故又称宓妃。因淹死于洛水之中，而成为洛神。才高八斗的曹植曾作《洛神赋》："……其形也，翩若惊鸿，婉若游龙。……秾纤得衷，修短合度。肩若削成，腰如约素。延颈秀项,皓质呈露。芳泽无加,铅化弗御。云髻峨峨,修眉联娟。丹唇外朗,皓齿内鲜。明眸善睐,靥辅承权……"以生花妙笔写出了中国古典女性美的典范,坐实了她中华美神的地位。至于爱神,在早早套上伦理枷锁的中国文化中几乎没有出现的可能,唯一略可比拟的也许只有宋玉《高唐赋》中"旦为朝云,暮为行雨"的巫山神女了。传说中,她是炎帝的小女儿,或是王母的第二十三个女儿。在中国传统文化中,她自荐枕席的举动可谓十分大胆,以至后人用"共赴巫山"或"云雨之欢"来形容男女之间的欢爱。有意思的是,中国神话中也存在着性爱女神,即向黄帝传授房中术的素女。她的《素女经》不仅是详尽的春宫图,而且还有阴阳相生的养生原理。

2. 由于阿佛洛狄忒与女性性爱的关系,许多以她命名的文学作品都含有情色和女性主义的内容。如澳大利亚作家利奥波德·冯·萨赫-莫索克(Leopold Von Sacher-Masoch,1836—1895)的作品《穿裘皮的维纳斯》含有虐恋和男女权利斗争的内容,于2013年被导演罗曼·波兰斯基拍摄成影片大获成功。法国象征主义、唯美主义作家皮尔·路易斯(Pierre Louys,1870—1925)于1896年出版小说《阿佛洛狄忒》,副标题为《古代风俗》,主人公是青楼女子,写的是一个发生在古埃及亚历山大城的爱情故事。法国女作家阿奈丝·宁(Anais Nin,1903—1977)的女性性文学《维纳斯三角地》(*Delta of Venus*),首次用女性的语言从呈现女性对性的感受角度来探讨灵与肉的问题。根据这本情色小说改编的电影译为《情迷维纳斯》。

3. 阿佛洛狄忒是后世艺术中性感女神的原型,这类女性了解自己的魅力,深谙美貌和身体语言的妙用,能够利用它吸引甚至控制男性。

◇ **当代应用** ◇

婚纱店、女性化妆品等以维纳斯为名的举不胜举、比比皆是,因其意义非常固定,所以容易显得平庸俗气。

◇艺术欣赏◇

希腊人将阿佛洛狄忒视为最美的女神,罗马人坚信他们是女神的后裔。因此,西方人在艺术中对女神的塑造,体现了他们对美的最高追求以及审美品位的变迁。

图1. 米洛的阿佛洛狄忒。因在爱琴海米洛岛发现而得名,是希腊时期的雕刻成品,被誉为最美的女体。许多艺术家曾设计双臂各种动作,但均未得到大众广泛认可,故一直保留现状。女神的长裙将褪未褪,面容端庄,几乎没有表情,具有"高贵的单纯和静穆的伟大",颇有"大象无形"意味。

图2. 文艺复兴时期佛罗伦萨画派的大师波提切利在1485年创作的杰作,现藏于意大利佛罗伦萨的乌菲兹美术馆。波提切利的绘画强调轮廓线条,有时还会为了对美的追求牺牲正常的人体比例。画作中,在蓝色的天空和大海的映衬下,白肤金发的女神格外明丽,她发丝飘逸,身体曲线柔婉,肌肤圆润丰腴。整个画面情调辉煌雅致,大气温馨。尤其耐人寻味的是,在女神娇艳美丽的脸庞上,除了少女的纯洁无邪而又略显羞涩的表情外,一双眼睛微带迷惘和忧思,流露出一种与她涉世未深的年龄及整个画面的喜庆气氛不相和谐的隐

图1 米洛的阿佛洛狄忒
古希腊雕塑
1820年出土,
现藏于法国卢浮宫

约的慵倦、忧郁与哀怨。

图 2　阿佛洛狄忒的诞生
波提切利
Sandro Botticelli
（意大利画家，1445—1510）

图 3. 布格罗 1879 年的作品，现藏于法国奥赛博物馆。布格罗在安格尔画室学习过，一生坚持传统的唯美主义的学院派风格。布格罗作品以高度的优美、技法的全面和理想化的境界为特征，以几乎近似照片的写实绘画风格，创造了梦想中完美的世界，尤其是其笔下女性的形象皆纯真无瑕、恬美安宁，给人以纯洁美好的视觉享受。

图 4. 卡巴奈尔绘于 1863 年的画作，总共绘制了两幅：第一幅现藏于法国奥赛博物馆，第二幅现藏于美国纽约大都会博物馆。卡巴奈尔是法国第二帝国和第三共和国时期沙龙学院派艺术的代表。在这幅画作中，他借鉴了意大利威尼斯画派大师乔尔乔内《沉睡的维纳斯》的构图，让女神无拘无束地躺了下来，在恬静的大自然怀抱中，姿态舒展自然，神态安详闲适，衬托着美丽的身体，性感又高洁，恬淡又诱人。这幅作品在沙龙展出时，引起轰动，后被拿破仑三世购买和收藏。

图3 阿佛洛狄忒的诞生
威廉·阿道夫·布格罗
William Adolphe Bouguereau
（法国画家，1825—1905）

图4 阿佛洛狄忒的诞生
亚历山大·卡巴奈尔
Alexandre Cabanel
（法国画家，1823—1889）

日月双神的诞生

◇早期文献◇

希腊作家卢奇安的《海神对话》中提到赫拉的迫害和勒托在"无形岛"生育的传说。此外,在希腊神话中,阿耳忒弥斯与阿波罗出生并迅速长大后,勒托的形象就几乎消失了。这可能是因为勒托是暗夜女神,所以生出两位明亮的孩子后便退出神话舞台,体现了常见的光明与黑暗的辩证关系。

提坦神中掌管暗与智力的科俄斯(Coeus)[①] 与新月女神菲碧(Phoebe)[②] 的大女儿叫勒托(Leto),是暗夜女神,代表着无星无月的夜。她喜着黑衣,肤白如雪,生性和善,温柔似水。宙斯非常喜爱这位堂姐,使她成了自己的第六位妻子。但在勒托怀孕之时,花心的宙斯移情别恋爱上了赫拉,并将其娶为正妻。天后赫拉生性嫉妒,对

[①] **科俄斯(Coeus)**:乌拉诺斯和该亚之子,十二个提坦巨神之一,司掌暗与智力。菲碧的丈夫,勒托和阿斯忒里亚的父亲。

[②] **菲碧(Phoebe)**:亦译为福柏,乌拉诺斯和该亚之女,十二个提坦巨神之一,新月女神。科俄斯之妻,勒托和阿斯忒里亚的母亲,阿耳忒弥斯和阿波罗的外祖母。她是第一个月亮女神,而阿波罗的别名福珀斯(Phoibos)就来自她,意为"光明、洁净"。

这位怀有身孕的前任尤其不能容忍。她不能允许别的女神先为宙斯生下长子，更何况有一道神谕预言，勒托的孩子将比她的孩子更为强大。于是，赫拉格外残酷地迫害勒托，而宙斯不敢伸手相助旧爱而得罪新婚的妻子，可怜的勒托只好东躲西藏。身怀六甲的女神曾经躲到了德尔斐，但赫拉指使一条名为皮同（Python）① 的巨蟒追杀她，她只好再次逃亡。雪上加霜的是，天后下令不许她在大地上及阳光下分娩。痛苦的勒托求告无门，无处容身。最后，勒托的妹妹星夜女神阿斯忒里亚（Asteria）② 心疼自己的姐姐，挺身而出，化作漂浮的"无形岛"接纳了她。旧情未了的宙斯瞒着赫拉使海底升起四根金刚石巨柱，将这座浮岛固定了下来，命名为得罗斯岛（Delos）。勒托终于有了生产之地，她背靠着一棵棕榈树，先产下女儿阿耳忒弥斯（Artemis），然后在尚是婴儿的女儿的帮助下又生下了儿子阿波罗（Apollo）。当一对儿女都安全分娩时，整个得罗斯岛都笼罩在灿烂的金光之中。吃了神食的阿耳忒弥斯和阿波罗迅速长大成人，而且都文武双全，使赫拉无法再欺侮勒托，勒托才终于寻回了往日平静的生活。

◇**延伸阅读**◇

在中国神话中，日神和月神的母亲是两个人。日神的母亲是羲和，月神的母亲名常羲。《山海经》有云："羲和者，帝俊之妻，生十日。""帝俊妻常羲生月十有二。"

◇**艺术欣赏**◇

图1. 意大利画家弗朗西奇尼的作品，现藏于奥地利维也纳的列支

---

① **皮同（Python）**：巨蟒，瑞亚的儿子，后被阿波罗杀死。
② **阿斯忒里亚（Asteria）**：星夜女神科俄斯与菲碧的女儿，勒托的妹妹，佩耳塞斯的妻子，赫卡忒的母亲。宙斯曾经追求她，她变成鹌鹑躲避。后为帮助姐姐投身大海，变成俄耳堤癸亚岛，后更名为得罗斯岛。

敦士登博物馆。这幅画作运用了大量深浅不一的亮蓝色，使其色调明亮，也许画家想以此象征这一对光明姐弟的诞生。背景中有一位女神身旁有宠物孔雀，是嫉妒的天后赫拉。她的存在，令这幅本来温馨的画面暗藏凶险，暗示着勒托的苦难尚未结束。

图 2. 美国雕塑家莱因哈特 1870 年的作品，现藏于美国大都会博物馆。莱因哈特被认为是最后一个美国古典主义的重要雕塑家。

图 1　勒托及其儿女
玛卡托尼奥·弗朗西奇尼
Marcantonio Franceschini
（意大利画家，1648—1729）

图 2　勒托及其儿女
威廉·亨利·莱因哈特
William Henry Rinehart
（美国雕塑家，1825—1874）

光彩夺目的太阳神阿波罗

◇早期文献◇

公元前7世纪的《阿波罗颂》(*the Hymn to Apollo*) 讲述了阿波罗的诞生和德尔斐作为阿波罗祭仪中心的建立过程。古希腊诗人品达的一些颂歌列举了这位神的主要权能。古希腊亚历山大里亚诗派的诗人卡利马科斯（约公元前305—公元前240）也有一首广为人知的献给阿波罗的赞歌。

阿波罗（Apollo）是神王宙斯和暗夜女神勒托的儿子，是希腊精神的体现。他是一位外形阳光健壮、英俊非凡的美男子，常常头戴桂冠，身背弓箭，手持竖琴，身边围绕着众多缪斯女神。

阿波罗司掌的职能很多。他是光明之神，别号福珀斯（Phoebus），意为"光辉灿烂"。他是真理之神，为人光明磊落，从不说谎。他接替因法厄同事件而引咎辞职的提坦神赫利俄斯（Helios）[①]

[①] **赫利俄斯（Helios）**：老一辈太阳神，提坦神许佩里翁和提坦女神忒亚的儿子，黎明女神厄俄斯和老一辈月亮女神塞勒涅的兄弟。他的妻子是俄刻阿诺斯和忒提斯的女儿佩耳塞斯。他还有许多情人，克吕墨涅是其中一位，为他生了儿子法厄同和女儿赫利阿得斯姐妹。

的职权，成为新一代太阳神。① 他还是位预言之神，上至帝王，下至平民，所有希腊人遇到疑难事情，都要去位于帕那耳索斯山的德尔斐太阳神庙祈求神谕，请他指点迷津。神庙中传达神谕的房间下有直通地层深处的地缝，溢出令人神志恍惚的神秘气体，由年轻处女担任的祭司皮提亚（Pythia）一手拿桂树枝，一手拿奠祭的碗，坐在一个三脚凳上，等待阿波罗附身以谕示预言。阿波罗同时还是文艺神，是诗歌、音乐之神，九位缪斯的领袖，所以他们居住的帕那耳索斯山又被称为诗坛山。他也是医药之神、青春之神，年轻人的保护神。他还是位神射手，被誉为"银弓之神"。阿波罗是希腊神话中最多才多艺的神，是男性美的化身。

总体而言，阿波罗是公正和谐、清醒节制的象征，对他的崇拜体现了希腊人对光明、和谐及自由的向往，对理性、秩序和智慧的追求。德尔斐神庙的两个箴言"凡事莫过度"和"认识你自己"，是希腊人正统民族精神和智慧的表达。

阿波罗的圣木是月桂树，圣动物有狼、天鹅、海豚和乌鸦等。

◇周边链接◇

1. 阿波罗的重要节日有四月下半月的收获节（Thargelia）和九月下半月的摘果节（Pyanopsia）。

2. 17世纪，法国国王路易十四非常崇拜阿波罗，自称"太阳王"，因而在凡尔赛宫和园林中，阿波罗的雕塑数量很多，超过其他任何神。

◇自由解读◇

如何理解阿波罗的形象？ 阿波罗代表古希腊人的美好理想，他的

---

① 详见本书《法厄同的坠落》。

德尔斐神庙是人神之间和谐沟通的直接联系纽带。即使到了当代,阿波罗形象仍然与光明、理性和美密不可分。如在尼采的哲学中,太阳神阿波罗代表了一切表层的美好,即美的外观,指艺术活动带来的幻象。他与酒神被尼采视为希腊精神中古典与浪漫、节制与狂欢两个对立面的象征。

◇延伸阅读◇

1. 在中国神话中,羲和的儿子——十个太阳神——并不具备人形,但是有一定的人性。羲和每天驾龙车带着一个太阳去当值,而这些太阳儿子们调皮,有一天一起出来玩,使大地枯焦,被神射手羿射死了九个。而在南方的楚国神话中,也有一个太阳神的传说,这位太阳神具有健美的人形和成熟的神格,他的名字叫东君。屈原的《楚辞·九歌·东君》描写了他的尊荣、威严和英武。

2. 19世纪诗人雪莱的《阿波罗礼赞》(1820)充满浪漫主义的基调,满怀激情,讴歌了阿波罗所代表的光明和希望。

1

不眠的时刻,当我在睡眠,
　从我眼前扇开了匆忙的梦;
又让镶星星的帷幕作帐帘,
　好使月光别打扰我的眼睛,——
当晨曦,时刻的母亲,宣告夜梦
和月亮去了,时刻就把我摇醒。

2

于是我起来,登上碧蓝的天穹,
　沿着山峦和海波开始漫行,
我的衣袍就抛在海的泡沫上;

我的步履给云彩铺上火,山洞
充满了我光辉的存在,而雾气
让开路,任我拥抱青绿的大地。

3

光线是我的箭,我用它射杀
  那喜爱黑夜、害怕白日的"欺骗",
凡是作恶或蓄意为恶的人
  都逃避我;有了我辉煌的光线
善意和正直的行为就生气勃勃,
直到黑夜来统治,又把它们消弱。

4

我用大气的彩色喂养花朵、
  彩虹和云雾;在那永恒的园亭,
月球和纯洁的星星都裹以
  我的精气,仿佛是裹着衣裙;
天地间,无论是什么灯盏放明,
那光亮归于一,必是我的一部分。

5

每到正午,我站在天穹当中,
  以后我就迈着不情愿的步履
往下走进大西洋的晚云中;
  看我离开,云彩会皱眉和哭泣:
我要自西方的海岛给它安慰,
那时呵,谁能比我笑得更妩媚?

6

我是宇宙的眼睛,它凭着我
  看到它自己,认出自己的神圣;

一切乐器或诗歌所发的和谐,
　一切预言、一切医药、一切光明
(无论自然或艺术的)都属于我,
胜利和赞美,都该给予我的歌。①

3. 1928 年,美籍俄国作曲家伊戈尔·菲德洛维奇·斯特拉文斯基(Igor Fedorovitch Stravinsky,1882—1971)创作了芭蕾舞剧《众神领袖阿波罗》,1928 年在巴黎公演。

4. 1942 年,法国剧作家让·吉罗杜(Jean Giraudoux,1882—1944)创作了歌剧《马塞的阿波罗》。剧中阿波罗化身的发明家建议女主人公对每个男人都说"你真英俊",从而以异性的认同激发其能量、获得其配合。

5. 英国诗人约翰·济慈(John Keats,1795—1821)和奥地利诗人赖纳·马里亚·里尔克(Rainer Maria Rilke,1875—1926)都写过著名的诗歌歌颂阿波罗。法国诗人保尔·瓦雷里(Paul Valery,1871—1945)选择了太阳神的祭司作为他的主角,在《德尔斐女祭司》中描绘了被太阳神控制的女人(女祭司只有在附身状态下才能说出神谕)的恐惧和痛苦,隐喻了失去独立自我、成为艺术精神喉舌的艺术家的恐惧和痛苦。

6. 阿波罗是理性的成功人士的原型,这类人物衣着光鲜、理智沉着,在生活和工作中都追求秩序,缺乏激情和柔情,害怕混乱。

◇ **当代应用** ◇

1. 美国从 1961—1972 年进行的一系列载人登月飞行任务被称为"阿波罗工程"。

---

① [英]雪莱:《雪莱抒情诗选》,查良铮译,人民文学出版社 1999 年版,第 122 页。

2. 作为洁净、光明的象征，一些相关商业常以阿波罗命名，如阿波罗卫浴、阿波罗眼镜等。

◇艺术欣赏◇

莱奥卡雷斯（Leochares）是希腊古典后期的雕刻家，曾与斯珂帕斯（Scopas）共同创作了"古代世界七大奇迹"之一的摩索拉斯（Mausoleum）陵墓雕刻。他最著名的传世之作，就是这尊《伯维德尔的阿波罗》（Apollo Belvedere），原作是青铜作品，因为收藏于罗马的伯维德尔宫而得名。学术界一般认为，这件作品与法国卢浮宫收藏的《凡尔赛的阿耳忒弥斯》同为莱奥卡雷斯的作品。这尊雕像被西方人视为"身材最美的男子"，因而"伯维德尔的阿波罗"一词成为"美男子"的别名。

伯维德尔的阿波罗
大理石雕塑
约公元前 330 年

英姿勃勃的月亮女神阿耳忒弥斯

◇**早期文献**◇

很多古典诗人都曾作诗歌颂阿耳忒弥斯女神,如古希腊的荷马、品达、卡利马科斯等。

阿耳忒弥斯(Artemis)是神王宙斯和暗夜女神勒托的女儿,太阳神阿波罗的孪生姐姐。她刚呱呱落地,就帮助母亲接生了弟弟,因此是产妇的保护神,也是儿童和所有哺乳动物的保护神。她还是狩猎女神,与弟弟一样,总是背着弓箭,是一位神射手。所有的野生动物都是她的圣动物,其中鹿和猎狗尤其受她宠爱。她以贞洁著称,是位处女神,要求跟随她的仙女都要发誓永葆贞洁,谁要违背了誓言,就会受到她严厉的处罚。

在阿耳忒弥斯出生之前,已经存在三位月亮女神。最初一位是提坦神族中的菲碧,阿波罗和阿耳忒弥斯的外祖母,她代表着弯弯月牙,是新月女神。其后,菲碧的侄女满月女神塞勒涅(Selene)[①] 驾

[①] **塞勒涅(Selene)**:满月女神,天帝乌拉诺斯和地母该亚的孙女,提坦神许佩里翁(Hyperion)和提亚(Thea)的女儿,与哥哥太阳神赫利俄斯(Helios)、妹妹黎明女神埃奥斯(Eos)合称光明三兄妹。其拉丁名为露娜(Luna)。

着银车在天空当值。再后，菲碧的另一个外孙女、星夜女神阿斯忒里亚之女赫卡忒（Hecate）[①] 在月黑之夜出现，是月阴女神。阿耳忒弥斯成为新一代月亮女神后，上述三者的神职都集中在她一人身上。

阿耳忒弥斯具有强烈的个性，英气勃勃、独立坚强。在罗马神话中她被称为戴安娜（Diana）。

◇ **词汇履历** ◇

因为月亮女神是一位处女神，所以"成为黛安娜"（to be a Diana）意为终身不嫁，独身。

◇ **周边链接** ◇

1. 布若洛尼亚节（Brauronia）是阿耳忒弥斯的节日之一，一些少女要身着黄衣，在月亮女神庙里度过一年时间。这个节日与被赫拉变成熊的卡利斯托有关。[②]

2. 陶洛波拉节（Tauropolia）是阿耳忒弥斯的另一个重要节日。人们在夜间狂欢，并举行用剑象征性地割一个男人的仪式。欧里庇得斯认为这个仪式再现了俄瑞斯忒斯险些被未开化的陶里斯人作为祭品献给月亮女神的故事。[③]

3. 以弗所的阿耳忒弥斯神庙（遗址位于今土耳其塞尔丘克市），相传由亚马逊人修建，是古代世界七大奇迹之一。公元前

[①] **赫卡忒**（Hecate）：月黑之夜的月阴女神，提坦神菲碧与科俄斯的外孙女，母亲是勒托的妹妹星夜女神阿斯忒里亚，父亲为破坏神佩耳塞斯（Perses）。因为她在月黑之夜出现，人们又把她与黑暗的行为和邪术联系起来，称她为"岔路女神"，其形象为三头三身六臂。

[②] 详见本书《大熊星座的由来》

[③] 歌德的剧本《陶里斯的伊菲革涅亚》讲述了相关故事。

356年7月21日，被一个为出名不择手段的年轻人黑若斯达利斯纵火焚毁。人们逮捕了罪犯，处死了他，并禁止谈论他的名字。但这个疯狂的年轻人和他的"壮举"被史学家泰奥彭波斯记录了下来。后来，人们以这个臭名昭著的名字指代那些因为不好的事情而获得名声的人。

◇**延伸阅读**◇

1. 在中国神话中，常羲的十二个月亮孩子既无人形也无人性，后来常羲演变为嫦娥，成为人们普遍认可的月神形象。嫦娥最著名的故事就是她窃药奔月，最早载于《淮南鸿烈解》，"羿请不死之药于西王母，姮娥窃以奔月"，这时她是一个背叛丈夫独自升天的女性形象。后来文人们将心比心，描写她的空虚寂寞冷，她又转变成一位娴静美丽、独守凄凉的仙子形象。

2. 英国诗人本·琼森（Ben Jonson，1572—1637）曾写有《月亮女神颂》：

> 王后和女猎手，贞洁而美丽。
> 如今那太阳已躺倒安睡。
> 像往常一样，你端坐银椅，
> 保持着一贯端庄的仪态；
> 黄昏星向你祈求着光明，
> 哦，女神，你明艳无比。
>
> 大地啊，莫让你嫉妒的阴影
> 斗胆来干预；当白日结束，
> 月亮那闪闪发光的躯体
> 将用来清洁天宇；明艳

>　　无比的女神啊，请用我们
>　　所想望的景观祝福我们。
>　　卸下你的珍珠弓，还有
>　　那水晶一样闪闪发光的箭袋。
>　　请给那飞跑的公鹿喘息的
>　　时间，哪怕只有一瞬间；
>　　明艳无比的女神啊，是你
>　　把黑夜变得亮如白昼。①

3. 很多作家以这位女神为题创作反映同时代女性，例如文艺复兴时期意大利诗人薄伽丘（Giovanni Boccaccio，1313—1375）的诗歌《戴安娜狩猎曲》描绘宫廷贵妇的狩猎场景，19世纪英国作家乔治·梅瑞狄斯（George Meredith，1828—1909）的长篇小说《十字路口的戴安娜》塑造了一位追求妇女解放的女性。

4. 阿耳忒弥斯是女权主义者的最初原型，她照顾妇女儿童，追求自由和独立，是离不开大自然的野性女子。

◇艺术欣赏◇

布歇1742年的作品，现藏于法国卢浮宫。很多画月亮女神的作品，为了表明女神的身份都会给她戴上这个类似孙悟空金箍的标志性月牙头饰。作为洛可可风格的代表画家。布歇虽然以四周的弓箭、猎犬。猎物强调了女神的猎手身份，但为了迎合当时闺中贵妇的审美赋予了女神白皙粉嫩的肌肤，而忽略了她应有的强健和英气。

---

① 参见［美］查尔斯·米尔斯·盖雷编著《英美文学和艺术中的古典神话》，北塔译，上海人民出版社2005年版，第52—53页。

戴安娜出浴

弗朗索瓦·布歇

Francois Boucher

(法国画家，1703—1770)

全能的智慧女神雅典娜

◇ 早期文献 ◇

卢奇安在《诸神对话》中讲述了雅典娜从宙斯头颅中出生的情形。

雅典娜（Athena）是神王宙斯和他的第一个妻子——大洋女神墨提斯之女。她的出生颇为传奇，是从宙斯的脑袋里蹦出来的。当年，宙斯为了防止神谕中会推翻自己统治的儿子出生，将怀孕的墨提斯吞入腹中。不久，他头痛难忍，于是命人将头颅劈开，全身铠甲的女神雅典娜呐喊着冲了出来。

在众神之中，宙斯是最有威力的，墨提斯是最聪明的，他们的女儿雅典娜集中了父母的优点，成为智慧和力量的化身。她既是智慧女神，也是女战神。尽管被尊为女战神，但雅典娜并不好战，更喜欢用和平手段解决争端，是和平的庇护者。作为战神，她更多以计谋取胜，是战术的发明者。同时，她还是法律和秩序的保护神。据说，希腊最早的法庭，雅典有名的阿瑞俄帕戈斯法庭（Erynnyes）就是她设立的。

雅典娜还是技艺之神。海神波塞冬送给了人类第一匹马，而雅典娜教会人们用成套的马具驯养马。她发明了车、船、陶器、犁和耙、纺锤和织布机等用具，并向希腊人传授制造和使用它们的技术，因此又被认为是织布技术的创造者，农业和园艺的保护神。据说，笛子和鼓也是她发明的。总之，雅典娜是科学技术的庇护者，是智慧的来源。

雅典娜的罗马名字是弥涅瓦（Minerva）。猫头鹰在黑暗中能洞察一切，被视为智慧的象征，是她的圣鸟；蛇在古希腊被视为家宅保护精灵，是她的圣兽；希腊盛产的橄榄树，代表着和平富足，是她的圣木。帕特农神庙（Parthenon）① 是供奉雅典娜女神的最大神殿，规模宏伟，坐落在雅典卫城中央最高处。庙内供奉着一尊著名雕塑家菲迪亚斯亲手制作的女神像，用香木雕塑，镶嵌着黄金和象牙。神像身着长袍，头戴战盔，盔上有三个怪兽，中间是斯芬克斯（Sphinx）②，旁边两个为格里芬斯（Griffins）③，象征守卫森严，以示雅典娜是雅典的守护神。神像右手托着胜利女神尼刻（Nike）④，左手向下持埃癸斯盾，象征女神战无不胜。

雅典娜是宙斯最宠爱的女儿，也是希腊人最崇敬的女神。在古希腊，人们感慨和祈祷时喜欢说"哦，宙斯、雅典娜、阿波罗"。神王排在第一位，第二位就是雅典娜，太阳神阿波罗只能排第三，可见雅典娜在古希腊人心中的地位之高。

雅典娜是处女神，既无丈夫亦无情人，对爱情毫无兴趣，但她是

---

① **帕特农神庙（Parthenon）**：即雅典娜女神庙，帕特农原意为贞女，是雅典娜的别名。神庙建于公元前5世纪伯里克利当政时期，全部用白色大理石筑成，建筑比例方面体现了建造者对毕达哥拉斯定理的娴熟运用。神庙中有全希腊最高大的女神像，高达12米。神庙于1637年毁于战争，其残片被英国人埃尔金运回英国。1816年由国家购置，现藏于大英博物馆。帕特农神庙是古希腊全盛时期建筑与雕塑的最杰出代表。

② **斯芬克斯（Sphinx）**：狮身人面妖，万怪之母厄喀德那和其子皮同的女儿。她上半身像美女，背后有双翅，下半身是狮子，还有一条蛇尾。

③ **格里芬斯（Griffins）**：狮身鹰首，长着威力巨大的翅膀，在希腊神话中是代表守护的神鸟。

④ **尼刻（Nike）**：胜利女神，是提坦神克瑞俄斯和谟涅摩绪涅之子帕拉斯与三千大洋女神之首斯提克斯的女儿，身后长有双翼。

城市家庭生活的保护神,所以她不仅与放纵爱欲的阿佛洛狄忒相冲突,而且与野外狩猎的阿耳忒弥斯也形成对立。

◇ **词汇履历** ◇

把猫头鹰送到雅典(send owls to Athens),意为多此一举,徒劳无益。因为雅典盛产猫头鹰。

◇ **周边链接** ◇

泛雅典娜节:或译为普林特里亚(Plynteria)节。每年7月份,祭司选择一些贵族家庭的女孩为女神编织衣服,打扮女神像,再选择一些男孩将神像抬到大海里清洗,并在净化后带回。

◇ **自由解读** ◇

1. 如何理解雅典娜神奇的出生方式? 雅典娜从宙斯头颅中生出,只认其父,不知其母,是父权制已经在社会上占有绝对地位的表现。这一传说代表了当时古希腊社会的信念,即真正赋予孩子生命的是父亲,父亲才是真正的家长。

2. 如何理解雅典娜对男性英雄的庇护? 在神话传说中,雅典娜与维护女性的大地母神大相径庭,她宠爱和帮助的往往是男性英雄,一定程度上是现实生活中女性地位下降的折射。

◇ **延伸阅读** ◇

1. 中国古代神话中虽然没有智慧女神的形象,却有一位接近女战神角色的女仙,即九天玄女。她是中国道教神仙体系中的一位女神,是兵法天书的传授者,英雄的救助者,是战争中正义方的代表。根据《龙鱼河图》《黄帝内传》所云,她在黄帝与蚩尤的战争中起到了重要作用。正是靠着九天玄女赐予的天书兵符和军事用具，黄帝才取得了最终的胜利。

2. 《祷歌之三十二》中这样赞美雅典娜：威严的帕拉斯，伟大宙斯独生的女儿，庄重善心的女神，你有无畏和战斗的心！可言又不可言，伟大是你名。你喜居洞穴，统领崇山之巅，多荫的山峦峡谷使你心迷醉。好战的女神啊，你疯狂折磨凡人的灵魂，强悍的少女啊，你心肠多么可惧！你杀戈耳戈，厌逃婚床，眷爱艺术，你带给恶者恐慌，把理智留给善者。你生为男性和女性，好战又智慧，千变的龙，爱神圣的疯狂，你摧毁弗勒格拉斯的巨人，显赫的女骑士哦！特里托格尼亚，解除不幸，又送来胜利！白天黑夜，在短暂时日，求你永听我的祈祷，赐我以丰盛的和平，富饶并健康，还有美好的季节，创始艺术、众所尊崇的明眸神后！①

3. 荷马颂歌《致雅典娜》里写道：

> 我开始歌唱明眸的帕拉斯·雅典娜，城市的守卫者。
> 她是畏惧，她与阿瑞斯同样喜好战争，
> 那被掠夺的城池，充满战争的呐喊。
> 那些走出去战斗的人，被她拯救并归来。
> 啊！女神，你赋予我们祝福与欢乐！

从颂歌中我们可以看出荷马时代雅典娜在人们心目中主要是一位女战神而非智慧女神，但她与男战神阿瑞斯有明显的区别，从战斗的人"被她拯救并归来"一句可以看出女神更加仁慈并在战争中常胜的一面。所以人们把雅典娜视为赋予"祝福与欢乐"的女神，称她为"城市的守卫者"，表现出对她的敬重与喜爱。

---

① 吴雅凌编译：《俄耳甫斯教祷歌》，华夏出版社2006年版，第65—66页。

4. 荷马时代，通过《荷马史诗》也能认识雅典娜女神在人们心中的形象。《伊利亚特》中，主要表现了雅典娜热衷参与战争的一面，她不仅武力高强，还善于计谋。此外，还表现了她精通各种手工艺的一面，她不仅亲手为自己缝制了彩色战袍，还给赫拉制作了精美长袍。在《奥德赛》中，雅典娜则主要作为智慧的象征出现。女战神的一面虽然没有完全消失，但已经逐渐隐去，虽仍然披甲携枪，但不再有好战的倾向。她是智慧的奥德修斯的庇护神，与之亦师亦友。忒勒玛科斯的成长、佩涅罗佩的守候、奥德修斯的回归都是在她的精心策划下完成的。同时，雅典娜教会妇女们纺织，教给工匠们各种技巧，并且传授给人们航海技术，是智慧的来源，是热爱人类的守护神。

雅典娜形象是随着希腊社会文明的进步和发展而变化的，当社会整体由依靠武力发展到崇尚理性之后，女神职能也就相应发生了改变。

5. 英国学者马丁·贝尔纳（Martin Bernal）著有《黑色雅典娜》一书，寻求西方古典文明的亚非源头。认为文明起源于亚非语文化，但18世纪后，由于种族主义的原因，这些亚非语影响被系统地忽视、否认或压制了。

6. 雅典娜是聪明的女人或女学者的原型。这类人物通常意识不到自己的女性魅力，聪明冷静，不受情绪摆布，有良好控制力，往往能融入男性团体，但并未与他们有染，只是与他们建立友情或结盟。

◇ **艺术欣赏** ◇

图1. 格兹乌斯1611年的作品，现藏于荷兰的弗兰斯·哈尔斯博物馆。女神雅典娜位于画作中心，她头戴战盔，一手持长枪，另一臂靠在镶有美杜莎之头的盾牌上。在她腿边有象征智慧的宠物猫

头鹰，脚下有文具和书本，背后是弥达斯国王。

图2. 斯普朗格1591年的作品，现藏于奥地利维也纳艺术史博物馆。斯普朗格是风格主义画家，画风略显夸张，人体姿态往往有些变异。

图1　雅典娜
亨德里克·格兹乌斯
Hendrick Goltzius
（荷兰画家，
1558—1617）

图2　雅典娜
巴托罗美奥·斯普朗格
Bartholomeus Spranger
（佛兰德斯画家，
1546—1611）

暴戾的战神阿瑞斯

战神阿瑞斯（Ares）是神王宙斯和天后赫拉之子。他英俊强壮、相貌堂堂，但好战暴戾，嗜血成性，是一个典型的战争狂。他每次出行都全身披挂，铠甲闪亮，手持长矛和盾牌，带着他的圣宠——猎犬和秃鹫。当他出现在战场上时，往往被一群同样可怕的伙伴簇拥着，其中有恐怖与威吓之神福波斯（Phobos）①、惊慌与畏惧之神得摩斯（Deimos）②、毁城女神厄倪俄（Enyo）③、不和女神厄里斯（Eris）④ 等。

同样为战神，与追求和平和正义的雅典娜不同，阿瑞斯专司不义之争，而且有勇无谋，并不善战。他几次与雅典娜相斗，都以失败告终。一旦受伤，他就号哭痛叫，全无半点英雄气概。在特洛伊战争中，有一次英雄狄奥墨得斯拿枪刺中了他，他不仅痛得大声哭叫，还跑去向父亲宙斯哭诉，后来在单挑雅典娜时，更是输得颜面扫地。他还曾被波塞冬的两个巨人儿子阿罗伊代兄弟（Aloadae）⑤ 击败，囚禁在一个铜缸里十二个月。诸神大都不喜欢他，甚至他的父母也是如

---

① 福波斯（Phobos）：阿瑞斯和阿佛洛狄忒之子，恐怖与威吓之神。
② 得摩斯（Deimos）：阿瑞斯和阿佛洛狄忒之子，惊慌与畏惧之神。
③ 厄倪俄（Enyo）：阿瑞斯之女，毁城女神。在罗马同女战神柏隆娜相混。
④ 厄里斯（Eris）：黑夜女神尼克斯之女，不和女神，是争吵和冲突的化身。
⑤ 阿罗伊代兄弟（Aloidae）：海神波塞冬和伊菲墨狄亚的一对孪生子，俄托斯和厄菲阿尔忒斯。兄弟两人身材高大、力大无比。

此。唯独阿佛洛狄忒爱他，做了他的情人，而他也只有在这位爱神的怀抱中才能得到歇息。

阿瑞斯是希腊神话中唯一代表暴力的主神，是智慧的大敌，人类的灾祸，他的形象十分负面。但是在罗马，这位战神的地位却很高。他的罗马名是玛尔斯（Mars），是罗马城和罗马军队的守护神，是勇敢和纪律的象征。根据罗马神话，战神曾与维斯塔贞女瑞娅·西尔维亚结合，生下了两个儿子罗穆路斯（Romulus）和雷穆斯（Remus）。当瑞娅的国王父亲发现女儿失贞生子时，下令遗弃两个新生儿，但是一头母狼喂养了他们。他们长大成人后，建功立业，成为罗马城的缔造者。在罗马人心目中，战神绝不是希腊人所描述的那个哭哭啼啼的卑鄙形象，而是一位令人敬畏、战无不胜的伟大神祇。

◇ **星空知识** ◇

猩红色的行星火星以战神阿瑞斯的罗马名字玛尔斯（Mars）命名，罗马历的第一个月（公历中的三月 March）也来自战神。火星有两颗卫星，分别以战神的两个儿子命名：火卫一是福波斯（Phobos，意为恐怖），火卫二是得摩斯（Deimos，意为可怕）。在中国，火星也被称为荧惑，《广雅·释天》云："荧惑谓之罚星，或谓之执法。"

◇ **词汇履历** ◇

战神阿瑞斯被视为男性的象征，故其罗马名字玛尔斯（Mars）产生的词根 mas– 就有"男性、阳刚"之意，组成的词有 masculine "男性的"、emasculate "阉割"等。

◇ **自由解读** ◇

希腊人为什么不太尊崇战神阿瑞斯？ 在希腊神话中，神人同形同性，众神身上都具有种种人性化的缺陷，如神王宙斯的好色，天后赫拉的嫉妒，甚至最正面的雅典娜也曾把向自己挑战的女孩变成蜘蛛，但他们都仍然受到尊崇。为什么对阿瑞斯，人们更多的是敬畏而非崇拜呢？一方面是因为阿瑞斯代表着暴力、欲望、血腥、残忍，与崇尚理性和人文主义的希腊思想截然相悖。另一方面，是历史发展的结果。在文明初期，希腊人依靠武力开拓疆土时崇拜他，但进入黄金时代后，人们更加重视生产和贸易，他的地位就直线下降了。

◇ **延伸阅读** ◇

1. 在中国古代神话中，早期的战神称号可以颁发给蚩尤。他不仅勇猛彪悍，而且多谋善战，黄帝一度被他压制，后得九天玄女帮助才取得胜利。可惜成王败寇，他的形象逐渐被丑化，成为叛乱者的象征。后来，关羽逐渐成了人们普遍公认的战神形象，这和《三国演义》中他被成功塑造为"忠义"的象征有关，是中国正统儒家文化建构的体现。

2. 阿瑞斯是四肢发达、头脑简单的男子原型。这类人物喜欢运用武力，性格鲁莽冲动，不爱动脑筋，不顾后果。

◇ **艺术欣赏** ◇

图1. 鲁本斯1638年的作品，现藏于意大利佛罗伦萨的皮蒂宫。这幅画作的中心是爱神力图阻止战神出征，而战神和他的一批随从已经迫不及待要出发了。扔在地上的乐器和书本，表现了战争对艺术和文明的破坏。整幅画作色彩热烈，充满动感。

图2. 大卫的作品，现藏于法国卢浮宫。大卫是古典主义画派的奠基人，画风严谨，技法精湛。画作中，战神阿瑞斯已被雅典娜从战车上击落，摔倒在地，头盔和武器散落一旁。他双目大睁，仿佛对自己的失败感到不可置信。雅典娜气定神闲地立于他身前，阿佛洛狄忒

母子则在空中焦急地看着这一切。

图1 阿瑞斯出征

彼得·保罗·鲁本斯

Peter Paul Rubens

(佛兰德斯画家,1577—1640)

图2 雅典娜击败阿瑞斯

雅克-路易·大卫

Jacques-Louis David

(法国画家,1748—1825)

巧手的火神赫淮斯托斯

雅典娜女神从神王宙斯的头颅中出生后,天后赫拉决定不靠丈夫的帮助,也独自生一个孩子,这就是赫淮斯托斯(Hephaestus)。可悲的是,这孩子生来相貌丑陋,在皆为俊男美女的神祇中就像个笑话。高傲的天后对自己的作品既厌恶又尴尬,恨不得将他毁尸灭迹,于是把他从奥林匹斯神山上扔了下去。可怜的赫淮斯托斯摔到海里,腿脚受伤,成了瘸子。幸好善良的海洋女神忒提斯(Thetis)[①]收养了他,并把他送到独目巨人那里学习手艺。赫淮斯托斯天生心灵手巧,又有名师教导,很快成了一位杰出的工匠和艺术家。

有了一技之长后,赫淮斯托斯决心报复遗弃自己的母亲。他造了一个美妙绝伦的黄金宝座,通过祭司匿名献给赫拉。赫拉见到这件精美的艺术品,非常喜欢,认为它高贵典雅,配得上自己天后的身份,于是仪态万方地坐了上去。没想到她一坐下,就触动了机关,被锁链牢牢地缚在了宝座上面。众神赶来相救,但这机关巧夺天工,无人能解。众神束手无策,只得去找设计者赫淮斯托斯。暴躁的阿瑞斯首先

---

① 忒提斯(Thetis):海上老人涅柔斯和大洋女神多里斯的女儿,英雄阿喀琉斯的母亲,海洋女神。她是五十个涅瑞伊得斯姐妹当中最美丽的一位,宙斯和波塞冬都向她求过婚,但当他们得知忒提斯之子必将胜过其父时,就放弃了这个念头,并决定让她嫁给凡人。佩琉斯成了这个幸运的凡人,在他与忒提斯的婚礼上,由于忘记邀请不和女神厄里斯,厄里斯怒而投下刻有"送给最美丽的女神"的金苹果,导致了后来长达十年的特洛伊战争。详见本书《婚礼上的金苹果》。

出马，用武力恐吓他，被他用火炬赶走。随后而至的众神威逼利诱，他也一概置之不理、不为所动。最后，酒神狄俄尼索斯用美酒软化了他的意志，趁醉把他哄到了奥林匹斯神山上。他醒后提出开锁条件，要求赫拉承认他这个儿子，给予他相应的尊贵地位，并要求娶最美的女神阿佛洛狄忒为妻。达成协议后，他与母亲和解，娶了娇妻，并很快成了奥林匹斯神山不可或缺的十二主神之一。

其后，赫淮斯托斯不计前嫌，一直对母亲十分忠诚。当赫拉触怒宙斯时，只有他出面维护赫拉，结果激怒了宙斯，再次被扔下了奥林匹斯神山，掉到了希腊勒谟诺斯（Lemons）岛上。那里的人们照料他，为他建立了神庙。赫淮斯托斯这个词，希腊文就是火神的意思，这里的火更多指的是炉火。其实准确说，赫淮斯托斯应该被称为匠神。他是铁匠和木匠的保护神。他和雅典娜在城市生活中占有重要地位，因为他们都是手工业者的守护神，而手工业和农业同为文明的支柱。赫淮斯托斯的罗马名字是伏尔坎（Vulcan）。

◇ **词汇履历** ◇

据说火神赫淮斯托斯冶炼的地方在火山，因此他的罗马名（Vulcan）成为英语中火山（Volcano）的词源。

◇ **自由解读** ◇

赫淮斯托斯和赫拉反映了怎样的亲子关系？ 赫淮斯托斯的出生和经历，反映了父母与子女的一种关系。子女也许不能满足父母的期望，但若是虚荣的父母因此而迁怒或舍弃子女的话，会在他们真正的价值被发现之前，给他们造成极大的伤害。

◇ **延伸阅读** ◇

1. 在中国古代神话中，祝融被认为是远古时期的火神，水神共工是他的儿子。有的传说认为，祝融最初只是上古时期的火官，死后被尊奉为火神；还有传说认为，祝融是远古时期的南方之神或五帝之一。随着时间的推移，后来人们普遍认可祝融是火神，用他来象征火，他已经成了融自然神、社会神、民间信仰和官方信仰为一身的神话人物。

2. 赫淮斯托斯是技术宅男的原型。这类人物一般专心学术，不修边幅，不易与周围的人建立良好的情感沟通。

◇**艺术欣赏**◇

图1. 鲁本斯1638年的作品，现藏于西班牙普拉多博物馆。艺术

图1 赫淮斯托斯

彼得·保罗·鲁本斯

Peter Paul Rubens

（佛兰德斯画家，1577—1640）

家喜欢把火神塑造成铁匠的形象,这幅作品也是如此。图中赫淮斯托斯正在为宙斯锻造闪电。

图2. 布歇1754年的作品,现藏于英国伦敦的华莱士收藏馆。艺术家把火神和爱神放在一起时,常常强调这对夫妻的不般配感。布歇用肤色的对比凸显了这一点。同时,火神深情地看着妻子,爱神却偏过了脸,这暗示了他们的夫妻关系。

图2 火神与爱神

弗朗索瓦·布歇

François Boucher

(法国画家,1703—1770)

众神围观火神捉奸

◇早期文献◇

奥维德的《变形记》第 4 卷和卢奇安的《诸神对话》都讲述了这个捉奸故事,卢奇安的《公鸡》提到了阿瑞斯对导致他奸情败露的失职侍从的惩罚。

爱与美之女神阿佛洛狄忒嫁给了貌丑又不解风情的火神赫淮斯托斯,很不开心。赫淮斯托斯醉心于设计与打造,经常驻守在火山旁的工作室里,阿佛洛狄忒不甘寂寞,红杏出墙。女神最喜欢的一个情人,是身材健美、精力充沛的战神阿瑞斯,两人常在火神外出工作的时候在女神的房中偷情。阿瑞斯有一个年轻侍从,名叫阿勒克特里翁(Alectrion),他受命于二神幽会时在门口放哨,一方面警惕着不让人发现;一方面在黑夜将尽、黎明到来前通报,好让战神及时离去。但是有一天,阿勒克特里翁在放哨时睡着了,直到太阳升起也没有醒来。太阳神阿波罗驾驶着太阳车出巡经过,发现了阿瑞斯与阿佛洛狄忒的风流韵事,并告知了赫淮斯托斯。被戴了绿帽子的丈夫怒不可遏,打造了一张比蛛丝还细、比钢筋还结实的大网,把正在私会的二人罩住,并请众神来评理。两神赤身裸体、狼狈不堪,在众神面前出了大丑。不过,很多年轻的男神还是很羡慕阿瑞斯的,他们认同神使赫耳墨斯的话:能够和阿佛洛狄忒这样的绝色美人春风一度,即使出丑也值得。尽管如此,阿瑞斯事后还是迁怒于失职的阿勒克里翁,把他变成了一只公鸡,让其从此以后必须日日打鸣报晓。而恼羞成怒的阿佛洛狄忒则迁怒于告密的阿波罗,使太阳神的感情从此一路坎坷。

◇自由解读◇

1. 如何理解阿佛洛狄忒的风流? 古希腊人认为,阿佛洛狄忒作为爱神,是情爱的人格化,是生殖力的化身,这就决定了她不可能成为贤妻良母式的女神。她的风流韵事越多,促进生殖的作用就越强。如果她谨守贞洁,就意味着生殖力衰退,也就意味着不育、贫瘠和荒芜。

2. 为什么希腊人喜欢让阿佛洛狄忒与阿瑞斯结合? 尽管阿佛洛狄忒与阿瑞斯不是合法的夫妻,不过希腊人似乎认为这两位神是比较般配的,从传说中两人儿女的情况就可以看出。阿佛洛狄忒最著名的儿子小爱神爱洛斯(Eros),据说就是阿瑞斯与她的爱情结晶。他们还有一个女儿叫哈尔摩尼亚(Harmonia),"和谐"(harmony)一词就借用了她的名字。可见希腊人认为,阿瑞斯作为男性和力量的象征,阿佛洛狄忒作为女性和美的化身,他们的结合是力与美的结合,所以是"和谐"的。

◇艺术欣赏◇

丁托列托约 1552 年的作品,现藏于德国慕尼黑的老绘画陈列馆。丁托列托是 16 世纪意大利威尼斯画派的大师,是提香最杰出的弟子。在继承所谓"提香的色彩"的同时,他打破了师父过于柔媚甜腻而显得悦人有余而感人不足的画风,学习富有激情的"米开朗基罗的造型",在画作中注入紧张的情绪和戏剧性的冲突。他的这幅画作采用了幽默诙谐的轻喜剧式言说,显然目的并非谴责偷情的女神。画中女神姿态放肆、表情优雅地接受丈夫的检查,她年轻丰满、白嫩莹润的身体和老态龙钟、弓腰驼背的丈夫形成鲜明对比。战神从藏身处伸出脑袋,因窥到这幕而偷笑。小爱神在一旁酣睡,小狗在冲战神摇尾巴,看来都对战神很熟悉,所以毫不设防。这幅画表明了意大利人文艺复兴后期审美情趣走向享乐主义的倾向。

火神捉奸

丁托列托

Jacopo Robusti Tintoretto

(意大利画家,1518—1594)

机灵的神使赫耳墨斯

◇**早期文献**◇

阿波罗多洛斯在《书藏》第3卷中介绍了赫耳墨斯的身世及其刚出生时的壮举。卢奇安的《诸神对话》中讲到了赫耳墨斯一出生就具有的神偷手段,以及他后来承担的多项职务和繁忙工作。

宙斯爱上了普勒阿得斯七姐妹（Pleiades）[①] 中的大姐——温柔美丽的迈亚（Maia）[②]，与之结合，生下了机灵的赫耳墨斯（Hermes）。

赫耳墨斯生来聪明伶俐，刚出生没多久就爬出摇篮满地乱跑。他看到洞口有一只乌龟经过，就把它捉住，并开动脑筋，搞起发明。他剥下龟壳，蒙上牛皮，用羊肠制成弦，装上树枝做管头固定，世界上第一把竖琴诞生了。赫耳墨斯弹起竖琴，自娱自乐了半天。但他很快又厌倦了，于是抛下这个玩具，又去寻找新乐子。他出了居所，跑到了他尚未谋面的同父异母的哥哥太阳神阿波罗的牧场里。这时的阿波罗正在为一段恋情而纠结，疏忽了对牛群的照管，赫尔墨斯趁机潜入

[①] **普勒阿得斯七姐妹（Pleiades）**：是提坦神阿特拉斯和水泽仙女普勒俄涅的女儿。
[②] **迈亚（Maia）**：提坦神阿特拉斯与水泽仙女普勒俄涅之女，普勒阿得斯七姐妹中的大姐，居住在阿耳卡狄亚的库勒涅山中。

牛棚，一口气偷走了五十头牛，这使他获得了畜牧之神的称号。聪明的赫尔墨斯为了防止脚印泄露行踪，不仅用树枝边走边扫，把自己的脚印抹得干干净净，而且让牛群倒着走路，造成了牛群走向相反方向的假象。当他顺利地把牛赶回家，藏在附近的一个大山洞里，并杀死了最好的两头献祭给诸神后，这次行窃也就算成功了，他也因此成了盗窃之神。

阿波罗发现自己的牛被偷后，连忙去寻找。作为真理之神和预言之神，他并没有被赫耳墨斯的花招所惑，而是利用神通很快找到了这位年幼的偷神居住的山洞。这时赫尔墨斯跳回摇篮里，装出一副天真无邪的样子。阿波罗向他索要自己的牛，他却假装无辜地表示：自己不过是个刚出生的小婴儿，最纯良无害了，怎么会去偷牛呢？这一定是个误会！赫尔墨斯扮傻装痴、百般抵赖，阿波罗啼笑皆非，只好带他上奥林匹斯神山请宙斯评理。宙斯自然知道真相，但对顽皮的小神颇为纵容，并未惩罚，只是笑着命令他把牛还给阿波罗。赫尔墨斯虽然不得不遵从宙斯的命令，但心中不情不愿，在阿波罗要带走牛群的时候，他眼珠一转，拿出那把龟壳琴弹了起来，奏出美妙音乐的新乐器果然吸引了文艺神哥哥的注意力。赫尔墨斯要求用那群牛来交换琴，阿波罗很欣赏这个聪明的小弟弟，于是交易达成。据说这是世界上的第一笔商业交易，赫尔墨斯也因此成了商业之神。

赫耳墨斯与生俱来的顽皮、狡猾、偷窃和欺骗等天性，使他不仅是小偷和无赖的保护神，而且是商业和畜牧业的保护神，还是旅行者和商人的保护神。宙斯让他担任众神的传令官，同时还要担负接引亡灵去冥界的使命。为了保证他能迅速传递信息，宙斯赐给他一双同风一样快的带翼凉鞋，一顶能遮挡阳光和雨水的宽边帽和一个传令官的双蛇权杖。他身姿优美，行动敏捷，飞得像思想一样快。正因如此，赫耳墨斯在神话故事中出现的频率比其他任何神都要高。

赫耳墨斯的罗马名为墨丘利（Mercury）。

◇星空知识◇

九大行星中运行轨道最快的水星以神使赫耳墨斯的罗马名墨丘利（Mercury）为名。

◇词汇履历◇

1. 迈亚（Maia）是五月（May）的词源。

2. 由于赫耳墨斯多才多艺，尤其擅长化学，古代希腊人把化学（当时指炼金术）称为 hermetic art。

3. 赫耳墨斯是商业神，其罗马名墨丘利（Mercury）就成为 merced-的词源，意为"好处、回报"，人名梅塞德斯（Mercedes）由此而来。世界著名品牌汽车——奔驰的全称即为 Mercedes-Benz。

4. 作为神使，赫耳墨斯的主要职能是传达神的旨意。解释学（hermeneutics）一词的词根就来自他。因为在古希腊时代，人们已经把如何使隐晦的神意转换成可理解的语言作为一门学问来进行研究。

5. 因为神使行动灵活迅速，活泼的金属——水银以其命名为 mercury。

◇周边链接◇

1. 赫耳墨斯的权杖（Caduceus），在有些版本的神话中，阿波罗没有用牛，而是用双蛇杖来交换赫耳墨斯的竖琴。这根神奇的手杖上粗下细，杖身双蛇缠绕，蛇头在近顶端处相对，在最顶端有展开的双翼。蛇每年都会蜕皮，往往被认为是恢复和更新的过程，因此在希腊人看来，蛇象征着永生。阿波罗作为医疗与医药之神，他的双蛇杖也有医治与生命力的象征意义。

阿波罗把双蛇杖交给赫尔墨斯，有两层含义：一是赫耳墨斯作为神使，奔赴于人神之间，是诸天神中最乐于帮助人类、解除人类疾苦的神,将双蛇杖送给他,象征着对生命的尊重。二是阿波罗曾有个名叫阿斯克勒庇俄斯的儿子,继承了他的治疗之神力,被誉为医神,其手杖(rod of Asclepius)上面也缠有一条蛇,被称为蛇杖,有起死回生之力,是西方医疗的象征。因其扰乱了生死有定的规律而被宙斯用霹雳杀死。阿波罗将具有同样神力的双蛇杖交给赫耳墨斯,赫耳墨斯是亡灵的引路人,可以自由游走阴阳两界,故不会破坏两界平衡。

还有的传说提到,当赫尔墨斯将手杖丢到正在撕咬的两条蛇中间时,两条蛇就重归于好。因此,双蛇杖亦被视为和平的象征,或象征着医德的中立。

2. 与希腊其他的神相比,赫耳墨斯很少有独立的神庙,但是他的半身方形神像名为神首柱(Herme)被放置在城邦的道路路口、神庙入口、私宅门口作为界标和保护神受到祭祀。在这些神像上往往刻有硕大的男性生殖器,说明赫耳墨斯的崇拜中有生殖崇拜的内容,表现出古希腊人对生命繁衍的祈祷。可以说,赫耳墨斯是同民众普通生活联系最密切的一位神,他保护人们出行安全,守卫家庭,庇佑青年男子。故而,人们用往神像上涂油膏、给神像戴花环的方式来表达对赫耳墨斯的敬仰之情并祈求神佑。

3. 历史学家修昔底德在《伯罗奔尼撒战争史》中记载了一起著名的赫耳墨斯神像破坏案:公元前415年,雅典远征西西里前,一夜之间城邦中赫耳墨斯神像皆遭到破坏。雅典人将其视为对城邦民主政治的威胁。

◇ **延伸阅读** ◇

1. 阿波罗和赫尔墨斯是希腊诸神中无话不谈的好朋友。卢奇安的《诸神对话》里写过很多他们之间有趣的对话。

2. 《伊索寓言》中有一则故事,赫尔墨斯想知道他在人间受到多大的尊重,就化作凡人,来到一个雕像者的店里。他看见宙斯的雕像，问道："值多少钱？"雕像者说："一个银元。"赫尔墨斯笑着问道："赫拉的雕像值多少钱？"雕像者说："还要贵一点。"赫尔墨斯又指着自己的雕像问道："这个多少钱？"雕像者说："如果你买了那两个，这个算饶头，白送。"

3. 《伊索寓言》中还有一则故事，有个樵夫在河边砍柴，不小心斧子掉进河里，他伤心地坐在岸边痛哭。赫尔墨斯正好从此经过，问明他哭的原因，很可怜他，跳进河里去捞斧子。第一次，他捞上来一把金斧子，樵夫说不是他的；第二次，他捞上来一把银斧子，樵夫又说不是；第三次，他把樵夫的斧子捞上来，对方认可了。赫尔墨斯看樵夫为人诚实，将三把斧子都给了他。樵夫回到家，把事情的经过讲给伙伴听。有个伙伴也想得到好处，便拿上一把斧子，去河边砍柴，没砍几下就故意把斧子丢进河里，然后坐在那里哭。不久，赫尔墨斯出现了，问他出了什么事。他回答说斧子丢了。赫尔墨斯捞起一把金斧子，问是不是他的，这个人立刻说是自己的。赫尔墨斯明白了他的用意，不但没有给他金斧子，就连他掉进河里的那把斧子也不管了。

4. 赫耳墨斯是快活的年轻人的原型，这类人物生活在成人世界和儿童世界之间，精力旺盛，永不停歇，性情随和，心中充满爱与欢笑，喜欢冒险和旅行。

◇ 当代应用 ◇

1. 由于赫耳墨斯是商业神，所以世界上不少商业机构以赫耳墨斯为标志。例如，中国海关标志由代表海关的金钥匙与商神赫耳墨斯的双蛇权杖交叉组成。钥匙象征把守大门的权力，双蛇杖代表商业贸易。

2. 由于赫耳墨斯是神使，是通信与速度的象征，所以很多国家的交通、邮政、快递和通信行业会借用他的名字和形象。例如，希腊的国有邮政公司、德国的一家快递公司、法国的一个旅行用品知名品牌，都以赫耳墨斯为名。同时，作为信使的代表，遍及全世界的许多报纸也被冠以他的名字。

◇ **艺术欣赏** ◇

文艺复兴后期雕塑家詹波隆那1580年的作品，高180厘米，最初放在美第奇别墅的喷泉中，现藏于意大利佛罗伦萨国家博物馆。这座青铜像对重力的反抗和对平衡的掌握令人叹为观止。雕像一手上指，一足翘起，整体优雅修长，有一种向上跃起的感觉。头盔、飞鞋和双蛇杖既是人物的标志，又用上面的翅膀进一步加深了这种飞腾的感觉。

赫耳墨斯青铜像

詹波隆那

Giambologna

（佛兰德斯雕塑家，1529—1608）

美女焚身与酒神诞生

◇早期文献◇

奥维德在《变形记》第 3 卷中详细讲述了这个故事。卢奇安在《诸神对话》中讲到酒神狄俄尼索斯从神王宙斯大腿中诞生的情形。

塞墨勒（Semele）是忒拜（Thebes）① 国王卡德摩斯（Cadmus）② 和王后哈尔摩妮娅（Harmonia）③ 的公主，她非常美丽，引起了宙斯的注意。避着妻子赫拉，宙斯以自己非凡的英朗俊逸和诱人的甜言蜜语很快使塞墨勒爱上了他。直到塞墨勒有了身孕，赫拉才发现丈夫又

---

① **忒拜（Thebes）**：又称底比斯，由卡德摩斯创建。
② **卡德摩斯（Cadmus）**：腓尼基国王阿革诺尔的儿子，欧罗巴的兄弟，忒拜城的建造者。在宙斯变形为公牛拐走欧罗巴后，阿革诺尔派儿子去寻找，命令其找不到不准回家。卡德摩斯在寻找无望后，遵照神谕来到玻俄狄亚。他杀死了守护附近泉水的巨龙，并将龙齿种在地里，地里长出许多武士。卡德摩斯设计使这些武士互相厮杀，最后只有五人幸存下来。这五人成为他的盟友，并助他建成了忒拜城。
③ **哈尔摩妮娅（Harmonia）**：战神阿瑞斯和爱与美的女神阿佛洛狄忒的私生女。宙斯亲自把她许配给忒拜国王卡德摩斯。众神参加了他们的婚礼，并送来贺礼（其中最著名的是一个面网和一串项链，在七将攻忒拜中起过重要作用）。和谐（harmony）一词来自哈尔摩妮娅，因为阿瑞斯代表男性，阿佛洛狄忒代表女性，他们又是力与美的象征，所以他们结合的产物是和谐的。

有了外遇,她恨得咬牙切齿,却奈何不了丈夫,又害怕自己一而再再而三地迫害情敌,终有一天会惹恼丈夫。勉强按下愤怒,赫拉低头深思,终于想出了一个好办法。翌日,她变化为塞墨勒的奶娘,来到其身边。这位美丽的公主正在花园里骄傲地向她的姐妹们炫耀,她的情郎是万神之王宙斯。赫拉化身的奶娘假装正巧经过,听到此话,语重心长地对塞墨勒说:"尊贵的公主,您一直居于宫中,来往之人皆为王侯将相、正人君子。这使您的心纯洁无瑕,不知道这世上还有一种男人,出身卑贱,却专好利用皮相假装权贵,来欺骗女子。"奶娘的话音刚落,周围本就心存嫉妒的少女中,就有人接上了话:"是啊是啊,你别是被人骗了吧?万神之王岂是我们凡人想见就见的?"塞墨勒怒道:"我的爱人丰神俊朗,举世无双,又岂是区区凡人可以伪装的?你们休得胡说!"但周围的人仍然窃窃私语,毕竟没人见过宙斯,谁也无法证明。塞墨勒心中恼怒之极,却无计可施。这时,奶娘又开口了:"也不是没有办法可证明……"塞墨勒急问:"什么法子?"奶娘回答:"众神之王在奥林匹斯山上接见众神时有一套仪仗,是任何人都无法伪造的。您可以要求他在您面前摆出这套仪仗,他若果真爱您,必不会拒绝您的要求。"塞墨勒高傲地说:"他当然不会拒绝我的要求,你们等着瞧吧!"

一日,宙斯又从奥林匹斯山上偷偷下来探望自己的情人,却看见美丽的公主坐在窗前垂泪。宙斯心疼极了,急忙上前询问:"亲爱的,是谁让你伤心了,快点告诉我,我定为你作主。千万别再独自流泪了,不仅会哭坏身子,还会伤及你腹中的孩子。"塞墨勒说:"让我伤心的不是别人,正是夫君您啊。您许久不来看我,肯定是不爱我了!"宙斯连忙赌咒发誓,表白自己有多么地爱她,并允诺会满足她的任何要求。塞墨勒转悲为喜,娇笑着问:"您真的愿意满足我的任何要求吗?您发誓。"宙斯不假思索地说:"我是众神之王,金口玉言,岂会出尔反尔?我发誓,美丽的塞墨勒想要什么,我都会满足她。"塞墨勒轻快地说:"我想看到夫君最威风的姿容,我想看您全副仪仗。"宙斯听后脸色骤变,劝她换个要求,塞墨勒却打定主意坚决不改口。宙斯已经立誓,不能食言。他用伤心怜悯的眼光深深地看了情人一眼,现出全副仪仗。宙斯本就龙章凤姿,威势逼人,现在身上万丈金光,更让人不可直视,他手中还执有亮光闪闪的雷电,霹雳震动了整个王宫。塞墨勒目眩神迷之时,发现自己肉体凡胎无法承受神力,遭到焚身之祸。她惊觉上了奶娘的当,却已无力回天,只朝宙斯凄婉地喊了声"我的孩子……"就香消玉殒了。宙斯伤心不已,却发现其腹中的孩子还有气息,就将婴儿救出,放在自己的腿里。足月之时,婴儿从父体中再次诞出,这就是后来的酒神狄俄尼索斯(Dionysus)[①]。

◇延伸阅读◇

1. 英籍德国作曲家亨德尔(George Frideric Handel,1685—1759)以此为素材创作了三幕清唱剧《塞墨勒》。其中加入了塞墨勒的未婚夫阿瑟莫斯王子及爱恋王子的伊诺(塞墨勒的妹妹)等人物,并加入宙斯化鹰将塞墨勒劫到天宫的情节,但主线仍是赫拉施计陷害塞墨勒。

2. 2009年9月,清唱剧《塞墨勒》由中国导演张洹执导,改编为加入众多中国元素的歌剧,在比利时首都布鲁塞尔市中心皇家马奈歌剧院演出。2010年10月,更名为《塞魅丽》在北京上演。

◇艺术欣赏◇

莫罗的这幅画创作于1895年,充分显示出他奢华和神秘的画风。画作现藏于法国巴黎的古斯塔夫·莫罗博物馆。

[①] **狄俄尼索斯(Dionysus):** 塞墨勒与宙斯之子,酒神和欢乐之神,奥林匹斯主神之一。罗马名字是巴克斯(Bacchus)。

朱庇特与塞墨勒

古斯塔夫·莫罗

Gustave Moreau

(法国画家,1826—1898)

逆袭的酒神狄俄尼索斯

◇**早期文献**◇

狄俄尼索斯是最后进入奥林匹斯的神祇,早期文献中几乎没有他的故事。在荷马的讲述中,奥林匹斯诸神之列并没有他的身影。赫西俄德的作品中也只有很少几处关于他的简短叙述。但是,到了公元前5世纪,悲剧作家欧里庇得斯创作的最后一部戏剧《酒神的伴侣》中,酒神的地位已然毋庸置疑。一首荷马式颂歌(约公元前4世纪)中提到过海盗船事件。古罗马时期,奥维德在《变形记》第3卷中则详细描绘了狄俄尼索斯的故事。卢奇安在《诸神对话》中通过赫拉和宙斯之间的一段对话表现了酒神信徒的威力。

狄俄尼索斯(Dionysus)是奥林匹斯诸神中唯一一位具有一半凡人血统的主神。他的母亲是凡人公主塞墨勒,在她被宙斯真身环绕的神力烧死后,未足月的狄俄尼索斯被宙斯放在自己的腿中孕育,直至出生。[①]

为了逃避嫉妒的天后赫拉的迫害,狄俄尼索斯一开始被送给他的

[①] 详见本书《美女焚身与酒神诞生》。

姨妈伊诺（Ino）① 抚养。伊诺把他打扮成小女孩，企图骗过赫拉。但赫拉识破了伪装，并降下惩罚，使伊诺的丈夫阿塔玛斯（Athamas）② 发了疯，亲手杀死了自己的大儿子，伊诺抱着小儿子跳海而亡。小狄俄尼索斯又被受宙斯委托的神使赫耳墨斯送到了尼萨山交给仙女——许阿得斯姐妹（Hyades）③ 抚养。狄俄尼索斯在尼萨山度过了大部分童年时光，也在这里发明了种植葡萄和酿酒的技术，成为酒神和欢乐之神、葡萄种植业和酿造业的保护神。成年后，狄俄尼索斯长成了一个风姿绰约、面如美女的美少年，有点娇气但充满了生命力，喜欢喝酒和玩闹。他头戴葡萄藤或常青藤的花冠，手持松球杖。葡萄是酿酒的主料，酒神喜爱葡萄藤自不待言。常春藤四季常青，代表了植物的生命力，也成了酒神的圣植物。而松树同样是常青植物，且其松球多籽，是生殖力的象征，松脂还可用来调制葡萄酒，自然成为了酒神的圣木。

狄俄尼索斯开始指导人们种植葡萄和酿酒，人们逐渐把他奉为神来崇拜。赫拉发觉后，又来迫害他，用神力使他得了疯病。他不得不到遥远的异乡去漫游，不仅走遍了希腊本土，还去过埃及、叙利亚等地，甚至到达过印度，直至遇到了他的祖母瑞亚治好了他的疯病。

在漫游的过程中，狄俄尼索斯不断传播种植葡萄和酿酒的技术，身边逐渐积聚一批追随者，势力渐渐壮大。酒神常常乘坐一辆豹子拉

---

① **伊诺（Ino）**：卡德摩斯和哈尔摩妮娅之女，塞墨勒的妹妹。伊诺嫁给了玻俄提亚国王阿塔玛斯。伊诺后来因为哺育幼年酒神，被赫拉惩罚，被迫带着小儿子跳海而亡。宙斯救活了两母子，使他们成了海神，救助遭遇海难的水手，奥德修斯曾得到他们的帮助。

② **阿塔玛斯（Athamas）**：玻俄提亚国王，埃俄罗斯之子，海伦之孙。他有过三位妻子：云女神涅斐勒，伊诺，忒弥斯托。

③ **许阿得斯姐妹（Hyades）**：尼萨山的女仙，因为抚养过酒神狄俄尼索斯，后来被宙斯化为星辰，成为毕宿星团（金牛座的七颗星）。因为这一星群一接近地平线，就会带来雨水，所以她们名字的希腊语意思为"降雨的众星"。酒神由许阿得斯姐妹抚养长大，意味着雨水促使葡萄健康成长。

的战车，身边随从云集，有山林之神潘，有他童年的老师西勒诺斯（Silenus）①，有森林精灵萨堤尔。他的追随者中最引人注目的是大群又唱又跳的狂女（Maenads），她们头戴藤冠，身披兽皮，载歌载舞，狂欢畅饮，醉意陶陶。许多年后，酒神回到家乡忒拜，惩罚了不信奉他的人，拥有了更多的信徒，终于成了奥林匹斯神山的十二主神之一。

狄俄尼索斯的母亲是凡人，他的妻子也是凡人。这位幸运的女子是克里特公主，弥诺斯（Minos）②的女儿阿里阿德涅（Ariadne）③。这位聪明美丽的公主曾经帮助雅典英雄忒修斯（Theseus）④逃出牛头怪弥诺陶洛斯（Minotaurus，或称弥诺陶耳 Minotour）⑤的迷宫。忒修斯答应娶她为妻，带着她逃出了克里特岛。然而途中在那克索斯岛休息的时候，忒修斯却趁她睡熟时离开了她。⑥阿里阿德涅醒来后，发现自己孤零零一个人被扔在了荒岛上，叫天天不应，叫地地不灵。但被遗弃的公主并没有伤心太久，从亚洲归来的酒神狄俄尼索斯经过这座岛，发现了美丽的公主，对她一见钟情。酒神送给了阿里阿德涅一顶火神赫淮斯托斯打造的精致金冠作定情之物，这个金冠后来化为北冕星座（Corona Borealis）挂在了天空中。他后来还带着阿里阿德涅

---

① **西勒诺斯（Silenus）**：山林之神潘（一说是赫耳墨斯）的儿子，酒神狄俄尼索斯的老师，自小哺育和教导酒神。他学识渊博、心地善良、喜欢喝酒。其形象是个醉醺醺的胖老头，往往被人搀着或骑在驴背上。由于他具有预言的本领又极其聪明，经常有人趁他酩酊大醉把他绑起来，逼他说出预言或帮忙出谋划策。总之，这是个喜剧角色。

② **弥诺斯（Minos）**：克里特国王，死后成为冥界的判官。宙斯与欧罗巴的儿子，拉达曼提斯和萨耳珀冬的兄弟，帕西淮的丈夫。由于他使克里特岛文明发达，所以古代克里特文化以他的名字命名，称为弥诺斯文化。

③ **阿里阿德涅（Ariadne）**：克里特岛国王弥诺斯和王后帕西淮之女。

④ **忒修斯（Theseus）**：雅典最伟大的英雄，国王埃勾斯（一说波塞冬）与埃特拉之子。

⑤ **弥诺陶洛斯（Minotaurus，或称弥诺陶耳 Minotour）**：克里特王后帕西淮与克里特公牛之子，牛头人身，被弥诺斯关在代达罗斯建造的迷宫中，后被雅典王子忒修斯杀死。

⑥ 详见本书《雅典英雄忒修斯》。

上了奥林匹斯山，向众神介绍自己的妻子，并请求宙斯赐予她永生。从此，两人就幸福地生活在一起，生了众多儿女。狄俄尼索斯也不像他的父亲宙斯那样风流，他对阿里阿德涅很专一，基本没有婚外情。

狄俄尼索斯的罗马名字是巴克斯（Bacchus），同意大利古老的丰产神混同。

◇词汇履历◇

1. 巴克斯之子（son of Bacchus），指酒鬼，嗜酒之徒。

2. 谚语：酒神巴克斯淹死的人多过海神尼普顿（Bacchus has drowned more men than Neptune），意为"因酒丧生的人比死在海里的人多"，告诫人们不要贪杯。

◇周边链接◇

1. 古代希腊人为了感谢和祭祀酒神狄俄尼索斯、庆祝葡萄丰收和新酒开樽，每年都要举行歌舞庆典，逐渐演变成固定的"酒神节"。每到举行祭祀的时候，人们组成合唱队，在作为祭品的山羊周围，轮番唱着颂扬酒神的赞美歌，边歌边舞。这种祭祀酒神的歌舞，有的表现人们对酒神的畏惧和敬仰，雄浑悲壮；有的则表现对酒神的歌颂和赞美，热烈而欢快。这就是后来古希腊悲剧和喜剧的雏形。

2. 最隆重的酒神节是花月节（Anthesteria），因在希腊历法的花月（公历的一月二月之间）举行而得名。节日第一天是"开坛日"（Pithoigia），庆祝新酒开樽，第二天是"倾杯日"（Choes），每个人都用自己专用的杯子喝酒，并进行饮酒比赛，第三天是"陶钵日"（Chytroi），人们用陶钵煮谷物和果实混合的粥喝。

3. 还有一个酒神的节日叫埃厄拉（Aiora，意为"摇晃"）。节日期间，女孩们用挂在树上的绳子打秋千。这个节日是为了纪念自杀而死的厄里戈涅（Erigone）。她的父亲伊卡里厄斯（Icarios）跟酒神学会了酿酒，于是请村民们品尝，村民们喝醉了，误以为他下毒，于是杀死了他，悲痛的厄里戈涅随后用一根绳子将自己吊死在树上。

◇自由解读◇

1. 酒神为什么有时是一位欢乐的神，有时显得残酷？ 酒神狄俄尼索斯之所以具有两种形象，原因很简单，也很合理，因为酒既有好处也有坏处。一方面，它能让人愉悦欢欣，感觉无忧无虑、轻松快活，予人以自由和狂喜；另一方面，它也能让人喝得烂醉，甚至放纵欲望，胡作非为。希腊人是善于理性思考和尊重现实的民族，他们既看到饮酒怡人的一面，也看到它丑陋的一面，没有自欺欺人、视而不见，因此酒神就具有了两面性。

2. 如何理解的酒神的形象？ 狄俄尼索斯是诸神当中出现得最晚的一位主神，是社会发展到一定程度，人们有了挣脱理性约束、抛弃日常身份要求的产物，是叛逆的、反传统要求的产物。太阳神阿波罗代表了西方文化中理性崇拜的一面，而酒神狄俄尼索斯具有强烈的狂欢气息，代表了西方文化中感性的一面。与象征平衡与和谐的阿波罗截然不同，狄俄尼索斯象征着放荡不羁的生活方式。古希腊人更喜欢阿波罗，但也不得不承认狄俄尼索斯是与人类最亲近的一位神。所以，从古到今，酒神一直活跃在人类的艺术领域中。

3. 如何理解古希腊宗教中的酒神信仰？ 进行祭祀的酒神节（Dionysia）是古希腊所有节日中最隆重的一个。最初只准女性参加，后来男子才被允许参与。在俄耳甫斯教中，酒神还被认为是第六代神系的主神，象征世界的完美和统一。

◇延伸阅读◇

1. 俄国文学之父普希金（Alexander Sergeyevich Pushkin，1799—1837）为酒神写过赞歌《巴克斯的庆典》：

这动听的喧哗，这狂乱的欢呼，从哪里传来？
这扁鼓，这羯鼓，召唤什么人，前往何处？
  为什么村民们笑容满面，
    歌声不住？
  是灿烂的自由来到他们中间，
  接受节日的花束。
  人，一群群，动起来了……
他在靠近……瞧，他，这强壮的神！
  瞧，和蔼的巴克斯，永葆青春！
  瞧他，印度的英雄！
  啊，欢乐！满弦都是你
  在颤动，时刻准备奏出
  没有虚假的赞颂的声音！……
  哎嘿，哎唷！把酒樽拿来！
  把新编的花环拿来！
  奴隶们，在哪里呀，我们的酒杖？
勇士们，我们奔向和平的战场！
  ……

  激动的少女们，歌声婉转；
  她们那心满意足的曲调
  点燃起心中爱的火焰；
  她们的胸中呼吸着渴望；
她们的眸子在说：去捕捉幸福吧！
  目光里充满苦闷与疯狂，
  她们那婀娜多姿的动作，
  一开始就向我们表演了

恋人们的困惑的羞涩,
怯懦的愿望——接着就是
满足后的欢腾与鲁莽。
瞧,她们又散开了——遍布草原与山岗;
她们在奔跑,把酒杖摇晃,
远远地就听到她们的呼叫,
森林中震荡着隆隆的回响;
哎嘿,哎嗨!把酒樽拿来!
把新编的那些花环拿来!
奴隶们,哪里是我们的酒杖?
勇士们,让我们奔向和平的战场!

朋友们,在这情意绵绵的一天,
让我们把忙碌忘个精光!
为了祝福巴克斯、缪斯和美,
让泛着泡沫的美酒流淌!
哎嘿,哎嗨!把酒樽拿来!
把新编的那些花环拿来!
奴隶们,哪里是我们的酒杖?
勇士们,让我们奔向和平的战场![1]

2. 德国诗人尼采(Friedrich Wilhelm Nietzsche,1844—1900)在《悲剧的诞生》中阐述了代表欲望和冲动的狄俄尼索斯与象征秩序和理性的阿波罗之间的对立。他还曾经创作了一组名为《酒神颂歌》的诗。

---

[1] [俄]普希金:《普希金全集1·抒情诗》,查良铮、谷羽等译,浙江文艺出版社2012年版,第335—338页。

3. 法国象征主义诗人萨曼（Ablert Samain，1858—1900）也为酒神写过赞歌：

> 为你干杯！狄俄尼索斯！是你使葡萄藤挂满了饱满的果实，是你让宴会充满了酣醉和欢愉。宽容和强大的神啊！你使人们忘却不幸，将快乐拥入怀中……是你使创造的心灵充满愉悦，是你使花朵永远娇艳美丽，是你使果实总是丰硕，是你让世界变得更加多姿多彩……①

4. 德国作曲家理查德·施特劳斯（Richard Georg Strauss，1864—1949）的歌剧《纳克索斯的阿里阿德涅》讲述了酒神与阿里阿德涅的故事。

5. 因为酒神的信徒大多是女性，所以狄俄尼索斯成为男闺蜜的原型。这类男性是女人最好的朋友，理解并尊重女人，富有感性，喜欢感官享受。他通常性感迷人，因追求自由放任的生活而被其他男人轻视，并且喜欢体验生活，往往反主流文化，不愿遵守规章制度。

◇艺术欣赏◇

图 1. 米开朗基罗 1497 年的作品，现藏于意大利佛罗伦萨的巴杰罗美术馆。米开朗基罗与达·芬奇、拉斐尔并称"文艺复兴三杰"，但与达·芬奇的优雅深遂、拉斐尔的温馨秀美不同，他的人体以健美著称。他的作品中，充满雄壮刚勇的英雄精神，人体不仅肌肉结实，充满力量，而且往往四肢略长，显出一种巨人的气势。

图 2. 巴洛克时期意大利画家雷尼 1632 年的作品，现藏于德国德累

---

① 参见邢驰鸿、唐文《希腊神话的文化解读与历史书写》，知识产权出版社 2020 年版，第 257 页。

斯顿国立美术馆的历代大师画廊。画作中小酒神头戴葡萄藤，倚着酒桶，正在拿着酒瓶畅饮。小家伙虽然年纪幼小、肥胖可爱，但脸上的神情和胯下的尿液已经具有酒徒的狂态。

图 3. 提香 1523 年的作品，现藏于英国国家美术馆。画家们有的喜欢创作被遗弃的阿里阿德涅；有的喜欢让她站在凯旋的酒神身边，作为放浪形骸的人群中唯一保持矜持的存在；更多的喜欢把他们的相遇作为画作的主题。提香的这幅画作选择了酒神对阿里阿德涅一见钟情，从车上飞奔至她身边的一幕，富有动感。其余人物也各有姿态，展现出一番欢乐、热烈的场景。前景温馨的香橙色与背景明亮的蓝色相衬，整幅画作和谐绚丽，生机盎然。

图 1　酒神巴克斯
米开朗基罗·博那罗蒂
Michelangelo Buonarroti
（意大利画家，1475—1564）

图 2　小巴克斯
圭多·雷尼
Guido Reni
（意大利画家，1575—1642）

图 3　酒神与阿里阿德涅

提香·韦切利奥

Tiziano Vecellio

（意大利画家，1490—1576）

小爱神厄洛斯和他的婚姻

◇ **早期文献** ◇

小爱神的婚恋故事只在公元 2 世纪的罗马作家阿普列乌斯的《金驴记》中出现过,所以诸神均用拉丁名字。故事写得很美,文风与奥维德相似。作者把故事讲得十分有趣,但并不认为确有其事。

在最早的神话传说中,厄洛斯(Eros)是五大创世神之一,代表宇宙中原初的爱之本原,是世界万物的结合动力。这位最初的神灵力量强大,能使任何神或人全身失去力气、丧失才智。他美过世界上一切其他的神,是一位超越性别的美貌青年形象。在爱与美的女神阿佛洛狄忒出生之后,厄洛斯自愿前往做了她的随从。

但是,在后来的神话传说中,厄洛斯逐渐被认为是阿佛洛狄忒的儿子。其父说法不一,战神阿瑞斯是被普遍认可的一位人选,除了他之外,还有宙斯、赫耳墨斯之说。而厄洛斯的形象也逐渐幼化,变成一个似乎永远长不大的肉嘟嘟的小娃娃,长着翅膀,手持弓箭。他的性格也随之幼化,变得喜欢恶作剧,经常随意用手中让人产生爱欲的金箭和使人心如铁石的铅箭来玩弄众神与人类的心灵。

厄洛斯的罗马名丘比特(Cupid)更为人们所熟悉。经常和小爱神一起出现的有两位天神：一位是渴慕神希墨儒斯（Himerus）[1]；一位是婚姻神许门（Hymen）[2]，后者是一位手持火炬的英俊少年，是婚宴的主持者。

关于小爱神的爱情，有一个非常美丽的故事。从前有一位国王，他有三个漂亮的女儿。两位年长的公主已是姿容绝世，艳冠群芳；而最小的公主普绪刻（Psyche）更加美丽，两位姐姐站在她身边，也黯然失色，就像凡人与女神并肩而立。她的天姿绝色闻名遐迩，见过她的人皆赞叹不已，甚至认为连美神阿佛洛狄忒也比不上她，这导致了她那个国家的人都忽视了对爱与美女神的祭祀，转而对普绪刻顶礼膜拜。阿佛洛狄忒恼怒非常，决心报复，她命令自己的儿子厄洛斯设法使普绪刻爱上全世界最卑贱、最可恶的人。

厄洛斯领命而去，但当他看到绝代佳人普绪刻时，立即陷入了毕生第一次恋爱，不愿实施原计划将美丽的公主引向毁灭。这时，普绪刻的国王父亲，已经欢欢喜喜地把长女和次女嫁给了两位邻国的年轻国王，正在为小女儿的婚事操心。因为普绪刻美得不似凡人，人们膜拜她，却自惭形秽，不敢求娶。她的父亲非常沮丧，前往阿波罗的神谕所祈求神示。结果，慈父心肠的国王获得了一个可怕的神谕：立即将普绪刻置于山巅，一条带翼大蛇会将她带走，那是她命中注定的丈夫。

全家人都为这一神谕痛哭不已，不过并不敢反抗神的意旨，只得送普绪刻登上山巅。普绪刻冷静地对悲痛欲绝的父母说："人皆言：红颜薄命。我因美貌遭到天妒，早已忐忑未知的恐怖命运，现在终于可以了结了。请回去吧，不要为我伤心了！"他们只得离开，留下美丽的少女独自面对厄运。普绪刻在绝望中耐心等待着，但并没有可怕的蛇怪到

---

[1] **希墨儒斯（Himerus）**：渴慕之神，是渴望性欲的化身。
[2] **许门（Hymen）**：婚姻之神。其父母有多种说法，有的说他是阿波罗和一位缪斯女神的儿子，也有的说他是狄俄尼索斯和阿佛洛狄忒的儿子。

来。相反，温和的西风神仄费洛斯，用他最温柔、最怡人的西风将她轻轻托起，带到了一片开满芬芳花朵、有潺潺小溪流过的青青草坪上。这里的风景如此迷人，环境如此宁静，普绪刻不知不觉忘记烦恼，沉沉睡去。清晨，当她从睡梦中醒来时，发现小溪边有一座金碧辉煌的城堡。她好奇地向城堡走去，越走近越惊叹城堡的富丽堂皇：它以黄金为柱，白玉为壁，还镶满了多彩的宝石。当普绪刻来到城堡门前时，突然惊奇地听到有人在叫她的名字。她看不见说话的那些人，但他们的声音清晰地传入她的耳中，告诉她：这座城堡是她的新家，里面的一切都是为她准备的，而他们都是她的仆人，随时按照她的旨意行事。普绪刻享受到了非常周到的服侍，品尝着最美味的佳肴，聆听着最美妙的仙乐，一切都那么舒适。夜晚降临，那些声音告诉普绪刻，她的丈夫要回来了。当一个温柔的呢喃在不安的公主耳边响起时，她心中的疑惧顿时烟消云散。虽然仍然看不见形影，但普绪刻知道他一定不是魔怪，而是她期待已久的爱人。两人夜夜相聚，普绪刻感受到丈夫的温柔体贴，也越来越爱他，理所当然，也越来越想看到丈夫的模样。但丈夫对她说："亲爱的，请相信我对你的爱。千万记住，别偷看我；否则，你会失去我。"普绪刻虽然不免失望，但还是许诺听从丈夫的叮嘱。

随着时间的流逝，普绪刻虽然沉浸在幸福的生活中，但她始终没有见到除自己外的第二人，毕竟有些孤独，她开始怀念家人。于是她问那个从未谋面的丈夫，能不能让姐姐们来看她。丈夫回答说："她们天性好妒，只会带来麻烦。"然而，普绪刻太孤单了，她渴望姐姐的陪伴，即使她们有这样那样的缺点。丈夫终于经受不住普绪刻日日垂泪哀求，顺从了她的愿望。

第二天，西风神仄费洛斯将普绪刻的姐姐们带到了城堡，三姐妹本以为再无相会之日，此时久别重逢，俱是喜极而泣。随后，普绪刻带着她们参观了她漂亮的新家，请她们欣赏璀璨的奇珍异宝，品尝美味的珍肴异馔，聆听悦耳的天籁之音。她们先是欣喜，再是羡慕，后来竟渐渐嫉妒起来。她们开始没完没了地询问关于豪富的妹夫的事情，普绪刻一开始支支吾吾地以"丈夫出外打猎"等语敷衍，最终实在招架不住了，只得承认自己从来没有见过他。嫉妒的姐姐们抓住机会，恶意地提醒她记起当初那个可怕的神谕，挑拨说："亲爱的妹妹！他一定是个可怕的怪物，现在只是让你放松警惕，终有一日会现出原形，吞你入肚！"她们还建议普绪刻，在床边藏一把尖刀，等她丈夫睡熟之后，杀死他，然后逃走。

普绪刻六神无主，心烦意乱，不知道该不该相信姐姐们的话。最后，她决定还是先看清丈夫的模样再说。夜幕降临，万籁俱静，普绪刻听到枕边人已经陷入沉睡，点亮了藏在床边的一盏油灯。她手举油灯，屏住呼吸，凝视床上的人。啊，出现在她眼前的不是怪物，而是一位世界上最俊美、最可爱的美少年。普绪刻如释重负，心花怒放，她不由对那俊颜看了又看，越看越爱。心荡神驰之际，她双手颤抖，油灯略倾，一滴滚烫的灯油落到了美少年的臂膀上。他惊醒了，看到灯光，知道普绪刻违背了诺言，于是一言不发，起身离开。

普绪刻哭喊着随他奔入夜色中，只听到爱人伤心地对她说："为了你，我背叛了我的母亲——女神阿佛洛狄忒，而你却如此回报我。永别了！爱不能与猜忌共存。"普绪刻这才知道自己的丈夫是小爱神厄洛斯，她为自己的愚蠢轻信后悔不迭，决定即使走遍全世界，也要寻回自己的爱。

第二天一早，普绪刻就踏上旅途。她四处流浪，历尽千辛万苦，却毫无所获，一直没有发现厄洛斯的音信。一天，她来到一座供奉农业与丰收女神得墨特尔的神庙，细心地将凌乱的祭祀场地清理干净，并虔诚地祈求女神的帮助。得墨特尔知道寻亲的艰辛，深深地同情她，好心地告诉她必须先得到阿佛洛狄忒的宽恕，才能再见到厄洛斯。

普绪刻谢过得墨特尔，立刻赶到阿佛洛狄忒的神庙向女神请罪，并表示愿意谦卑地做女神的仆人。阿佛洛狄忒看见普绪刻，只觉新仇旧恨涌上心头，故而给她布置了三件不可能完成的任务。普绪刻谦卑地领命而去。

厄洛斯被烫伤后，回到奥林匹斯山母亲的身旁，被因知道了他与普绪刻的爱情而怒火中烧的母亲关了起来。但爱情是关不住的，他仍在偷偷地关注着心人上，并逐渐谅解了心上人的轻信和好奇。当他知道母亲布置了三项任务难为普绪刻时，决定暗地里帮她攻克难关。

阿佛洛狄忒的第一项任务是：天黑前，把巨大的谷物柜中六种混杂在一起的作物种子分类整理好。普绪刻埋头苦干，但直到太阳偏西，还没有完成十分之一呢。普绪刻又累又急，掉起了眼泪。这时，厄洛斯派来的帮手到了，一大群小蚂蚁很快就帮她把种子整理好了。普绪刻十分高兴，连连向小蚂蚁们表示感谢。

阿佛洛狄忒又布置了第二项任务：穿过河，有一片树林，里面有一群凶狠暴躁的金色野羊，普绪刻必须在天黑前从这些连猎人也不敢靠近的羊身上拔一把金羊毛回来。普绪刻虽然很害怕，但仍向着河流的方向出发。正当她准备过河的时候，受厄洛斯所托的河神阻止了她。告诉她，不用靠近那些危险的羊，可以等它们离开后，从灌木丛上收集被枝条刮下的羊毛。普绪刻谢过了好心的河神，按照指示，不等天黑，就捡到了足够的金羊毛

阿佛洛狄忒给普绪刻下达了第三项任务：去找冥后佩尔塞福涅讨要一点儿美貌。阿佛洛狄忒声称，自己为了照顾被普绪刻烫伤的儿子，都憔悴了。普绪刻满怀愧疚地接受了任务，可她不知该如何前往冥府，向来只有死去的人才能进入冥王的地盘。最后，她决定以死求路。就在她准备跳塔寻死时，一个声音指示她在高塔中找到一份行路指南，里面详细地说明了如何找到冥后：首先，穿过一个地下的大洞；接着用一枚钱币作船资，请卡戎渡她过冥河；再用蛋糕贿赂守护地狱宫殿的三头犬刻耳柏洛斯，就可以进入冥宫，找到佩尔塞福涅了。普绪刻一一照办，果然顺利见到了冥后。普绪刻说明来意，佩尔塞福涅表示愿意为阿佛洛

狄忒效劳，交给了普绪刻一只盒子，请她带回。

普绪刻高兴地原路返回，快到目的地时，好奇心和虚荣心再次让她吃了苦头。她很想看看盒子里的东西，并希望因为磨难变得憔悴的自己能恢复最美的状态。于是，她打开了盒子，可盒子里飞出的是"睡眠"，浓浓的困意袭来，她不知不觉沉沉睡去。这时候，厄洛斯已经完全康复了，他很想念普绪刻，于是出发去找她。他一出宫殿，就在路边发现了妻子。他把睡眠收集起来放回盒子里，用箭轻轻戳了普绪刻一下，把她唤醒（在另一版本的传说中，他用深情的吻将她唤醒）。经历重重考验后，这对有情人相互之间的感情更加纯挚深厚了。厄洛斯让普绪刻把盒子交给母亲，并承诺会处理好一切。

普绪刻恋恋不舍地告别了久别重逢的丈夫，回到阿佛洛狄忒处复命。而厄洛斯则去寻求神王宙斯的支持。宙斯同意了厄洛斯的请求，亲自把神食赐给了普绪刻，使她获得永生，并作为厄洛斯的妻子在众神之中获得了一席之位。事已至此，阿佛洛狄忒也向这对小夫妻表示了她的祝福。从此以后，这一对恋人（"爱"和"灵魂"）永远结合在了一起。

◇词汇履历◇

1. 厄洛斯（Eros）的字母可以重新排列组成玫瑰（rose），这是玫瑰花代表爱情的词源解释。
2. 厄洛斯（Eros）是有关性爱、好色之类词（例如 erotic）的词源。
3. 丘比特的金箭（the golden arrow of Cupid），比喻爱情。
4. 普绪刻（Psyche）是心理学（psychology）的词源。
5. 相传，厄洛斯曾送给沉默之神哈伯克拉底（Harpocrates）一束玫瑰花，请他对阿佛洛狄忒的风流韵事守口如瓶。后来，罗马人就把玫瑰当作严守秘密的象征，如果主人家桌子上有玫瑰，客人就明白桌上所谈一切不可外传。于是 under the rose 就有了"秘密地、私下地"

之意。

◇ **自由解读** ◇

1. 厄洛斯的形象和地位在神话中为什么会发生变化？ 厄洛斯最初是五大创世神之一，代表着宇宙的一种原初力量，掌控爱和结合，其本身并不局限于特定的性别，亦男亦女，亦阴亦阳，所以没有恋爱和生育的相关传说。后来阿佛洛狄忒诞生，厄洛斯的结合本原，从此让位于异性相吸原则，厄洛斯的形象和地位也随之改变。

2. 厄洛斯为什么长不大？ 厄洛斯自出生之后，很长时间以来，一直保持着孩童形象。他的母亲阿佛洛狄忒很为他长不大而烦恼，于是去询问有预言神力的女神忒弥斯。忒弥斯说："恋爱无热情，故不能成长。"后来，阿佛洛狄忒又生了热情之神安忒洛斯（Anteros），厄洛斯才长成翩翩美少年，但一旦与弟弟分开，他又恢复成幼童形象。也有的传说讲到，当厄洛斯开始恋爱，他一夜之间就长大了，意味着只有他真正认识了自己才会成长。

3. 如何理解普绪刻和厄洛斯的恋爱故事？ 普绪刻，希腊文中有"灵魂"的意思，厄洛斯是"爱"的化身。他们两人恋爱的故事意味着：人只有寻找到真爱，才能找回自己的灵魂。而普绪刻失去厄洛斯的情节则告诉人们：爱情不能与猜忌同在。

4. 如何理解冥后的盒子里装着的是睡眠？ 普绪刻奉命去讨美，却得到了睡眠，意味着睡眠和休息促进美貌。

5. 为什么在艺术作品中，厄洛斯常常蒙眼持箭，而普绪刻与蝴蝶相伴？ 小爱神厄洛斯经常蒙着双眼乱射箭，喻指"爱情是盲目的"。普绪刻周围常有蝴蝶相伴，或是身上饰有蝴蝶翅膀。隐喻着人类的灵魂，必须经受痛苦的考验，才能拥有真正的幸福。因为蝴蝶经过痛苦的蜕变过程，由丑陋的幼虫进化成拥有美丽翅膀的蝴蝶，才能享用春天最芬芳的花朵。

◇**延伸阅读**◇

1. 希腊人对小爱神的看法早期基本是非常正面的，认为他是一位引导人类向往光明的神祇。具体例证可参见哲学家柏拉图的表述：

> 爱神厄洛斯栖身于人类的心中，但并不是在每一颗心中都会驻留，因为每当遇到坚硬冷酷的心，他就会离去。他最大的光荣是既不做坏事，也不允许别人做坏事；暴力从未接近过他。人人都是自愿服侍他的。被爱神接触过的人从来不会行走于黑暗之中。

2. 在法国作家拉封丹（Jean de la Fontaine，1621—1695）笔下，厄洛斯和普绪刻有一个女儿，名叫沃路普塔斯（"享乐"的意思）。

3. 法籍意大利作曲家吕利（Jean-Baptiste Lully，1632—1687）分别与同时代伟大的剧作家莫里哀和高乃依合作创作了《普绪刻》，1671年吕利将其改编成歌剧。

4. 英国诗人济慈（John Keats，1795—1821）著有《赛姬颂》（*Ode to Psyche*）。

5. 法国作曲家塞萨尔·弗兰克（Cesar Franck，1822—1890）著有交响曲《普绪刻》。

6. 英国作家 C. S. 路易斯（Clive Staples Lewis，1898—1963）套用这则神话创作了小说《裸颜》（*Till We Have Faces*）。小说以普绪刻的大姐奥璐儿女王为叙述者，女王是一位希腊智者的门生，她智慧超群，置疑神的存在，从而造成了普绪刻被逐出神宫受难。在这部小说中，普绪刻象征的是灵魂对神性的向往与渴慕，她的受难过程象征了灵魂与神合一需要经重重考验。但小说的真正主题，是以奥璐儿透过理性与神抗辩到真正地认识自我、认识神这一过程，表现这位巾帼不让须眉的女王对生命真相的不懈追求及其对灵魂的惨烈自剖。

7. 迪士尼电影中的《美女与野兽》取材于厄洛斯的爱情故事。

◇艺术欣赏◇

图 1. 新古典主义雕塑家吉布森 1825 年的作品，现藏于英国达西庄园。小爱神拉住战神的手，似乎在阻止他上战场，蕴含"爱能阻止战争"的寓意。

图 2. 柯雷乔 1528 年的作品，现藏于英国国家美术馆。画作的焦点是赫耳墨斯正在教小厄洛斯学习拼读，向他讲解什么是爱。他的表情和姿态显得充满爱与耐心，厄洛斯也学习得很专心，女神阿佛洛狄忒则立在一旁。三位神的组合像一个温馨的家庭。

图 1　小爱神与战神
约翰·吉布森
John Gibson
（英国雕塑家，1790—1866）

图 2　丘比特的教育
柯雷乔
Antonio Correggio
（意大利画家，1489—1534）

图 3. 唯美主义画家伯恩·琼斯 1895 年的作品,也是他最受欢迎的作品之一,现藏于比利时皇家艺术博物馆。虽为婚礼,但人物表情仍是琼斯一贯的风格,并不见欣喜。图中普绪刻右手抚左胸,表示忠贞。前面四位女子播撒玫瑰花,用于婚礼上以作爱情的象征。

图 4. 热拉尔 1798 年的作品,现藏于法国卢浮宫。热拉尔是法国新古典主义绘画的代表作家,雅克-路易·大卫的得意弟子。这幅作品表现的是普绪刻第一次被爱神亲吻的瞬间,由于她看不见爱神,所以双目无焦点。热拉尔着重表现两个纯洁的少男少女完美的人体,构图和谐,线条流畅,但并没有太多的个性和情感流露。

图 3　普绪刻的婚礼

爱德华·伯恩-琼斯

Edward Burne-Jones

(英国画家,1833—1898)

图 4　丘比特和普绪刻

弗朗索瓦·热拉尔

Francois Gerard

（法国画家，1770—1837）

爱妻如命的乐神俄耳甫斯

◇ **早期文献** ◇

古希腊诗人阿波罗尼俄斯和阿波罗多洛斯都讲过这个故事，后来两位罗马诗人维吉尔（《农事诗》）和奥维德（在《变形记》的第10、11卷中）更详尽而完整地讲述过这一故事。埃斯库罗斯已佚剧作《酒神狂女》中则讲述了俄耳甫斯的死亡。

俄耳甫斯（Orpheus）传说是太阳神阿波罗和司史诗与哲学的缪斯女神卡利俄佩（Calliope）的儿子。他跟随母亲和众缪斯在帕耳那索斯山长大，从小就热爱并擅长音乐。阿波罗送给了他一张金竖琴，并教会他演奏的技巧。而他认为这件七弦乐器还不完美，又加了两根琴弦，缔造出更悦耳的和声。他成年后，成了一位举世无双的音乐家。当他拨动琴弦或展开歌喉时，天上的飞鸟、地上的走兽、水中的游鱼，都不由自主地聚拢过来，聆听美妙的音乐，甚至草木顽石，也隐隐回应。

俄耳甫斯曾加入阿尔戈英雄取金羊毛的历险活动，并发挥了重要作用：他用琴声，帮助伊阿宋制服了守护金羊毛的巨龙。回程中，他的琴声和歌声战胜了塞壬女妖的引诱之音，成为世上唯一能够胜过她们歌声的乐手。

美丽的宁芙女仙欧律狄刻（Eurydice）被他的才华和勇敢所吸

引，与他倾心相恋，很快两人就决定结成连理。但是，在婚礼上，婚姻之神许门的火炬无论如何也燃烧不起来，让本来无比幸福的新婚夫妇心里蒙上了阴影。果然，婚礼刚结束，新娘就在回程的路上无意间踩到了一条毒蛇，毒蛇负痛，回首咬了她的脚踝。剧毒顷刻间就要了可怜的新娘的性命。新郎赶到时，只看见挚爱的妻子冷冰冰的尸体，连一句遗言都没得到。俄耳甫斯五脏俱裂，痛不欲生，整日沉浸在对爱妻的怀念中。

  终于有一天，俄耳甫斯决定到冥界去寻找并带回妻子。他以自己的琴声安抚了三头犬刻耳柏洛斯，博得了艄公卡戎的同情，后者载他渡过了冥河。最终，他见到了冥王哈得斯和冥后佩尔塞福涅，他拨动琴弦，动情地向二神唱出了自己对妻子的爱与思念。他唱道："地下世界最尊贵的王和王后啊，请告诉我，我短命的妻子现在何处？她像朵蓓蕾还未绽放，便已遭攀折。我试图强忍悲痛，但却忍无可忍。爱神的威力太强大了。王啊，请把她还给她可怜的丈夫吧！否则，请让我也留在这个亡灵的王国，只要让我们永不分离！"他的歌声是那么动听，甚至连最冷酷的复仇女神都第一次流下了眼泪。冥王夫妇也动了恻隐之心，冥后招来欧律狄刻的阴魂，交给俄耳甫斯，嘱咐他："你必须牢牢记住：在离开冥府之前，绝不能回头看你的爱妻一眼，否则你将会再次失去她！"俄耳甫斯心中充满失而复得的狂喜，在向冥王夫妇表达了他由衷的感激之情后，迫不及待地领着妻子离开。

  两人沿着一条向上的小路往回走，俄耳甫斯牢记着冥后的话，克制着自己不要去看心爱的妻子。可是欧律狄刻不明白，一贯宠爱自己的丈夫为什么一眼也不肯看自己。她轻声地询问："我亲爱的丈夫，你为什么不肯看我？难道你已经不爱你的妻子了吗？要知道，即使身处冥府，我的心里也只有你。"她还用自己的臂膀去搂抱丈夫的脖颈。俄耳甫斯听着妻子的表白，感受着妻子的接近，激动不已，可他只能或是在前疾走，或是闭上眼睛，避免看见妻子。走着走着，前面出现微光，马上就要到达阳界的入口了。突然，俄耳甫斯感觉听不到身后妻子的声音了，他大惊，生怕爱妻没有跟上自己，下意识地回头瞟了一眼。欧律狄刻美丽的容颜刚刚映入眼帘，就好像被一种莫名的力量拉扯着，向后方的黑暗飘去。绝望和恐怖攫取了可怜的俄耳甫斯的心，他大声喊着爱妻的名字，徒劳地伸出手竭力想拉住远去的灵魂，却只抓住一把空气。欧律狄刻这时已经明白了，丈夫为什么不肯看自己，对由于丈夫的失误只差一步就可回归阳世，她心中没有任何埋怨。因为她知道，丈夫对自己的爱是如此深沉，上穷碧落下黄泉，世上几人能做到？她已经感到十分满足。用无比温柔的眼神最后看了丈夫一眼，悄然说了一句"永别了，亲爱的！"欧律狄刻就消失在无边的黑暗中。

俄耳甫斯如同陷入噩梦，失魂落魄，他回到冥河边再次祈求卡戎，这次却被断然拒绝。他绝望地坐在那里，七天七夜，不吃不喝，苦苦哀求，却都是枉然。

回到阳间后，俄耳甫斯一直怀念着爱妻，他发誓不再接触女性，不再娶妻。尽管爱慕他的少女众多，他却一概不假辞色。后来，他把自己的爱情转移到了美少年身上，爱护他们，教导他们，珍惜他们明媚的青春。

几年后的一次酒神节上，一群喝醉酒的狂女与正在弹唱的俄耳甫斯不期而遇，其中一个狂女叫道："姐妹们，看啊，就是这个可恶的家伙拒绝我们，侮辱我们，别放过他。"于是狂女们一哄而上，撕碎了他的身体，割下了他的头颅，扔进了河里。他的头颅漂到兰诺斯（Lemnos）岛的岸边，被缪斯女神发现捞起。悲痛的缪斯女神把他的肢体收集在一起安葬，这安葬处后来成了灵验的神谕所。俄耳甫斯的死也使酒神狄俄尼索斯非常伤心，因为俄耳甫斯曾是侍奉他的歌手。于是，酒神将狂女们捆绑起来，种在土里，把她们都变成了橡树。

◇ **星空知识** ◇

俄耳甫斯死后，他的琴被诸神放在天上，成为天琴星座（Lyra）。

◇ **词汇履历** ◇

俄耳甫斯（Orpheus）是优秀的音乐家和歌唱家的代名词，由其派生的 Orphean 一词，意指迷人的，好听的。

◇ **周边链接** ◇

俄耳甫斯死后，他所唱内容，尤其是他在冥界的所见所闻，广为流传，被人们尊崇信奉，从而产生了俄耳甫斯教（Orphicism），成为古希腊一支神秘且影响深远的宗教，最早能追溯到公元前 6 世纪。历史学家认为，在色雷斯，他甚至被当作重要的神而受崇拜。

◇ **自由解读** ◇

1. 如何理解欧律狄刻的故事？ 这则神话说明，人类是不可能起死回生的。但在这个故事里，也包含有灵魂不灭和死后复生的潜台词。

2. 如何理解俄耳甫斯的回望？ 俄耳甫斯在即将走出地狱时回望而前功尽弃，意味着要理解身后的代表着已经过去的时光，时间不可逆转，人的生死也不可逆转。

◇ **延伸阅读** ◇

1. 这个故事非常受音乐家欢迎。1471 年，意大利诗人安吉格·安布罗基尼（Angelo Ambrogini，1454—1494）用抒情诗式的格律创作了戏剧《俄耳甫斯》，讲述了这位乐手悲剧性的爱情与死亡。1607 年，意大利歌剧作家克劳迪奥·蒙特威尔第（Claudio Monteverdi，1567—1643）创作了《俄耳甫斯》，成为世界上最早的歌剧之一。1762 年，德国作曲家克里斯托夫·维利巴尔德·格鲁克（Christoph Willibald Gluck，1714—1781）把这个故事搬上了歌剧舞台，创作了《俄耳甫斯与欧律狄刻》，现代歌剧由此诞生。后来法国作曲家柏辽兹（Hector Louis Berlioz，1803—1869）又对它进行了改编。奥芬巴赫（Jacques Offenbach，1819—1880）的滑稽剧《地狱中的俄耳甫斯》也是受了这个故事的启发。美籍俄国作曲家伊戈尔·斯特拉文斯基（Igor Fedorovitch Stravinsky，1882—1971）创作有芭蕾舞剧《俄耳甫斯》。相关歌剧作曲家还有意大利的克劳迪奥·蒙特威尔第（Claudio Monterverdi，1567—1643）、卡尔·奥尔夫（Carl Orff，1895—1982）和美国的恩斯特·克热内克（Ernst Krenek，1900—1991）等。

2. 有了电影之后，许多艺术家把它搬上了银幕，如法国作家让·科克托（Jean Cocteau，1889—1963）导演的《俄耳甫斯》（1950）和《俄耳甫斯的遗嘱》（1956）、马尔塞·加缪（Marcel Camus，1912—1982）导演的《黑色俄耳甫斯》（1959）等。

3. 法国作家让·阿努伊（Jean Anouilh，1910—1987）的戏剧《欧律狄刻》把故事背景放在了现代。主人公乐手俄耳甫斯因为对女友的情史寻根究底而失去了她，后来一位神秘的昂利先生把她送了回来，条件是天亮前不能看她的脸。但俄耳甫斯不能遏制好奇心，造成了女友的最终死亡。

4. 诗人们同样关注这一题材，如里尔克（Rene Maria Rilke，1875—1926）就曾有组诗名为《致俄耳甫斯的十四行诗》等。

5. 小说家们常常借用这一题材写作有关音乐的故事，如澳大利亚女作家珍妮特·特纳·豪斯毕塔尔（Janette Turner Hospital，1942— ）的《迷失的俄耳甫斯：一部小说》（*Orpheus Lost: A Novel*，2008），美国小说家理查德·鲍尔斯（Richard Powers，1957— ）的《奥菲奥》（*Orfeo*，2014）等。

◇ **艺术欣赏** ◇

图1. 鲁本斯的这一作品收藏于西班牙的普拉多博物馆。画作中冥后佩尔塞福涅一身黑衣，和白皙的欧律狄刻形成对比。

图 2. 学院派画家利维 1866 年的作品,现藏于法国奥赛美术馆。表现了狂女们杀害俄耳甫斯的瞬间,但并不让人感到血腥和暴力。狂女们身姿婀娜,虽狂放却不失优雅。

图 3. 莫罗 1865 年 39 岁时创作了该布面油画,现藏于法国奥赛美术馆。在这幅富有东方情调的画上,色雷斯姑娘悲伤地捧着头和竖琴,山间似乎仍飘荡着悠扬的乐声,在死亡中隐含着永生与幸福。

图 1　俄耳甫斯和欧律狄刻告别冥王冥后

彼得·保罗·鲁本斯

Peter Paul Rubens

(佛兰德斯画家,1577—1640)

图 2　俄耳甫斯之死

埃米尔·利维

Emile Levy

（法国画家，1826—1890）

图 3　拿着俄耳甫斯头颅的色雷斯姑娘

古斯塔夫·莫罗

Gustave Moreau

（法国画家，1826—1898）

起死回生的医神阿斯克勒庇俄斯

◇早期文献◇

品达曾经在《皮托凯歌》中完整地叙述了医神阿斯克勒庇俄斯的生平，并指出他能起死回生，是因为他有雅典娜女神的馈赠。但品达认为阿斯克勒庇俄斯通过让死人复活来敛财，从而将他最终被神谴的原因归咎于贪婪。在这一卷的另一处，品达讲到阿斯克勒庇俄斯的母亲科洛尼斯之死，说科洛尼斯是被亲戚放在火刑台上烧死的。他还讲到了格劳科斯起死回生的故事，但在他的讲述中施术者并不是阿斯克勒庇俄斯。奥维德的《变形记》第2卷中讲述了科洛尼斯的故事，主要是把大乌鸦作为想要说实话得赏而实际上多嘴惹祸的典型。阿波罗多洛斯的《书藏》第3卷中也记述了这一故事。卢奇安的《诸神对话》提到阿斯克勒庇俄斯死后在奥林匹斯神山上成了神，并和大力神赫拉克勒斯争位次的故事。

科洛尼斯（Coronis）是塞撒利亚国王佛勒古阿斯（Phlegyas）的女儿，她不但美艳绝伦，而且个性鲜明。阿波罗很喜欢她，不仅经常下凡去与她相会，还常派自己的随从去探望她。然而，科洛尼斯在得到太阳神的眷顾之后，却又与一个名叫伊斯库斯（Ischys）的青年男子偷情。阿波罗的随从大乌鸦发现了这件事，报告给了它的主人。阿波罗非常愤怒，他立刻丢下了正在弹奏的竖琴，拿起武器去质问科洛尼斯。科洛尼斯很坦然地承认了这件事，她对太阳神说，自己是一介凡女，青春易逝，当容颜老去时，必将被永生的神遗弃。顾虑于此，所以她重新选择了一位人中的俊杰作为自己的爱人，只求能够白头偕老、厮守终生。阿波罗听了她的话，并不谅解她的苦衷，仍然为其背叛而怒火中烧。他拿出箭来，指向心爱的女子。也许这时，科洛尼斯回心转意或是苦苦哀求，阿波罗就会念旧情而心软放下箭。但倔强的科洛尼斯却丝毫没有悔过与哀求的意思，阿波罗终于射出了一支嫉恨的箭，穿透了可怜的公主的胸膛。这时公主已经怀上了阿波罗的孩子，临终前说："狠心的阿波罗，你杀了我，也结果了你孩子的性命！"阿波罗想起往日的恩爱，后悔莫及，他竭力想用自己的医术挽救心上人，但为时已晚，只能抱着一具冰凉僵硬的尸体痛心不已。幸好，科洛尼斯腹中的孩子一息尚存，阿波罗救出了他，取名为阿斯克勒庇俄斯（Asklepios）①，并交给世上最好的老师——人马族首领贤明的喀戎（Chiron）②来抚养教育。阿波罗在痛恨自己的同时，还痛恨传闲话的信使，于是把报信的大乌鸦的羽毛变成黑色，并让它失去说话的能力。

阿斯克勒庇俄斯长大后，成为一名杰出的医师。他的医术非常高明，无论内伤、外伤，还是其他疾病，他都能医治，不仅能够解除病人的痛苦，甚至还能够起死回生。很快，他的名声就传遍天下，人们纷纷慕名而来。关于他起死回生的本领，也有一个故事。据说克里特岛国王弥诺斯（Minos）③有一个儿子叫格劳科斯，很小

---

① **阿斯克勒庇俄斯（Asklepios）**：名字意为"剖腹得来之子"。罗马名是维约维斯（Vejovis）。

② **喀戎（Chiron）**：人马族长，第二代天帝克洛诺斯和大洋女神菲吕拉之子，住在忒萨利亚的佩利翁山的山洞里。克洛诺斯追求菲吕拉时，后者为了逃避他，变形为母马，克洛诺斯变成公马强奸了她，后来她生下了半人半马的喀戎。喀戎是最富智慧的人马，学识渊博，为人公道和善，精通多种技艺，音乐、医药、射箭、角力、预言等。希腊人尊敬这位智者，认为他是最完美的导师。他有许多著名的学生，如阿斯克勒庇俄斯、伊阿宋、阿里斯泰俄斯与阿克泰翁父子，赫拉克勒斯、忒修斯、佩琉斯与阿喀琉斯等。

③ **弥诺斯（Minos）**：宙斯和欧罗巴的大儿子，克里特的国王。

的时候，因为追逐一只老鼠，掉到蜜缸里淹死了。弥诺斯很伤心，他命人把阿斯克勒庇俄斯找来，要求把他的爱子救活，否则就不放人走。阿斯克勒庇俄斯这时还没有掌握起死回生之术，无计可施，就被关进了牢房。正当他心烦意乱时，看到牢房里有一条蛇在游走，他举起手杖把蛇打死了。但是，他发现另一条蛇口中衔着一棵药草爬到死蛇身边，当它把药草放在死蛇头上时，死蛇竟然渐渐苏醒过来，两蛇一同匆匆逃走了。阿斯克勒庇俄斯大喜，他找到了同样的药草，果然救活了弥诺斯的儿子，从此获得了起死回生的本领。在另一个版本的传说中，则认为他拥有雅典娜女神送给他的戈耳工女妖之血：左边血管里流出的血可以将活人杀死，而右边血管流出的血可以将死人救活。

后来，阿斯克勒庇俄斯娶了性情温柔，心地善良的抚慰女神厄庇俄涅（Epione）[1]为妻。他们生了很多孩子，这些孩子无论男女都继承了父母的衣钵。他们有两个凡人儿子：玛卡翁（Machaon）[2]和波达利里俄斯（Podaleirios）[3]，曾作为希腊联军的军医参与特洛伊战争。他们还育有五个女儿：康复女神阿刻索（Aceso）[4]、医药女神帕那刻亚（Panacea）[5]、保健女神许癸厄亚（Hygieia）[6]、治疗女神伊阿索（Iaso）[7]和容光焕发女神埃格勒（Aegle）[8]。

阿斯克勒庇俄斯虽然是许多人的大恩人，可是他使人起死回生，

---

[1] **厄庇俄涅（Epione）**：阿斯克勒庇俄斯之妻。

[2] **玛卡翁（Machaon）**：阿斯克勒庇俄斯和厄庇俄涅之子，波达利里俄斯的兄弟。曾向海伦求婚，故参加了特洛伊战争，是希腊联军的军医，主管外科。

[3] **波达利里俄斯（Podaleirios）**：阿斯克勒庇俄斯和厄庇俄涅之子，玛卡翁的兄弟。曾向海伦求婚，故参加了特洛伊战争，是希腊联军的军医，主管内科。

[4] **阿刻索（Aceso）**：康复女神，阿斯克勒庇俄斯和厄庇俄涅之女。

[5] **帕那刻亚（Panacea）**：医药女神，阿斯克勒庇俄斯和厄庇俄涅之女。能够用草药治愈各种疑难杂症。

[6] **许癸厄亚（Hygieia）**：健康女神，阿斯克勒庇俄斯和厄庇俄涅之女。

[7] **伊阿索（Iaso）**：阿斯克勒庇俄斯和厄庇俄涅之女。

[8] **埃格勒（Aegle）**：阿斯克勒庇俄斯和厄庇俄涅最小的女儿。

扰乱了生死有定的自然规律，触犯了神的权威，最终被神王宙斯用霹雳击毙。但在凡间他仍然备受尊崇，人们称他为医神，数百年来始终络绎不绝地前往他的神殿求医。他们会在这里祈祷献祭，然后睡上一觉，相信这位善良的凡间神会在梦中为他们疗治。

◇ **星空知识** ◇

1. 乌鸦本是非常漂亮可爱的鸟，浑身雪白，歌喉优美，是太阳神阿波罗的圣宠。但在因传闲话造成科洛尼斯殒命之后，痛失爱人的阿波罗不仅把它的羽毛变黑、声音变刺耳，而且把它的形象置于天空成为乌鸦座（Corvus），以示警诫。

2. 阿波罗对阿斯克勒庇俄斯的死十分悲痛，将他置于天上，化为蛇夫星座（Ophiuchus），其手中的蛇杖成为巨蛇座（Serpens）。

◇ **词汇履历** ◇

在现代英语中，panacea 意为医治百病的灵丹妙药，来自医药女神帕那刻亚的名字；而 hygiene 是卫生、保健的意思，则来自保健女神许癸厄亚的名字。

◇ **自由解读** ◇

1. 乌鸦为什么是黑色的？ 这个故事是古代希腊人以被神惩罚来解释乌鸦为什么羽毛漆黑、叫声聒噪。"乌鸦嘴"也由此比喻好搬弄是非，或说话不吉利。但是在世界文化范围内，乌鸦并不全是反面形象。如在北欧，它就是思想和记忆的化身，众神之王奥丁肩头就站着两只乌鸦。在日本，乌鸦被视为神鸟。在中国，乌鸦同样有双重形象。一方面，有"乌合之众""天下乌鸦一般黑"等俗语表明其被视为凶兆。另一方面，唐代之前，乌鸦被视为具有吉祥和预言作用的神鸟。此外，乌鸦反哺的说法使乌鸦具有孝鸟的形象。有研究认为，乌鸦是最聪明的鸟类，其智力水平与家犬相当。

2. 如何理解乌鸦被惩? 这则神话反映了人们的一种惯常心理，即对带来坏消息的人心怀怨恨，尽管他们很可能是无辜的。

3. 如何理解科洛尼斯的选择? 科洛尼斯代表了具有自我意识的希腊女性对爱情的追求和清醒认识。这类女性在古希腊并不罕见，战神阿瑞斯的孙女玛尔裴萨就曾以同样的理由拒绝了太阳神阿波罗的求爱，而选择了人间英雄男子伊达斯。

◇延伸阅读◇

1. 阿波罗想为儿子报仇，又不敢向宙斯报复，便杀死了制造霹雳的工匠——独眼巨人库克罗普斯。结果被宙斯惩罚在人间服役，给斐赖国王阿德墨托斯当一年奴隶。

2. 古希腊医生遵守的行业道德圣典《希波克拉底誓言》载：

> 仰赖医药神阿波罗，阿斯克勒庇俄斯，阿克索及天地诸神为证，鄙人敬谨直誓，愿以自身能力及判断力所及，遵守此约。凡授我艺者，敬之如父母，作为终身同业伴侣，彼有急需，我接济之。视彼儿女，犹我兄弟，如欲受业，当免费并无条件传授之。凡我所知，无论口授书传，俱传之吾与吾师之子及发誓遵守此约之生徒，此外不传与他人。
>
> 我愿尽余之能力与判断力所及，遵守为病家谋利益之信条，并检束一切堕落和害人行为，我不得将危害药品给予他人，并不作该项之指导，虽有人请求亦必不与之。尤不为妇人施堕胎手术。我愿以此纯洁与神圣之精神，终身执行我职务。凡患结石者，我不施手术，此则有待于专家为之。
>
> 无论至于何处，遇男或女，贵人及奴婢，我之唯一目的，为

病家谋幸福，并检点吾身，不做各种害人及恶劣行为，尤不做诱奸之事。凡我所见所闻，无论有无业务关系，我认为应守秘密者，我愿保守秘密。尚使我严守上述誓言时，请求神祇让我生命与医术能得无上光荣，我苟违誓，天地鬼神实共殛之。

◇ **当代应用** ◇

1. 阿斯克勒庇俄斯手持的木杖，叫作阿斯克勒庇俄斯之杖（rod of Asclepius），又叫蛇杖。因为希腊人认为，蛇每年都会蜕皮，象征着恢复和更新。蛇杖是西方医疗的象征，后来成为世界各国卫生组织、医院、医学学会、医学院的标志。

2. 许癸厄亚之碗：是女神用的碗状药盘。许多艺术表现她用此碗喂一条蛇。故该碗也有一条蛇盘着，与阿斯克勒庇俄斯之杖一样，有医学、治疗的象征意义，都是当今世界上常用的符号之一。阿斯克勒庇俄斯之杖代表"医学"，许癸厄亚之碗则代表"药学"。

欢快顽皮的山林之神潘

◇早期文献◇

卢奇安的《诸神对话》中提到潘认赫耳墨斯为父，两人谈论其身世。潘的身世说法不一，一般认为他的父亲是神使赫耳墨斯。一种说法认为，他的母亲是阿耳卡狄亚的宁芙女仙德律俄普，在生下潘之后，因其貌丑而将其抛弃。赫尔墨斯捡起他，带回奥林匹斯山并给众神看，他毛茸茸的模样让众神发笑。众神都很喜欢他，允许他加入神的行列，取名潘。酒神狄俄尼索斯尤其喜欢他，所以在很多神话传说中，潘是酒神的随从。另一种说法则认为，潘的母亲是佩涅罗佩。在这则神话中，佩涅罗佩不再是《荷马史诗》中等了奥德修斯20年的忠贞妻子。据说，她在奥德修斯不在家时红杏出墙，所以奥德修斯归来后就休弃了她。佩涅罗佩回到娘家后，又前往曼提尼亚，在那里同赫耳墨斯结合生下了潘。卢奇安采取的就是这种说法。

潘（Pan）是山林之神，也是牧人与牧群的保护神。他头生双角，下巴突出，胡须满面，神情狡诈，下半身为羊形，双腿粗壮，蹄分两瓣，动作灵活，擅长奔跑。在一般人看来，潘半人半羊的外形颇似后来西方的魔鬼形象。他长得吓人，又喜欢玩闹，热衷于用自己的古怪长相和奇特声音吓唬路人和羊群取乐，所以潘也常被视为惊慌之神。打搅潘睡觉是非常危险的，他会吓得扰人清梦者失魂落魄。不过，在平时潘对人类十分友好，甚至以保护者自诩。希腊人与波斯人有两次战争，一次是马拉松之战，一次是萨拉米斯海战，据说正是由于潘的帮助才使波斯人落败。潘因此也得到希腊人的普遍尊敬，祭祀遍布全国。

潘性情欢快，喜欢待在他的出生地阿耳卡狄亚和宁芙女仙们玩耍。在这里，潘扮演过鲁莽的追求者。据说，阿耳卡狄亚的雪山上有一位仙女，名叫绪任克斯（Syrinx），潘爱上了她，热烈地追求她。但绪任克斯决心像狩猎女神阿耳忒弥斯一样保持独身，总是拒绝爱慕者的求欢。有一天，潘对她紧追不放，她只好不断奔逃，最后来到了拉冬河畔。无路可走的绪任克斯选择了变形来摆脱潘的追逐，她变成了一棵芦苇。当潘赶到时，亲眼目睹了心爱的姑娘变形的过程，他伤心地长叹一声，声音经过苇管，变得又粗又响，这启发了潘。他把不同长度的芦苇用蜡粘在一起，制成了一种乐器——排箫。

◇星空知识◇

一次，奥林匹斯山上的众神正在宴饮，正当大家都喝得醉醺醺的时候，万怪之父提丰（Typhon）[①]闯了进来。众神不及反抗，四处奔逃，阿佛洛狄忒和厄洛斯母子化身为鱼逃脱。潘有样学样，也想变成鱼冰遁，但他喝多了，急切间变身不彻底，只下半身变成了鱼。事后，众神为了纪念这件事，将爱神母子的双鱼形象化为双鱼座（Pisces），将潘的半鱼半羊形象化为摩羯座（Capricornus），放在了天空中。

[①] **提丰（Typhon）**：地母该亚和深渊之神塔尔塔罗斯之子。他是一条巨龙，有一百个蛇头，浑身披着坚硬的鳞甲，嘴中喷出灼热剧毒的火焰。提丰威力无边，后世的台风（Typhoon）一词来源于他。他还是万怪之父，与万怪之母厄喀德那（Echidna）结合，生下了许多怪物。

◇ 词汇履历 ◇

1. 潘的自由世界（a freedom of Pan），意思是像神仙一样逍遥自在，无拘无束。

2. 由于潘有时被认为是恐惧之神，英语中"惊慌、恐慌"（panic），就是从潘（Pan）的名字衍生而来的。

3. 排箫（pipe of Pan，panpipe）是潘发明的，也就由他得名。有时，人们也把这种乐器用绪任克斯（syrinx）的名字来命名。

◇ 自由解读 ◇

为什么潘被认为是好色的？ 因为西方人把山羊视为淫荡的象征，所以在神话中，下半身是公羊的潘具有好色的名声。

◇ 延伸阅读 ◇

1. 英国诗人雪莱曾作《潘之歌》：

一

我们来了，我们来了，
从高原，从森林，
从绿水环绕的洲岛，
喧闹的波涛也肃静
倾听我甜美的笛音。
桃金娘林梢的小鸟，
灯芯草、芦苇丛中的风，
菩提树上的知了，
麝香花铃里的蜜蜂，

青草荫蔽下的蜥蜴，
都像老特摩勒斯一样屏息
倾听我甜美的笛音。
　　二
庇牛斯河流水明净，
坦佩谷地一片阴沉，
在白里翁山的阴影里横陈，
伸展着的阴影就要吞尽
被我笛音催促的夕照残景。

从湿润的水草地边缘，
到露珠晶莹的洞穴，
田野和森林和畜牧之神，
水泽和林中的仙女，
听我演奏的神灵都静默，
怀着爱，像此刻的你，阿波罗，
你却怀着对我的嫉妒心情。
　　三
我唱闪烁舞蹈的星星，
我唱奇妙的地球和天庭，
我唱规模巨大的战争，
我唱爱情、死亡和生命——
尔后，我转换笛音——
唱我在梅纳勒斯山谷追赶
一位姑娘，却抱住一支芦苇！
神和人啊，我们都会这样受骗！
我们常因此伤心，流血；

全都落泪了——你们俩一定会，
如果血液尚未冻结于嫉妒和年岁
为我甜美笛声里的酸辛。①

2. 挪威作家克努特·哈姆生（Knut Hamsun，1859—1952）的小说《潘——格拉恩少尉书简节选》中同名主人公是位热爱大自然的男性，他热恋上一女性，但最终以悲剧结尾。显然，作家将山林之神潘视为离群索居、难以融入社交生活的男子的原型。

3. 以潘神为题进行创作的还有法国作曲家克洛德·德彪西（Claude Debussy，1862—1918）的四手钢琴曲、芬兰作曲家让·西贝柳斯（Jean Sibelius，1865—1957）的小交响曲等。

4. 苏格兰小说家、剧作家詹姆斯·马修·巴利（James Matthew Barrie，1860—1937）的长篇小说《彼得·潘》中同名主人公形象也有潘神的影子，采用的是潘神快乐、顽皮、无拘无束、热爱自由的一面。

◇艺术欣赏◇

图1. 布格罗1873年的作品，现藏于美国克拉克艺术中心。画作截取了好色的潘偷看宁芙女仙洗澡被女仙们抓住，女仙们要把他拉入水中惩罚的一幕。女仙们神情调皮欢快，肌肤在幽暗的森林背景和潘神健壮的男体衬托下显得格外娇柔丰润，

图1 宁芙女仙和潘

威廉·阿道夫·布格罗
William Adolphe Bouguereau
（法国画家，1825—1905）

---

① ［英］雪莱：《雪莱诗选》，江枫译，外语教学与研究出版社2011年版，第211—213页。

动作姿态各异。整幅画作充满了动态的视觉冲击，年轻人嬉戏带来的欢乐和笑声似乎扑面而来。

图2. 鲁本斯1617年的作品，现藏于德国卡塞尔国家博物馆。潘的右手抓住了绪任克斯的衣物，表现了急色的心情；而绪任克斯的右手外翻，表明抗拒的意图。整个画面色彩鲜艳，健硕的男体和丰腴的女体对比显著。

图2　潘和绪任克斯

彼得·保罗·鲁本斯

Peter Paul Rubens

（佛兰德斯画家，1577—1640）

普罗米修斯造人和盗取天火

◇**早期文献**◇

1. 赫西俄德的《神谱》和《劳动与时日》是最早讲述普罗米修斯故事的作品,但其中并没有普罗米修斯造人的情节。赫西俄德认为普罗米修斯盗火破坏了人神之间的和谐,祭神时的取巧更触怒了神王,因此视其为麻烦制造者。在他笔下,普罗米修斯盗取天火和《圣经》中亚当与夏娃偷食智慧树上的果实产生的后果是一样的,都使人类失去了神的眷爱。从这个意义上,可以说赫西俄德版的普罗米修斯故事类似古希腊式的"人类被逐出伊甸园"(失乐园)传说。

2. 柏拉图的对话作品《普罗塔戈拉》关于这一神话有另一版本。普罗米修斯和厄庇墨透斯受诸神之命分配地上生物的禀性,厄庇墨透斯不小心把所有生存能力都分配给了各种生物,单剩下赤条条的人类无所依赖,普罗米修斯只好从天庭偷取天火和赫淮斯托斯的技艺给人类谋生。柏拉图将普罗米修斯的作为视为失职,将其偷盗行为视为犯罪,而神王宙斯令神使赫耳墨斯为人类送去尊严和正义,被视为正面形象。

3. 古希腊悲剧家埃斯库罗斯的《被缚的普罗米修斯》是其《普

罗米修斯》三联剧（其余两部为《盗火的普罗米修斯》《解放了的普罗米修斯》）中唯一流传下来的一部，是一出千古名剧。正是从这出戏剧开始，普罗米修斯的形象发生改变，被视为人类的恩主。但在埃斯库罗斯笔下，最终仍是个妥协的结局。普罗米修斯被宙斯的儿子赫拉克勒斯所救，他将"忒提斯的儿子将比父亲强大"这个秘密告诉了宙斯。这个结局从卢奇安的《诸神的对话》中也能找到。

普罗米修斯（Prometheus）[①]是一位仁慈而富有创造力的神，他看到大地上植物茂盛、动物成群，但尚无一种有智慧的高级生物主宰世界，于是就决定创造人。他用河水调和黏土，按照天神的模样捏塑成人的形体。又请智慧女神雅典娜把神的气息吹进了泥人中，使其获得了灵魂。普罗米修斯很钟爱自己的创造物，他教会了人类种植、建筑、航海、写字等。

众神很快发现了这一新的造物，于是要求人类向其祭祀。普罗米修斯代表人类宰了一头大公牛献祭，但他把牛肉悄悄留给了人类，而在骨架上面覆盖了厚厚的板油，献给神。宙斯一眼就看穿了祭品上的花招，非常恼怒，决定不给人类火种，让人类有肉也只能生吃。但聪明的普罗米修斯为人类盗得了天火，有的传说认为他是从火神赫淮斯托斯的冶炼炉里窃取的火星，也有的说他趁宙斯睡觉时从其手中的霹雳上偷取了火种，还有的说是他靠太阳火焰车点燃了火把。总之，他为人间带来了光明和温暖。

宙斯知道后，怒火震动了整个天庭。他命人把普罗米修斯锁在了高加索山高高的峭壁上，还派去了一只凶残嗜血的恶鹰，每天啄食普罗米修斯的肝脏。黑夜的时候，普罗米修斯的肝脏会自动生长痊愈，而到了白天，老鹰又把他的肝脏啄开。这样的折磨日复一日，一直过了三

[①] **普罗米修斯（Prometheus）**：是第一代天帝乌拉诺斯和地母该亚的孙子，提坦神伊阿珀托斯和司法律、正义和预见的提坦女神忒弥斯的儿子，宙斯的堂兄弟。其名在希腊语中有"先知先觉"的意思，他深谋远虑，并有预知未来的能力。

万年。终于有一天,宙斯的凡人儿子大英雄赫拉克勒斯(Heracles)[1]路过这里,射死了这只贪婪的鹰,才解放了这位为人类忍受巨大苦难的英雄。

◇星空知识◇

人马星座(Sagittarius)的来源与普罗米修斯密切相关。因为宙斯是神王,金口玉言不可更改,他既然判处普罗米修斯永远受这种痛苦的折磨,直到将来有人自愿为他献身为止,那么即使普罗米修斯被赫拉克勒斯所救也只是暂时的。幸好半人半马的肯陶洛斯族(Centaurus)族长喀戎愿意为这位提坦神献出自己的生命。喀戎死后,宙斯把他放在天空中,身体变成了群星,形似开弓射击的人马状,故称人马星座或射手星座。

◇自由解读◇

1. 普罗米修斯被视为哪类人的代表? 普罗米修斯是为人类无私奉献的圣者的代名词,他也是不畏权威、反抗专制的抗争型英雄的代表。因为普罗米修斯是预言神,所以他还是先知、预言者的代名词。此外,普罗米修斯还是造人者的代名词。诗人雪莱的妻子玛丽·雪莱那本写人造人的科幻小说《弗兰肯斯坦》副标题就是《当代普罗米修斯》。

2. 如何理解普罗米修斯用土造人? 各民族神话中有很多相似的传说,《圣经》中上帝用土造了第一个人类亚当,中国神话中女娲也是抟土造人。为什么会这样呢?在神话学研究中,有一种学说叫"比照性",意思是说神话的起源来自人类自身的认识。因此,当原始人发现土地孕育万物,泥土里会长出花草树木等生命时,他们渐渐就产生了泥塑生命的联想和推论,认为人类也是从土中而来。

---

[1] 赫拉克勒斯(Heracles):宙斯与阿尔克墨涅之子,希腊神话中伟大的英雄。

3. 普罗米修斯塑造人类形体、雅典娜赋予人类灵魂表达了西方人的什么思想? 与中国女娲造人的神话不同,普罗米修斯用泥土塑成的只是人的形体,而只有当他请来雅典娜后,人类才获得了灵魂,这表现了西方人"灵肉分离"的思想。中国传统文化追求天人合一,灵魂和肉体天然结合在一起;而西方思想中,灵魂和肉体并不天然统一,故而"天人交战"式的灵肉分享的痛苦始终是西方文化艺术永恒的主题。

4. 后世如何纪念普罗米修斯? 奥运会上的圣火仪式起源于普罗米修斯盗取天火的传说。人们戴项链、手镯、戒指,据说就是为了纪念这位被缚的神。因为普罗米修斯必须永远带着一只镶有高加索山上的石头的铁环,表明他仍在受罚,从而充分履行宙斯的判决。人们纷纷仿效,在脖子、手腕、手指等部位带上镶有石头的链子,后来逐渐变成装饰物。

5. 如何理解普罗米修斯的故事中有关祭祀分配的部分? 这是一则"特许证神话"。人们为了生存,不能不珍惜每一块肉,但无法对在祭祀中把牺牲中最好的部分留给自己而把次等的部分当成祭品献给神这种行为文过饰非,于是通过这则神话故事提供了一个理由为这种状况进行辩护。

6. 如何从技术合法性的角度理解普罗米修斯盗取天火的故事? 这则神话暗含着"技术或文化与苦难相连"的意思,同时也让我们思考技术的合法性问题:我们的技术是正当的还是偷来的?当我们心安理得地运用我们的技术时,是否忘记了应有的谦卑,是否违背了宇宙的意志?我们应该为这种"偷窃"而欣喜自豪呢,还是担心忧虑?

◇ **延伸阅读** ◇

1. 在中国古代神话中,有一个形象与普罗米修斯类似,那就是鲧。他是黄帝的孙子,"黄帝生骆明,骆明生白马,白马是为鲧"。鲧是盗土者,盗的是神土息壤,息是生生不息的意思,息壤是一种能够自己生成、膨胀的土壤。鲧治水的故事主要集中在《山海经·海内经》中,"洪水滔天,鲧窃帝之息壤以堙洪水,不待帝命。帝令祝融杀鲧于羽郊,鲧复(腹)生禹。帝乃命禹卒布土以定九州"。大致意思是:尧帝时洪水泛滥,鲧用堵的方法治水,九年过去了洪水还是没治好。筑坝建堤,对人类来说十分困难,于是他偷了天帝的息壤,只要撒下去,就形成堤坝,洪水眼看有希望被治服了。这时,知道他盗窃行为的天帝命火神祝融杀死了鲧,取回了息壤。治水大业未完成,鲧的精魂不肯散去,尸体三年不腐。天帝得知后,命天神刀剖其腹,结果飞出一条黄龙,落地后变成了禹。禹继承了鲧的志向,终于完成了治水大业。与普罗米修斯在西方的家喻户晓不同,鲧同样为民造福,但在我们的古籍中记录很少,仅有几处,或是轻描淡写,甚或是指摘谴责。这与我们较早形成中央集权的专制主义,形成大一统的儒家传统有关。"不待帝命"的鲧抗命的行为被认为是对不可触犯的统治者至尊观念的挑衅,自然会被漠视、排挤。

2. 法国作家卢梭(Jean-Jacques Rousseau,1712—1778)在1751年,《论科学与艺术》卷首放置了一张手执火把的普罗米修斯插画,似乎用来警告人们不要轻易触碰科学与艺术,否则就会落得和普罗米修斯盗取天火一样的下场。

3. 1773年,德国大诗人歌德曾写作哲理诗剧片段《普罗米修斯》,具有强烈的反封建精神,同名主人公被塑造成自由不羁而富有创造才能的伟大英雄。

用云雾遮蔽
你的天空吧,宙斯!

像男童
剁蓟草一般
剁橡树、铲平山峰吧!
你可别碰
我的大地、
我的茅屋
(它不是你盖的)
和我的炉灶,
因炉灶里的烈火
你嫉妒我。
我不知阳光下有什么
比你们诸神更贫困:
你们靠可怜的
祭祀供品
和祈祷的气息
维持尊严。
假如那些乞丐和小孩子
不是些满怀希望的傻瓜,
你们都得饿死。

当我还是个
懵懂无知的孩子,
我把迷茫的目光
转向太阳,仿佛那儿
有一只耳朵倾听我的怨诉,
有一颗心像我的心一样
怜悯窘迫者的不幸。

何曾有谁助我
对抗提坦们的骄傲?
何曾有谁拯救我,
使我免于一死,免于被奴役?
一切不都是你自己完成的吗,
神圣的炽热的心?
但你年轻、善良,受了蒙骗,
为感谢上边那个酣睡者
对你的救赎之恩而五内俱热。

要我尊敬你,凭什么?
你可曾减轻过
如牛负重者的痛苦?
你可曾止住
受威吓者的泪水?
把我锻炼成堂堂男子的,
不正是全能的时代
和永恒的命运——
它是我的、也是你的主人。

或许你还妄想
我该厌憎人生,
逃往蛮荒之地,
因为不是所有花季少年,
都能美梦成真?

我坐在这里造人,

按照我的形象
造一个像我一样的种族，
去受苦，去哭泣，
去享受，去欢欣，
并且像我一样
不敬你。①

4. 1816年，英国浪漫主义诗人拜伦创作了《普罗米修斯》一诗，塑造了一个默默地咬紧牙关为人类忍受苦难的殉道者，一个桀骜不驯、永不屈服的英雄形象。

巨人！在你不朽的眼睛看来
　人寰所受的苦痛
　　是种种可悲的实情，
并不该为诸神蔑视、不睬；
但你的悲悯得到什么报酬？
是默默的痛楚，凝聚心头；
是面对着岩石、饿鹰和枷锁，
是骄傲的人才感到的痛苦：
还有他不愿透露的心酸，
那郁积胸中的苦情一段，
　它只能在孤寂时吐露，
而就在吐露时，也得提防万一
天上有谁听见，更不能叹息，
　　除非它回音答复。

――――――――――

① ［德］歌德：《歌德抒情诗选》，潘子立译，中国友谊出版公司2014年版，第45—48页。

巨人呵！你被注定了要辗转
　　在痛苦和你的意志之间，
　不能致死，却要历尽磨难
　而那木然无情的上天，
　那"命运"的耳聋的王座，
　那至高的"憎恨"的原则
　　（它为了游戏创造出一切，
　　然后又把造物一一毁灭），
　甚至不给你死的幸福；
　"永恒"——这最不幸的天赋
　是你的：而你却善于忍受
　　　司雷的大神逼出了你什么？
　除了你给他的一句诅咒：
　　　你要报复被系身的折磨。
　你能够推知未来的命运，
　　　但却不肯说出求得和解；
　　　你的沉默成了他的判决，
　他的灵魂正枉然地悔恨：
　呵，他怎能掩饰那邪恶的惊悸，
　他手中的电闪一直在颤栗。

　你神圣的罪恶是怀有仁心，
　　　你要以你的教训
　　　　减轻人间的不幸，
　并且振奋起人自立的精神；
　尽管上天和你蓄意为敌，
　但你那抗拒强暴的毅力，

　　　　你那百折不挠的灵魂——
天上和人间的暴风雨
　　　怎能摧毁你的果敢和坚忍！
　　　你给了我们有力的教训：
你是一个标记，一个征象，
标志着人的命运和力量；
和你相同，人也有神的一半，
是浊流来自圣洁的源泉；
人也能够一半儿预见
　　他自己的阴惨的归宿；
　　他那不幸，他的不肯屈服，
和他那生存的孤立无援：
但这一切反而使他振奋，
逆境会唤起顽抗的精神
使他与灾难力敌相持，
坚定的意志，深刻的认识；
即使在痛苦中，他能看到
其中也有它凝聚的酬报；
他骄傲他敢于反抗到底，
呵，他会把死亡变为胜利。①

5. 1819 年，英国另一位浪漫主义诗人雪莱完成了四幕诗剧《解放了的普罗米修斯》，表现了革命乐观主义精神。其同名主人公是爱和希望的代表，抗争强权的英雄。终有一天，他获得了解放，万物欢腾，自由充盈人间。

---

① 《穆旦译文集 3·拜伦诗选·济慈诗选》，查良铮译，人民文学出版社 2005 年版，第 80—82 页。

6. 美国诗人朗费罗（Henry Wadsworth Longfellow，1807—1882）在《普罗米修斯——诗人的预想》中，把不惧权威和迫害、以开智人民为己任的诗人喻作普罗米修斯。

7. 伏尔泰、纪德、加缪等文学家也在作品中塑造过普罗米修斯形象。

8. 1800年，贝多芬曾为舞剧《普罗米修斯的生民》谱曲，以磅礴的气势充分表现了普罗米修斯的英雄气概和为人类所忍受的痛苦。1850年，弗兰茨·李斯特（Franz Liszt，1811—1886）曾作交响曲《普罗米修斯》，表现普罗米修斯的大胆执着和坚毅忍耐。此外，亚历山大·斯克里亚宾（Alexander Scriabin，1872—1915）等音乐家也都描绘过普罗米修斯的光辉形象。

9. 瑞士作家、1919年诺贝尔文学奖获得者卡尔·施皮特勒（Carl Spitteler，1845—1924）对普罗米修斯的故事情有独钟，第一部作品就是《普罗米修斯和厄庇墨透斯》，最后一部作品则是对其加以改编和重新诠释的《受难者普罗米修斯》。

10. 2012年，英国导演雷德利·斯科特（Ridley Scott，1937— ）拍摄的科幻电影《普罗米修斯》借助同名神话隐喻探讨科技与人类之间的关系等问题。

◇艺术欣赏◇

现藏于美国费城艺术博物馆。鲁本斯在画作中着意渲染了恶鹰的残暴凶狠和普罗米修斯的痛苦及不屈，恶鹰黑色的羽翼、血淋淋的尖喙和被缚的英雄挣扎的身躯，使肉体的剧痛感和精神上的抗争之火扑面而来，形成了强烈的视觉冲击力。

普罗米修斯造人和盗取天火 149

被缚的普罗米修斯

彼得·保罗·鲁本斯

Peter Paul Rubens

(佛兰德斯画家,1577—1640)

潘多拉和她的盒子

◇早期文献◇

赫西俄德的《神谱》和《工作与时日》第一次提及这个神报复人而送礼的故事。而古希腊诗人巴布里乌斯（约2世纪）在他的抑扬格诗体的《伊索寓言》中，将潘多拉盒子中的物品写成各种神赐予人类的美好之物。在潘多拉违令打开盒子时，这些美好之物从中逃出，回到众神那里，只有希望被及时留下。

潘多拉（Pandora）是人类第一位女性。宙斯在重罚了为人类盗取天火的普罗米修斯之后，余怒未息，这位被冒犯的天帝还要惩罚人类。当他发现普罗米修斯创造的人类只有男人时，就想出了一个新奇而恶毒的主意：创造一个女人，通过她来降祸于人类。遵照宙斯的命令，火神赫淮斯托斯用黏土和水按照神的容貌造出了一位美丽迷人的女子。众神也纷纷来帮忙：爱神阿佛洛狄忒赋予她媚惑的姿态、迷人的魅力和强烈的欲望；神使赫耳墨斯赋予她悦耳的声音，以及撒谎、哄骗的本领和狡猾、虚伪的特性；太阳神阿波罗赠予她美妙的歌声和艺术的感触；智慧女神雅典娜送给她华美的衣裳和精致的饰品；四位风神把生命吹入了她的体内。最后，宙斯赐给她一个漂亮的盒子，但不允许她打开。赫耳墨斯给她取了个名字叫潘多拉,古希腊语中,"潘"有"所有一切"的意思,"多拉"意为"礼物","潘多拉"其名一方面指"众神的礼物",另一个意思也指"拥有一切天赋的女人"。潘多拉被神使带到人间,送给了后知后觉的厄庇墨透斯(Epimetheus)①。尽管早有预见的哥哥普罗米修斯一再告诫弟弟不要接受任何来自宙斯的礼物,但厄庇墨透斯一见美人儿就把哥哥的警告忘得一干二净了。他欣然接纳了这世间的第一位女人,并娶其为妻,后来两人还生了一个可爱的女儿皮拉(Pyrrha)②。

在潘多拉到来之前,世间的人们没有疾病的困扰,没有战争的折磨,相亲相爱,和谐共处。但是潘多拉来到人间不久,就对神王送给她但不准她打开的那个漂亮盒子万分好奇。有一天,潘多拉终于忍不住偷偷打开了盒子,结果从里面飞出了邪恶、仇恨、嫉妒、淫欲、疯狂、疾病等种种灾祸。潘多拉很害怕,匆匆关上了盒子,唯有一样东西留在了盒子里,那就是同情人类的雅典娜悄悄放在盒底的希望。从此人们过上了充满各式各样苦难的日子,幸好还有希望与人们相伴,使人类不至完全堕落。

◇ **词汇履历** ◇

潘多拉的盒子(Pandora's box),比喻灾祸的来源,或是会带来不幸的礼物。

◇ **周边链接** ◇

还有一种版本说,是普罗米修斯几经周折才将人间所有的苦难收

---

① 厄庇墨透斯(Epimetheus):普罗米修斯之弟,其名在希腊语中是"后知后觉"的意思,他总是事后追悔。
② 皮拉(Pyrrha):厄庇墨透斯和潘多拉之女,后来成为普罗米修斯之子丢卡利翁的妻子。

集到盒子里藏起来,交给弟弟厄庇墨透斯收藏,可惜被其妻潘多拉出于好奇心打开,造成人间再度苦难肆虐。

◇ **自由解读** ◇

1. 如何理解神话中的潘多拉形象? 潘多拉是希腊神话中的夏娃,既是第一个女人,也被视为世间罪恶和灾难的源头,表明了男权社会对女性的认识偏见,以及对女性的妖魔化书写。

2. 如何理解希望被留在潘多拉魔盒里? 可以有两种解释:一是人类有了各种不幸,唯独没有希望,或是幸好还有希望存在;二是希望本身也是宙斯给予人类的灾难之一,因为希望代表着不满足,仍然需求未曾拥有的东西,是一种心态上的匮乏感。

◇ **延伸阅读** ◇

1. 英国剧作家约翰·李利(John lyly,1554—1606)在《月亮上的女人》(1595)中把潘多拉塑造成祸水般的角色,引发了男人们的纷争。

2. 德国诗人歌德在《潘多拉的回归》(1807)中,赋予潘多拉的盒子美好的含义,里面装着梦想和美丽,象征着科学和艺术。

◇ **当代应用** ◇

1. 潘多拉作为"拥有一切天赋的女人",以其美丽和魅力,被用作一些女性用品的品牌。如世界销量第三的丹麦珠宝品牌即名"潘多拉"。再如,法国一著名内衣公司创立了"潘多拉的秘密"(Pandora's Secret)品牌,以追求"魅力、性感"为设计理念。

2. 作为为人类带来灾祸的载体,潘多拉被用来命名一种大型病毒。

◇ **艺术欣赏** ◇

雷尼耶的作品,现藏于威尼斯雷佐尼科官。其实,在最初的神话传说中，给人类带来众多邪恶灾难的是一个罐子，但在后来的流传过程中，演化成了盒子。雷尼耶的这幅画作显然采用的是比较早的版本中的说法。

潘多拉

尼古拉斯·雷尼耶

Nicolas Regnier

（佛兰德斯画家，1591—1667）

丢卡利翁和皮拉再造人类

◇早期文献◇

奥维德的《变形记》第1卷记述了这个有关洪水和人类再生的故事,第8卷中讲述了两位老人敬神得好报的故事。阿波罗多洛斯的《书藏》简单记述了丢卡利翁夫妇避洪水、造人的故事,以及他们的身世及后代。

人类失去了庇护者和导师普罗米修斯之后越来越堕落,他们不知敬畏,唯利是图。神王宙斯下凡巡视,遇到的都是吕卡翁式恶徒。[①] 他痛恨人类的恶行,决定毁灭这罪恶的人种。海神波塞冬领命而去,降下了滔天洪水,刹那间大地上波涛滚滚、一片汪洋。九天九夜之后,天地间只剩下一对男女幸免于难,他们是普罗米修斯的儿子丢卡利翁(Deucalion)[②] 以及潘多拉和厄庇墨透斯的女儿皮拉(Pyrrha)[③],两人既是堂兄妹,又是夫妻。因为事先得到了先知普罗米修斯的警告,他们在洪水来临时驾船驶往高高的帕耳那索斯山,在那里避开

---

① 详见本书《吕卡翁变狼》。
② **丢卡利翁(Deucalion)**:普罗米修斯和克吕墨涅之子,皮拉的丈夫。
③ **皮拉(Pyrrha)**:厄庇墨透斯和潘多拉之女,丢卡利翁之妻。

了灭顶之灾。因为这对夫妇既善良又敬神，宙斯也对他们网开一面。大难不死，两夫妇向神祈祷，询问如何繁衍生息，神谕说："离开圣坛，掩住面容，解开衣服，把母亲的骨头扔到身后！"两人惊愕万分，不知所措，他们相信并想要遵从神的指示，但却无法说服自己亵渎母亲的尸骨。冥思苦想了一段时间，丢卡利翁领悟到大地是所有人的母亲，石头就是她的骨头。于是遵照神的命令，夫妻二人像祭司一样谦卑地蒙头解衣，满怀敬畏地把石块向身后扔去。神奇的事情发生了！石头开始变软，与泥土混合，渐渐变成了血肉之躯。丢卡利翁扔的石块变成了男人，而皮拉扔的石块变成了女人。新的人类产生了，他们来自石头，成为坚强勇敢、刻苦勤劳的一代。

◇周边链接◇

1. 除了丢卡利翁和皮拉，还有一对夫妇也避免了灭顶的命运，他们是居住在佛律癸亚的一对相濡以沫的老公公、老婆婆菲勒蒙（Philemon）和包喀斯（Baucis）。据说，在下达了洪水灭世命令的最后时刻，宙斯准备给人类最后一次机会，他带着赫耳墨斯扮成凡人前往佛律癸亚投宿，他们敲了一千家门，皆被拒之门外。只有住在山边的这对老夫妻在他们的茅草屋热情地款待他们，还准备把家里唯一的鹅宰了待客。宙斯制止了他们并亮出了真正的身份，在洪水到来之前把他们带到了山上。洪水退下后，夫妻二人回到家里，发现他们的茅草屋不仅依然屹立，而且变成了有黄金屋顶、玉石铺地的庙宇，两位老人于是成了这座神庙的祭司。他们在同一天去世，变成了两棵并生的大树，一棵橡树，一棵菩提。《圣经》中的索多玛城义人罗得夫妇的故事显然脱胎于此。

2. 丢卡利翁与皮拉之子叫希伦（Hellen），是希腊人的祖先，所以希腊人自称（Hellenes）。他的四个子孙，分别是爱奥尼亚人、伊奥尼亚人、多利安人、阿凯亚人的祖先,正是古希腊雅利安人的四个部族。

◇**自由解读**◇

1. 为什么世界上很多民族的先民神话中都有大洪水的传说? 一方面说明地球上也许曾经有一个时期洪水频发,另一方面表现了先民对这种自然灾难的惧怕。

2. 如何从词源学方面理解这则神话? 在希腊语中石头一词是 lass,人类一词是 laos,非常接近。

3. 这则神话的独特之处在哪里? 大多先民神话中关于人的产生都是神造人,这则传说是唯一的例外,是人创造了人。

◇**延伸阅读**◇

《圣经》中的挪亚方舟神话脱胎于这则神话。

◇**艺术欣赏**◇

莫沃特的作品,现藏于乌克兰利沃夫国家美术馆。画作中丢卡利翁在滔天洪水中将妻子高高举起,男性的雄健和女性的柔美形成对比。

**大洪水中的
丢卡利翁与皮拉**
保罗·莫沃特
Paul Merwart
(法国画家,1855—1902)

神的奖惩故事

阿特拉斯支撑苍穹

◇早期文献◇

赫西俄德的《神谱》中提及这个故事。荷马认为阿特拉斯背负的是使天地分离的柱子。奥维德的《变形记》第4卷记述了这个故事,并描述了阿特拉斯变成高山的过程。

阿特拉斯(Atlas)[①]是提坦巨神当中身材特别巨大、体力格外充沛的一位。在宙斯带领奥林匹斯诸神反抗他的父亲——上一代天帝克洛诺斯的战斗中,阿特拉斯和大部分提坦巨神一样,是站在克洛诺斯一边的,而且他是提坦家族的主将和中坚力量。当奥林匹斯诸神胜利、提坦神失败后,他遭到了尤其严厉的惩罚:宙斯罚他用双肩背负天宇。他不得不千秋万载地承担这项重体力活,永世不得歇息。

其间,阿特拉斯曾有机会脱身,却没能抓住。大力神赫拉克勒斯

---

① **阿特拉斯(Atlas)**:提坦巨神之一,第一代天帝乌拉诺斯和地母该亚的孙子,提坦神伊阿珀托斯和司法律、正义和预见的提坦女神忒弥斯的儿子,普罗米修斯、厄庇墨透斯的兄弟,宙斯的堂兄弟,赫斯珀里得斯姐妹的父亲。

(Heracles)① 在完成他著名的十二项任务中的第十一项任务时，曾求助于阿特拉斯。他代替阿特拉斯扛起天宇，请阿特拉斯帮他去赫斯珀里得斯姐妹（Hesperides）② 看守的花园里摘来金苹果，因为这些女神是阿特拉斯的女儿。阿特拉斯顺利地拿到了金苹果，但他突然意识到自由的可贵，不愿再重新担负重任。赫拉克勒斯看透了阿特拉斯的心思，他假意同意接替阿特拉斯的工作，但请求在肩上垫一块垫子。天真的阿特拉斯接过重担，让其能够腾出手来垫肩垫。孰料赫拉克勒斯迅速拾起三个金苹果，消失得无影无踪。阿特拉斯只好继续负重忍耐。

还有的传说提到，英雄佩耳修斯（Perseus）③ 在杀死了蛇发女妖美杜莎（Medusa）④ 时也曾经路过西天，他以宙斯之子的名义请求在此地休息，却被痛恨宙斯的阿特拉斯断然拒绝。佩耳修斯一怒之下，举起了美杜莎的头颅，将阿特拉斯整个庞大的身躯都变成了石头。不过，按照这个神话，就无法解释，佩耳修斯的后辈赫拉克勒斯与阿特拉斯之间的交易了。也许，美杜莎的石化能力对于永生的神来说是有时效性的。

◇词汇履历◇

西方人多以阿特拉斯的画像装饰地图集，由此称地图集为"阿特拉斯 Atlas"，又因为他在西天顶天，所以 Atlantic（大西洋）由此而生。

---

① **赫拉克勒斯（Heracles）**：宙斯与阿尔克墨涅之子，希腊神话中伟大的英雄。佩耳修斯的第四代孙。
② **赫斯珀里得斯姐妹（Hesperides）**：阿特拉斯之女，一般认为有三位：埃格勒、厄律提亚和赫斯珀剌瑞托萨。也有的传说中认为，她们是七姐妹。
③ **佩耳修斯（Perseus）**：达娜厄和宙斯之子，希腊神话中最著名和令人敬佩的英雄之一。
④ **美杜莎（Medusa）**：戈耳工三女妖之一，双目可以令人石化，后被英雄佩耳修斯所杀，她的头颅被献给雅典娜，装在了盾牌上。

◇**自由解读**◇

阿特拉斯在古希腊为何不太受崇拜？ 阿特拉斯作为最有力量的提坦巨神，在古希腊的受崇拜程度远远不如他的兄弟普罗米修斯，这是因为，古代希腊人重视人的力量，佢并不欣赏四肢发达、头脑简单的巨人，他们最崇拜的大力神赫拉克勒斯除了力大无穷外，还粗中有细。

◇**延伸阅读**◇

阿特拉斯是只有一把力气却没脑子的傻大个的原型，这类人物上当受骗是永恒的童话主题。

◇**当代应用**◇

美国武器合约商波士顿动力公司为美军研制的世界上最先进的近两米高的人形机器人，以阿特拉斯（Atlas Robot）命名。

◇**艺术欣赏**◇

虽名擎天，但艺术家往往让阿特拉斯扛起的是一个球体，所以经常会被误以为是地球。但仔细观察这座古罗马雕塑，可以发现球体上面雕刻的是星座，说明它代表了天空。

擎天巨神阿特拉斯古罗马雕塑
（现存于意大利那不勒斯国立考古学博物馆）

法厄同的坠落

◇ **早期文献** ◇

古希腊悲剧诗人欧里庇得斯创作过《法厄同》，奥维德在《变形记》第 1 卷的最后讲到法厄同去寻父的缘由，第 2 卷则生动地讲述了法厄同驾驶太阳车及最终坠落的故事。卢奇安的《诸神对话》也讲过这个故事。

从前，太阳神并不是阿波罗，而是老一辈神祇当中的赫利俄斯（Helios）①，但他在职期间由于纵容儿子而犯下大错，不得不交出圣职。赫利俄斯的儿子叫法厄同（Phaeton）②，是他和海洋女神克吕墨涅（Clymene）的私生子。法厄同与母亲一直住在凡间，有人诬蔑他自称有天神血统是吹牛，甚至侮辱他的母亲。为此法厄同历尽千辛万

---

① 赫利俄斯（Helios）：太阳神，提坦神许佩里翁和提坦女神忒亚的儿子，黎明女神厄俄斯和月亮女神塞勒涅的兄弟。他的妻子是俄刻阿诺斯和忒提斯的女儿佩耳塞斯。他还有许多情人，克吕墨涅是其中一位，为他生了儿子法厄同和女儿赫利阿得斯姐妹。

② 法厄同（Phaeton）：赫利俄斯和克吕墨涅之子，名字的意思是"耀眼夺目者"。

苦，前往东方的太阳神宫殿寻找自己的父亲。当他终于见到赫利俄斯时，向父亲诉说了自己的苦楚和疑虑。赫利俄斯疼爱自己的儿子，发誓满足儿子的任何请求。法厄同很高兴，为了证明自己确实是太阳神的儿子，他认为最好的方法是驾着太阳车从天空驶过，让所有人都能看到。太阳车非常难驾驭，赫利俄斯十分不愿儿子干这种危险的事情，但他已经立了誓，而法厄同又执拗无比。赫利俄斯只好千叮咛万嘱咐，只希望儿子坐上神车不要乱动，让神马自行按着走熟的轨道行驶，完成这一天的行程即可。但是，这个不知天高地厚的年轻人，坐在辉煌的太阳车上，虚荣心高度膨胀，忘记了父亲的嘱咐。他摆出自以为最帅气的姿势，胡乱挥舞着马鞭和缰绳。桀骜不驯的神马根本无视他的驱使，狂奔起来，离开了日常的轨道，靠近了大地的赤道地带。大地上森林起火、河流干涸，到处一片火海，据说利比亚的沙漠就是这个时候形成的，而埃塞俄比亚人的皮肤也是这个时候被烤黑的。神王宙斯为了拯救大地，用霹雳把法厄同轰下，将太阳车导入正轨。法厄同如流星般陨落，坠入厄里达努斯河中。法厄同的姐妹们——赫利阿得斯姐妹（Heliades）[①]非常伤心，长期跪坐在兄弟的坟前痛哭不已，最后变成了一棵棵白杨树，她们的眼泪变成了一颗颗晶莹的琥珀。同时，赫利俄斯也不得不引咎辞职，将太阳神一职移交给阿波罗。

◇ 星空知识 ◇

老太阳神赫利俄斯为儿子法厄同的死而悲恸不已，为了安慰其丧子之痛，宙斯将法厄同驾车的形象升至夜空中，成为御夫座（Auriga），而收容了法厄同尸体的厄里达努斯河也升入空中，成为波江座（Eridanus）。御夫座基本上相当于中国的五车星，都是马车的形象。

[①] **赫利阿得斯姐妹（Heliades）**：赫利俄斯和克吕墨涅的女儿，法厄同的姐妹。

◇ **延伸阅读** ◇

1. 《拉封丹的寓言》中有一个周日驾车人是以法厄同为原型的。
2. 苏联小说家卡赞采夫（1906—2002）写过一部科幻小说《法厄同碎片》，虚构一场宇宙核战争使行星爆炸，来影射当时苏美两个超级大国的核竞赛。

◇ **词汇履历** ◇

大概是为了纪念第一位驾驶太阳车的凡人，英语中用法厄同的名字（phacton）指称"轻便的四轮马车"。

◇ **自由解读** ◇

1. 法厄同故事的教育意义是什么？ 赫利俄斯答应法厄同的无理要求致使后者丧命的故事告诉我们，溺爱孩子实际上是害了孩子。

2. 法厄同的故事有何启示？ 法厄同的故事警诫人们，做人做事，都要先衡量自己的能力，要量力而行。

3. 什么是"法厄同行为"？ 人们把不听劝告、不自量力的行为称为"法厄同行为"。例：英国著名历史学家汤因比，在《历史研究》一书中，把美国二战中在日本广岛和长崎投放原子弹的行为，指斥为人类盲目地玩弄大自然的力量，称其为"法厄同行为"。

◇ **当代应用** ◇

有意思的是，世界上最早出产的汽车是以这位糟糕的司机法厄同来命名的，2002年大众汽车公司生产的顶级豪华汽车辉腾（Phaeton）同样以此命名，大概是取其驾驶太阳车的极速感受。

◇ **艺术欣赏** ◇

图1. 普桑1635年的作品,现藏于德国的柏林画廊。后世的艺术品中,赫利俄斯与阿波罗因同为太阳神,故而常常被混同。像普桑的这幅作品中,太阳神头戴桂冠,手持竖琴,俨然是阿波罗,而非赫利俄斯。

图1　太阳神和法厄同

尼古拉斯·普桑

Nicolas Poussin

(法国画家,1594—1665)

图2. 海因茨1596年的作品,现藏于德国莱比锡艺术教育博物馆。画作最上方是手持雷电的宙斯,空中失控的太阳车人仰马翻,地下是燃烧的山峰、干涸的河流。人和神都注视着这幕惨剧,无法阻止法厄同的陨落。

图 2　法厄同的坠落

约瑟夫·海因茨

Joseph Heintz

（德国画家，1564—1609）

伊克西翁之轮

◇ **早期文献** ◇

阿波罗多洛斯《书藏》记述了这一故事,同时第 1 卷中还记述了宙斯惩罚提堤俄斯的故事。卢奇安的《诸神对话》中也提到宙斯试探和惩罚伊克西翁的故事。

伊克西翁(Ixion)是忒萨利亚的国王,他生性好色残忍,行事肆无忌惮。一日,他偶然见到了邻国国王狄俄纽斯的女儿——年轻的公主狄亚(Dia),发现她美丽非凡,决定娶她为妻。于是,他花言巧语向狄俄纽斯求亲,并许下了以重礼相聘的诺言,终于得偿所愿。但当岳父前来向他索取聘礼时,他却不仅背信弃义,矢口否认前言,而且丧心病狂地将其推入炭火坑中害死。由此,他犯下了严重的违誓罪和凶杀罪。

众神都厌恶他的狡诈凶残,不肯为他净罪。唯有宙斯可怜他,接受了他的祭祀,为他净了罪。但色胆包天的伊克西翁竟然在见到天后赫拉后,起了色心,并企图占有她。不敢置信的宙斯想看看这个凡人的胆子究竟有多大,就随手用云朵造了一个假的赫拉。伊克西翁竟然急不可耐地与这个幻影颠鸾倒凤了一番,半人半马的肯陶洛斯人就是这次荒唐情事的产物。震怒的宙斯用雷电将伊克西翁打入冥府，而且被触犯的神王夫妇还给了伊克西翁可怕的惩罚：他被绑在了地狱中一个永远旋转并燃烧的火轮之上，遭受着可怕的魔蛇永无休止的鞭打。

◇词汇履历◇

伊克西翁之轮（Ixon's wheel）意为"永无休止的折磨"。

◇周边链接◇

1. 半人半马族（也称为肯陶洛斯人 Centaurus）的来源有很多种。伊克西翁的这一支繁衍最多，生性荒淫、胡作非为，留下了很坏的名声。而出自其他来源的人马大都还不错，像克洛诺斯之子喀戎（Chiron）品德就很高尚，狄俄尼索斯的老师西勒诺斯与一位神女生下的福罗斯（Pholus）也是个忠厚老实的人。

2. 因为觊觎宙斯的女人而受罚的人还有提堤俄斯（Tityos）——宙斯与仙女厄拉剌（Elara）之子。他意欲非礼暗夜女神勒拉，而被坠入地狱，并有大鹫在啄食他的心肝。

◇艺术欣赏◇

图 1. 鲁本斯 1615 年的作品，现藏于法国卢浮宫。这幅画作分为两部分，右边最上方是正在观看事情发展的神王宙斯，脚边有孔雀的女神是真的神后赫拉，两神之间拿火炬的小天神是小爱神厄洛斯和婚姻神许门的合体象征，上方有翅膀的女神是欺骗女神，正在偷梁换柱。画作左边一脸色欲的男性就是色胆包天的伊克西翁，他身边的是云女神幻化的赫拉。

图 2. 德劳奈 1876 年的作品，现藏于法国南特美术馆。德劳奈以黑色和红色为背景表现了地狱的阴森恐怖，伊克西翁被缚在火轮上，

身上缠绕着魔蛇,他的表情和姿态都表现出极度的痛苦。

图1　赫拉和伊克西翁

彼得·保罗·鲁本斯

Peter Paul Rubens

(佛兰德斯画家,1577—1640)

图2　伊克西翁

朱利斯-埃利·德劳奈

Jules-Elie Delaunay

(法国画家,1828—1891)

坦塔罗斯的痛苦

◇**早期文献**◇

品达的诗歌和阿波罗多洛斯的《书藏》讲述过这一故事，荷马的《奥德赛》、卢奇安的《死人对话》和其他许多作家也都描述过坦塔罗斯受罚的场景。

坦塔罗斯（Tantalus）[①]是神王宙斯与一位海洋女神的儿子，虽生为肉体凡胎，却很得宙斯宠爱。他长大后，成为吕底亚地区西庇洛斯的国王。他的国土内有一处金矿，这使他非常富有。他经常受邀参加神宴，也经常设宴招待诸神。诸神对他都很友好，坦塔罗斯因此恃宠而骄。他四处宣扬诸神的秘密，还盗取神筵上的仙酒神食送给自己的凡人朋友，来炫耀自己不同凡响的身份地位。他甚至还曾窝藏一个叫潘达瑞俄斯的人从克里特的宙斯神庙里盗出的黄金圣犬，在神使赫耳墨斯前来讨要时百般抵赖。对于这些事，宙斯只当是小孩子的无赖把戏，一笑了之，未作处罚。

---

① **坦塔罗斯（Tantalus）**：宙斯和海洋女神普洛托的儿子，阿特拉斯之女狄俄涅的丈夫，佩罗普斯和尼俄柏的父亲，吕底亚地区西庇洛斯的国王。

这样的纵容使坦塔罗斯愈加狂妄放肆。一天，为了试探诸神是否真的能够明察秋毫，他杀死了自己的亲生儿子佩罗普斯（Pelops）[①]，并用他的肉做成菜肴宴请诸神。诸神对此心知肚明，都没有下口，只有农神得墨特尔因为思念女儿而心不在焉，未能发现异样，吃下了属于孩子肩头的一块肉。后来，宙斯用神力使这个孩子复生，并用象牙补上了他肩头的那块肉。

宙斯终于对坦塔罗斯这种罪大恶极的行径忍无可忍了，于是将他打入地狱中，并令其永久遭受严酷的惩罚。坦塔罗斯被安置在一个大湖的中央，那里湖水清澈甘甜，湖边果树茂盛、果实累累。但是当他感到口渴，俯身低头想要喝水时，水位就会迅速下降；当他感到肚饿，抬头伸手想去摘果子时，树枝就会瞬间远离。于是，他面对甘液鲜果，却始终可望而不可即，总是口干舌燥、腹饥难耐。更可怕的是，在他的头顶，有一根细绳系着一块巨石，巨石随时可能掉下来把他压成齑粉。从此，风光一时的坦塔罗斯在冥土永远受着焦渴、饥饿、恐惧三重苦刑。

◇ **词汇履历** ◇

由坦塔罗斯的名字和惩罚衍生出现代英语中动词 tantalise，意为"（引起兴趣却不予满足的）逗弄，使干着急"。

◇ **延伸阅读** ◇

1. 但丁《神曲》中对贪食者的惩罚借用了坦塔罗斯受到的惩罚方式。

[①] **佩罗普斯（Pelops）**：宙斯的孙子，坦塔罗斯的儿子，尼俄柏的哥哥，西庇洛斯的国王。兄弟相残的阿特柔斯和堤厄斯忒斯、被妻子所杀的阿伽门农、海伦的丈夫墨涅拉俄斯和杀母的俄瑞斯忒斯等都是他的后裔。

2. 奥地利作家费利克斯·布劳恩（Felix Braun，1885—1973）创作了一部悲剧，改编自这一神话。

◇艺术欣赏◇

图1. 塔拉瓦尔1766年的作品，现藏于法国凡尔赛宫。画作中间偏右处，宙斯正把被他复活的佩罗普斯递到其母手中，脚下的神鹰表明了他的身份，而左边神使赫耳墨斯正在用锁链缚住悔恨不已的坦塔罗斯。

图2. 阿塞雷托的作品，现藏于奥地利的艾根博格城堡。表现了坦塔罗斯在地狱之中欲食不得、欲饮不能的情景。

图1　坦塔罗斯之宴
让-雨果·塔拉瓦尔
Jean-Hugues Taraval
（法国画家，1729—1785）

图2　坦塔罗斯
乔阿基诺·阿塞雷托
Gioacchino Assereto
（意大利画家，1600—1649）

西绪福斯的苦役

◇ 早期文献 ◇

古希腊的哲学家菲勒塞德斯（Pherecydes，B. C. 600—B. C. 550）比较详细地讲述过这一故事，阿波罗多洛斯的《书藏》第1卷则简要介绍了西绪福斯受罚的情形。

西绪福斯（Sisyphus）① 是科林斯城的建造者和国王，素以多智善谋著称。有一次，赫耳墨斯的儿子盗圣奥托吕科斯（Autolycus）② 偷走了西绪福斯的牛群，并以植物的叶汁涂染的方法改变了牛群的毛色。当西绪福斯追查到牛群时，奥托吕科斯企图以此蒙混抵赖。然而西绪福斯早有预防，他把自己的名字刻在了牛蹄下面，通过蹄印确认了主权，奥托吕科斯只得乖乖交还牲畜。这事发生在奥托吕科斯的女

---

① **西绪福斯（Sisyphus）**：丢卡利翁和皮拉的重孙，埃俄罗斯和厄那瑞塔的儿子，阿特拉斯的女儿普勒阿得斯姊妹之一墨洛珀的丈夫。科林斯城的建造者和国王。

② **奥托吕科斯（Autolycus）**：赫耳墨斯与代达利翁的女儿喀俄涅所生的儿子，安提克勒亚的父亲，奥德修斯的外祖父。从其父赫耳墨斯处学得偷盗和欺诈之术，成为希腊最著名的盗贼。

儿安提克勒亚（Anticlea）① 和莱耳忒斯（Laertes）② 的婚礼的前一天，西绪福斯为了报复，当天晚上偷偷潜入准新娘的闺中。后来，安提克勒亚生下了一个孩子，就是以狡猾著称的奥德修斯（Odysseus）③。传说认为，他的父亲应该是西绪福斯，因为他显然遗传了父亲的智力。

不过，所谓"成也萧何，败也萧何"，西绪福斯因为多智而封王立业，成为人中之杰，却也因为多智而获罪于神祇，最终在冥府永服苦役。事情的起因源于西绪福斯无意中窥见了神王宙斯的一次风流勾当。当时宙斯看上了河神阿索波斯（Asopus）④ 的女儿埃癸娜（Aegina）⑤，化身为一只苍鹰将她掳走。西绪福斯目睹了这一场景，并看出那只鹰是宙斯化身。当阿索波斯寻女途中遇到西绪福斯并向他询问时，西绪福斯不敢得罪神王，劝河神不要再继续徒劳地寻找下去了。但阿索波斯爱女心切，提出以一道永不干涸的清泉相酬，辖内干旱的西绪福斯不由心动，终于松口告知真相。

结果，宙斯不仅用雷电劈死了追来的阿索波斯，而且派遣死神塔那托斯将西绪福斯抓进冥府。然而，狡猾的西绪福斯却将死神骗入一间密室锁了起来。死神被关起来的这段时间里，世间一直没有人死去。这一事件再次惊动了神王宙斯，他派战神阿瑞斯去解救死神，并命其立刻将西绪福斯抓入冥府。但多智的西绪福斯早有准备，他在世时早就暗中嘱托妻子在他死后不要埋葬，不要举办祭奠仪式，也不要给众神献祭。

---

① **安提克勒亚（Anticlea）**：奥托吕科斯之女，莱耳忒斯之妻，奥德修斯之母。
② **莱耳忒斯（Laertes）**：安提克勒亚的丈夫，奥德修斯之父。
③ **奥德修斯（Odysseus）**：拉丁文名为尤利西斯（Ulysses），意为使人生气的、令人讨厌的。《荷马史诗》的主人公之一，伊塔刻岛的国王。莱耳忒斯与安提克勒亚之子。也有传说认为其父为西绪福斯。
④ **阿索波斯（Asopus）**：同名河流的河神，海神波塞冬的儿子，埃癸娜之父。
⑤ **埃癸娜（Aegina）**：河神阿索波斯之女。宙斯看中了她，化身苍鹰将其掳至厄诺庇亚岛，该岛后更名为埃癸娜岛。埃癸娜还为宙斯生子埃阿科斯（Aeacus），埃阿科斯死后成为冥界三判官之一。埃癸娜的重孙、埃阿科斯的孙子即著名的阿喀琉斯。

到了冥府之后，冥王哈得斯正要处置西绪福斯，西绪福斯却开始大声抱怨妻子不守礼、不敬神，并谦卑地恳请冥王允许他回去训导妻子尊重众神权威、遵守丧葬礼仪。哈得斯被西绪福斯的如簧巧舌说动，同意了他的要求。不料，西绪福斯一去不回，他在阳间和妻子恩恩爱爱地过了很多年，生了许多孩子，一直到了高龄才安静地死去，不得不再次来到冥界。

西绪福斯的行为极大地亵渎了神灵，最终遭受了凡人中最严酷的刑罚：他要将一块巨大的圆石推上山顶，但每当他费了九牛二虎之力到达山顶之时，圆石就会轰隆轰隆地滚下山去，他只好从山下再来一次，如此循环，永无止息。无论他有怎样的聪明才智，也只能消耗在这枯燥而繁重的劳作之中了。

◇词汇履历◇

成语"西绪福斯的劳作"（a labour of Sisyphus），用来比喻沉重而徒劳无益的工作和无穷无尽的苦难。

◇周边链接◇

西绪福斯的兄弟萨尔摩纽斯（Salmoneus）[①]是萨尔摩涅城的建造者和国王，他为自己的成就沾沾自喜，越来越狂妄自大，竟然连神也不放在眼里了。他对自己的国民声称："朕即宙斯。"命令他们撤掉对神的祭祀，只专心来膜拜他。他在马车后面拽上青铜器皿，制造出轰隆隆的声音，说这是他在打雷；他又把手中的火把向天空抛去，说这是他在闪电。宙斯为他的大不敬而惩罚他，不仅用霹雳将他击毙，而且把他所建设的城和里面的居民全毁灭了。

[①] 萨尔摩纽斯（Salmoneus）：丢卡利翁和皮拉的重孙，埃俄罗斯和厄那瑞塔的儿子，西绪福斯的兄弟。萨尔摩涅城的建造者和国王。

◇延伸阅读◇

1. 法国作家加缪根据此典故写了一部哲学随笔集《西绪福斯神话》。他认为，西绪福斯推石头上山的永恒苦役正是人类生存荒诞性的写照，而人类正是在这荒诞中寻找意义。

2. 同样以西绪福斯为题的作品还有：波兰作家斯蒂凡·热罗姆斯基（Stefan Zeromski, 1864—1925）的长篇小说《西绪福斯的苦役》，瑞士作家弗雷德里希·迪伦马特（Friedrich Dürrenmatt, 1921—1990）的小说《西绪福斯的画作》，汉斯·马格努斯·恩岑斯贝格尔（Hans Magnus Enzensberger, 1929—　）的诗歌《致西绪福斯》等。

西绪福斯

提香·韦切利奥

Tiziano Vecellio

（意大利画家，1490—1576）

◇艺术欣赏◇

提香1549年的作品，现藏于西班牙普拉多博物馆。在这幅画作中，和提香一贯喜欢运用的香橙色不同，背景色彩黯淡，还有黑色的不明怪物，表现出地狱中的阴森可怖。西绪福斯也没有推着石头，而是扛着巨石。他不得不伏身低头，更突出了劳作的辛苦，暗示了再聪明的人也必须在神面前保持谦卑。

吕卡翁变狼

◇早期文献◇

奥维德的《变形记》第1卷记述了这个故事,并描述了吕卡翁变成狼的过程。阿波罗多洛斯在《书藏》第3卷中也讲述了吕卡翁残忍的举动,只不过其中这个国王的最终结局是被宙斯用霹雳击死。

尽管神王宙斯通过潘多拉降给了人类众多的邪恶和灾难,但他还是要求人类要虔诚地尊崇神,应该勤劳、善良。他常常走下奥林匹斯神山,改变容貌到凡间去微服私访,查看人类的情形,然而他遇到的往往是虚伪、邪恶和对神的不敬,这一点在阿耳卡狄亚王宫中最为典型。阿耳卡狄亚地区的国王是吕卡翁(Lycaon)[1],他生性凶残、野蛮并阴险无比。宙斯来到他的宫廷,并自报家门,告诉他自己是万神之王。吕卡翁貌似热情地接待了这位自称宙斯的客人,表现得好像非常虔诚、敬奉神灵,但他其实并不相信来人的话。为了验证来者是不是真的神王以及神灵是否真的全知全能,他将一位外族人杀死,并令

---

[1] **吕卡翁(Lycaon)**:佩拉斯戈斯和海洋女神墨利玻亚之子,阿耳卡狄亚的国王、英雄。

人将其做成肉羹献给宙斯吃。宙斯当然立刻就知道了吕卡翁的所作所为，他怒不可遏，起身推翻了筵席，挥舞起霹雳，使整个王宫都燃起熊熊大火，最终化为灰烬。吕卡翁惊慌失措，匆匆逃跑，在奔跑中，他的全身长出了灰白的毛发，两臂变成了前腿，叫声也变成了狼嚎，牙齿变长，口吐白沫，脸面显得更凶恶了，两眼还是那么阴狠疯狂。吕卡翁被宙斯变成了狼，但本性未改，仍然嗜杀成性，以屠杀流血为乐。

◇自由解读◇

狼在不同民族、不同时代的不同形象是如何演变的？ 在很多民族古代文化中，狼都扮演着反面角色，以贪婪、狡诈、残暴著称。如但丁的《神曲·地狱篇》，狼是拦路的三只野兽之一，代表着贪婪。在中国，也有狼子野心、引狼入室、声名狼藉、中山狼等含狼的词语，皆为贬义。但是，在罗马，狼不仅是战神玛尔斯的圣兽，而且是罗马城的恩人。传说，战神玛尔斯与维斯塔贞女瑞娅·西尔维亚结合，生下两个儿子罗穆路斯（Romulus）和雷穆斯（Remus）。因为瑞娅是维斯塔贞女失贞生子，所以她的国王父亲下令遗弃了这两个孩子，幸好有一头母狼喂养了他们。后来，两个孩子长大成人，其中罗穆路斯成为罗马城的缔造者。因此，罗马人将母狼的形象印在城徽上。随着时代的变迁和对狼的生活习性的了解，人们对狼的态度也有了多元化的表现。今天，无论是美国电影《与狼共舞》，还是中国小说《狼图腾》，都表现了狼与自然的和谐，以及有组织性、纪律性等正面特质。

达那伊得斯姊妹之桶

◇早期文献◇

埃斯库罗斯的悲剧《乞援人》和阿波罗多洛斯的《书藏》第2卷都讲述过这些少女的故事。

埃及普托斯（Aegyptus）和达那俄斯（Danaus）① 是一对双胞胎，他们是伊娥（Io）② 与宙斯的儿子厄帕福斯（Epaphus）③ 的后代。他们的父亲埃及国王柏罗斯（Belos）④ 将领土均分，分封给了两兄弟。后来，埃及普托斯生了五十个儿子，达那俄斯生了五十个女儿。埃及普托斯让自己的儿子们集体求娶达那俄斯的女儿们，企图通过联姻吞

---

① **埃及普托斯（Aegyptus）和达那俄斯（Danaus）**：是伊娥的后代。当年变成母牛的伊娥被天后赫拉迫害，逃到埃及后才得以变回人形，生下了宙斯的儿子厄帕福斯（Epaphus），后者成为埃及国王。他的女儿利比亚（Libya）公主又为海神波塞冬所爱，为其生下一对双胞胎兄弟柏罗斯（Belos）和阿格诺耳（Agenor），柏罗斯继承了王位，阿格诺耳则前往腓尼基立国。柏罗斯的儿子也是一对双胞胎，即埃及普托斯和达那俄斯。

② **伊娥（Io）**：河神伊那科斯（Inachus）和梣树女仙墨利亚（Melia）的女儿。其名 Io 意为"流浪"。其故事见本书《神王变云雾占有伊娥》。

③ **厄帕福斯（Epaphus）**：伊娥和宙斯之子，埃及国王。

④ **柏罗斯（Belos）**：厄帕福斯之子，埃及国王。

并达那俄斯的领地。达那俄斯识破了他的诡计，断然拒绝了求婚，兄弟两家人由此开战。不久，达那俄斯父女战败，不得不外逃。达那俄斯逃到阿耳戈斯，并做了当地的国王。在他的五十个侄子追来时，他假意答应求婚，并迅速安排了婚礼。但他送给每个女儿一把匕首，命她们在洞房花烛夜寻机杀死自己的新郎。四十九个女儿都应命行事，只有其中一个名为许珀耳涅斯特拉（Hypermnestra）① 的女儿心软，悄悄放走了她的新郎林叩斯（Lynceus）②。第二天，达那俄斯查验尸体，发现有人逃脱，勃然大怒，欲杀许珀耳涅斯特拉，幸有爱与美的女神阿佛洛狄忒为她辩护。后来，许珀耳涅斯特拉在众神的祝福下与幸免于难的林叩斯再度结成夫妻。

埃及普托斯在听闻儿子们的噩耗后伤心而死。达那俄斯为了净罪，举办盛大的体育竞赛，向奥林匹斯众神祭祀。神王宙斯命女神雅典娜和神使赫耳墨斯为统称为达那伊得斯姊妹（Danaides）③ 的达那俄斯的女儿们净了罪。达那俄斯将她们重新许配给了体育竞技的优胜者。

然而杀害自己丈夫的罪并不能得到完全赦免，当这四十九位达那伊得斯姊妹死后到了阴间，铁面无情的冥王哈得斯给予了她们严酷的惩罚，命她们打水倒入一个无底桶，直到水桶灌满才能解脱。无底的桶当然灌不满，于是达那伊得斯姊妹只得永无止境地打水劳作。

◇ 词汇履历 ◇

"达那伊得斯姊妹之桶"（the labour/task of Danaides, a Danaidean task）是无底洞的代名词，也指徒劳无功的工作。

---

① **许珀耳涅斯特拉（Hypermnestra）**：达那伊得斯姊妹之一，达那俄斯的唯一一个没有遵从父命杀死新郎的女儿。

② **林叩斯（Lynceus）**：埃及普托斯的儿子，唯一没有被达那伊得斯姊妹杀死的一个新郎。后来杀死了叔父兼岳父达那俄斯，为自己的父亲和兄弟们报了仇。

③ **达那伊得斯姊妹（Danaides）**：达那俄斯的五十个女儿的统称。

◇ **艺术欣赏** ◇

沃特豪斯1903年的作品，现藏于英国阿伯丁美术馆。艺术家画了七个少女代表所有达那伊得斯姊妹，描绘她们用铜罐向漏水的铜缸里灌水的各个阶段。在另一相似作品中，他将少女人数进一步精简到五个。

达那伊得斯姊妹

约翰·威廉·沃特豪斯

John William Waterhouse

（英国画家，1849—1917）

阿斯卡拉福斯变猫头鹰

◇早期文献◇

奥维德《变形记》第 5 卷里详细记述了这个故事。阿波罗多洛斯也讲了这个故事,不过略有不同。在他的《书藏》第 1 卷中,佩尔塞福涅给予阿斯卡拉福斯的惩罚是把他压在冥界的一块大石头下面,第 2 卷中由于赫拉克勒斯把石头推开了,这孩子得以跑出来,得墨特尔把他变成了猫头鹰。

在佩尔塞福涅被冥王哈得斯劫走后,失去女儿的农神得墨特尔四处漫游寻找女儿,终于有一天她从太阳神那里得知了女儿失踪的真相。这位可怜的母亲回到奥林匹斯神山祈求神王宙斯,让他令哈得斯放回他们的女儿。宙斯却认为哈得斯的身份人品等各方面都配得上女儿,不愿帮助她。可是得墨特尔执意不让女儿待在阴森的冥府中,用拒绝履行自己的职责来表示抗议。大地失去她的照管,到处变得一片荒芜。宙斯只得妥协,他对苦苦哀求的得墨特尔说:"如果你确实不愿女儿嫁到冥界,佩尔塞福涅可以回到你身边,但有一个条件,她必须未吃过冥界的任何食物,这是众神都要遵守的规定。"得墨特尔只能应允。

但是，佩尔塞福涅并不知道这个规定，她已经吃了东西。当她在冥界的花园中散心时，有一根殷勤的果枝将红得诱人的石榴送到她面前，这个石榴已经熟裂了口，露出晶莹剔透的石榴籽。尽管心事重重，佩尔塞福涅也忍不住吃了几粒。这件事只有一个叫阿斯卡拉福斯（Ascalaphus）①的孩子看见了，他多嘴地宣扬了出去，结果使佩尔塞福涅无法回到阳间。气愤的佩尔塞福涅用冥界火焰河的水泼了他一脸，他脸上就长出羽毛，嘴变尖了，眼变大了。随后，他的身子也变了，双臂变成了翅膀，全身收缩覆羽，只有头似乎更大了。他变成了一只丑鸟，专门预报凶信，人们叫他夜枭，俗称猫头鹰。

◇ **自由解读** ◇

1. 猫头鹰为何被视为凶鸟？ 猫头鹰昼伏夜出，而且它的叫声在夜间显得阴森可怕，所以民间有很多地方把它视为凶鸟、报丧鸟。在中国古代，它被称作鬼车、怪鸱、魑魂等，是厄运和死亡的象征。

2. 猫头鹰有没有正面的形象？ 在古希腊，作为雅典娜的圣鸟，猫头鹰被视为智慧的象征。在日本，它被视为福鸟，代表吉祥和幸福。在 J. K. 罗琳的小说《哈利·波特》中，它是巫师的宠儿，充作信使。

◇ **艺术欣赏** ◇

卡勒特1777年的作品，现藏于美国波士顿美术馆，画的是得墨特尔恳求宙斯帮助找回被劫的女儿。从车后嘴里叼着霹雳的老鹰可知坐着的男神是神王宙斯，从头上的麦穗可知手持火把的女神是农神得墨特尔。

---

① **阿斯卡拉福斯（Ascalaphus）**：冥界中的河神阿刻戎和河仙佛耳佛涅之子。

得墨特尔恳求宙斯

安东尼·弗朗索瓦·卡勒特

Antoine Francois Callet

(法国画家,1741—1823)

王后恋上牛

◇ **早期文献** ◇

阿波罗多洛斯的《书藏》第 3 卷讲述过这个荒唐的故事。

弥诺斯是神王宙斯与欧罗巴（Europa）[①] 的儿子，由克里特的老国王阿斯忒里翁（Asterion，或阿斯忒里俄斯 Asterius）[②] 抚养长大。养父去世后，弥诺斯想要继承王位，为了向争位的兄弟们和心存疑虑的大众证明他的合法性，他声称这是神的意旨。为此，他需要神迹出现。他在海边公开设坛祭祀，向海神波塞冬乞求赐他圣牛，并允诺事后以圣牛回祭。海神果然使一头高大健美的白色公牛从海中升起，这头圣牛后来被称为克里特公牛（Cretan Bull）。众人认为弥诺斯确实为神所眷顾，于是毫无争议地奉他为王。成了国王之后，弥诺斯按照承诺应该把圣牛献祭给海神。然而这头圣牛实在太漂亮了，弥诺斯非常喜欢它，舍不得杀了它，遂以另一头公牛代替祭献给海神。海神大

[①] **欧罗巴（Europa）**：腓尼基公主，国王阿革诺尔之女。其具体故事见本书《欧洲因她而得名》。

[②] **阿斯忒里翁（Asterion，或阿斯忒里俄斯 Asterius）**：克里特国王。欧罗巴被宙斯变成公牛拐到克里特后，生下了弥诺斯、拉达曼提斯和萨耳珀冬。阿斯忒里翁娶欧罗巴为妻，并抚养她的三个儿子。

怒,想出一个特殊的报复方式:他施法使弥诺斯的妻子——王后帕西淮(Pasiphaë)① 不可自拔地爱上了这头圣牛。为了亲近圣牛,王后找来希腊最有名的能工巧匠代达罗斯(Daedalus)②,命他用铜做了一头可以乱真的漂亮母牛。王后藏身在铜制母牛腹中去接近圣牛,圣牛果然上了当,并使王后受了孕,生下了半人半牛的怪物弥诺陶洛斯(Minotaurus,或称弥诺陶耳 Minotour)③。弥诺斯为了遮丑,只得命令代达罗斯建造了一座著名的迷宫(Labyrinth)④ 关押弥诺陶洛斯。这座迷宫的布局非常复杂,任何人进去都会迷路,再也无法从里面出来。

---

① **帕西淮(Pasiphaë)**:老一辈太阳神赫利俄斯和佩耳塞的女儿,弥诺斯的妻子。与克里特公牛生下了牛头人身怪弥诺陶洛斯。
② **代达罗斯(Daedalus)**:雅典人,厄瑞克透斯的后代。古希腊最有名的能工巧匠。既是建筑师、雕刻家,又是许多工具的发明者。
③ **弥诺陶洛斯(Minotaurus,或称弥诺陶耳 Minotour)**:帕西淮与克里特公牛之子,牛头人身,被弥诺斯关在代达罗斯建造的迷宫中,后被雅典王子忒修斯杀死。
④ **迷宫(Labyrinth)**:20世纪初,英国考古学者阿瑟·伊文思(1851—1941)发现了弥诺斯王宫遗迹,整个王宫就是一座迷宫,由1300多个房间构成。

斯泰利奥变壁虎

在神话传说中，农神得墨特尔是性情温和、充满母性的女神，但当她的尊严被触犯时，她也会愤怒，也会给予严厉的惩罚。在佩尔塞福涅被冥王哈得斯劫走后，失去了女儿的农神非常悲痛，她离开了奥林匹斯神山，在人间四处漫游寻找女儿，走过五湖四海，走遍天涯海角，却一无所获。她掩去自己的容貌，穿着褴褛的衣衫，风尘仆仆地奔波，没人认得出她是天界的女神。一日，天气特别炎热，得墨特尔饥渴难耐，就向一位农家老妇人讨水喝，好心的农妇盛了一碗大麦粥递给了她，她立刻喝了起来。这时，一个叫斯泰利奥（Stellio）的小孩子看见了她，觉得她狼吞虎咽的样子很可笑，就嘲笑她像个饭桶，让人拿桶盛粥给她喝。女神受到了侮辱，怒不可遏，用喝剩的粥泼向这孩子。顿时，他的脸上长出了许多斑点，双手也变成了脚爪，身体缩小，而且长出了尾巴。这个莽撞无礼的孩子变成了壁虎，飞速地逃窜而走，惊惶失措地躲了起来。

◇ **艺术欣赏** ◇

巴洛克时期画家埃尔斯海默大约1605年的作品，现藏于西班牙普拉多博物馆。

得墨特尔和斯泰利奥

亚当·埃尔斯海默

Adam Elsheimer

(德国画家,1578—1610)

厄里西克同吞食自身

◇ **早期文献** ◇

奥维德的《变形记》第8卷讲述了这个可怕的故事。在第9卷中，还有一个德律俄珀因为随手摘花而变成一棵树的故事。两个故事的共同点是劝阻人们伤害植物。

厄里西克同（Erisichthon）是忒萨利亚国王特里俄帕斯的儿子，他不敬神明、胆大包天，竟然带人前往农神得墨特尔的圣林中砍伐树木。在圣林的中心有一棵得墨特尔最喜欢的女仙寄身的大橡树，它高大结实，枝叶茂密，已经在这里屹立了上千年。厄里西克同命令奴仆们把这棵神圣的古树砍倒，可是仆人们不敢亵渎圣物，于是他就夺过斧头亲自动手砍伐。橡树发出痛苦的呻吟，还流出了鲜血，奴仆们都吓坏了，有几个上前劝阻自己的主人。可是狂暴的厄里西克同不仅把劝阻者砍死，而且发疯般地一阵猛伐，终于使这棵神树轰然倒地。得墨特尔闻讯大怒，采用一种前所未有的方式惩罚罪人，她命饥饿女神占据厄里西克同的身体，从此以后，他无论吃多少东西，都无法摆脱饥肠辘辘的感觉。厄里西克同花光了自己所有的积蓄，卖掉了自己全部的家产，用来购买食物。可是举国之人都吃不完的东西，进入他的腹中，却如石入大海，毫无用处。已经一无所有的厄里西克同最后把自己唯一的女儿也卖掉换粮食了。这个可怜的女孩祈求海神波塞冬帮助她摆脱奴隶生涯，海神怜悯她，赋予她变形的能力，她凭借变形从奴隶主那里逃回了家。可是厄里西克同发现了她的能力后，却一而再、再而三地把她卖掉，她不得不变成马、鹿或是小鸟，一次次逃回家中。然而，她这样换来的钱财依然不足以供养父亲胡吃海喝。最终，厄里西克同开始吞食自己的身体，直到一命呜呼。

◇ **自由解读** ◇

这个故事有什么寓意？ 这个故事告诫人们不要乱砍滥伐，体现了古代希腊人朴素的环保意识，至今仍然是现代环保组织十分喜爱的题材。

吕西亚农民变青蛙

◇**早期文献**◇

奥维德的《变形记》第 6 卷详细讲述了这个因为渎神而受到惩罚的故事。

暗夜女神勒托在嫉妒的天后赫拉的迫害下，千辛万苦生下了神圣的双胞胎阿耳忒弥斯和阿波罗，但这还不是她苦难的终结。生下孩子后，她仍不得不继续流亡。这日，她怀抱着刚呱呱落地的一对小神来到了小亚细亚的吕西亚。烈日当空，奔波逃亡的勒托感到十分口渴，她看到不远处山谷中有一个不大的湖，四周有些乡下农民在劳作。当她好不容易走到湖畔，想要从湖中取水解渴时，一些蛮横粗野的农民却不准她喝。生性和善的女神有礼地请求："大自然的创造本应公有，我只是要求在这湖中喝点水，这是人人都应享有的权利。为什么你们不准我喝呢？我没有打算在这里洗衣、洗脚，不会损害这湖水的洁净。现在我口干舌燥，喝一口水就等于救我一命。还有我两个孩子，他们还那么小，却已经受到了干渴的煎熬。请你们让我们母子喝点水吧！"女神柔和的恳求及两个婴儿的嗷嗷待哺本应使任何一个有同情心的人感动。但这些粗鄙的农民却怎么也不肯让女神喝水，继续骂她、恐吓她，甚至故意搅浑了湖水，来欺辱女神。温柔的女神终于发怒了，她施展法术将他们变成了青蛙，喝道："既然你们如此珍视这个池子，那就永远守着它吧！"这些农民的嘴巴越咧越大，眼睛越瞪越大，后颈和背长在了一起，皮肤变绿。他们从此只能生活在池塘里，却还是和从前一样，一开口就吵闹不休。

◇**艺术欣赏**◇

巴洛克时期画家阿尔巴尼 1604 年的作品，现藏于法国多勒市美术馆。画家以曲线表现人物的动态，凸显吕西亚农民围攻女神的粗鄙聒噪。仔细看，画作左下方农民的头已经变成了青蛙头！

勒托与吕西亚的农民们
弗朗西斯科·阿尔巴尼
Francesco Albani
（法国画家，1578—1660）

皮格马利翁喜得爱妻

◇早期文献◇

奥维德的《变形记》第10卷详细记述了这个故事。

皮格马利翁（Pygmalion）是地中海岛国塞浦路斯的国王，同时也是一位技艺高超的雕刻家。塞浦路斯的女性由于不敬爱与美之女神阿佛洛狄忒而受到诅咒，个个既丑陋又放荡。目睹这一切的皮格马利翁因此十分厌恶女性，并发誓终身不娶。他把自己的全部精力都投入雕刻艺术上，经年累月地待在工作室里精雕细琢。终于有一天，皮格马利翁完成了他最满意的作品———一座姿容绝世的少女雕塑，它是那么的完美动人、栩栩如生，使它的创造者也不可自拔地爱上了它。皮格马利翁把它当作自己的妻子，天天对它呢喃细语，与它寝食与共，给它戴上璀璨的珠宝首饰，为它穿上华丽的丝绸衣裙。但是，随着时间的推移，皮格马利翁越来越不满足于单方面地恋慕僵硬冰冷的雕像，这种单恋是令人绝望的，因为他永远得不到恋爱的回报。适逢阿佛洛狄忒女神大祭，皮格马利翁精心准备了祭品，恳切地祈求女神赠予他一个和他的雕像相似的少女。女神感念他的深情，实现了他的愿望，甚至超出了他的期望，因为女神赋予了那雕像生命。冰冷僵硬的大理石变成了温香软玉，苍白的雕像变成了活色生香的美少女。皮格马利翁欣喜若狂，给她取名为伽拉忒亚（Galatea），意为"乳白"，并与她结成了真正的夫妻，两人还生了一个女儿，叫帕福斯（Paphos）①。皮格马利翁成了世上最幸福的男人，因为他的妻子是一个完全契合自己理想的女性。

◇周边链接◇

在有的神话版本中，塞浦路斯的女性受阿佛洛狄忒女神诅咒后，不仅变得丑陋放荡，而且身体发出臭味。塞浦路斯的男人们不堪忍受，纷纷出轨寻找外面的女人，塞浦路斯的女人们于是联合起来把男人们全杀死了。

◇词汇履历◇

皮格马利翁（Pygmalion）成为"醉心于自己创作的人"的代名词。

◇自由解读◇

皮格马利翁形象的含义是什么？ 皮格马利翁代表着这么一类男性：他们对异性怀有某种恐惧，最大的心愿是亲手"塑造"一个完全符合自己理想的女性。例如：17世纪法国喜剧大师莫里哀剧作《太太学堂》中的主人公阿尔诺尔弗即为此类人。他收养了一个年仅四岁的孤女，把她送进修道院，希望在这所"太太学堂"中培养出一个只会做家务的温顺妻子。后来的女性主义评论家将皮格马利翁视

---

① 帕福斯（Paphos）：皮格马利翁与伽拉忒亚之女。后来成为塞浦路斯岛上著名城市的名字，据说是爱与美的女神阿佛洛狄忒最喜欢的城市，在那里，她也受到特殊的崇敬。女神有一个别名叫帕菲亚（Paphia）就是由此而来。而Paphian的意思是"爱情"，有时人们也称女神为Paphian Goddess。

为"男性主导"(male-domination)的典型。

◇延伸阅读◇

1. 1770 年,法国作家让-雅克·卢梭以此为题写过一个轻歌剧。

2. 1912 年,爱尔兰作家萧伯纳(George Bernard Shaw, 1856—1950)以此为原型,创作了著名喜剧《皮格马利翁》,讲述了一位名叫亨利·金的语言教授遇到了面容娇美但语言粗俗的卖花女伊丽莎,他开始教导伊丽莎,改变她的语言教养来证明自己的观点:在英国,个人的社会地位决定于他是否拥有优美的发音。最终,伊丽莎果然在上流社会的一次使馆官员宴请中大获成功。但伊丽莎并没有亲吻自己的"造物主",而是控诉他的教导是践踏自己人格的过程,并断然与之分道扬镳。1956 年,作曲家弗雷德里克·洛伊(Frederic Loewe, 1904—1988)根据萧伯纳喜剧《皮格马利翁》改编的音乐剧《窈窕淑女》(*My Fair Lady*)上演,大受欢迎。它的结尾被改成了教授与伊丽莎坠入爱河,并终成眷属。1963 年,《窈窕淑女》又被拍成电影,由奥黛丽·赫本(Audrey Hupburn, 1929—1993)担纲主演,再次风靡世界。

◇当代应用◇

皮格马利翁效应:也称"罗森塔尔效应"或"期待效应"。由美国著名心理学家罗森塔尔和雅各布森在该神话基础上提出。指传递积极的期望,往往会得到相应的效果,反之亦然。这一效应,常常被应用在教育上:教师对学生的期待不同,学生受到的影响也不一样。受老师喜爱或关注的学生,往往会向着老师期待的方向发展,在学习成绩或其他方面快速进步;而受老师漠视甚至是歧视的学生则有可能产生破罐子破摔的心理,从此一蹶不振。优秀的老师会自觉或不自觉地运用皮格马利翁效应来帮助后进学生,使他们在一段时间内有较大的改变。这一效应也可用于企业管理方面:精明的管理者可以利用皮格马利翁效应来激发员工的激情,从而创造出惊人的效益。

◇艺术欣赏◇

图1. 热罗姆1890年的作品,现藏于美国大都会艺术博物馆。热罗姆是法国19世纪学院派画家、雕塑家,他的这幅画作选择了雕像变成活人的一瞬间,可以看出少女上半身已经变成柔软且有血色的肉体,小腿以下却还是苍白僵硬的雕像。

图1　皮格马利翁和伽拉忒亚

让-莱昂·热罗姆

Jean-Léon Gérôme

(法国画家,1824—1904)

图2—图5. 琼斯1875年创作的画作,现藏于英国伯明翰市博物馆和美术馆。琼斯是唯美主义画家,画作富有装饰性,细致而精美。他笔下的人物神情优雅,肢体修长,姿态柔美,有不食人间烟火的脱俗之感。这些画作是为莫里斯的《人间伊甸园》作的十二幅插图系列中的四幅,分别名为:心灵欲求、手抑制、神性燃烧和灵魂获得。其中,

皮格马利翁的模特是一位名叫本森（W. A. S. Benson）的手工艺者。琼斯创作这一系列作品，旨在探讨艺术真实与生活真实的关系。

图 2　　　　　图 3

图 4　　　　　图 5

皮格马利翁和伽拉忒亚

爱德华·伯恩－琼斯

Edward Burne-Jones

（英国画家，1833—1898）

曙光女神和蝉

◇早期文献◇

约公元前6世纪古希腊的《阿佛洛狄忒颂》中记载了这则故事。

厄俄斯（Eos）[①] 是曙光女神，她容貌清纯美丽，有一头飘逸的长发，一双玫瑰色的纤手。每天清晨，她用双手推开黎明的大门，乘坐双翼天马拉着的金车，将曙光遍染黎明的天空，预告自己的兄长——老一辈太阳神赫利俄斯的出现。她的光彩吸引了战神阿瑞斯，阿瑞斯追求她，向她求爱。阿瑞斯本是爱与美的女神阿佛洛狄忒的情人，当这位女神发现自己的情人移情别恋爱上了厄俄斯后，妒忌不已，于是诅咒情敌从此情路坎坷。爱情本就是阿佛洛狄忒的神力领域，所以她的这个诅咒威力无比，原本清纯的厄俄斯从此变得放荡多情。她曾与多名美男子纠缠，而且每段恋情结局都不幸福。其中，她最心爱的一位

[①] **厄俄斯（Eos）**：曙光女神，黎明女神，第一代天帝乌拉诺斯和地母该亚的孙女，提坦神许佩里翁（Hyperion）和提亚（Thea）之女，众星之神阿斯特赖俄斯（Astraeus）之妻。她与哥哥太阳神赫利俄斯（Helios）、姐姐满月女神塞勒涅（Selene）合称光明三兄妹。其罗马名为奥罗拉（Aurora）。

情人是提托诺斯（Tithonus）①，为了让这位美男子能够永远与自己相伴，她请求神王宙斯赐其永生。宙斯满足了她的愿望，但她忘记请求让提托诺斯永葆青春。在美好的青春年华里，提托诺斯每天与他的女神拥抱缠绵，但当第一缕白发垂下他俊美的额头时，女神虽然仍与他共享美酒佳肴，却已经不再与他同床共枕。随着时光的流逝，提托诺斯逐渐衰老，后来更是变得鸡皮鹤发、老态龙钟。面对依然青春貌美的情人，他宁愿一死，却无法如愿。厄俄斯不忍面对提托诺斯的窘境，只得将他关在自己宫殿的一间屋子里，只闻其声而不见其面。时间一长，提托诺斯愈加枯槁，最终变成了一只蝉，仅用声音来取悦女神，而且每年都要蜕掉一层衰老的皮肤。

◇ **自由解读** ◇

1. 阿佛洛狄忒的神力主要是什么？ 阿佛洛狄忒作为爱神，既能将爱作为奖励，带给人爱的甘美，也能将爱作为惩罚，让人感受爱的忧怖和痛苦。除了厄俄斯之外，年轻的太阳神阿波罗也是阿佛洛狄忒这一惩罚的受害者。

2. 如何理解这则神话？ 这则神话除了展示爱神神力之外，还表现了希腊人对衰老的怨恨之情。与之类似的一个故事是被太阳神垂青的西比尔的故事（见本书《一心求死的西比尔》）。

3. 蝉的象征意义是什么？ 蝉破土而生，蜕变新生，故而被古人作为永生的象征。在中国，文人也多喜佩戴玉蝉，表达追求洁身自好和长生的愿望。

---

① **提托诺斯（Tithonus）**：特洛伊国王拉俄墨冬和水泽女神斯特律摩之子，普里阿摩斯的兄弟。他相貌英俊非凡，厄俄斯发现并爱上了他，于是将他从家乡拐走，与他结合并生了两个儿子厄玛提翁和门农。

那喀索斯的自恋

◇ **早期文献** ◇

奥维德的《变形记》第 3 卷详细讲述了自恋的那喀索斯和回声女仙厄科的故事。

那喀索斯（Narcissus）是河神刻菲索斯（Cephissus）和水泽女仙利里俄珀（Leiriope）的儿子。他生来风华绝代，这使他自命不凡，高傲到没什么朋友，对追求者更是不假辞色、冷淡无情。有一次他打猎的时候，遇到了回声女仙厄科（Echo），女仙为他的美貌所诱，爱上了他。厄科女仙原本能说会道，她奉神王宙斯之命在其偷情的时候与天后赫拉聊天，用喋喋不休的废话缠住赫拉、掩护宙斯。赫拉发现后，剥夺了她自由表达的能力，从此，她只能重复别人的话语，而无法真正与人交谈了。因此，厄科无法自由地倾诉爱慕之情，只得寻机与心上人搭讪。一日，那喀索斯走入一处寂静的林子，问道："有什么人在这里？"女仙乘机回答："在这里……"那喀索斯听见有人回答，就说："出来与我相会吧。"女仙喜悦地一边回答："相会吧……"一边从林中飞奔出来，想要去拥抱心上人。但是那喀索斯却毫不犹豫地避开了，嫌恶地说："你别来抱我，否则，我还不如死了好。"女仙又羞惭又伤心，勉强回了一句："我还不如死了好。"便掩面逃入林中。但这傲慢无礼的拒绝并没使她心中的恋火熄灭，她仍然躲在那喀索斯经常路过的地方痴痴地偷窥心上人，因绝望的爱恋而日渐消瘦，抑郁而终，只剩下声音萦绕空中。那喀索斯的无情激怒了一些被他拒绝的求爱者，其中有人诅咒他说："愿他也坠入恋爱，却永远求之不得。"司掌爱情的女神阿佛洛狄忒应了这祷告，以一种奇特的方式实现了这一诅咒。

一日，那喀索斯出外打猎，经过一潭泉水，他口渴难耐，想要掬水而饮。当他走到水边，俯下身去时，突然发现晶莹剔透的水面如同一面镜子映出了一个美少年的身影。这影像眉目如画、丰神俊秀，使他立刻对之一见倾心，从此不能自拔。原来，在他出生时，预言家忒瑞西阿斯（Tiresias）① 曾告诫他的父母："只要这个孩子一直不认识自己，便可得享天年。"他的父母理解为，不能让那喀索斯看到自己的相貌，就扔掉了家里所有的镜子。所以，十几年过去了，那喀索斯才第一次见到自己的样貌。他如痴如醉，夜以日继地守在岸边不肯离开。但每当他伸手想要触摸倒影时，水面上就会泛起涟漪，影子就破碎四散了。最后，他被这可望而不可即的苦恋折磨得憔悴而死。在他死去的地方长出一朵茕茕孑立的水仙花，至今这种花朵，还都斜生在清池旁边顾影自怜呢。

◇ **词汇履历** ◇

那喀索斯（Narcissus）在英语中指水仙花，同时也成为妄自尊大、孤芳自赏、自我陶醉、自命不凡的人的代名词。

◇ **自由解读** ◇

1. 那喀索斯悲剧产生的原因是什么？ 那喀索斯之所以陷入自恋，是因为他不能真正地认识自己。在故事中，他实际上并不知道自己的

---

① 忒瑞西阿斯（Tiresias）：欧厄瑞斯和卡里克罗之子，希腊神话中著名的预言家。

模样,只是周围的人因为他漂亮而原谅他的傲慢,这使他变得鄙视别人,只关注自己。这个故事告诫人们,小孩子如果不能随着成长认清自我,就会像那喀索斯那样陷入"完美的自我"的幻影中不能自拔。

2. 厄科悲剧产生的原因是什么? 厄科的爱情悲剧在于她无法交流,说明只被外表所吸引,而没有灵魂的交流,是不能滋生真正的爱情的。

◇延伸阅读◇

1. 西班牙作家卡尔德隆·德·拉·巴尔卡(Pedro Calderon de la Barca,1600—1681)曾创作剧本《厄科和那喀索斯》,对这一古老传说进行了改写。法国的让-雅克·卢梭(Jean-Jacques Rousseau,1712—1778)也有剧本《那喀索斯或自恋者》。

2. 英国作家奥斯卡·王尔德(Oscar Wilde,1854—1900)曾作《弟子》,对这个古老的神话进行了非常有个性的改写,作品中的自恋者不仅仅是那喀索斯,还有池水。

3. 法国作家安德烈·纪德(André Paul Guillaume Gide,1869—1951)也对这一神话进行过改写,他的《那喀索斯解说》中的自恋者不仅仅满足于外在的美,表象的美,他还想看清自己的灵魂。他没有被支离破碎的池水表面所蒙蔽,而是执着寻找深入的真相。纪德认为,只有艺术家才能通过象征揭示其背后的真理。这篇小文的副标题是《论象征》,阐明了纪德的美学观。

4. 保尔·瓦雷里(Paul Valery,1871—1945)的《那喀索斯残篇》运用这位自恋者的独白,象征性地表达了最幸福的自我就是远离他人的自我。

5. 里尔克(Rainer Maria Rilke,1875—1926)等诗人曾作同名诗。赫尔曼·黑塞(Hermann Hesse,1877—1962)的《那喀索斯与格尔德门》中的一个著名人物以此为名。

◇ **当代应用** ◇

当代的心理学家运用这个神话人物形象来描述一种常见的心理状态，自恋（Narcissism）由其得名。1898年，英国学者艾理士（Havelock Ellis，1859—1939）发表了题为《自我爱情：心理学研究》（*Auto-Erotism: A Psychological Study*）的论文，其中第一次提到"那喀索斯倾向"。德国心理学家纳克（Paul Nacke，1851—1913）阅读了这篇论文，借鉴了这一术语，并进一步阐释和确定了其概念内涵。1914年，弗洛伊德（Sigmund Freud，1856—1939）发表了《论自恋：导论》（*On Narcissism: An Introduction*）一文系统探讨了自恋问题，他还根据那喀索斯的故事提出"那喀索斯情结"即"自恋情结"。其后，这一术语被固定下来，又经科胡特（Heinz Kohut，1913—1981）、拉康（Jaques Lacan，1901—1981）等人从各个角度发展和阐释，成为心理学中最重要的研究对象之一。

◇ **艺术欣赏** ◇

图1. 卡拉瓦乔1591年的作品，布面油画，现藏于罗马国立古代艺术画廊。卡拉瓦乔虽然不到四十岁就去世了，但他自然、朴实的画风和强烈的明暗对比对当时和后世影响很深。画作中，那喀索斯陷入黑暗当中，但全不在意，他的整个身体前倾，全副身心都被倒影所吸引和诱惑。整幅画作中除那喀索斯和他的倒影外别无他物，而且倒影所占的比例几乎与人物等同，似乎要说明对于那喀索斯来说，现实已经毫无价值。

图2. 沃特豪斯1903年的作品，布面油画，现藏于英国利物浦的沃克艺术画廊。画作以一条宁静清澈的小溪分割开暗恋者与她自恋的爱人，表达出咫尺天涯之感。套用名诗《世界上最遥远的距离》的格式，便是："世界上最遥远的距离，不是彼此没有相交的轨迹，而是我爱你如斯，你却毫不在意。"

图 1　那喀索斯

米开朗基罗·梅里西·德·卡拉瓦乔

Michelangelo Merisi da Caravaggio

(意大利画家,1571—1610)

图 2　山林女神与那喀索斯

约翰·威廉·沃特豪斯

John William Waterhouse

(英国画家,1849—1917)

玛耳绪阿斯被剥皮

◇ **早期文献** ◇

许癸努斯的《传说集》、品达的《皮提亚颂》（12节6—8行）、阿波罗多洛斯的《书藏》（第1卷）、奥维德的《变形记》（第6卷）、卢奇安的《诸神对话》都记述了这个故事。驴耳朵的故事则出现在《变形记》（第11卷）。

阿波罗绝大多数情况下是一位仁慈的神，但偶尔也会做出残忍的举动，至少在对待可怜的玛耳绪阿斯（Marsyas）时，他显得格外无情。这件事要从一件乐器讲起。智慧女神雅典娜偶然间发明了一种新的乐器——长笛，声音听起来非常悦耳，她对此很得意，就在众神聚会的时候为大家演奏了起来。但是赫拉与阿佛洛狄忒等人却因为她吹笛子时鼓着双腮、凸着眼睛而笑话她，令她十分恼怒。后来，雅典娜到清澈的小溪边，仔细观察自己吹笛子时的姿容，发现果然不太雅观。一气之下，她扔掉了笛子，并且在上面附加了诅咒。玛耳绪阿斯成了这诅咒的无辜受害者。他拾到了这件神奇的乐器，放到唇边一吹，笛子便发出了美妙的音乐。玛耳绪阿斯非常开心，从此随身带着笛子，到处演奏。许多人都被他悠扬的笛声打动了，个个赞不绝口。天性跳脱的玛耳绪阿斯更是高兴得手舞足蹈，甚至得意忘形地吹嘘说，阿波罗的竖琴都难以奏出如此美妙的音乐。尤其狂妄的是，当他经过苦练，能够随心所欲地用笛子吹出各种乐曲后，竟然向阿波罗发起挑战，要求进行音乐比赛。阿波罗对这山野小神的僭越之举十分不悦，在应赛的同时提出，赢家可以用任何方式惩罚对方。

比赛请佛律癸亚国王弥达斯（Midas）①、提摩罗斯山神、缪斯女神和宁芙仙女们来担任裁判。比赛了几个回合，大部分裁判更喜欢熟悉的竖琴发出的乐声，但弥达斯和少数裁判觉得笛声别具特色、更胜一筹。这时，阿波罗突然颠倒手中的竖琴，而且边演奏边唱歌，随后他要求对方也这样做。可想而知，倒着吹笛子，或是边吹笛子边唱歌，都是不可能做到的事，于是提摩罗斯山神作出评判，认为玛耳绪阿斯输了比赛。但是，弥达斯却表示评判不公平，坚持玛耳绪阿斯应该是获胜者。火冒三丈的阿波罗认为，不应该让弥达斯那不辨好歹的耳朵继续保持人耳的形状，于是把它们变成了一对长长的、毛茸茸的驴耳朵。余怒未息的阿波罗继而对玛耳绪阿斯做出了可怕的惩罚——生剥他的皮！可怜的玛耳绪阿斯被倒吊在一棵松树上，他尖声告饶："为什么要剥我的皮？只为了吹笛子吗？这太不值得了！我再也不干了！"但他的哀求没有起作用。虽然玛耳绪阿斯狂妄愚蠢，但他天性欢快，讨人喜欢。当他被活生生剥皮致死时，场面太过凄惨，周围的山民、森林之神萨提尔（Satyr）和宁芙仙女们都为他流下了眼泪，这些眼泪汇成了一条河，后来被称作玛耳绪阿斯河。

弥达斯的耳朵被阿波罗变成驴耳朵之后，感到十分羞惭，只好整天戴着头巾或帽子来遮掩。但他理发的时候不得不摘掉遮掩物，吃惊的理发师成了唯一的知情者。弥达斯命令他发誓不得把这件事说出去，否则就砍掉他的头。理发师本是个爱说闲话的人，现在心里装着这个大秘密却不能说出去，实在是心痒难耐，只好在地上挖了一个洞，对着洞

---

① 弥达斯（Midas）：佛律癸亚的国王，戈耳狄俄斯和女神库柏勒之子。

口说:"国王弥达斯有一对驴耳朵!"然后把洞填平,一身轻松地回家去了。孰料,这洞上长出一丛芦苇,风一吹就发出"国王弥达斯有一对驴耳朵"的声音,结果所有人都知道了可怜的国王的秘密。

◇**词汇履历**◇

弥达斯的评判(the judgment of Midas),被用来指外行的评判。弥达斯的耳朵(the ears of Midas),则用来指掩饰不了的不学无术。弥达斯的理发师(the barber of Midas),用来喻指多嘴的人或保不住秘密的人。

◇**自由解读**◇

1. 如何理解这个比赛故事? 在有的传说中,玛耳绪阿斯与阿波罗之间进行的是排箫和提琴的比赛,而非笛子和竖琴,但无论如何,二人比赛都反映了管乐器和弦乐器孰优孰劣的争论。

2. 弥达斯遭遇的教训是什么? 可怜的国王弥达斯的遭遇告诉人们:诸神的争执最好不要卷入其中,如果实在不得不参与的话,一定要站在最强大的一方。

◇**延伸阅读**◇

著名作曲家巴赫(Johann Sebastian Bach,1685—1750)曾以这个竞赛故事为题创作了一首康塔塔(Cantata,多乐章的大型声乐套曲)。

◇**艺术欣赏**◇

图1. 文艺复兴时期画家贝鲁吉诺1493年前后的作品,现藏于法国卢浮宫。贝鲁吉诺曾与达·芬奇、波提切利同在韦罗基奥班上学习,他还是拉斐尔的老师,是最早使用油彩的意大利画家之一。他的

画作线条丰富，色彩明丽。这幅画作的背景是起伏的山丘、树木、溪流、城堡和小鸟，构成优美怡人的风景，前方玛耳绪阿斯正在专心地吹笛子，阿波罗的竖琴放在一旁，听得也很专注。与其他同一主题作品不同，画作中玛耳绪阿斯虽然体毛多一些，但显然被处理为人形。

图2. 现藏于德国的安东·乌尔里希公爵美术馆。阿波罗居中，正在拉小提琴；玛耳绪阿斯虽是背影，但能明显看出他下半身为羊腿，手中的是管乐器排箫；旁边戴王冠的是弥达斯国王。

图3. 提香约1570年的作品，现藏于美国大都会艺术博物馆。画作的正中是正在被剥皮的玛耳绪阿斯，他的乐器被挂在树上，阿波罗在左方拉提琴，弥达斯在右下方观看。

图1　阿波罗与玛耳绪阿斯

皮耶罗·贝鲁吉诺

Pietro Perugino

（意大利画家，1445—1523）

图 2　弥达斯的评判

帕尔马·伊利·乔瓦内

Palma il Giovane

（意大利画家，1548—1628）

图 3　被活剥的玛耳绪阿斯

提香·韦切利奥

Tiziano Vecellio

（意大利画家，1490—1576）

尼俄柏痛丧子女

◇**早期文献**◇

奥维德的《变形记》第6卷里详述了这个因为自命不凡而受到惩罚的故事。阿波罗多洛斯的《书藏》第3卷也讲述了这个故事。

尼俄柏（Niobe）① 是坦塔罗斯和狄俄涅的女儿，忒拜国王安菲翁（Amphion）② 的王后，生有七子七女。她出身显赫、地位尊贵、儿女众多，自认为是天下最幸福的女人。

一日，是忒拜妇女前往神庙祭拜勒托及其一对子女的节日。尼俄柏也来了，然而她却不是来拜神的，反而大放厥词，轻视勒托女神。她对正在祭祀的忒拜妇女们说："你们为什么只知道拜这等无足轻重的小神，却不知道为我这神圣的名字焚香呢？勒托有什么好崇拜的！我的父亲是坦塔罗斯，凡人中只有他与天神一起饮宴；我的母亲是七星之一，外祖父是擎天之神阿特拉斯；我的祖父乃是众神之王宙斯。我的丈夫和

---

① **尼俄柏（Niobe）**：坦塔罗斯和狄俄涅（阿特拉斯之女）的女儿，宙斯的孙女。她嫁给忒拜国王安菲翁，生下了七子七女。

② **安菲翁（Amphion）**：宙斯与安提俄珀的儿子，仄托斯的孪生兄弟，尼俄柏的丈夫，忒拜的国王。他精通琴艺，将赫耳墨斯送他的竖琴进行了改造，由四弦增加至七弦。据说在建造忒拜城时，安菲翁以竖琴之乐声驱石砌成城墙。因为竖琴有七根弦，所有忒拜城有七个城门。

我是忒拜的统治者,是你们的国王和王后。这座伟大的城池,就是我丈夫用琴声驭石造就的。我富甲天下,宫殿里有无数奇珍异宝;我的美貌艳压群芳,跟天上的女神相比也毫不逊色。更何况,我有七个儿子七个女儿,将来还会有七个儿媳七个女婿。勒托如何能与我相比?她父不过一无名小卒,她要生孩子时,大地连一席之地都不愿给她。幸有得罗斯岛可怜她,她才得以有个立锥之地生下了两个孩子。她也不过只有这两个孩子,只够我的七分之一而已!她凭什么能跟我比?你们这些愚蠢的女人,现在把花冠摘下来,收拾供品,停止祭祀,赶紧回家去吧!"

勒托听到了尼俄柏这些肆意羞辱的话,气得浑身发抖。她的儿子太阳神阿波罗和女儿月亮女神阿耳忒弥斯更是怒火中烧,立刻下凡来惩罚狂妄的尼俄柏。阿波罗来到忒拜城外的跑马场,尼俄柏的七个儿子正在这里练习骑射。阿波罗张弓搭箭,正在骑马绕场盘旋的大儿子应声落地。其余的儿子连忙四散逃开,然而金弓之神箭无虚发,须臾之间,剩余六子也皆被天上飞来的箭矢射死。

国王安菲翁得知此噩耗,痛不欲生,拔剑自刎。尼俄柏带着女儿们赶到跑马场,她悲痛地亲吻着儿子们冰冷的尸体,却仍疯狂地仰天大吼道:"你以为你胜利了吗?残忍的勒托!我的七个儿子死了,就像我自己死了七遍一样。但我还是比你强。我还有七个女儿,胜利仍然属于我!"

然而她话音刚落,弓弦声再次响起。原来虽然阿波罗因连杀七兄弟而心有不忍收了手,但阿耳忒弥斯却被尼俄柏这番话再次激怒而愤然出手了。只见尼俄柏的女儿们也一个接一个地伏在她们兄弟的尸体上丧命。眼看只剩下最后一个小女儿了,她扑到母亲怀中,稚嫩的小手紧紧抱着母亲的双腿。尼俄柏弯腰用衣裙遮掩着她喊道:"给我留下一个吧!求你给我留下这唯一的一个吧!"然而她还没有祷告完,可怜的小女孩已背后中箭,一下子松开了双手,没了气息。

曾经自认为是天下最幸福的女人,现在却成为天下最痛苦的母亲。尼俄柏的心碎了,她面无血色,像泥塑木雕一样一动不动,终日以泪洗面。后来,她变成了一座山,两道细细的泉水从她的双眼中涌出,就像长流不止的眼泪。

◇词汇履历◇

在后世,尼俄柏(Niobe)变成了痛苦与悲伤的代名词,用来形容丧失亲人的人或眼泪汪汪的母亲。

◇艺术欣赏◇

图1. 新古典主义画家大卫1772年的作品,现藏于美国的达拉斯艺术博物馆。

图1 尼俄柏
雅克-路易·大卫
Jacques-Louis David
(法国画家,1748—1825)

图2. 原作为公元前4世纪所作,现仅存大理石复制品,藏于罗马国立美术馆。尼俄柏一手用衣裳竭力想掩住小女儿,她的脸上表情

充满绝望、恐惧和哀求,而在她身前小女儿单薄的身躯紧紧依偎在母亲怀中,双手高举,似乎在微微颤抖。虽是静止的大理石雕像,但内蕴的激烈情感和一触即发的紧张感却扑面而来。

图 3. 复制品,这座大理石雕像的作者已无从查考,大约创作于公元前 440 年前后,现藏于罗马国立美术馆。在有的传说中,尼俄柏本人也被射死,这座雕像表现的就是尼俄柏在奔逃中被箭射中的一瞬间,她一腿跪倒,双手伸向背后想将箭拔出,表情痛苦而绝望,表现出强烈的悲剧效果。

图 2 尼俄柏护女
斯珂帕斯,公元前 4 世纪
大理石雕刻
罗马时期复制品
(意大利罗马国立美术馆)

图 3 垂死的尼俄柏
大理石雕刻
罗马时期复制品
(意大利罗马国家博物馆)

阿克泰翁变鹿

◇**早期文献**◇

奥维德的《变形记》第 3 卷讲述了这个故事,并详细描述了阿克泰翁变成鹿和被他的猎犬咬死的过程。阿波罗多洛斯的《书藏》第 3 卷讲述过这个故事,并提到后来喀戎做了一个阿克泰翁的石像,才止住了到处寻找主人的猎犬的嚎叫。卢奇安的《诸神对话》也提到过这个故事。

月亮女神阿耳忒弥斯是纯洁的处女神,高贵健美,爱护小动物,但在很多故事中,她又显得凶狠而残忍,阿克泰翁(Actaeon)① 的遭遇就是一个例子。这位年轻人是卡德摩斯(Cadmus)② 的外孙,是人马喀戎(Chiron)③ 的弟子,一位出色的猎手。有一天围猎结束后,

---

① **阿克泰翁(Actaeon)**:名字的意思是"领导"。卡德摩斯的外孙,阿里斯泰俄斯(Aristaeus)和奥托诺厄的儿子,喀戎的徒弟。

② **卡德摩斯(Cadmus)**:腓尼基国王阿革诺尔的儿子,欧罗巴的兄弟,忒拜城的建造者。

③ **喀戎(Chiron)**:克洛诺斯和菲吕拉之子,住在忒萨利亚的佩利翁山的山洞里。他是最富智慧的人马,学识渊博,为人公道和善。他还是神话中最伟大的老师,许多著名的英雄是他的弟子。

他觉得又累又渴，就顺着水声走进了一座幽静的树林中。林中有一个山洞，洞前有道清泉，汇成一湾池水，清澈见底，衬着周围的青草野花，景色十分怡人。这是女神阿耳忒弥斯在狩猎后休息、沐浴的地方。这天，她正和伙伴们在这里沐浴玩耍，阿克泰翁却莽莽撞撞地闯了进来，看到了少女们美丽的胴体。他呆呆地站在那里，被眼前的美景迷住了。被冒犯的女神羞愤交加，用水泼向阿克泰翁。她泼出的水具有神力，于是阿克泰翁的身体立刻发生了变化，他的头上长出了分叉的犄角，耳朵变长变尖，双手变成了前肢，身上长出了斑斑点点的毛皮。阿克泰翁一惊之下，仓皇而逃，逃至一汪水边，他低头细看，发现自己已经变成了一头麋鹿。他不由万分惊恐，张嘴欲呼救，却只能发出鹿的鸣叫声。正在这时，阿克泰翁看到自己的猎犬们跑了过来，他以为猎犬认出了自己，高兴地迎了上去。然而这些猛犬眼中只看到了一头麋鹿，它们一拥而上，将阿克泰翁撕成了碎片。猎犬们兴高采烈地寻找和呼唤主人来欣赏它们的收获，它们哪里知道，眼前的这头被分尸的猎物就是它们可怜的主人。

◇ 自由解读 ◇

阿耳忒弥斯在这个故事里为什么如此凶残？ 阿克泰翁无心之过却遭此大难，表现了阿耳忒弥斯凶残的一面。实际上，在神话故事中，这位女神因为受到忽视或冒犯而大开杀戒的情况并不少见。可见，在她身上，善与恶之间的界限模糊不清的情形得到了极为生动的体现，这也许与月相的变化有关。

◇ 艺术欣赏 ◇

图1. 塞萨利1603年的作品，现藏于法国卢浮宫。画作中沐浴的女仙们大多在慌乱地遮掩身体，阿耳忒弥斯正弯腰欲泼冒失的阿克泰翁，而阿克泰翁头上已经长出鹿角。

图2. 提香的作品，现藏于英国国家美术馆。画中阿耳忒弥斯弓指之处，猎犬们正在撕咬半变为鹿形的阿克泰翁。

图1　阿耳忒弥斯与阿克泰翁

朱塞佩·塞萨利

Giuseppe Cesari

（意大利画家，1568—1640）

图2　阿克泰翁之死

提香·韦切利奥

Tiziano Vecellio

（意大利画家，1490—1576）

阿拉克涅变蜘蛛

◇早期文献◇

奥维德《变形记》第6卷中详细记述了这个故事。

雅典娜女神是智慧、理性和纯洁的化身,她对人类很友好,但当她的尊严被触犯时,她的处罚也非一般人可以承受。阿拉克涅(Arachne)是吕底亚一位染匠的女儿。她心灵手巧,又勤于练习,年纪轻轻纺织手艺已经出神入化。在她纺织的时候,人们从四面八方前来围观。大家不仅喜爱她精美的织物,而且欣赏她优美又灵巧的动作。甚至众多女仙也离开她们惯常栖息游玩的山林和溪流,络绎不绝地前往她的作坊观赏其精妙绝伦的纺织艺术。人们纷纷赞叹说:"阿拉克涅技艺如此高超,一定是受到女神雅典娜的眷顾!"然而,阿拉克涅却不喜欢听这样的话,她认为这一切都是靠自己的天资和努力得来的,与神的恩赐无关。她甚至狂妄地宣称:"让雅典娜来跟我比一场啊,我若输了,甘愿接受任何惩罚。"女神听说了这位得意忘形的凡间女子的挑战,变成一个老太婆,对阿拉克涅提出忠告:"不要轻视老年人的意见,因为年纪大了才有经验。年轻的姑娘,你在凡人中间无论怎样沽名钓誉都无所谓,但在神祇面前须要恭敬谦卑。去向女神恳求,请她宽恕你的狂言吧，女神仁慈，一定会原谅你的！"但阿拉克涅却听不进这番好言相劝，反而污言以对："老不死的糊涂虫，回去向你自己的女儿、媳妇说教吧，别多管闲事。我就是要向女神挑战！你那位女神这么厉害，为什么躲着我不敢应战呢？"眼看阿拉克涅如此执迷不悟，雅典娜现出真身，宣布比赛开始。

雅典娜首先在布的中央织出了雅典命名的来历：波塞冬用三叉戟在岩石上敲出泉水，雅典娜则用尖矛击地，使其长出一株橄榄树，从而取得了胜利，成为这座城市的保护神。其余围观的奥林匹斯主神也个个宝相庄严，神王宙斯端坐正中。女神还在布的四角织出了四幅比赛图，都是狂妄的凡人向神祇挑战却自取灭亡的故事情景。阿拉克涅织出的却是大不敬的图案，主题是众神的风流韵事，尤其是关于神王宙斯的故事，比如变作公牛诱拐欧罗巴，变成老鹰掠走埃癸娜，等等。

阿拉克涅技艺精湛，织出的图案精美华丽，然而内容却格调低俗、亵渎神灵。雅典娜刚刚批评了两句，阿拉克涅就抢白道："神可以做得，我却织不得？"激得女神大怒，用织布的金梭将这块织布撕得粉碎，摔到阿拉克涅脸上。阿拉克涅受不了这样的凌辱，于是上吊自杀了。雅典娜本来只想教训教训她，如今见她寻死，心中又生出怜悯，出手将其救下，说道："活下去吧，狂妄的女孩，但是今后你只能悬挂在空中，不停地纺织，你的后代也要遭受同样的处罚。"说完雅典娜用冥界的毒汁一点阿拉克涅，后者的头发脱落，耳鼻也都掉落，脑袋越变越小，纤长的手指变成了细长的腿，身体收缩，只余下一个圆圆的肚子——阿拉克涅变成了蜘蛛。

◇词汇履历◇

英语中，蜘蛛或蛛形纲动物的学名为 arachnid，就来自这则神话故事中的阿拉克涅。

◇**艺术欣赏**◇

委拉斯凯兹1657年的作品，现藏于西班牙普拉多博物馆。这是欧洲绘画史上第一幅直接描写纺织劳动的画作，表现的是西班牙皇后壁毯制造厂一个车间女工们工作的场景。前景是五个劳动女工正在纺织的形象，后景是一些贵妇人在欣赏成品，而成品中绣的就是雅典娜与阿拉克涅的故事。

纺织女或阿拉克涅的寓言
迪埃戈·德·西尔瓦·委拉斯凯兹
Diego De Silva Velazquez
（西班牙画家，1599—1660）

弥达斯与点金术

◇早期文献◇

奥维德的《变形记》第 11 卷有这个点金术的故事。

酒神狄俄尼索斯的老师西勒诺斯（Silenus）① 有一次在佛律癸亚境内的山里喝醉了，酣睡不起，被附近的农民发现了。农民们不认识他，就将他作为可疑的陌生人捆起来带到国王弥达斯那里。弥达斯参加过酒神节，立刻认出了西勒诺斯。他赶紧亲自给西勒诺斯松绑，并热情地款待了他十天十夜，之后护送他回到正焦急地四处寻找老师的酒神狄俄尼索斯身边。酒神为感谢他，许诺给予他任何想要的东西。弥达斯表示希望拥有点石成金的本领，狄俄尼索斯答应了。弥达斯如愿以偿，十分高兴。他一路尝试着回到宫殿，果然凡是他所接触的东西都会立刻变成金子。但是弥达斯的兴奋只维持了很短的时间，他很

---

① **西勒诺斯（Silenus）**：潘（一说是赫耳墨斯）的儿子，酒神狄俄尼索斯的老师，自小哺育和教导酒神。他学识渊博、心地善良、喜欢喝酒。其形象是个醉醺醺的胖老头，往往被人搀扶着或骑在驴背上。由于他具有预言的本领又极其聪明，经常有人趁他酩酊大醉把他绑起来，逼他作出预言或帮忙出谋划策。总之，这是个喜剧角色。

快就发现这项看上去让人羡慕的本事实质上是个巨大的灾难。他饿得腹鸣如鼓，却无法吃东西，因为他一碰食物，食物就变成了金子。更可怕的是，他无意中碰到了自己心爱的女儿，结果这位可爱的少女立刻变成了一尊无生命的黄金雕像。惊慌失措的弥达斯现在只想尽快摆脱这种神力，他奔回酒神身边，跪求狄俄尼索斯收回赐予的点金术。狄俄尼索斯命他前往帕克托罗斯河（Pactolus）① 洗澡。弥达斯奉命而行，当他接触水面时，神力随之消散在河水里，但残存的力量仍使河里的沙子变成了金沙。

◇ **词汇履历** ◇

1. 点金术（the golden touch）指点石成金的本领。
2. 弥达斯（Midas）现在有时被用来喻指"大富翁，善于赚大钱的人"，弥达斯的触摸（the Midas touch）喻指赚大钱的本领。

◇ **自由解读** ◇

如何理解弥达斯与点金术的故事？ 这则故事一方面讽刺了拜金主义者的贪婪和愚蠢，另一方面反映了欲望控制下的技术会带来的恶果，让人们警醒。

◇ **艺术欣赏** ◇

普桑1627年的作品，现藏于美国纽约的大都会艺术博物馆。

---

① **帕克托罗斯河（Pactolus）**：今土耳其境内的萨尔特河，实际是一条小溪。

在帕克托罗斯河沐浴的弥达斯

尼古拉斯·普桑

Nicolas Poussin

(法国画家,1594—1665)

彭透斯被肢解

◇ **早期文献** ◇

古希腊悲剧大师欧里庇得斯的最后一部悲剧《酒神的伴侣》以这个故事为题材，将酒神对信徒的蛊惑力和对反对者的冷酷、野蛮表现得淋漓尽致。奥维德的《变形记》第3卷中讲述了这个典型的酒神惩罚渎神者的故事。

彭透斯（Pentheus）[①] 是忒拜的国王，他的母亲阿高厄（Agave）[②] 是酒神狄俄尼索斯的母亲塞墨勒[③]的亲妹妹，因嫉妒而不承认塞墨勒曾被神王宙斯临幸，甚至诽谤她与凡人私通。狄俄尼索斯早就对自己的姨母心存芥蒂，而在他回到忒拜后，表兄彭透斯又发布禁令，声称狄俄尼索斯传播邪教，禁止臣民去膜拜。狄俄尼索斯于是决定要惩罚这母子两人。他先施法使阿高厄和城中的女人都成为酒神狂女，一起

---

① **彭透斯（Pentheus）**：忒拜国王，厄喀翁和阿高厄之子，卡德摩斯的外孙。
② **阿高厄（Agave）**：忒拜国王卡德摩斯和王后哈尔摩妮娅的女儿，塞墨勒的妹妹。她嫁给了龙牙五战士中的厄喀翁（Echion），生子彭透斯。因曾诽谤塞墨勒与凡人私通，故被狄俄尼索斯记恨报复。
③ 详见本书《美女焚身与酒神诞生》。

成群结队跑入深山。她们戴起花冠，披上鹿皮，一天到晚唱歌跳舞、狂欢游行。

彭透斯命令卫队出动，让士兵们四处抓捕酒神随从。退位的老国王卡德摩斯（Cadmus）①和先知忒瑞西阿斯（Tiresias）②听说此事，都来劝说彭透斯要敬神。忒瑞西阿斯告诉彭透斯，酒神狄俄尼索斯和农神得墨特尔是人间最伟大的两位神明，应该虔心敬奉，而绝不能得罪。卡德摩斯则从家族荣誉入手，提醒外孙，这个新神祇的母亲塞墨勒是他的姨母。

然而彭透斯一意孤行，根本听不进去他们的话。国王卫队仍然得到出击的命令，但他们完全是在做无用功。镣铐失去作用，牢门自动打开，抓来的人都逃到山上去了。只有狄俄尼索斯化身的男祭司十分配合，愿意随他们进宫。狄俄尼索斯一被抓入王宫，怪事就接连发生。先是一场大火从塞墨勒的墓开始燃起，然后王宫也轰然倒塌。狄俄尼索斯以种种神迹规劝彭透斯归顺酒神，但彭透斯执迷不悟，只是一味地侮辱他。于是狄俄尼索斯决定让他自食恶果。

彭透斯亲自前往山上寻找母亲，并抓捕酒神信徒。狄俄尼索斯以神力让狂女们误把他看作野兽，一拥而上，活活地肢解了他。阿高厄打头阵，第一个抓住并鞭打彭透斯，而她的两个妹妹——彭透斯的姨

---

① **卡德摩斯（Cadmus）**：腓尼基国王阿革诺尔的儿子，欧罗巴的兄弟，忒拜城的建造者。在宙斯变形为公牛拐走欧罗巴后，阿革诺尔派儿子去寻找，命令其找不到不准回家。卡德摩斯在寻找无望后，遵照神谕来到玻俄提亚。他杀死了守护附近泉水的巨龙，并将龙齿种在地里，地里长出许多武士。卡德摩斯设计使这些武士互相厮杀，最后只有五人幸存下来。这五人成为他的盟友，并助他建成了忒拜城。

② **忒瑞西阿斯（Tiresias）**：欧厄瑞斯和卡里克罗之子，希腊神话中著名的预言家。据说，他曾在山间看见两条蛇在交配，用手杖将其中的雌蛇打死，结果变成了女人；七年后，他再次遇到交配的双蛇，这次他打死了雄蛇，结果又重新变成了男人。一次，宙斯与赫拉争论男女谁在爱情上得到更多的快乐，他们找既当过女人也当过男人的忒瑞西阿斯裁判。忒瑞西阿斯毫不犹豫地说女人得到的快乐占十分之九，而男人只有十分之一。赫拉大怒，使他双目失明，而宙斯却给予了他预言的本领，还赋予他跨越七代人生的寿命。

妈一人扯掉了外甥的一条臂膀。最后阿高厄不顾彭透斯的苦苦哀求，把他的头拧了下来，当作狮子头穿在她的神杖上，高举着走过喀泰戎的山间。直到酒神恢复了阿高厄的神智，她才发现自己亲手杀死了儿子，捧着儿子的头颅，痛不欲生，然而已经悔之不及。

◇ **艺术欣赏** ◇

古希腊时期的彩绘陶杯，现藏于美国的金贝尔艺术博物馆。彭透斯已经只剩下上半身，脸朝着他的母亲，仿佛正在乞求怜悯。他的母亲和姨妈一人身披豹皮，一人拉着他的一只手臂，似乎要把它拽下来。旁边一名狂女手里举着他的一只断腿。

彭透斯被肢解
彩绘陶杯
（约公元前 480 年）

庇厄里亚姑娘变喜鹊

◇早期文献◇

很多希腊时期的作品，包括赫希俄德的《神谱》都以对缪斯的赞美拉开序幕。荷马著有赞美诗《致缪斯与阿波罗》。起初，在《神谱》中只有九位缪斯的名字，还没有各自具体司管的艺术形式，从亚历山大时代开始，九位女神的职能才逐渐一一固定下来。至于这个惩罚故事，在奥维德的《变形记》第5卷中有讲述。

宙斯和他的第五位妻子记忆女神谟涅摩绪涅连续在九个夜里结合，生下了九位聪颖漂亮的女儿，即美名远扬的缪斯女神（Muses）。九位女神司掌着文学艺术的各个领域：大姐名为卡利俄佩（Calliope），司管史诗，笔和写字板是她的象征物；二姐克利俄（Clio），司管历史，手持羊皮书，头戴月桂树枝编成的花冠；三姐厄拉托（Erato），司管情歌和独唱，笑容甜蜜，手持七弦琴，头戴鲜艳的花冠；四姐乌拉尼亚（Urania），司管天文，头戴星冠，地球仪和指南针是她的象征物；五姐欧忒耳佩（Euterpe），司管抒情诗和音乐，手持双管长笛；六姐忒耳普西科瑞（Terpsichore），司管合唱和舞蹈，手持竖琴；七姐塔利亚（Thalia），司管喜剧和牧歌，手持喜剧面具和牧杖，戴常春藤头冠；八姐墨尔波墨涅（Melpomene），司管悲剧和哀歌，手持悲剧面具和短剑，戴柏树头冠；九妹波吕谟尼亚（Polyhymnia），司管颂歌和修辞学，神情庄重，薄纱覆面。九位女神原本一同居住在位于玻俄提亚的赫利孔山（Helicon）上，守护着山上能够给诗人以灵感的泉水。在阿波罗出生并成为文艺神之后，她们自愿前往福喀斯境内的帕耳那索斯山（Parnassus），随侍在这位同父异母的弟弟身边。缪斯女神是诗人的庇护神，她们常常鼓励和帮助诗人，诗人们也总是期待着缪斯的降临赋予他们灵感。在传说中，这九位女神都美丽娴静、气质优雅、品格高尚，但她们也有被激怒的时候。

据说，佩拉城的国王庇厄洛斯（Pierus）有九个女儿，人们称她们为庇厄里亚姑娘（Pierides）。这九姐妹非常愚蠢，自以为"九"是极数，就骄傲得忘乎所以。有一天，她们前往赫利孔山，狂妄地向同样是九姐妹的缪斯女神提出挑战，要求比赛唱歌，并选定山林女仙做裁判。缪斯女神虽然觉得应战未免有失身份，但是又认为任由她们嚣张更不适宜，于是就答应了下来。庇厄里亚姑娘们先歌唱，她们唱的内容是关于诸神和巨灵之间的战斗之歌，在歌中不遗余力地吹嘘巨灵而贬低诸神。缪斯女神推举了司掌史诗的大姐卡利俄佩作为代表应战，卡利俄佩唱了一首歌咏丰产女神得墨特尔的歌曲，颂扬了辛勤劳作后丰收的甘美。双方歌唱完毕，山林女仙们一致判定缪斯获胜。但是落败的庇厄里亚九姐妹却不肯服输，七嘴八舌地漫骂起来，缪斯女神一气之下使她们变了形。她们的双唇凸出变成鸟喙，手上长出了羽毛，双臂化为翅膀，最后变成了一种饶舌的小鸟——喜鹊，时至今日，仍然叽叽喳喳，聒噪不休。

◇ 词汇履历 ◇

1. 因为缪斯（The Muses）代表着艺术和知识，古希腊的时候她们也是司掌学习的女神，英语中的博物馆（museum）来源于她们，本意是缪斯的崇拜地。缪斯（muse）也逐渐演变为指"诗人的灵感，诗兴，诗歌"的词。音乐（music）也是缪斯主管的艺术之一，同样来源于她们的名字。

2. 因为阿波罗和缪斯居住在帕耳那索斯山（parnassus），所以该词在英语中成为诗、诗人的总称，或指诗坛和诗集。

◇ **自由解读** ◇

缪斯女神的形象为什么在神话中有不同表现？ 在有的神话传说中，缪斯女神是酒神狄俄尼索斯的随侍，这时她们的形象往往是纵酒狂欢、疯疯癫癫，类似不良少女，与在阿波罗麾下时的文雅娴静全不相同。可见，一个团体中领导的性格往往会影响整体。

◇ **延伸阅读** ◇

1. 历代诗人以《缪斯》和《致缪斯》等为题的诗歌数不胜数。
2. 18世纪末19世纪初的英国诗人威廉·布莱克（William Blake, 1757—1827）有《给缪斯》的诗，表达了他对当时英国诗坛不景气的担忧之情。

> 无论是在艾达荫翳的山顶，
> 　或是在那东方的宫殿——
> 呵，太阳的宫殿，到如今
> 　古代的乐音已不再听见；
>
> 无论是在你们漫游的天庭，
> 　或是在大地青绿的一隅，
> 　或是蔚蓝的磅礴气层——
> 　吟唱的风就在那儿凝聚；

无论是在晶体的山石,
　或是在海心底里漫游,
九位女神呵,遗弃了诗,
　尽自在珊瑚林中行走;

何以舍弃了古老的爱情?
　古歌者爱你们正为了它!
那脆弱的琴弦难于动人,
　调子不但艰涩,而且贫乏!①

---

① 《穆旦译文集4·雪莱抒情诗选·布莱克诗选·英国现代诗选》,查良铮译,人民文学出版社2005年版,第312页。

恋爱故事

神王变云雾占有伊娥

◇ **早期文献** ◇

赫西俄德的《神谱》提到过伊娥的故事。埃斯库罗斯的《被缚的普罗米修斯》中,变成小母牛的伊娥在逃亡中,途经普罗米修斯被囚地,向其哭诉自己的经历,而普罗米修斯预言了她的未来和后代情况。他的另一部剧《乞援女》中也曾提及这个故事。阿波罗多洛斯的《书藏》第 2 卷中简述了这个故事。奥维德的《变形记》第 1 卷中详细讲述了伊娥变形、阿耳戈斯被杀以及伊娥在埃及的故事。卢奇安的《诸神对话》中提到宙斯命令赫耳墨斯去解救伊娥,《海神对话》提到伊娥母子在埃及成神。

伊娥(Io)[①]是一位端庄娴雅、美丽非凡的女子。一天,当她在草地上放羊时,宙斯从奥林匹斯山上看见了她,立刻就被迷住了。宙斯来到人间,用甜言蜜语引诱伊娥:"美丽的公主啊,世上的凡人怎么能配得上你!你只适合做我的新娘,因为我是万神之王,我是宙

[①] **伊娥(Io)**:河神伊那科斯(Inachus)和梣树女仙墨利亚(Melia)的女儿。其名 Io 意为"流浪"。

斯！快到我的怀抱里来吧，我会永远保护你的！"伊娥十分惊慌，她飞快地奔跑躲避。可是宙斯召来了云雾，黑暗笼罩了这片地区，伊娥无路可走，最终落入了宙斯的魔掌。

　　天后赫拉熟知丈夫朝三暮四的习性，一直密切关注着这位花心神王的一举一动。当她发现宙斯离开了奥林匹斯圣山，而地上有一个地方莫名其妙在大晴天突然云雾弥漫时，就意识到宙斯又瞒着她下凡去偷欢了。愤怒的赫拉随之离开天庭，降临该地，驱开浓雾，但她看到的是宙斯和一头漂亮的雪白色小母牛。

　　原来，宙斯发现妻子正在赶来，为了让心爱的姑娘逃脱嫉妒的妻子的报复，就把伊娥变了形。赫拉立刻识破了丈夫的诡计，她谎称非常喜欢这头美丽温驯的小母牛，请求丈夫把它作为礼物送给自己。宙斯不知该如何圆谎，只好将小母牛交给了赫拉。

　　赫拉志得意满地用一根丝带牵走了不幸少女变成的小母牛，并把她交给了百眼怪阿耳戈斯（Argus）① 看守。这个怪物可谓最佳看守，因为他有一百只眼睛，前后左右都能看见，即使睡觉时，大部分眼睛也睁着。可怜的伊娥无法逃脱，又只能发出"哞哞"的声音，想求救都没有办法。

　　幸好宙斯没有忘记自己的情人，他命令儿子赫耳墨斯想办法从阿耳戈斯手中救出伊娥。赫耳墨斯扮成牧羊人，接近阿耳戈斯，然后吹起了排箫。阿耳戈斯很喜欢这种乐器发出的乐音，他把赫耳墨斯叫到身边，欣赏其演奏，并打听这种美妙的乐器的来历。听了一天的音乐和故事，他开始打哈欠，眼睛也一只只闭上，最终沉沉睡了过去。在他第一百只眼睛也闭上的瞬间，赫耳墨斯迅速用利剑砍

---

　　① **阿耳戈斯（Argus）**：是百眼巨人。他不仅有一百只眼睛，而且力大无穷。他制服过危害阿耳卡狄亚的一头公牛，还杀死了踩躏阿耳卡狄亚和危害牲畜的萨坦耳。当他因为替赫拉看守伊娥而被赫耳墨斯杀死后，为了纪念这位忠仆，赫拉把他的眼睛取走，放在了她的宠物孔雀的尾巴上。于是，孔雀的尾巴上就留下了这些美丽的装饰品。

下了他的头颅。

伊娥获得了自由，但仍然没有变回人身。赫拉又想出了新办法来折磨情敌，她指使牛虻去叮咬小母牛。伊娥被牛虻追逐着几乎跑遍了全世界，最后来到了埃及。可怜的姑娘实在无力奔跑了，她跪下来，眼望奥林匹斯圣山，眼里充满哀求。宙斯看到了她，十分心疼，无奈之下，只好向妻子服软，他发誓以后再也不追求这位美丽的姑娘了。赫拉的自尊得到了满足，终于同意放过饱受折磨的伊娥。

伊娥在尼罗河畔恢复了原形，当地人都很爱戴这位美丽的女人，尊她为王。她在这里为宙斯生下了儿子厄帕福斯（Epaphus）①，这个孩子成为埃及国王。埃及人后来奉伊娥为伊西斯（Isis）神，奉厄帕福斯为阿庇斯（Apis）神。

◇星空知识◇

围绕着木星（朱庇特）的卫星中的"木卫一"以伊娥（Io）命名。

◇词汇履历◇

英语借用这一典故，用阿耳戈斯（Argus）表示"机警的看守者"，由此衍生的形容词 Argus-eyed，意指"目光敏锐的，机警的"。因此阿耳戈斯经常被侦探机构或守卫机构作为自己的代名词。

---

① **厄帕福斯（Epaphus）**：宙斯和伊娥的儿子。当赫拉得知宙斯的这个私生子的存在时，非常愤怒，派人偷走了这个孩子。伊娥不得不继续四处漂泊，寻找自己的儿子。最后，在宙斯的帮助下，母子两人在埃塞俄比亚团圆。伊娥把儿子带回埃及，继承王位。后来，厄帕福斯娶尼罗神的女儿门菲斯为妻，生了女儿利比亚（Libya）。现在非洲北部的利比亚就是因她而得名。厄帕福斯去世后，尼罗河人民给他建立神庙，奉他为阿庇斯神。他的女儿利比亚后来和海神波塞冬生了一对孪生子，一个叫柏罗斯（Belos），继承了埃及王位，另一个叫阿革诺尔（Agenor），后来成了腓尼基的国王，他的女儿就是宙斯钟情的欧罗巴。

◇ **自由解读** ◇

1. 如何理解宙斯变成云雾占有伊娥？ 伊娥被化为云雾的宙斯占有，反映了人类对虚无既寄有希望又充满恐惧的焦虑。

2. 如何理解伊娥变成母牛？ 伊娥化为母牛，可能是因为母牛是生殖力的象征，有些氏族以母牛为图腾。

3. 自然神话学派是如何理解这个故事的？ 自然神话学派的英国学者考克斯爵士认为，伊娥是月亮的象征，百眼巨人是繁星的象征。

◇ **当代应用** ◇

有一种蝴蝶被命名为 Argus，因为其上有众多眼睛般的纹理。

◇ **艺术欣赏** ◇

图1. 柯雷乔1532年的作品，现藏于奥地利维也纳艺术史博物馆。柯雷乔是文艺复兴时期画家，其画作想象力丰富，色彩强烈，人物富有肉感。这幅画选取了宙斯化为云雾占有伊娥的瞬间，以浓重灰暗的云雾衬托出伊娥丰腴晶润的身体。云雾中可以看到宙斯若隐若现的头脸，而伊娥的表情娇媚陶醉，表现出了幽会中少女含蓄的性感。

图2. 鲁本斯1636年的作品，现藏于西班牙普拉多博物馆。

图3. 鲁本斯1611年的作品，现藏于

图1　朱庇特与伊娥

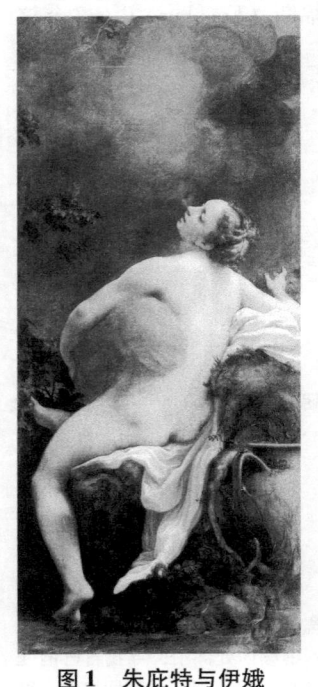

柯雷乔

Antonio Correggio

（意大利画家，1499—1534）

德国科隆瓦尔拉夫－理查尔茨博物馆。

图 2　赫耳墨斯与阿耳戈斯

彼得·保罗·鲁本斯

Peter Paul Rubens

（佛兰德斯画家，1577—1640）

图 3　赫拉用阿耳戈斯的眼睛装饰孔雀

彼得·保罗·鲁本斯

Peter Paul Rubens

（佛兰德斯画家，1577—1640）

欧洲因她而得名

◇**早期文献**◇

古希腊亚历山大派诗人摩斯科斯（Moschos，公元前2世纪）最早讲述了欧罗巴的故事，他的这首长诗奇幻明丽，雕琢优雅。奥维德的《变形记》第2卷、阿波罗多洛斯的《书藏》第3卷和卢奇安的《海神对话》都讲述过这个故事。

欧罗巴（Europa）是腓尼基（Phoenicia）[①] 国王阿革诺尔（Agenor)[②] 的公主，她美丽娴静，深居简出。即使如此，她也没有逃过猎艳者宙斯的法眼。宙斯发现这一人间绝色后，垂涎不已，不过他顾忌妻子赫拉，不敢明目张胆地追求美人儿。于是他暗地派爱神阿佛洛狄忒潜入欧罗巴的梦中，宣布众神之王宙斯要临幸她。第二天，欧罗巴

[①] **腓尼基（Phoenicia）**：古代地中海东部沿岸城邦组成的一个国家，它位于亚洲西南部，即今天的叙利亚和黎巴嫩境内。腓尼基这个名字来源于这里海中出产的一种紫红色染料，这种染料染的布匹不易掉色，在古代名扬四海。腓尼基人以善于航海和经商而闻名于世。

[②] **阿革诺尔（Agenor）**：利比亚（Libya）和海神波塞冬的儿子，柏罗斯（Belos）的孪生兄弟。他的外祖父是宙斯和伊娥的儿子厄帕福斯（Epaphus）。当柏罗斯继承了埃及王位后，他就定居叙利亚，后来成了腓尼基的国王。

醒来，想起梦中听到的话，不由心神荡漾。这时，女伴们来唤她去海边游玩，欧罗巴就把梦境置之脑后，像往常一样无忧无虑地玩耍起来。宙斯悄悄下凡，变成一头公牛混在牛群中，慢慢向姑娘们所在的海滨草地走去。牛群在离姑娘们不远的地方散开了，唯有宙斯化身的大公牛径直走向姑娘们。它全身雪白，额头中央有一个银色的月牙形印记，姑娘们被它健美的体魄和高贵的仪态吸引住了。它走到欧罗巴身边，温顺地趴在美丽的公主脚下。欧罗巴轻轻地抚摸它，给它戴上自己编织的玫瑰花环，最后在伙伴们的怂恿下大着胆子骑上了牛背。

公牛驮着公主站了起来，它一开始只是慢慢地在岸边踱步，靠近海边时，却突然像飞马一样奔驰起来。欧罗巴还没有反应过来，它已经跃进大海，游出了很远。可怜的姑娘不知所措，只能紧紧抓住牛角，随它离开了自己的家乡和亲人。第二天，他们到达了在大海另一边的克里特（Crete）岛。上岸后，公牛突然变成了高大英俊的男子，他声称自己是万神之王宙斯，向美丽的公主求爱。茫然无助的欧罗巴还能怎么办呢？她只能默许了花心天帝同寝的要求。宙斯满足欲望之后就赶在妻子发现前回到了奥林匹斯山。欧罗巴醒来时，发现只余她孤身一人在这陌生的大陆上，不由悲从中来，泪如雨下。这时阿佛洛狄忒女神现身安慰她，预言她的名字将与世长存，收容她的这块大地将以她的名字命名，称为欧洲（Europe），并将宙斯留下的三件礼物交给她：一只总能捕捉到猎物的猎犬，一支百发百中的长矛和一个名叫塔罗斯的青铜巨人。依靠着这三件礼物的保护，欧罗巴给宙斯生了三个强大而睿智的儿子：弥诺斯、拉达曼提斯和萨耳珀冬（Sarpedon）[1]。后来克里特岛的国王阿斯忒里翁（Asterion）[2] 娶了欧罗巴，并将她的三个孩

---

① 萨耳珀冬（Sarpedon）：宙斯和欧罗巴的小儿子，吕喀亚国王。
② 阿斯忒里翁（Asterion）：克里特国王，忒克塔穆斯（或多洛斯）之子，欧罗巴后来的丈夫。

子视如己出。

◇星空知识◇

1. 为了纪念这段姻缘，宙斯把自己变成的牛的形象放在空中，这就是金牛座（Taurus）的来历。夜空中的金牛座只有牛的上半身，因为下半身还浸在海水中无法看见。

2. 围绕着木星（朱庇特）的卫星中的"木卫二"以欧罗巴命名。

◇自由解读◇

1. 如何理解这个神王化身为牛劫掠欧罗巴的故事？ 这则神话大概反映了原始时期抢亲的风俗。宙斯化身公牛，表现了希腊神话与"公牛崇拜"的克里特岛弥诺斯文化的亲缘关系。

2. 如何理解欧罗巴及其故事都起源于亚洲？ 欧罗巴是腓尼基公主，腓尼基地处亚洲，欧罗巴由亚洲来到欧洲。故而罗马人言："光明（即文明）来自东方"（Ex oriente lux）。

3. 如何理解欧洲因欧罗巴而得名？ 在这则讲述宙斯与欧罗巴的爱情故事神话中，欧洲由神王宙斯心爱的女子而得名，表明人们相信欧洲是神眷之地。

◇延伸阅读◇

德国剧作家乔治·凯泽（Georg Kaiser，1878—1945，也译格奥尔格·凯泽）曾以此为素材创作剧本《欧罗巴——五幕游戏和舞蹈》。

◇当代应用◇

欧洲中央银行（ECB）当地时间2012年11月8日宣布，将对欧洲十七国通用的欧元纸币进行重新改版，新版纸币将采用古希腊神话中"Europa"（欧罗巴）女神的形象。这是欧元自2002年流通以来的首次改版。虽此次债务危机起源于希腊，但依然显示出其作为欧洲文明源头不可动摇的地位。

◇艺术欣赏◇

图1. 布歇1747年的作品，现藏于法国卢浮宫。布歇是将洛可可风格发挥到极致的法国画家。他迎合王宫中贵族男女的喜好，表现希腊神话中的爱情故事，以及白皙粉嫩的女子裸体。他的画作脂粉气很重，启蒙思想家狄德罗批判道："布歇所表现的优美雅致、风流倜傥、诱人的媚态和高雅的趣味，它的才华，它的丰姿，照人的光彩，浓妆艳抹的肉体，还有荒淫放荡的行为俘虏了那些纨绔子弟、风流女人、青少年、上层社会人士以及那伙对真正高雅的趣味、真实感、正确的思想和艺术的严肃性一窍不通的人。"狄德罗的过激评论是基于对当时封建贵族的腐朽生活和艺术的深恶痛绝，但我们应公正地评价布歇的艺术。就如俄国普列汉诺夫所说："优雅的性感就是他的缪斯，它渗透了布歇的一切作品。"这幅画作很鲜明地体现了布歇的创作特点。

图2. 提香的画作构思大胆、气势雄伟、情感饱满。他的色彩运用尤为人称道，其最青睐的色彩是暖融融的金橙色，素称"提香色"。正是这种热情奔放富丽堂皇的色彩，使得其作品显示出更加蓬勃旺盛的生命力和更世俗化、平民化的审美趣味。鲁本斯是提香的热情崇拜者，曾翻作多幅提香的画作。这幅是其中之一，作于1630年，现藏于西班牙普拉多博物馆。无论布局、用色、人物姿态都与提香原作并无二致，唯一的区别就是鲁本斯笔下的人物更有肌肉感。

图1　劫掠欧罗巴

弗朗索瓦·布歇

Francois Boucher

（法国画家，1703—1770）

图2　劫掠欧罗巴

彼得·保罗·鲁本斯

Peter Paul Rubens

（佛兰德斯画家，1577—1640）

大熊星座的由来

◇早期文献◇

奥维德的《变形记》第2卷中讲述了这个有关卡利斯托的故事。阿波罗多洛斯的《书藏》第3卷记述了这个故事，但在他的版本中卡利斯托最终被阿耳忒弥斯射死。

卡利斯托（Callisto）是阿耳卡狄亚（Arcadia）[①] 国王吕卡翁（Lycaon）[②] 的女儿，也是宙斯的女儿月亮女神阿耳忒弥斯最喜爱的侍女。她像月亮女神一样，不喜欢待在家中纺纱织布，只爱出外游玩狩猎，因此身材健美，充满生命活力。少女非常爱戴自己追随的月亮女神，而月亮女神是处女神，要求她的侍女们和自己一样保持贞洁，这使得卡利斯托也对情爱毫不在意，从未对任何男性假以辞色。一日，卡利斯托独自在林中小憩的时候，被宙斯看见了，这位好色的天神立刻对娇俏美貌、天真无邪的少女动了心。宙斯不好公开引诱女儿

---

① 阿耳卡狄亚（Arcadia）：伯罗奔尼撒中部的高原山区，自然风光美丽。许多诗人都把它看作田园生活的象征。

② 吕卡翁（Lycaon）：阿耳卡狄亚国王，佩拉斯戈斯和海洋女神墨利玻亚（或女仙库勒涅）的儿子。故事详见本书《吕卡翁变狼》。

身边的人，于是他变成女儿阿耳忒弥斯的模样，接近少女，少女热情地欢迎自己的女神。两女耳鬓厮磨，亲密无间，宙斯很快就得偿所愿，可怜的卡利斯托懵懵懂懂就失了身。她又回到了女神和伙伴们身边，但不再爱说笑，不再爱奔跑，总是低着头，脸色羞红。福无双至，祸不单行，自觉有罪的卡利斯托很快发现自己竟然怀了孕，她非常害怕，可身子越来越重。一次沐浴时，嬉闹的伙伴们脱掉了卡利斯托的衣服，她恐惧的事情终于发生了。月亮女神对她的失贞大发雷霆，不顾她苦苦哀求，将她赶走，再也不允许她出现在自己面前。

不久，孤苦的卡利斯托在荒野中生下了一个男孩，取名为阿卡斯（Arcas）。而嫉妒的赫拉在知晓了丈夫这段风流事之后，仍是一如既往地迁怒于女方。她将卡利斯托变成了母熊，窈窕曼妙的少女娇躯变成了丑陋粗笨的野兽躯体，清脆婉转的女声变成了粗涩可怕的嚎叫。可怜的卡利斯托只好依依不舍地离开自己的儿子，避进了山林。但她不敢独自进入深林，不愿与真正的野兽为伍，总在儿子生活的山林小屋附近徘徊。

十几年过去了，阿卡斯长成了英俊帅气的少年，而且成了一名优秀的猎手。嫉妒的赫拉仍然不肯放过这对可怜的母子，她设下毒计，命令阿卡斯去山里猎杀那只总喜欢在附近徘徊的熊。阿卡斯进了山，遇到了这只神秘的熊。奇怪的是，这只熊好像不惧怕他和他的猎狗，只呆呆地望着他，还向他伸出了双臂。阿卡斯不知道这是母亲想要拥抱自己的儿子，以为眼前的野兽要发动攻击了，连忙拉开了弓箭。眼看着悲剧就要发生了！众神之王宙斯虽然花心薄幸，但还算顾念旧情，他不能允许这种惨剧发生，于是施法将阿卡斯变成了一只小熊，将母子两个都带到天空，变成春季星空最耀眼的大熊星座（Ursa Major）和小熊星座（Ursa Minor）。

◇**星空知识**◇

1. 由于宙斯是拽着卡利斯托和阿卡斯母子俩变成的两只熊的尾

巴把它们甩上天的，所以大熊星座和小熊星座的尾巴比一般的熊要长得多。赫拉见自己阴谋没能得逞，而情敌母子又成为不朽的星座，心中的怒火难消。于是，她又派了牧夫去天上追杀卡利托斯和阿卡斯，这就是牧夫座（Bootes），牧夫的两只猎犬就成了猎犬座（Canes Venatici）。赫拉还请求海神不准卡利斯托和阿卡斯到他的领地休息。因此，星星都有东升西落，一天中有一半时间可以沉入海底休息，只有大熊和小熊母子两个不分昼夜地绕着北极旋转，永不停歇。

2. 在中国，人们把大熊星座中的七颗成勺状排列的亮星称为"北斗七星"，还把组成勺身的四颗星称为"魁"，即传说中的"文曲星"。

3. 围绕着木星（朱庇特）的卫星中的"木卫四"，以卡利斯托（Callisto）命名。

◇艺术欣赏◇

1. 有些古典画家借女性之间的暧昧场景向伟大的希腊女诗人萨福致敬，因为萨福的很多诗歌描述了女性之间的爱情。

图 1. 意大利洛可可画家阿米格尼的代表作，现藏于俄罗斯圣彼得堡冬宫博物馆。猎犬和四处散放的弓箭表明女主人公的爱好，阴影处的鹰暗示了宙斯的身份，而宙斯化身的月亮女神衣裳下的小爱神则暗示了其为了爱情而进行的伪装与欺瞒。

图 2. 布歇 1744 年的作品，现藏于俄罗斯普希金造型艺术博物馆。布歇的作品中常会出现一串小爱神和漫天的花雨。这幅作品中，鹰的出现暗示了宙斯的身份，而化身为月亮女神的宙斯的动作几近赤裸裸的挑逗。

2. 还有一些画家侧重另一种场景，即卡利斯托有孕被发现，乃至被驱逐。

图 3. 鲁本斯 1636 年的作品，现藏于西班牙普拉多博物馆。画作最左方被黑肤侍女服侍着的高挑女子，头上有月牙，是月亮女神，她神情

震惊，伸出两臂，似呼唤又似抗拒。画作右方卡利斯托被众女环绕，低着头，神情羞愧不安，双手环抱，不欲让人看到自己的孕态。

图1　朱庇特和卡利斯托

雅各布·阿米格尼

Jacopo Amigoni

（意大利画家，1682—1752）

图2　朱庇特和卡利斯托

弗朗索瓦·布歇

Francois Boucher

（法国画家，1703—1770）

图3　阿耳忒弥斯和卡利斯托

彼得·保罗·鲁本斯

Peter Paul Rubens

（佛兰德斯画家，1577—1640）

变成美女蛇的拉弥亚

◇ 早期文献 ◇

古希腊哲学家费洛斯特拉图的《阿波罗尼传》(第 4 卷),有关于美女蛇拉弥亚与人相恋的爱情悲剧,其内容类似中国的《白蛇传》,法海的角色则由一位名叫阿波罗尼的哲学家担任。

拉弥亚(Lamia)① 是利比亚的公主,海神波塞冬与利比亚(Lybie)② 所生的女儿。她姿容艳丽,娇俏可人。神王宙斯爱上了她,经常偷偷下凡与她幽会。天后赫拉得知后十分嫉妒,采取了极其恶毒的报复手段:每当拉弥亚生下子女,就设法将孩子弄死。失去孩子的拉弥亚伤心欲绝,而赫拉仍不解恨。她施咒把拉弥亚变成了半人半蛇的怪物,使她无法在人间立足,不得不躲到洞穴中。不仅如此,赫拉还使拉弥亚只要一想起自己失去的孩子就发狂,从而不可抑制地到处残杀和吸食幼儿的血肉,成为人人惧怕的怪物。为了让拉弥亚的苦难无穷无尽地持续下去,赫拉令拉弥亚永远无法合上眼皮,总是不断地看

---

① **拉弥亚(Lamia)**:海神波塞冬与利比亚之女。
② **利比亚(Lybie)**:伊娥与宙斯的孙女,厄帕福斯与孟菲斯的女儿。

到自己的孩子被杀害的可怖情景，不能入眠，只能日以继夜地受绝望折磨而发狂杀人。宙斯怜悯情人拉弥亚，但不敢过于拂逆自己的妻子赫拉，只是悄悄赐予拉弥亚随意取下和安上自己眼睛的能力。可怜的拉弥亚只有在取下眼睛时，才可以得到片刻的安宁，获得短暂的睡眠。

◇自由解读◇

拉弥亚的形象是如何演变的？ 由于这则神话故事，拉弥亚成为"美女蛇"的代名词。随着时间的推移，尤其在基督教出现之后，拉弥亚这类美女蛇逐渐演变成以美色勾引男性的女性罪恶者和诱惑者。在某些传说中，特别强调拉弥亚对血液的吸食，赋予她吸血鬼的特征，以其对血液的饥渴凸显她的不洁、贪婪。

◇延伸阅读◇

1. 17世纪，英国作家布顿的巨著《忧郁之分析》（第3部第2节）中比较完整地描述了《阿波罗尼传》中美女蛇的故事：青年里修斯偶遇一美女，坠入情网。两人举行婚礼时，哲人阿波罗尼不期而至，识透新娘是拉弥亚，不顾她的苦苦哀求，揭穿了真相。新娘、新房刹那间化为乌有。

2. 19世纪，英国浪漫主义诗人济慈在布顿故事的基础上创作叙事长诗《拉弥亚》，核心是表现情感与理性的冲突，歌颂爱情的伟大，展示理性的透彻及无情。长诗《拉弥亚》的情节如下。美女蛇拉弥亚爱上了青年里修斯，她以帮助赫耳墨斯为条件，换得了人的形体。随后，她设计巧遇里修斯，里修斯对她一见钟情，两人决定成婚。举行婚礼那天，里修斯的导师、哲人阿波罗尼未邀而至。阿波罗尼看出了拉弥亚的原形，拉弥亚乞求他不要声张，但他不为所动。拉弥亚终于在他逼人的眼光下枯萎，惨叫了一声，便烟消云散了，里修斯也在失去爱人的悲痛中死去。

济慈用动植物和无生物的美来描绘拉弥亚：

> 她是个色泽鲜艳的难解的结的形体，
> 有着朱红，金黄，青和蓝的圆点；
> 条纹像斑马，斑点像豹，眼睛像孔雀，
> 全都是深红的线条；浑身是银月，
> 她呼吸时，这些银月或消溶，
> 或更亮的发光，或把它们的光辉
> 跟较暗淡的花纹交织在一起——
> 身体那么像彩虹……①

3. 拉弥亚活在仇恨与哀痛之中，不断由妒生恨杀害别人的孩子，令其他为人母者感受与其一样的悲痛。这种畸形的心理在文学作品中并不少见，如《天龙八部》中的叶二娘。

4. 世界各国传说中，都有类似拉弥亚这种吃小孩的怪物，成为父母吓唬孩子让其听话的法宝。

◇**艺术欣赏**◇

图1. 图2. 沃特豪斯1905年和1909年的作品，分别藏于新西兰的奥克兰美术馆和法国巴黎的小皇宫博物馆。画作显然取材于《阿波罗尼传》中美女蛇拉弥亚恋爱的故事，以有花斑的衣带影射蛇，而拉弥亚无论在爱情中或痛苦中，面容仍然是优雅克制的。

---

① [英]济慈：《拉弥亚》，载《济慈诗选》，朱维基译，上海译文出版社1983年版，第178—179页。

图1　图2　拉弥亚

约翰·威廉·沃特豪斯

John William Waterhouse

(英国画家，1849—1917)

美少年伽尼墨得斯

◇ **早期文献** ◇

荷马的《伊利亚特》、品达的《奥林匹斯颂》、奥维德的《变形记》第10卷、阿波罗多洛斯的《书藏》第3卷和维吉尔的《埃涅阿斯记》都曾讲述宙斯与伽尼墨得斯的故事。卢奇安在《诸神对话》中用讽刺的口吻讲述了这则神王诱拐美少年的故事以及由此引起的神王夫妻的一段争吵。

伽尼墨得斯（Ganymedes）[①]是特洛伊的小王子，国王特洛斯和王后卡利洛厄最小的儿子。他天生美丽非凡，双目璀璨若星，红唇娇艳如花，肌肤莹润似玉。他的父母非常宠爱他，请来最有学问的老师教导他，派出最有本领的护卫保护他，走到哪里都有一群人簇拥着他。一日，当他在特洛伊城外的伊得（Ida）山上游玩时，一只神骏的雄鹰自天而降，猛然攫住伽尼墨得斯冲天而去。周围智慧过人的学者和武艺超群的卫士全都束手无策，只能眼睁睁地看着他们的小王子

[①] **伽尼墨得斯（Ganymedes）**：也译为加尼米德 Gangmede，是特洛伊国王特洛斯和王后卡利洛厄最小的儿子，伊洛斯（Ilus）和阿萨拉科斯（Assaracus）的弟弟。

消失在天际。原来，众神之王宙斯也惊艳于伽尼墨得斯的美丽，于是化身神鹰将他掳到了奥林匹斯圣山上。

宙斯非常宠爱伽尼墨得斯，有时甚至会放下神王的工作和身份，陪他玩小孩子玩的游戏。为了保持这位美少年如鲜花绽放般的美丽容颜，宙斯赐予他神格，使他长生不老。宙斯甚至不顾赫拉的抗议，让伽尼墨得斯接替了嫁给大力神赫拉克勒斯的青春女神赫柏的工作，在神宴上为众神斟酒。爱屋及乌，宙斯此后一直很偏爱特洛伊，为了安慰失去爱子的特洛斯夫妇，宙斯赠给他们一对神驹和一辆由匠神赫淮斯托斯制作的金马车，后来还曾令海神波塞冬和太阳神阿波罗为特洛伊修城墙。恨屋也及乌，天后赫拉一贯痛恨宙斯出轨的对象，对这个被带回到自己家中的美少年的嫉恨可想而知，但是由于宙斯护得紧，她无法下手迫害，只能迁怒于特洛伊。在由海伦引发的希腊和特洛伊之间的战争爆发时，新仇旧恨使赫拉坚定地与特洛伊为敌，支持希腊人最终灭了这个国家。

◇ 星空知识 ◇

1. 为了纪念这段爱情，宙斯后来将自己变身的神鹰化为天鹰座（Aquila），将伽尼墨得斯化为宝瓶座（Aquarius）。

2. 围绕着木星（朱庇特）的卫星中的"木卫三"，以伽尼墨得斯（Ganymedes）命名。

◇ 词汇履历 ◇

伽尼墨得斯的罗马名为 Catamitus，娈童（catamite）一词由它演变而来。

◇ 自由解读 ◇

1. 如何理解神话中宙斯对美少年的爱恋？ 这个神话被认为是古

希腊恋童癖的开始,同时,它也反映了古希腊成熟男子与青少年同性之间恋爱的普遍性。在古希腊,对于少年男子而言,与同性年长者的爱情是他们向之学习(包括文学与武艺等)的阶段。在柏拉图等人看来,这则神话反映的是不沾肉欲的精神恋爱。古希腊的斯巴达和忒拜军队里,这种风气很盛行,甚至有制度奖励这种深切的爱和信赖建立起来的同性关系。

2. 如何理解宙斯化身为雄鹰带走美少年? 雄鹰是宙斯的圣鸟,成为宙斯的化身自天而降,代表着宙斯凌驾于众人之上的权威。此外,由于这个故事讲的是伽尼墨得斯被神王带上天庭,所以有人认为它反映的是不朽的灵魂升入天国的表现,是人类通向神性之不朽道路的象征。

◇延伸阅读◇

德国诗人歌德(Johann Wolfgang von Goethe,1749—1832)曾以此题材作诗《伽尼默德》,表达对爱的升华式追求,后被维也纳作曲家弗朗茨·舒伯特(Franz Schubert,1797—1828)谱上了曲子:

> 春天,我的爱人,
> 你在我周围燃烧,
> 如同在朝霞之中!
> 你那永恒热力的
> 神圣情感
> 以万千宠爱的狂喜
> 挤迫我的寸心,
> 无穷的美啊!
> 我真想把你
> 拥进怀里!

啊，我躺在
你的胸脯旁，苦恋着，
而你的花草一个劲儿地猛长，
逼近我的心房。
你缓解了我心胸里
火热的渴望，
可爱的晨风啊！
夜莺从雾谷里面
亲切地朝我呼唤。

我来了！我来了！
去哪儿？唉，去哪儿？

向上，奋力向上！
白云飘飘，
向下方飘去，
俯向渴念的爱情。
向我！向我！
被你们包在怀里
升上天宇！
环抱着又被环抱！
偎依在你胸前
升上天宇！
慈爱无疆的天父啊！[1]

---

[1] ［德］歌德：《歌德抒情诗选》，潘子立译，中国友谊出版公司 2014 年版，第 48—49 页。

◇**艺术欣赏**◇

图 1. 柯雷乔的这幅画创作于 1520 年,现藏于奥地利维也纳艺术史博物馆。下方抬头狂吠的牧羊犬一方面显示了伽尼墨得斯的牧童身份,另一方面也表现了事情的突如其来。

图 1　伽尼墨得斯

柯雷乔

Antonio Correggio

(意大利画家,1489—1534)

图 2. 伦勃朗 1635 年的作品，现藏于德国德累斯顿国立美术馆。他在以该题材创作油画时，和柯雷乔一样将伽尼墨得斯塑造成小孩子，尤其注意突出表现了小孩子被鹰掠时惊恐的表情和体态。

图 2　伽尼墨得斯
伦勃朗·梵·莱茵
Rembrandt van Rijn
（荷兰画家，1606—1669）

图 3 和图 4. 鲁本斯 1635 年和 1611 年创作的两幅画作，前者藏于西班牙普拉多博物馆，后者藏于奥地利列支敦士登博物馆。其中，美少年伽尼墨得斯的身份也由牧童转化为猎手，身上背着箭筒。

图 3　劫掠伽尼墨得斯

彼得·保罗·鲁本斯

Peter Paul Rubens

（佛兰德斯画家，

1577—1640）

图3中,神鹰双爪紧抓少年双腿,鹰嘴衔住箭筒带,整个鹰身与少年的肌肤形成强烈对比,少年仰起的头和手与神鹰扭曲的肢体形成强烈的动感效果,加上飞扬的红色披巾和有着乌云闪电的墨蓝天空,共同造成紧张的气氛。

图4中,在众神饮宴的背景下,神鹰和少年姿态舒展安详,不是紧张对抗,而是亲密合作。

图4 伽尼墨得斯给众神斟酒

彼得·保罗·鲁本斯

Peter Paul Rubens

(佛兰德斯画家,

1577—1640)

丽达和天鹅

◇早期文献◇

荷马的《伊利亚特》和欧里庇得斯的悲剧《海伦》中涉及了这个故事。阿波罗多洛斯的《书藏》第3卷讲述了这一故事。

丽达（Leda）是埃托利亚的国王忒斯提俄斯（Thestius）① 和王后欧律忒弥斯的女儿，斯巴达国王廷达瑞俄斯（Tyndareus）② 的王后。当年，廷达瑞俄斯被篡位的兄弟希波科翁（Hippocoon）③ 驱逐出国，不得不四处流浪，偶然来到了丽达的国家。国王忒斯提俄斯慧眼识英雄，不仅收留了他，还把自己的女儿、全希腊有名的美人儿丽达

---

① **忒斯提俄斯（Thestius）**：埃托利亚的英雄和国王。阿瑞斯和得摩尼卡的儿子。丽达的父亲。

② **廷达瑞俄斯（Tyndareus）**：斯巴达国王佩里厄瑞斯和戈耳戈福涅的儿子，伊卡里俄斯、阿法柔斯、琉喀波斯和阿瑞那的兄弟，希波科翁同父异母的兄弟。父王死后，希波科翁将兄弟们都逐出了斯巴达。后来赫拉克勒斯打败了希波科翁和他的儿子们，将王位还给了廷达瑞俄斯。

③ **希波科翁（Hippocoon）**：斯巴达国王佩里厄瑞斯和女仙巴提埃亚的儿子，廷达瑞俄斯的同父异母兄弟。当他们的父王死后，希波科翁年长于他的兄弟，所以把他们驱逐，篡夺了王位。他有十二个儿子，皆为凶暴残忍之人，后来触怒了赫拉克勒斯，被杀。

许配给他。篡位者希波科翁和他的儿子们后来被大英雄赫拉克勒斯杀死,廷达瑞俄斯得以回到斯巴达,重掌王权。他既有了美丽的妻子,又归国复位,双喜临门,不免得意忘形,竟然忘了向阿佛洛狄忒祭祀,于是遭到了女神的报复。

丽达来到斯巴达之后,被安排在一座幽雅恬静的小岛上居住。因为廷达瑞俄斯深知妻子美色诱人,害怕有人觊觎。后来发生的事情说明,他的顾虑并非无稽之谈。廷达瑞俄斯为丽达安排的这座小岛几乎与世隔绝,四周芦苇丛生,人迹罕至。丽达在这里过着孤寂的生活,只有一些女侍陪伴,以及丈夫偶尔的探望。

一日,阿佛洛狄忒设计让神王宙斯看到了孤身一人在湖边消遣的丽达,宙斯果然对其一见钟情。他变化为天鹅,翩然落到丽达身旁。宙斯所变天鹅雄健高贵、气度不凡,全身羽毛洁白如玉、细腻光滑。丽达望之心喜,不觉向它招手,而天鹅毫不畏人,驯良地依偎到她身边,任她搂抱爱抚,并用自己的双翅轻柔地回应。渐渐地,丽达心迷神醉,她的美目微微合起,缓缓躺倒在草地上,似乎进入迷离而绮丽的梦境中。等她醒来时,天鹅已经不见了。当天晚上,廷达瑞俄斯也来探望妻子,两人共寝。不久,丽达发现自己怀了身孕,十个月后,她生下了两个天鹅蛋,孵出四位天使般的儿女:其中一对是孪生子,波吕丢刻斯(Polydeuces)和卡斯托耳(Castor),人称狄俄斯库里兄弟(Dioscuri)[①];另一对是孪生女,海伦(Helen)[②]和克吕泰涅斯特拉(Clytemnestra)[③]。一般认为,海伦

---

① **狄俄斯库里兄弟(Dioscuri)**:孪生子波吕丢刻斯(罗马名波鲁克斯 Pollux)和卡斯托耳两人的合称,海伦和克吕泰涅斯特拉姐妹的同胞兄弟。

② **海伦(Helen)**:宙斯与丽达之女,狄俄斯库里兄弟和克吕泰涅斯特拉的妹妹,斯巴达国王墨涅拉俄斯之妻,生女赫耳弥俄涅。

③ **克吕泰涅斯特拉(Clytemnestra)**:斯巴达国王廷达瑞俄斯和丽达之女,狄俄斯库里兄弟和海伦的姐妹,阿伽门农之妻,伊菲革涅亚、厄勒克特拉、克律忒弥斯和俄瑞斯忒斯之母。

与波吕丢刻斯是宙斯的儿女，而克吕泰涅斯特拉与卡斯托耳是廷达瑞俄斯的儿女。

◇ **星空知识** ◇

1. 围绕着木星（朱庇特）的卫星中被称为"木卫十三"的那颗，以丽达（Leda）命名。

2. 宙斯对自己的这次猎艳行为非常得意，就把化身的天鹅形象放在了夜空中，成为天鹅座（Cygnus）。

◇ **自由解读** ◇

1. 如何理解丽达的婚嫁和幽居？ 这个神话传说反映了父权或夫权对女性的绝对控制，女性连其婚配对象和居所都不能自己掌握。

2. 如何理解宙斯化身天鹅诱惑丽达？ 宙斯化身天鹅不仅因为天鹅高雅美丽，易得女性青睐，还因为天鹅是阿佛洛狄忒的圣鸟，是爱的象征。

◇ **延伸阅读** ◇

1. 这个神话故事是艺术家钟爱的主题，有的借此隐晦地表现情色题材，有的借此歌颂爱情或警告年轻的女孩小心爱情中的伪装或陷阱。俄国诗人普希金曾多次以此为主题作诗，例如《丽达（颂歌）》：

> 背光的树木里，芳香的菩提树荫下，
> 高高的芦苇丛随着习习的微风起伏，
> 　　银子似的溪水泛着浪花，
> 团团簇簇像密集的珍珠，

美丽而羞怯的少女把衣服扔在岸上，
　　堆在那里，她漫不经心又过于疏忽，
　　　　而溪流涌起层层涟漪，
　　　　欢快地浸润她的肌肤。
　　　　树木里匆匆忙忙的居民，
　　　　小溪呀，你要倍加谨慎！
　　　　哗哗响的流水呀，轻点！
　　　　你可不要背叛这位美人！

　　　　丽达因胆怯而微微颤抖，
　　　　雪白的胸脯轻轻呼吸，
　　　　四周的波浪不再喧响，
　　　　就连西风也已凝神屏息。

　　　　一切都那样美妙宁静，
　　　　树林里听不见一丝声音，
　　　　山林女神也走得远远，
　　　　对驯服的溪水给予信任。

突然，岸边灌木丛发出了一种声响，
美丽的少女吓了一跳，害怕又惊慌，
不由身子一抖，喘气的力量都没有，
眼看着从垂柳下面游来了禽中之王，
　　　　它伸展着高傲的双翼，
向美女浮游——心中欣喜欲狂；
肆无忌惮劈开波浪，水花鸣溅，
　　　　它频频凭空抖动翅膀，

　　　　忽而用脖颈画着圆圈儿，
忽而垂下倨傲的头，依在丽达身旁。

　　　　丽达莞尔一笑。
　　　　畅快的呼叫
　　　　猝然爆发。
　　　　心旷神怡的表情！
　　　　天鹅紧紧压住
　　　　美丽的丽达。
　　　　呻吟声声，
　　　　复归宁静。
　　　　山林女神
　　　　怀着柔情蜜意，
　　　　偷偷地注视
　　　　神的秘密。

美丽的少女沉睡后终于苏醒，
疲惫地叹口气，轻轻睁开眼睛，
她看见了什么？——鲜花铺成卧榻，
她自己正躲在宙斯的怀抱之中；
　　神秘而美妙的帷幕
徐徐落下，遮住他们青春的爱情。

　　　　玫瑰花儿似的美人儿，
　　　　你们该牢记这个教训；
　　　　穿过背光树木的溪水，
　　　　夏季黄昏尤其要当心：

> 幽暗树木里往往藏着
> 脾性如火的爱情之神；
> 水花里潜伏支支金箭，
> 爱神随凉爽溪流翻滚。
>
> 玫瑰花儿似的美人儿，
> 你们该牢记这个教训；
> 穿过背光树木的溪水，
> 夏季黄昏尤其要当心。①

2. 爱尔兰诗人叶芝（William Butler Yeats, 1865—1939）、德语诗人里尔克（Rainer Maria Rilke, 1875—1926）都创作过该主题的诗歌。其中叶芝1928年发表的十四行诗《丽达与天鹅》有神秘主义和象征主义的倾向。叶芝笔下的天鹅不是美和温柔的化身，而是力和强暴的象征，它在丽达体内播下的种子（指海伦和克吕泰涅斯特拉姐妹）带来了特洛伊灭城和阿伽门农为妻所杀的恶果。诗人在最后提出疑问，凡人既然无力抵抗神，那么能否借此机会获取神的智慧和知识呢？

> 猝然一攫：巨翼犹兀自拍动，
> 扇着欲坠的少女，他用黑蹼
> 摩挲她双股，含她的后颈在喙中，
> 且拥她无助的乳房在他的胸脯。
>
> 惊骇而含糊的手指怎能推拒，

---

① [俄] 普希金：《普希金全集1》，查良铮、谷羽等译，浙江文艺出版社2012年版，第97—100页。

她松弛的股间，那羽化的宠幸？
白热的冲刺下，那扑倒的凡躯
怎能不感到那跳动的神异的心？

腰际一阵颤抖，从此便种下
败壁颓垣，屋顶与城楼焚毁，
而亚嘉曼农死去。
　　　就这样被抓，
被自天而降的暴力所凌驾，
她可曾就神力汲神的智慧，
乘那冷漠之喙尚未将她放下？①

◇艺术欣赏◇

这一故事可以说是艺术史上表现得最充分、最有生命力的题材之一。关于它的绘画自达·芬奇开始，米开朗基罗、拉斐尔、柯雷乔、丁托列托、鲁本斯、布歇、莱顿、莫罗、塞尚、达利等大师都以不同的表现风格和艺术形式进行了再创作。关于它的雕塑也有法国雕塑家布代尔（Antoine Bourdelle，1861—1929）和罗马尼亚雕塑家布朗库西（Constantin Brancusi，1876—1957）等的作品。

图1. 达·芬奇1506年创作的装饰画，但原作已佚，现只能看到后人的摹作。塞斯托的这件摹作现藏于英国的威尔顿庄园，画作中丽达呈S形全裸站立，脸上有蒙娜丽莎式的微笑，右手搂着天鹅。天鹅仰首欲亲吻丽达，而丽达羞涩地将头避往一旁，眼睛爱怜地注视着破壳而出的婴儿，充满母性的光辉。

---

① 江弱水、黄维樑编选：《余光中选集第五卷·译品集》，安徽教育出版社1999年版，第8页。

图 1

丽达与天鹅

西萨雷·达·赛斯托

Cesare da Sesto

(意大利画家, 1477—1523)

临摹莱昂纳多·达·芬奇原作

Leonardo Di SerPiero Da Vinci

(意大利画家, 1452—1519)

图 2. 布歇 1742 年的作品,现藏于瑞典斯德哥尔摩国家博物馆。

图 3. 柯雷乔 1532 年的作品,现藏于德国柏林国立博物馆。

图 2　丽达与天鹅
弗朗索瓦·布歇
Francois Boucher
（法国画家，1703—1770）

图 3　丽达与天鹅
柯雷乔
Antonio Correggio
（意大利画家，1489—1534）

蛇发女妖美杜莎

◇早期文献◇

赫西俄德的《神谱》就曾提及戈耳工三姐妹,并指出其中唯有美杜莎是会死的凡身。奥维德在《变形记》第4卷中讲述了美杜莎变形和被杀的故事。

美杜莎(Medusa)① 是戈耳工(Gorgons)② 三姐妹中最小的一个,她的两个姐姐都是不死之身,唯有她是肉体凡身。三姐妹住在大地的边缘,一个极黑暗的地方。传说她们全身覆盖着刀枪不入的鳞甲,长着尖牙铜爪、金色的翅膀和满头毒蛇,也被称为蛇发女妖。尤其令人恐惧的是,她们的面孔十分可怕,两眼有魔法,谁要是看见了她们的面孔和目光,就会立即变成石头。

---

① **美杜莎(Medusa)**:戈耳工三女妖之一,后被英雄佩耳修斯所杀,她的头颅被献给雅典娜,装在了盾牌上。她的血也有神奇的功效,右边血管的血是致命的毒药,而左边血管的血可以起死回生。

② **戈耳工(Gorgons)**:也称蛇发女妖,包括斯武诺(Stheno)、欧律阿勒(Euryale)和美杜莎三姐妹。她们是地母该亚与最早的海神蓬托斯的孙女,第二代海神福耳库斯和刻托之女。

不过，如果美杜莎是这样一副尊容的话，波塞冬的品位就十分值得怀疑了。因此，还有传说认为，美杜莎本来是绝色美女，一头金发尤其出色，像黄金一样闪耀，像锦缎一般顺滑。波塞冬对她一见钟情，狂热地追求她。美杜莎为了躲避其纠缠，逃到了雅典娜女神的圣殿中，一般人出于对女神的敬畏必然会因此却步。但波塞冬本身就是神祇，还是雅典娜的叔叔，他并无顾忌，追入圣殿，并强暴了美杜莎。雅典娜是处女神，她对自己的圣殿被玷污非常愤怒，因此惩罚美杜莎，将其引以为傲的美发变成可怕的蛇发，使她成为丑陋不堪的女妖。可怜的美杜莎只好躲在一座荒岛上，而每个试图接近她的人，都在其目光下变成石头。

后来，英雄佩耳修斯（Perseus）[①] 利用光亮的盾牌做镜子找到并杀死了美杜莎。其时，她已经怀有身孕。当她身首异处时，从脖腔中飞出一匹神骏的飞马，即佩伽索斯（Pegasus），它是波塞冬和美杜莎的儿子。

◇ **星空知识** ◇

佩伽索斯的形象后来被置于天空中，即为飞马座（Pegasus）。

◇ **词汇履历** ◇

据说，缪斯女神所居住的赫利孔山一次听到女神们美妙的歌声，得意忘形，渐渐上升，有逼近天穹之势。宙斯命飞马佩伽索斯将它踩回到原来的高度，佩伽索斯踩过的地方，形成一处泉水，诗人饮之可获灵感，所以 Pegasus 在英语中有诗兴的意思。

---

① **佩耳修斯（Perseus）**：宙斯和达那厄的儿子，希腊神话中最著名和最令人敬佩的英雄之一，死后化为英仙星座。

◇**自由解读**◇

1. 如何看待美杜莎的一生？ 美杜莎本来并未作恶，但因被波塞冬所爱，又被雅典娜迁怒，由美女变成丑怪，最后还被英雄所杀，其一生实为悲剧。但更可悲的是，由于她变化后的形象可怕，还成了后世蛇蝎女人的原型，实在不可不谓一大冤案。

2. 美杜莎的头在建筑上的作用是什么？ 美杜莎的头具有将人化为石头的可怕力量，因此在欧洲常常作为建筑门口的装饰物，用以辟邪镇宅，类似中国建筑门前的石狮子。

◇**当代应用**◇

创立于1978年的世界名牌范思哲的品牌标识是美杜莎的头，它无视蛇发女妖的可怕和美杜莎的悲剧，而扩大了美杜莎美的诱惑力，其含义为：拥有范思哲的女人，就拥有美杜莎那无与伦比的美艳，从而使人们受到致命的诱惑，即使在片刻惊艳后被有魔力的美所石化也在所不惜。

◇**延伸阅读**◇

1975年，法国女性主义理论家埃莱娜·西苏（Hélène Cixous，1937— ）写了《美杜莎的笑声》，借用美杜莎这一形象作为被男性妖魔化的女性符号代表，颠覆男权观念，提出"女性写作"。

◇**艺术欣赏**◇

鲁本斯1617年的作品，现藏于奥地利维也纳艺术史博物馆。这幅画作与达·芬奇的同名画作一脉相承，美杜莎被斩下的头颅周围遍布蛇、蟾蜍、蜥蜴、蜈蚣、蜘蛛等毒物，象征着巫师、巫术等邪恶与不祥之物。

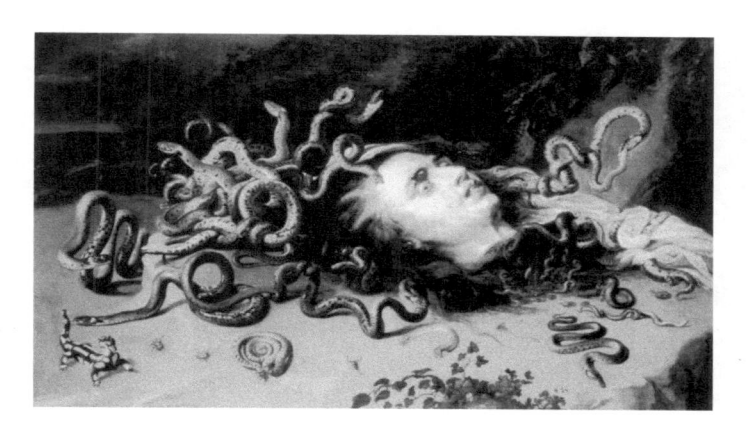

美杜莎之头

彼得·保罗·鲁本斯

Peter Paul Rubens

(佛兰德斯画家,1577—1640)

阿多尼斯和红玫瑰

◇ 早期文献 ◇

古希腊、罗马时代有很多种版本的阿多尼斯故事，如公元前3世纪的提奥克里图斯和彼翁都在其诗作中讲述过他的传说。奥维德的《变形记》第10卷中对其描述得较为详尽。阿波罗多洛斯的《书藏》第3卷中也讲了这一故事，但认为阿多尼斯是触怒了阿耳忒弥斯而被野猪所伤。

爱与美之女神阿佛洛狄忒曾经痴狂地爱恋着一个人间的美少年阿多尼斯（Adonis）。阿多尼斯是地中海岛国塞浦路斯的国王喀倪剌斯（Cinyras）① 和他的女儿密耳拉（Myrrha）公主乱伦的果实。传说，密耳拉的母亲见女儿天生丽质、美艳绝伦，十分骄傲，四处炫耀，甚至宣称女儿的美貌胜过阿佛洛狄忒女神。女神大怒，于是施法报复，诅咒密耳拉产生不正常的情欲，使她狂热地爱上了自己的父亲。密耳

---

① **喀倪剌斯（Cinyras）：** 皮格马利翁和伽拉忒亚的儿子，也有一种说法认为，喀倪剌斯是阿波罗和帕福斯（皮格马利翁和伽拉忒亚的女儿）的儿子。总之，他是皮格马利翁的后代。

拉被这种炽烈而隐秘的畸恋折磨得痛不欲生，决定一死以求解脱。但她自缢未遂，被乳母发现并阻止了。密耳拉在乳母的一再追问下，失声痛哭，终于吐露了自己的难言之隐。乳母十分心疼可怜的公主，决定帮助她实现愿望。乳母寻机将公主扮作侍寝的美人送进了国王的寝宫，并熄灭了灯火。黑暗中，国王没有认出自己的女儿。连续同床十二夜之后，国王无意间夜起点灯，却震惊地发现与自己夜夜缠绵的美人竟然是亲生女儿。国王怒不可遏，持刀欲杀密耳拉。密耳拉仓皇逃出皇宫，悲不可抑，只觉无处可去、生无可恋，她向诸神祈求怜悯，遂被变成一棵没药树。

　　密耳拉变成没药树之时，已经怀孕。十个月后，鼓起的树干裂开，一个漂亮的男婴诞生了。阿佛洛狄忒被这个男孩非凡的美丽迷住了，她给孩子起名为阿多尼斯，用他母亲的眼泪（没药树流出的树脂）为他浴身，给他穿上细柔的衣服。为了保护他，女神小心地把他放在一个盒子里，秘密托付给冥后佩尔塞福涅（Persephone）① 抚养。阿多尼斯长大后，果然俊美非凡，冥后也为之倾倒，不肯把他还给阿佛洛狄忒。两位女神争执不已，惊动了宙斯，宙斯出面裁决：阿多尼斯每年三分之一的时间同阿佛洛狄忒在一起，三分之一的时间同佩尔塞福涅在一起，剩余三分之一的时间随他自由支配。阿多尼斯当然更喜欢明媚的阳间，于是每年三分之二的时间都与阿佛洛狄忒待在一起。

　　阿佛洛狄忒像所有陷入恋爱中的女人一样，不顾一切地去追逐自己的情人。她本来最注意静养与美容，现在却很少回奥林匹斯神山，甚至不再顾惜自己白皙的皮肤和整洁的穿着，整日跟着酷爱打猎的阿多尼斯东奔西跑。不过，女神经常劝阻阿多尼斯去狩猎凶猛的野兽，她不希望自己的情人遭遇丝毫的危险。但是，危险总是不

---

　　① **佩尔塞福涅（Persephone）**：农神得墨特尔和宙斯的女儿，冥王哈得斯的侄女和妻子。

期而至。

　　一日，女神不得不回神山处理事务，阿多尼斯独自出猎，路遇一只狂暴的野猪。在有些神话传说中，它是女神另一个情人战神阿瑞斯出于嫉妒所变。野猪看见少年猎人，狂性大发，嚎叫着冲了过来。阿多尼斯东躲西闪，还是被敏捷的野猪撞翻在地，其利剑一般的獠牙刺穿了他的身躯。当阿佛洛狄忒回来时，只看到心爱的少年躺在血泊中，已经魂归冥府。女神大恸，泪如雨下，她的泪水和情人的鲜血流过的地方，长出了一朵朵红色的玫瑰，这就是红玫瑰为什么代表爱情的由来。还有一种传说，认为阿多尼斯的鲜血中长出的是红色的银莲花。这种小花在春天盛开，但花期稍纵即逝，而且弱不禁风，象征着阿多尼斯短暂的一生和早夭的命运。

◇周边链接◇

　　1. 在另一个版本的传说中，阿佛洛狄忒在阿多尼斯死掉之后去祈求宙斯，宙斯怜悯她，允许阿多尼斯每年有一半时间重返阳间，与女神相聚。

　　2. 据说，阿佛洛狄忒为了纪念阿多尼斯，设立了"阿多尼斯节"（Adonia）。节日在盛夏举行，分为两天。第一天，希腊的妇女对着阿多尼斯的偶像哭泣；第二天，则举办狂欢宴会，庆祝阿多尼斯重返阳世，与美神团聚。节日期间，妇女们还要种植所谓的"阿多尼斯的花园"，即在篮子里种上大麦、小麦、莴苣、茴香等生长快、衰败也快的植物。

◇词汇履历◇

　　1. 在西方，阿多尼斯就是"美少年"的代名词。他出生于乱伦之恋，含有美与罪恶同生的意味。

　　2. 有学者考证，认为阿多尼斯最初是起源于亚细亚的神，后来传入希腊，也受到崇拜。他的名字 Adon，在闪米特人的语言里是"君主"或"统治者"的意思。

3. 在古希腊语中，"阿多尼斯的花园"是肤浅的、无足轻重的、不成熟的意思。

◇ **自由解读** ◇

1. 人类学如何理解这则神话？ 英国人类学家詹姆斯·乔治·弗雷泽爵士在他那本著名的人类学经典《金枝》中把阿多尼斯视为植物神。认为他在阴阳两界的穿梭意味着季节的变化：他与冥后在一起时，是秋冬季；他重返阳世与阿佛洛狄忒团聚时，是春夏季。他还认为，节日期间妇女种植"阿多尼斯花园"是一种促进植物生长的巫术。

2. 如何理解希腊人对阿多尼斯的崇拜？ 希腊人对阿多尼斯的崇拜代表了希腊文化中对青春的美的推崇。

◇ **延伸阅读** ◇

1. 莎士比亚有一首名为《维纳斯和阿多尼斯》的长诗，用词华美瑰丽，塑造了一位娇艳奔放、勇于主动追求爱情的女性形象。诗的前十行如下：

> 太阳刚刚东升，圆圆的脸又大又红，
> 泣露的清晓也刚刚别去，犹留遗踪，
> 双颊绯红的阿都尼，就已驰逐匆匆。
> 他爱好的是追猎，他嗤笑的是谈［情］。
> 维纳斯偏把单思害，急急忙忙，紧紧随［定］，
> 拼却女儿羞容，凭厚颜，要演一出凰求凤。
> 她先夸他美，说，"你比我还美好几倍。

地上百卉你为魁，芬芳清逸绝无对。
仙子比你失颜色，壮男比你空雄伟。
你洁白胜过白鸽子，娇红胜过红玫瑰。
造化生你，自斗智慧，使你一身，俊秀荟萃。
她说，'你若一旦休，便天地同尽，万物共毁。'"[1]

莎士比亚把这个女性倒追不解风情的男性的故事写得生动明艳，将一个女子在爱情中的狡黠、任性、猜疑、嫉妒的表现刻画得淋漓尽致，女神形象充满人性。

2. 英国诗人珀西·比希·雪莱（Percy Bysshe Shelley，1792—1822）创作的哀歌《阿多尼斯》，表达了对英年早逝的诗人约翰·济慈（John Keats，1795—1821）的哀悼。

3. 20世纪，仍有很多诗人的创作中有阿多尼斯的身影。例如，美国诗人希尔达·杜利特尔（Hilda Doolittle，1886—1961）、肯尼思·雷克思罗特（Kenneth Rexroth，1905—1982）和爱尔兰诗人威廉·巴特勒·叶芝（William Butler Yeats，1865—1939）等。

4. 在瑞士心理学家卡尔·荣格看来，阿多尼斯是"永恒孩童"的原型，是永远长不成男子汉、无法成熟的象征。他与阿佛洛狄忒的关系，是过度保护孩子的母亲和依赖母亲的孩子之间的关系，而不是男女恋人之间的关系。

◇**艺术欣赏**◇

图1—图3. 图1现藏于德国德累斯顿国立美术馆的历代大师画廊。图2和图3现藏于维也纳的列支敦士登博物馆。意大利画家弗朗

---

[1] ［英］莎士比亚：《莎士比亚全集》（六），朱生豪等译，人民文学出版社1997年版，第367页。

西奇尼的风格是巴洛克风格和洛可可风格的混合与超越,对新古典主义绘画影响很大。他创造了大量神话题材的油画,尤其钟爱爱与美之女神阿佛洛狄忒,因此创作了这一系列关于女神与阿多尼斯故事的画作。画中人物神态生动,色彩协调,构思新颖。别的画家描绘女神与阿多尼斯爱情,大多选取女神劝阻阿多尼斯的场景,而弗朗西奇尼却在图 2 中让女神装扮得像狩猎女神一样陪阿多尼斯打猎,更好地体现了女神陷入恋爱之深。

图 1　阿多尼斯的出生
玛卡托尼奥·弗朗西奇尼
Marcantonio Franceschini
(意大利画家,1648—1729)

图 2　陪阿多尼斯打猎
玛卡托尼奥·弗朗西奇尼
Marcantonio Franceschini
(意大利画家,1648—1729)

图 3　阿多尼斯之死

玛卡托尼奥·弗朗西奇尼

Marcantonio Franceschini

（意大利画家，1648—1729）

达芙涅与"桂冠"的由来

◇早期文献◇

奥维德的《变形记》第 1 卷中详细讲述了这个故事。

据说,太阳神阿波罗作为最受希腊人喜欢的神祇,爱情上却一直不顺利,不仅是因为他向阿佛洛狄忒的丈夫火神赫淮斯托斯告发其与战神阿瑞斯偷情而得罪了这位爱与美之女神①,而且还因为他出生不久就得罪了小爱神厄洛斯。

阿波罗的母亲勒托在怀孕时曾经遭到天后赫拉指使的巨蟒皮同的迫害,所以阿波罗出世后仅三天就去射杀了皮同。他十分自豪于自己的箭术,得意扬扬地背着银弓凯旋而归。归程中,他看见小爱神厄洛斯在路边摆弄他的小弓箭,就趾高气扬地嘲笑说:"小家伙,你手里拿着的是小孩的玩具,一点儿用也没有。我背着的才叫武器呢,刚刚还射死了一个可怕的怪物。赶紧放下你的玩具吧,别在我这箭神面前班门弄斧了。"小爱神很生气,说:"阿波罗,你等着瞧吧!虽说你的箭百发百中,但你也无法逃脱我的箭。你这个箭神在我看来也没什

---

① 详见本书《众神围观火神捉奸》。

么了不起的！"说罢，他隐藏起身形伺机报复阿波罗。小爱神的箭囊里有两种箭，一种是金头锐箭，被射中的人会迅速燃起熊熊爱火；一种是铅头钝箭，被射中的人会拒绝一切爱情。当小爱神发现阿波罗与水泽仙子达芙涅（Daphne）① 不期而遇时，感到时机来临，于是将金箭射向阿波罗，铅箭射向达芙涅。达芙涅天生丽质，却只爱狩猎，根本不去理睬那些爱慕她的异性。她的父亲河神慈爱地示意她让自己快点儿抱上外孙时，她就撒娇卖痴为自己争取尽情享受自由的权利。中了小爱神的铅箭后，她更是心如铁石，不为爱情所动，看见痴迷地望着自己的阿波罗也只觉厌恶。而中了金箭的阿波罗却觉得眼前的少女无处不美好，他狂热地向达芙涅诉说衷情。达芙涅被吓得转身就逃，她跑得像风一样快，无论身后阿波罗如何诱惑、哀求，她都不为所动。追来跑去，达芙涅筋疲力尽，跑不动了，于是她向父亲河神求助，祈求让自己变形以逃脱阿波罗的追求。就在阿波罗捉住她的一瞬间，她的双臂变成枝叶，双脚变成树根，凝脂般的皮肤覆上了粗糙的树皮。她变成了一棵月桂树，虽然仍然风姿绰约，却不再温软灵动。阿波罗拥抱着新生的月桂树伤心不已，初恋遇挫使他刻骨铭心，他说："你虽然不能成为我的妻子，但要成为我的圣树。"他赋予了月桂树四季常青的特性，并从此用细嫩的桂树枝编成桂冠戴在头上，还用它装饰自己的弓箭和竖琴。当歌队选出优胜者或出征的将士凯旋归来时，他用桂冠作为奖赏。后来，人们就用桂冠来代表荣誉。

◇ 词汇履历 ◇

1. 在希腊语中，月桂树就叫 daphne，在英语中则称为 laurel。所以赢得桂冠（win laurels）意指获得荣誉，而 rest on ones laurels 意为

---

① **达芙涅（Daphne）**：水泽女仙，河神拉冬和地母该亚的女儿，也有传说认为她是河神佩纽斯的女儿。其名字希腊语意思是"月桂树"。

自满、不思进取。

2. 由于达芙涅逃避阿波罗追求，有时被视为少女的羞怯，所以英语中有 as shy as Daphne 的说法，表示少女羞羞答答的样子。

◇**自由解读**◇

1. 桂冠的含义是什么？ 桂冠代表着胜利和荣誉。桂冠赐予胜利者，在今天更多是一种语言表达，而非实际操作。人们通常所说的"折桂""夺冠"等都源于此。

2. 月桂的花语是什么？ 因为桂冠代表胜利和荣誉，所以月桂的花语是"骄傲"。

◇**延伸阅读**◇

1. 意大利诗人弗兰西斯科·彼特拉克（Francesco Petraca，1304—1374）的《歌集》中曾提及这一故事。

2. 世界上第一部歌剧《达芙涅》（*Daphne*）由雷努契尼（Ottavio Rinuccini，1563—1621）撰写、佩里（Jacopo Peri，1561—1633）作曲，于 1598 年在佛罗伦萨的贵族高尔西的宫中上演，获得了极大成功。这就是人们所认为的历史上的第一部歌剧，当时被称为 Melo dramma（音乐剧），保存下来的乐谱只有其中的四段，其余大部分均已失传。三十年后的 1627 年，德国作曲家舒茨·海利西（Schutz Heinrich，1585—1672）将已被翻译为德文的《达芙涅》剧本谱曲并上演该剧，虽然乐谱已失传，但它被音乐家们认为这是历史上第一部德国歌剧。

3. 理查·斯特劳斯（Richard Strauss，1864—1949）著有歌剧《达芙涅》。

4. 中国台湾组合 SHE 有歌曲《月桂女神》：森林河畔，阿波罗在追赶，哭泣着戴上达芙涅的桂冠，被束缚的爱已经没有了温暖，被束缚的爱，达芙涅的伤，心疼千万年流传。

5. 席慕蓉曾作诗《月桂树的愿望》表达追求不为爱情困扰的生活：

月清
云淡
野百合散开在黄昏的山巅
有谁在月光下变成桂树
可以逃过夜夜的思念。

6. 当代爱尔兰女诗人努拉·尼·古诺尔（Nuala Ni Dhomhnaill, 1952— ）的诗歌《阿波罗与达芙涅》借这个故事反思女性的命运，认为这场看似美好的追求实际上是不平等的，而达芙涅实际上是受害者，无论她选择逃避还是顺从，最终的结局都不会好。

7. 达芙涅代表着拒绝男性追求的女性原型，这类女性独立自主，厌恶爱情和婚姻。

◇当代应用◇

1990年，中国创立自有女鞋品牌——达芙妮，很快成为知名品牌。这一命名借用希腊元素是非常成功的范例：一方面隐含了美丽的爱情故事，暗示着穿达芙妮的女孩都像同名水泽仙子一样美丽和矫健，并会有阿波罗一样热情的追求者；另一方面，这一神话故事与桂冠的联系，也暗示了该品牌产品必将在业内获得荣誉。

◇艺术欣赏◇

图1. 夏塞里奥1845年的作品，现藏于法国卢浮宫。夏塞里奥是19世纪浪漫主义画家，画作色彩奔放，具有诗意。画中阿波罗跪在地下向达芙涅诉衷情，而达芙涅的双足已经化为树根，她微闭的双眼、上伸的双臂和因扭动而婀娜的身姿无不散发出拒绝的意思。

图 2. 提埃波罗 1745 年的作品，现藏于法国卢浮宫。画作选取了达芙涅变形的瞬间，她的手指已经长出月桂树叶，后面追来的阿波罗满面惊愕。

图 3 和图 4. 贝尔尼尼 1623 年完成的作品，是他为罗马一位红衣主教所作的花园雕刻四组像中的一组，现藏于罗马博尔盖塞博物馆。这组雕像中，两个人体都处于乘风飞奔的激烈运动中，给人以轻盈灵巧、向上升华且充满生命力的感觉。在艺术家娴熟的技巧下，原本冰冷坚硬的石头化为柔软细腻的人体和鲜活的生命。

图 1　阿波罗与达芙涅

泰奥多尔·夏塞里奥

Theodore Chasseriau

（法国画家，1819—1856）

图2 阿波罗与达芙涅

乔万尼·巴蒂斯塔·提埃波罗

Giovanni Battista Tiepolo

(意大利画家,1696—1770)

图3　　　　　图4

阿波罗与达芙涅

乔凡尼·洛伦佐·贝尔尼尼

Gian Lorenzo Bernini

(意大利雕塑家,1598—1680)

向日葵花的爱恋

◇ 早期文献 ◇

奥维德的《变形记》第4卷记述了这个可悲的恋爱和嫉妒的故事。

克吕提亚（Clytia）是大洋流神俄刻阿诺斯和海洋女神特堤斯的女儿，是一位大洋女神。她看到阿波罗驾驶着太阳车经过天空，被其英姿所吸引，爱上了这位英俊的天神。美丽的女神每天痴痴地望着阿波罗，目光追随着他东升西落，日复一日。太阳神也被她的痴情打动，与她做了情侣。但是好景不长，阿波罗对克吕提亚的爱意渐渐淡去，他见异思迁，又爱上了人间一位名为琉科忒亚（Leucothea）的公主。琉科忒亚被她的父王俄尔卡姆斯锁在深宫中，根本见不到外人。阿波罗为了接近她，趁国王外出时，化身为王后欧吕诺墨来到了天真无邪的少女的香闺中。英俊的太阳神变回本来的模样，用甜蜜而热情的语言向公主倾诉衷肠。公主除了自己的父兄，根本没有见过别的男人，怎么经受得住这样一位风流倜傥的神祇的诱惑呢？阿波罗很快就得偿所愿，与公主好得如胶似漆。这一切都被一直关注他的克吕提亚看在眼里，女神妒火中烧，为了挽回阿波罗对自己的爱情，除掉情敌，将公主偷情的事情告诉了国王。国王听后狂怒不已，残酷地将自己不贞的女儿活埋于土中,可怜的公主就此香消玉殒。阿波罗得知公主的死讯后,痛苦难当,却已无力回天。他找到恋人的埋身之地,沐以仙汁,灌以琼浆。不久,这里就长出了一株芬芳的乳香树。阿波罗以此悼念心爱的公主,让爱人的香味能够永伴他身旁。

当阿波罗发现琉科忒亚之死是由于克吕提亚告密之后,他就再也不肯见这位大洋女神了。女神痛悔不已,她向情人苦苦哀求,却没有任何作用。她只好不再说话,只是每天沉默地守在海边,怅惘又深情地望着太阳神俊美的身影,从清晨第一缕阳光照临尘世,到夕阳沉入西边的大海,她久久地立在那里,不吃也不喝。她日渐消瘦,很快就憔悴不堪。最后,她的双腿牢牢地长在了地上,身体变成花杆,脸庞变成植株上的花朵。她变成了一株向日葵,仍然面朝太阳,随太阳的变动而转换方向。

◇ 自由解读 ◇

1. 克吕提亚形象的含义是什么? 在这则神话中克吕提亚本来代表了嫉妒的情人,但她最终变成了向日葵花,任何时候总是向着太阳,朝向她的情人,因此她成为忠诚、痴情的情人之代名词,象征着专一的爱情。

2. 向日葵花的花语是什么? 向日葵花的花语是"沉默的爱"。

3. 乳香木的花语是什么? 乳香木的花语是"礼物"。

◇ 艺术欣赏 ◇

图 1. 布瓦佐 1737 年的作品,现藏于法国图尔美术馆。

图 2. 拉福斯 1688 年的作品,现藏于法国凡尔赛宫。远处阿波罗正驾着太阳车向落日的方向行驶,近景中伤心的克吕提亚正望着他哭泣。她的身后有一株向日葵花,预示着她未来的变化。

图 1　阿波罗爱抚琉科忒亚

安东尼·布瓦生

Antoine Boizot

(法国画家，1702—1782)

图 2　化身向日葵的克吕提亚

夏尔·德·拉福斯

Charles de La Fosse

(法国画家，1636—1716)

女预言家卡珊德拉

◇ **早期文献** ◇

荷马的《伊利亚特》提及阿波罗为了追求卡珊德拉而赠予她预言能力,但又因卡珊德拉不回应他的感情而以诅咒使人不相信她的预言。许金努斯(Hyginus)的《寓言集》(*Fables*)则讲到阿波罗试图拥抱睡着的卡珊德拉却遭到反抗,遂怒下诅咒。阿波罗多洛斯的《书藏》第3卷中讲到阿波罗赋予卡珊德拉预言能力之后又夺去其使人相信的力量。埃斯库罗斯的《阿伽门农》提及卡珊德拉因为背信而被阿波罗诅咒。欧里庇得斯的《特洛伊妇女》中,小埃阿斯只将卡珊德拉强行拉出神庙而未侵犯她,她仍为清白之身。

卡珊德拉(Cassandra)[①] 是太阳神阿波罗神庙的女祭司,也是特洛伊的公主,国王普里阿摩斯(Priamus)[②] 与王后赫卡柏(Hecabe)[③]

---

① **卡珊德拉(Cassandra)**:特洛伊公主,国王普里阿摩斯与王后赫卡柏之女。

② **普里阿摩斯(Priamus)**:拉俄墨冬最小的儿子,特洛伊的末代国王。先娶阿里斯柏,生下埃阿科斯,后娶赫卡柏。他有五十个儿子和十二个女儿,但几乎都在特洛伊战争中被杀。

③ **赫卡柏(Hecabe)**:普里阿摩斯的第二个妻子,赫克托耳、帕里斯和卡珊德拉等之母。

的十二位女儿之一。因为她是公主中最漂亮的一位,所以有许多王子来向她求婚,但都被她拒绝了,因为她并不愿像普通女性一样,把命运完全交在某位男子手中。一日,卡珊德拉在神庙中工作时不知不觉睡着了,阿波罗发现了她,被她的美俘获,上前拥抱她。卡珊德拉惊醒后拼命挣扎,执意不从。阿波罗为了讨好她,许诺给她所要求的一切好处。聪明的卡珊德拉乘机要求拥有预言的本领,阿波罗爽快地答应了。但是,卡珊德拉达到目的后,仍不肯就范。阿波罗很生气,只好退而求其次,要求一个吻。卡珊德拉觉得不好太违拗神,就同意了。她哪里知道,阿波罗借此报复了她。她虽然获得了预言的能力,但被阿波罗吻过的唇舌所说出的预言,却没有人相信。

在特洛伊的每个重要时刻,卡珊德拉都做出了准确的预言,但特洛伊人从来不相信她。她预言了弟弟帕里斯(Paris)[①] 会导致特洛伊灭亡。她曾预言木马是希腊人的阴谋,竭力阻止特洛伊人将之拖进城。她也预言了自己成为女奴和被杀害的未来。

特洛伊沦陷后,卡珊德拉逃到雅典娜神庙避难,被希腊将领小埃阿斯(Ajax)[②] 拖出去奸污了。后来,阿伽门农(Agamemnon)[③] 又占有了这位美丽的公主。在回迈锡尼时,她预见了谋杀,但出于对阿伽门农的恨,她并未出声警告,宁肯与敌偕亡。最后,果然被克吕泰

[①] **帕里斯(Paris)**:特洛伊王子,普里阿摩斯和赫卡柏之子。在天后赫拉、智慧女神雅典娜、爱与美的女神阿佛洛狄忒争夺金苹果事件中充当裁判,将金苹果判给阿佛洛狄忒,从而得到女神帮助,拐走天下第一美人——斯巴达王后海伦做妻子,导致了长达十年的特洛伊战争。

[②] **小埃阿斯(Ajax)**:罗克里斯国王俄伊琉斯之子,因在雅典娜神庙奸污了卡珊德拉而触怒女神,在特洛伊战争后归国途中溺水而亡。

[③] **阿伽门农(Agamemnon)**:阿特柔斯和阿厄洛珀之子,迈锡尼和阿耳戈斯的国王,特洛伊战争中希腊联军的统帅。在战争结束后,被其妻克吕泰涅斯特拉伙同奸夫埃癸斯托斯杀死。

涅斯特拉（Clytaemnestra）[1] 残忍地杀死了。[2]

◇周边链接◇

在有的传说中，卡珊德拉与赫勒诺斯（Helenus）是孪生姐弟，特洛伊王室为了庆祝他们的诞生，在阿波罗神庙举行庆典，盛宴结束后将两个婴儿遗忘在神庙。隔天酒醒以后，前往神庙寻找，看见有条蛇在舔这对婴儿的耳朵。蛇听到人的惊叫声，就潜入月桂树中不见了。而卡珊德拉与赫勒诺斯受到灵蛇净化，此后就能够预见未来了。

◇自由解读◇

卡珊德拉形象的含义是什么？卡珊德拉因为总是预言灾难而不受人欢迎和重视，她的名字也成了不受人重视的灾难警告的代名词。

◇延伸阅读◇

1. 意大利诗人乔万尼·薄伽丘的《列女传》中有一篇记述了卡珊德拉的故事。

2. 德国诗人席勒有一首长诗，内容是卡珊德拉控诉阿波罗赠予的预言能力毁掉了她全部的生活乐趣，她宁愿恢复无知的生活。

3. 1983年，德国女作家克丽斯塔·沃尔芙（Christa Wolf，1929—2011）创作了小说《卡珊德拉》，以卡珊德拉的视角来检视特洛伊战争，看到男性对女性的忽视、利用和占有，表达了男权社会中失掉话语权的女性对于获取喉舌的艰难追求。

---

[1] **克吕泰涅斯特拉（Clytaemnestra）**：斯巴达国王廷达瑞俄斯和丽达之女，海伦的孪生姐妹。她先嫁给了坦塔罗斯，但阿伽门农杀死她的丈夫和孩子，娶了她。特洛伊战争后，她同情夫埃癸斯托斯杀死了阿伽门农。七年后，她被为父复仇的亲生儿子俄瑞斯忒斯杀死。

[2] 详见本书《阿伽门农之死与俄瑞斯忒斯为父报仇》。

◇**艺术欣赏**◇

图1. 拉斐尔前派英国女画家摩根1898年的作品,现藏于英国的德·摩根博物馆(原炮厅博物馆)。背景是被焚烧的特洛伊城,卡珊德拉双手揪发,表达了悲痛之情。

图2. 拉斐尔前派英国画家所罗门1886年的作品,现藏于澳大利亚的巴拉瑞特美术馆。背景是雅典娜神庙,健壮的男体和婀娜的女体形成对比,卡珊德拉伸手仰头向雅典娜女神求救的姿态,表现出了一种面对强暴无力的绝望。

图1 卡珊德拉
艾弗林·德·摩根
Evelyn de Mongan
(英国画家,1855—1919)

图2 小埃阿斯与卡珊德拉
所罗门·约瑟夫·所罗门
Solomon Joseph Solomon
(英国画家,1860—1927)

一心求死的西比尔

◇早期文献◇

很多古典作家的作品中提到过作为预言家的西比尔,她还在维吉尔的《埃涅阿斯记》中出现,带领埃涅阿斯前往冥府。

库美的西比尔(Sibylla)是阿波罗的女祭司,容颜娇艳,身姿婀娜。阿波罗非常喜欢她,想让她做自己的情人,西比尔始终不肯答允。为了博得她的欢心,阿波罗承诺满足她一个愿望。西比尔要求长生,阿波罗欣然应允说:"可爱的美人儿,你可以去抓海边的细沙,你抓到多少颗沙子,就可以活多少年。"西比尔非常高兴,因为一把可以抓起的沙子是数不清的,但她在欢喜中忘记了要求永葆青春。由于她后来一直不肯顺从阿波罗,真正成为他的情人,所以阿波罗也就不会让她称心。结果她日渐衰老,不断萎缩,最终形容枯槁,虽长生不死,却未能长生不老,失去了生的乐趣,不得不苟延残喘,生亦若死。这时候,见到她的人绝不会相信她是曾被太阳神眷恋过、热爱过的女人!因此,每当人们问起她:"西比尔,你想要什么?"她总是回答:"我要死。"表达其宁愿一死以求再生的愿望。

◇ **延伸阅读** ◇

诗人 T. S. 艾略特（Thomas Stearns Eliot，1888—1965）的名作《荒原》的"引子"提到这个故事，该引子摘自罗马讽刺作家帕特拉尼亚斯的作品："我亲眼看见库美的西比尔，吊在笼子里。孩子们问她：'西比尔，你要什么？'她回答说：'我要死。'"引语表达了西比尔要摆脱生命重负，希冀死亡的愿望。这样，引语从诗的一开始便确立了全诗的基调，并暗示西比尔的生存状况正是当代人类生存状况之写照。作者引用这个故事为全诗定下了一个"死"的基调，暗示荒原已经到了濒死的境地。联系全诗的总体意象和作者所要表达的完整的主题，这"引子"的场景虽简单，但寓意深刻而丰富，至少还含有以下三层意思：第一，要生不能要死不得的西比尔是当代"荒原人"的象征；第二，西比尔宁愿以一死求得再生，那么"荒原人"何去何从？作者借此提出这个有待探讨的问题；第三，西比尔正是由于纵情享用生命而不知自制才落到如此可悲的下场。而"荒原"也并不是一夜之间就从肥沃的田野变成荒芜的大地，它是由人类社会在文明演变过程中的历史沉积造成的。这个沉积有多方面的因素，诗人认为最要害的是人性中越来越不加控制或不可控制的过度欲望，如情欲、物欲、权欲、贪欲等。

◇ **艺术欣赏** ◇

拉斐尔前派画家罗塞蒂1866年的作品，现收藏于英国的莱弗夫人艺术画廊。画家运用了红色和黄色营造出神秘的气氛，女主人公如同罗塞蒂笔下其他女性一样具有修长的颈部和既理性克制又梦幻热情的面相。

西比尔

但丁·加百利·罗塞蒂

Dante Gabriel Rossetti

(英国画家，1828—1882)

太阳神与美少年之恋

◇早期文献◇

欧里庇得斯、阿波罗多洛斯都在其作品中讲述过这个故事。奥维德的《变形记》第10卷讲述了这两位美少年变形的故事。卢奇安的《诸神对话》也提到许阿铿托斯之死和风信子花的出现。

许阿铿托斯（Hyacinthus）[①] 是个美少年，阿波罗非常爱他，甚至离开了自己的德尔斐圣地，朝夕陪伴着心爱的男孩。他们一起打猎、运动、嬉戏，感情很深。一日，他们相携去练习掷铁饼。阿波罗天生神力、姿势优美，只见一道弧线划过天空，铁饼穿过云层，向很远的地方落去。许阿铿托斯为爱人欢呼喝彩，并迅速奔向前去，想拾回铁饼，也来一试身手。但没有想到，沉重的铁饼落到坚硬的地上反弹了起来，径直朝美少年的头上砸来，可怜他不及躲避，就倒在血泊中。还有一种传说，说是西风神仄费洛斯也爱上了许阿铿托斯，但已有爱人的许阿铿托斯对他不屑一顾，于是仄费洛斯用神力将阿波罗掷出的铁饼改变了方向，来报复这对情人。许阿铿托斯就这样猝不及防地离开了人世，阿波罗抱着心爱的少年的尸体痛哭不已，悲痛欲绝。这时血

[①] **许阿铿托斯（Hyacinthus）**：国王阿密克拉斯和狄俄弥得斯之子，美少年。

染的土地上长出了一种形如百合的紫色花朵，花瓣上有一串象征叹息的字母 AI。从此，这种花就以美少年命名，叫风信子花（hyacinth）。

库帕里索斯（Cyparissus）① 也是阿波罗所宠爱的美少年。阿波罗送给他一头神鹿作为礼物。这头神鹿全身金黄，非常美丽。库帕里索斯很喜欢它，常带着它在草地、林中和溪边散步玩耍。有一天，天气炎热，神鹿便独自跑出去卧在树荫下的草地上乘凉。库帕里索斯远远地看到树荫下草丛里有东西在晃动，以为是野兽出没，就奋力投出了标枪，正中神鹿要害。库帕里索斯赶到近前，发现自己误杀了心爱的伙伴，悔之不及，悲痛不已。哪怕是阿波罗的百般安慰，也无法使他走出痛悔。最终，库帕里索斯决定追随心爱的伙伴而去，为神鹿殉葬，并请求阿波罗满足他最后的愿望，让他一直表示哀悼。于是，阿波罗将他变成了一棵丝柏树（Cypress）。

◇周边链接◇

1. 在古代希腊的斯巴达，有专门纪念许阿锲托斯的节日"许阿锲托斯节"（Hyacinthia），可见阿波罗与这位美少年的爱情故事之深入人心。该节日在夏初举行，为期三天。节日期间除了第一天的哀悼斋戒外，主要是颂扬阿波罗和许阿锲托斯的歌舞仪式及体操表演，参加者皆为年轻貌美的男子。

2. 从一些美术作品中可以看出，阿波罗和许阿锲托斯在掷铁饼时是裸体的。其实，在古希腊的奥林匹克运动会上，运动员也是裸体的，只有男性才能参赛，女性不准入场。

◇自由解读◇

1. 紫色风信子花的花语是什么？ 紫色风信子花的花语是"悲伤，

---

① **库帕里索斯（Cyparissus）**：忒勒福斯之子，美少年。

嫉妒，忧郁的爱"。

2. 丝柏的花语是什么？ 丝柏树象征着悲哀，人们一般把它栽在陵园里。而丝柏精油也具有治疗多种疾病的作用。

◇延伸阅读◇

莫扎特在 11 岁时以 Rufinus Widl 神父的剧本为蓝本，写过拉丁文喜歌剧《阿波罗与许阿铿托斯》（*Apollo et Hyacinthus*）。在这部歌剧中，隐去了同性恋爱，而设计了一个女性角色——许阿铿托斯的妹妹梅里亚（Melia），并以大团圆结局。

◇艺术欣赏◇

图 1. 伊凡诺夫 1834 年的作品，现收藏于俄罗斯莫斯科的特列季亚科夫画廊。阿波罗位于中心，两个美少年在他两边。

图 1　阿波罗、许阿铿托斯和库帕里索斯
亚历山大・安德烈耶维奇・伊凡诺夫
Alexander Andreyevich Ivanov
（俄国画家，1806—1858）

图 2. 提埃波罗 1753 年的作品,现收藏于西班牙的提森博物馆,表现了阿波罗悲悼许阿铿托斯的一幕。画家不知为什么没有在两人的身边放置造成悲剧的铁饼,反而醒目地画上了一支网球拍和若干网球。

图 2　许阿铿托斯之死
乔万尼·巴蒂斯塔·提埃波罗
Giovanni Battista Tiepolo
(意大利画家,1696—1770)

玛耳佩萨的选择

◇ **早期文献** ◇

阿波罗多洛斯的《书藏》第 1 卷中记述了玛耳佩萨拒绝阿波罗的故事。

战神阿瑞斯在凡间的儿子厄威诺斯（Evenus）[①] 是埃托利亚的国王，国王有一个独生女儿叫玛耳佩萨（Marpessa）[②]。这位公主不仅长得美丽动人，而且十分聪慧。厄威诺斯将她视若掌上明珠，爱逾己命。甚至在女儿长大成人到了婚配年龄时，厄威诺斯也不愿意让她出嫁离开自己。于是，他要求所有的求婚者都要先和他赛车，胜者才有资格成为新郎，失败的人则要任由他处置。厄威诺斯自信不会失败，因为他驾驭的马是他的战神父亲送的，十分神骏。果然，他赛无不胜，并将失败的求婚者统统杀死，用他们的骨头装饰战神的神庙。渐渐地，敢来求婚的人越来越少。

墨塞尼亚有位王子，名叫伊达斯（Idas）[③]，既英俊又勇敢。他爱

---

① **厄威诺斯（Evenus）**：埃托利亚国王，战神阿瑞斯之子。
② **玛耳佩萨（Marpessa）**：埃托利亚的公主，厄威诺斯之女，战神阿瑞斯的孙女。
③ **伊达斯（Idas）**：墨塞尼亚的王子，阿法柔斯和阿瑞那之子。

上了美丽的玛耳佩萨公主，决心向她求婚。于是，他虔诚地祈求海神波塞冬给予帮助，得到了海神送来的一辆飞马牵引的战车。当伊达斯驾驶飞车来到埃托利亚时，未及赛车，就巧遇了心上人玛耳佩萨。伊达斯彬彬有礼地向她做了自我介绍，并说明了来意。善良的公主早就对父亲的残忍和限制不满，见到这位年轻王子相貌堂堂，又真心求爱，不忍心让他去参加危险的比赛，就心甘情愿地跟随他私奔了。爱女成狂的国王闻讯后急忙驾车追赶，但始终无法追上，最终他在绝望中杀死了自己的马，投入吕科耳玛斯河自杀。从此以后，这条河更名为厄威诺斯河。

　　同时，太阳神阿波罗也爱上了玛耳佩萨，于是半路截住了携美私奔的伊达斯，要求他交出公主。伊达斯不肯屈服，他拉弓引箭，欲与银弓之神阿波罗一决雌雄。双方剑拔弩张，一场大战一触即发。这时，神王宙斯赶到，出面调停，命令双方听从玛耳佩萨的抉择。明智的公主虽然仰慕阿波罗的俊美和神力，但她更清楚自己需要的是一份白头偕老、相濡以沫的真挚爱情，所以她毅然选择了伊达斯。阿波罗非常失望，也只得遵诺而退。玛耳佩萨和伊达斯后来生儿育女，非常美满。最终，当伊达斯被人杀害时，玛耳佩萨也随之殉情。

◇ 自由解读 ◇

如何理解玛耳佩萨拒绝太阳神而选择了凡间王子？ 这则神话表明了具有自我意识的希腊女性对爱情的追求和清醒认识，玛尔佩萨为了追求自己的真爱和幸福，舍弃神明，体现了一种高贵的人本主义精神。

满月女神与长眠的恩底弥翁

◇早期文献◇

阿波罗多洛斯的《书藏》曾非常简约地提及这个故事。公元前3世纪,被誉为"牧歌之父"的古希腊诗人提奥克里图斯讲述了这个故事,手法朴素,行文严谨。卢奇安的《诸神对话》也提到过塞勒涅对恩底弥翁的爱恋之情。

满月女神塞勒涅是阿耳忒弥斯之前的月亮女神,因为与恩底弥翁(Endymion)[①]的私情而放弃了圣职。据说,恩底弥翁是宙斯在凡间的儿子,他风度翩翩、俊美非凡,在山间过着悠闲自在的牧羊人生活。夏日的夜晚,山谷中清凉幽静,恩底弥翁任由羊群在茂盛的草地上吃草休息,自己索性幕天席地而眠。在皓月当空的夜间,塞勒涅驾着月亮车驰过天空,经常会看到这位英俊男子迷人的睡颜。有一天,她遏制不住荡漾的芳心,走下神车,与他接吻,伴他同眠。恩底弥翁

---

① **恩底弥翁(Endymion)**:宙斯(一说厄利斯国王埃特利俄斯Aethlius)和卡吕刻(Calyce)的儿子,美男子。据说与塞勒涅生了五十个女儿。

从未在清醒时看一眼面如满月、身披银光的女神，他只以为自己是在美梦连连。而塞勒涅越来越沉迷于这隐秘的爱恋和幽会，夜复一夜地探访他，而且流连的时间越来越长，甚至有时候天亮了，月亮车还停留在空中。她的失职引起了宙斯的注意，导致她不得不在众神面前忏悔自己的过错。塞勒涅愿意交出月亮神车，卸下神职，只企求赐予心上人长眠、永生和永葆青春，让自己能够随时随心所欲地爱抚他。还有传说认为，是恩底弥翁自己选择了长眠，永远沉浸在美梦中。不管怎样，从此，恩底弥翁就毫无知觉地躺在那里一动不动，他身体温软、容颜不老，只是永世酣眠不醒。

◇ **自由解读** ◇

1. 恩底弥翁形象的含义是什么？ 恩底弥翁形象，常为诗人所青睐，诗人们渴望这种美的幻境，甚至为了美，不惜牺牲真实的生活。恩底弥翁的美梦，常被喻为诗人的灵思。

2. 如何理解塞勒涅的热情？ 据说塞勒涅的热情只给她带来了沉重的痛苦和无尽的叹息，这是没有灵魂交流的爱情带来的苦果。

◇ **延伸阅读** ◇

1. 英国文艺复兴时期"大学才子派"的约翰·黎里（John Lyly, 1554？—1606）的喜剧中最有名的就是《恩底弥翁》。在剧中，恩底弥翁暗恋月亮女神，而另一位单恋他的女神因为嫉妒而施魔法使他陷入沉睡，最终被他的爱感动的月亮女神用自己的吻唤醒了他。

2. 浪漫主义诗人济慈在照顾自己生病的弟弟期间创作了《恩弟米安》（即恩底弥翁）一诗。诗中，恩底弥翁是一位爱思考、勇于追求爱的青年，他在梦中爱上了月亮女神并得到了回应，但现实中女神却对他避而不见，使他极为苦恼。

《恩弟米安》（片段）

美的事物是一种永恒的愉悦：
它的美与日俱增；它永不湮灭，
它永不消亡；为了我们，它永远
保留着一处幽境，让我们安眠，
充满了美梦，健康，宁静的呼吸。
这样子，在每天清晨，我们编织
绚丽的彩带，把自己跟尘世系牢，
不管失望，也不管狠心人缺少
高贵的天性，不管阴暗的日月，
　也不管我们探索时遇到不洁
又黑暗的道路。是的，不管一切，
　有一个美的形体把棺罩褪卸，
褪卸自我们的灵魂。红日，明月，
给天真的羊群遮阴的老树，嫩叶，
　就是这样的事物；还有那水仙
和水仙周围的绿色世界；溪涧，
在盛暑给自己备好凉荫的流泉，
清亮澄澈；灌木丛隐在森林间，
洒满了麝香玫瑰花，点点星星；
　在我们想象之中的古代伟人
壮丽的命运，也是这样的事物；
还有听到或读到的美妙掌故；
那股永不休止地喷涌的仙浆，
从天的边缘倾注到我们心上。[1]

---

[1] ［英］约翰·济慈：《济慈诗选》，屠岸译，北方文艺出版社2019年版，第293—294页。

月亮女神与俄里翁

◇**早期文献**◇

在阿波罗多洛斯的《书藏》中,没有提到阿耳忒弥斯与俄里翁恋爱,而是讲述了俄里翁向女神挑战铁环或强迫女神的女侍而被杀。

因为阿耳忒弥斯是处女神,所以极少有关于她的风流韵事,传说中她唯一一次陷入恋爱的男方是身世离奇的俄里翁(Orion)[①]。俄里翁的父亲是玻俄提亚的建造者许里俄斯(Hyrieus)[②],是一位对神非常虔诚的国王。这位国王年纪已经很大了,却一直没有孩子。一日,他在郊外的茅屋里小住时,巧遇宙斯、波塞冬、赫耳墨斯三神经过。他宰杀了自己农场中最肥美的牛款待三位神祇,态度非常恭敬。作为回报,三位神决定赐给他一个梦寐以求的儿子。他们令老人拿来了一个牛皮囊,在上面小便后埋入土中。十个月后,埋皮囊的地方生出一位漂亮的男孩,老人给他起名俄里翁,意为"从地中生出的"。

俄里翁很快长成了一位英俊魁伟的巨人,许多美丽的姑娘爱慕

---

① **俄里翁(Orion)**:玻俄提亚国王许里俄斯之子。
② **许里俄斯(Hyrieus)**:海神波塞冬和女仙阿尔库俄涅之子,玻俄提亚的建造者,其妻是女仙克罗尼亚。

他。俄里翁娶了其中最出众的西得（Side），西得本就自命不凡，婚后更是变本加厉，甚至自称容貌胜过天后赫拉，结果被激怒的赫拉将其打入冥府受罚。失去妻子的俄里翁把精力都投入打猎活动中，他带着爱犬西立乌斯（Sirius）整日在树林中流连，经常与同样爱好打猎的阿耳忒弥斯不期而遇，双方都为对方精湛的猎技和不凡的美貌所打动。不久，他们就开始一起攀岩，一起游猎，无话不谈，形影不离。

太阳神阿波罗知道姐姐爱上了一个凡人，非常不满，屡屡劝阻，但事与愿违，面对阻力，这对恋人的感情愈加浓烈。阿波罗害怕姐姐打破"永守贞洁"的誓言会受到惩罚，决定设计彻底分开这对恋人。一日，阿波罗看见俄里翁在海里游泳，只有头露在外面，远远望去，只能看到一个黑点。于是对姐姐说："你一定不能射中海面上那个黑点。"心高气傲的阿耳忒弥斯说："我要是能射中呢？"阿波罗说："我就不再阻挠你和俄里翁交往！"阿耳忒弥斯很希望自己的恋爱能得到同胞兄弟的祝福，闻言心喜，不及细看，一箭射出，正中目标，可怜的俄里翁就此丧了性命。当海浪将俄里翁的尸体冲上海岸，阿耳忒弥斯才发现自己中了计，害死了心上人。她非常伤心，因此深恨害死情人的弟弟，宣布与他不共戴天，于是自此之后，日升月沉，日落月上。

◇星空知识◇

1. 俄里翁死后，阿耳忒弥斯十分悲痛，求父神宙斯把俄里翁的形象置于星宿之间，可以在夜晚与自己相伴，这就是猎户座（Orion）。而忠诚的猎犬西立乌斯在主人死后哀伤不已，随之而亡，成为猎户座畔一颗明亮的星星，这就是天狼星（Sirius），其所在星座即为猎犬座。

2. 俄里翁的爱犬所化的天狼星是夜空中最亮的恒星，苏轼在《江城子·密州出猎》诗中云："会挽雕弓如满月，西北望，射天狼。"

3. 在有的传说中，俄里翁死于蝎毒。而这毒蝎可能是阻挠姐姐恋爱的阿波罗放出的，或是因俄里翁猎杀了太多生灵而被触怒的地母该亚放出的。这只毒蝎最终被阿耳忒弥斯所杀，化作了夜空中的天蝎座（Scorpius）。而俄里翁升天变成了猎户座后，仍然惧怕蝎子，只要天蝎座升起，猎户座就会消失。猎户星座中，位于猎户腰带处的三颗亮星，在中国被称为参宿；而天蝎座则对应着中国的商宿。希腊民间流传着"天蝎猎户，你追我赶"的民谚，而中国杜甫也有诗曰："人生不相见，动如参与商。"

4. 普勒阿得斯七姐妹（Pleiades）是提坦神阿特拉斯和水泽仙女普勒俄涅的女儿。传说，俄里翁曾经对这七位年轻漂亮的仙女产生了深深的爱恋，并进行永无休止的追求，普勒阿得斯被迫变成鸽子逃亡了五年。最终，宙斯可怜她们，将这七姐妹安置在天上，化作了七颗闪亮的昴星团。后来，俄里翁变成了猎户座，紧邻昴星团，似乎仍然在追逐她们。

◇艺术欣赏◇

巴洛克画家塞特1685年的作品，现藏于法国卢浮宫。

戴安娜在俄里翁的尸体旁

丹尼尔·塞特

Daniel Seiter

（意大利画家，1642—1705）

独眼巨人的单恋

◇早期文献◇

这位独眼巨人在荷马的《奥德赛》中出现过，那时他粗鲁野蛮，以人为食，令人恐惧。但在公元前3世纪的亚历山大派诗人提奥克里图斯笔下，他谈恋爱了，这时他并不可怕，反而有些可怜。卢奇安的《诸神对话》中曾提到他的单恋，其时伽拉忒亚还没有情人，虽然不喜独眼巨人，却反对别人嘲笑他。奥维德的《变形记》第13卷也讲述了这位巨人的恋爱故事。

独眼巨人波吕斐摩斯（Polyphemus）① 是海神波塞冬的儿子，他身材巨大，相貌粗笨，以野蛮凶悍著称。但是有一天，他突然陷入狂热的恋爱中。这日，他在西西里河边散步，遇见了海神涅柔斯（Nereus）② 美丽的女儿伽拉忒亚（Galatea）③。正在采花的女仙肤若凝脂，体姿婀娜，笑容甜美，一下子就打动了巨人的那颗粗鲁的石头

---

① **波吕斐摩斯（Polyphemus）**：独眼巨人之一，波塞冬和女仙托俄萨的儿子。在《奥德修纪》中被奥德修斯设计戳瞎了眼睛。

② **涅柔斯（Nereus）**：大海神蓬托斯和大地母神该亚的儿子，海上老人之一，多里斯的丈夫，海中女仙们的父亲。是位慈祥、明智的长者，是平静的大海的化身。有预言和变形的本领。

③ **伽拉忒亚（Galatea）**：涅柔斯和多里斯的女儿。

心。从此，波吕斐摩斯忘记了他的羊群和山洞，放弃了他好杀的野性和嗜血的欲求，只是每天痴望着心中的女神。其间，有一位名为忒勒摩斯（Telemus）的预言家警告他，名为奥德修斯的人将会取走他的独眼，但他却并不放在心上，只是痴痴地回答说："你错了，先知，它现在就已不属于我自己，早已有人将它取走了。"为了取悦伽拉忒亚，他用镰刀剃去了粗黑的胡子，用耙子梳顺了蓬松的乱发，他每天对着心上人，恭维她的美貌，吹嘘自己的家世和资产，甚至还用不怎么美妙的声音唱情歌。

可是，伽拉忒亚钟情于潘神的儿子、年轻英俊的阿喀斯（Acis）[①]。这对情人一起卿卿我我，甚至有时还一起嘲笑波吕斐摩斯。嫉妒的巨人非常愤怒。趁他们熟睡时，举起一块大石将情敌阿喀斯砸死了。被惊醒的女神将情人阿喀斯流出的鲜血变成了一条河，使他成为河神，从而获得永生。

◇艺术欣赏◇

一些画家被巨人的嫉妒和暴力激发出创作热情，另一些画家则喜欢表达女神最终的胜利。

图1. 罗马诺用下方的一对指指点点拿巨人取笑的情人来表现巨人的孤独和巨大。现收藏于意大利的得特宫。

图2. 莫罗1896年的作品，现收藏于西班牙的提森博物馆。画作中，伽拉忒亚皮肤白皙、纤柔优雅，斜卧于水畔，散发出圣洁的美，而她后方的巨人痴望着她，完全陷入单方面的爱恋中不可自拔。

图3. 佩里耶1649年的作品，现藏于法国卢浮宫。画面分成两部分，左方是依偎在一起的情侣阿喀斯和伽拉忒亚，以及围绕着他们一片欢声笑语的一群小海神和海中仙女；右方是形单影只的巨人波吕斐

[①] 阿喀斯（Acis）：潘和一位海中女仙的儿子。

摩斯。两部分画面形成对比，同时通过阿喀斯的视线、伽拉忒亚的手指和她上方小爱神箭指的方向联系起来。

图1 波吕斐摩斯

朱利奥·罗马诺

Giulio Romano

（意大利画家，1499—1546）

图2 波吕斐摩斯和伽拉忒亚

古斯塔夫·莫罗

Gustave Moreau

（法国画家，1826—1898）

图3 阿喀斯与伽拉忒亚

弗朗索瓦·佩里耶

Francois Perrier

（法国画家，1594—1650）

三角恋爱的悲剧

◇早期文献◇

奥维德的《变形记》第13、14卷讲述了这个三角恋爱的故事。

格劳科斯（Glaucus）[①]虽然是海神波塞冬的儿子，但只是一介凡人，在凡间以打渔为生。一日，他来到一处人迹罕至的海边捕鱼。休息时，他将捕到的鱼放到岸边晾晒。不久，格劳科斯惊奇地发现，原本离了水而奄奄一息的鱼变得活蹦乱跳，在陆上如在海中一样自如，竟然从岸边蹦回了海里。格劳科斯仔细观察，发现这些鱼是由于接触了岸边长着的一种不知名的绿色小草而发生了这样的变化。他禁不住好奇，便摘了几根这种怪草吃下。很快，他感到一种强烈的冲动：想要离开大地、跃入海中。他顺应了这欲望，跃入大海。这时他发现，自己身上长出了深绿色的毛发，肢体也变得肩宽背厚，下半身长出了强有力的鱼尾。他知道，自己已经变成了永生的海神！这位新晋的海

[①] **格劳科斯（Glaucus）**：海神波塞冬的儿子，出生时是凡人，后服食一种神草，成为海神。

神并不喜欢深海，他常常在海岸附近游荡。一天，他无意间窥见正在沐浴的女仙斯库拉（Scylla）[①]。斯库拉如同出水芙蓉一样美丽，肤白如雪，身姿绰约，翩若惊鸿。格劳科斯对她一见钟情，展开了热烈的追求，但斯库拉对他无意，只是一再地回避。

苦恼的格劳科斯去找女巫喀耳刻（Circe）[②]寻求帮助，希望有一种魔咒或魔药能使斯库拉也燃起与他同样的热情。喀耳刻爱上了强壮健美的格劳科斯，于是劝说前来求助的海神放弃无望的单相思，并自荐枕席。格劳科斯拒绝了她，声称自己对斯库拉的爱海枯石烂永不变。嫉妒而狠毒的喀耳刻得不到心人上的爱，于是迁怒于无辜的斯库拉。喀耳刻炼制了一种毒药，偷偷倾倒在斯库拉沐浴的池水中。毫不知情的斯库拉仍如往常一样把半身浸入水中，但突然感到一阵难以忍受的剧痛，当她从疼痛中缓过来之后，却惊恐地发现自己腰以下分裂成六只狂吠着的恶狗。起初她不敢相信这是自己的身体，但无论如何奔逃，可怕的怪物都如影随形。绝色美女变成了令人恐惧的巨怪！

格劳科斯见了变形的心上人，不禁心痛如绞，但他谨守誓言，对斯库拉始终如一。可怜的斯库拉后来居住在意大利和西西里之间的大海里，这悲惨的境遇使她变得疯狂暴虐，破坏一切靠近她的事物，成了途经此地的水手们常常遇到的巨大危险，伊阿宋、奥德修斯都遇到过这种危险。

◇**艺术欣赏**◇

图1. 拉海尔约1640年到1644年之间的作品，现藏于美国的盖蒂博物馆。画作最左方有一个小爱神，他的箭指向右下方的格劳科

---

① **斯库拉（Scylla）**：海中女仙。
② **喀耳刻（Circe）**：老太阳神赫利俄斯和佩耳塞斯的女儿，女巫师，精通魔法，而且熟知毒草的性能。

斯，格劳科斯一手指心，表示他正在求爱，但斯库拉拒绝了他。

图2. 沃特豪斯1892年的作品，现藏于南澳大利亚美术馆。神情恐怖的喀耳刻身穿阴森的蓝色长裙，正在把绿色的毒药投入水池中，在她脚下斯库拉可怕的变形接近完成。

图1　格劳科斯和斯库拉

洛朗·德·拉海尔

Laurent de la Hyre

（法国画家，1606—1656）

图2　喀耳刻投毒

约翰·威廉·沃特豪斯

John William Waterhouse

（英国画家，1849—1917）

苦命姐妹的遭遇

◇ **早期文献** ◇

奥维德的《变形记》第6卷记述了这个可怕的故事。阿波罗多洛斯《书藏》的第3卷也讲述了这一故事。

在雅典王族中有一对苦命的姐妹，由于遇人不淑而境遇悲惨。其中，姐姐是普洛克涅（Procne）① 公主，她嫁给了战神阿瑞斯之子、特剌刻的国王忒柔斯（Tereus）②，并很快有了一个可爱的儿子，名叫伊堤斯（Itys）③。普洛克涅思念妹妹菲洛墨拉（Philomela）④，请丈夫接妹妹来小聚。可这无耻之徒见到美若天仙的菲洛墨拉竟然起了色心，在回国的途中强暴了这可怜的小公主。受辱的少女发誓要让全世界都知道忒柔斯的恶行，这激怒了残暴的国王，后者残忍地割下她的舌头，然后把她关进山洞里，派人严密看管。忒柔斯回宫之后，对妻子说，菲洛墨拉体弱，经受不住风雨颠簸，在途中生病死了。普洛克涅非常伤心，

---

① **普洛克涅（Procne）**：雅典国王潘狄翁和宙克西珀之女，菲洛墨拉的姐姐，忒柔斯之妻。
② **忒柔斯（Tereus）**：特剌刻国王，战神阿瑞斯之子，普洛克涅的丈夫。
③ **伊堤斯（Itys）**：忒柔斯与普洛克涅之子。
④ **菲洛墨拉（Philomela）**：雅典国王潘狄翁和宙克西珀之女，普洛克涅的妹妹。

丝毫没有怀疑丈夫在欺骗自己，于是穿上丧服哀悼妹妹。

一年后，被囚在山洞里的菲洛墨拉以过人的技艺织出了一块花纹精美的挂毯，示意服侍自己的老妇人交给王后。这个老妇人知道王后近来闷闷不乐，很希望通过这件美丽的礼物使王后开心而获得奖赏，就立刻将它送给了王后。当普洛克涅展开挂毯时，不由惊恐万状，因为上面用只有她和妹妹知道的纹路语言讲述了她丈夫的罪行和妹妹的遭遇。普洛克涅尽力控制住自己的眼泪和怒火，设法悄悄将妹妹解救了出来。姐妹两人终于重逢，恍若隔世，抱头痛哭。普洛克涅见到妹妹的惨况，对丈夫恨意滔天，甚至都不愿意看到与丈夫外貌相似的小儿子。突然，她有了个可怕的复仇计划，在一定要让忒柔斯为他的暴行付出代价的信念支持下，她含着热泪实施了计划。她亲手杀死了自己年仅五岁的孩子伊堤斯，把孩子小小的尸体切成碎块做成菜肴，送给忒柔斯，看着他吃下，然后把孩子的头向他掷去，并说出真相。

忒柔斯被恶心和恐惧的感觉攫住，一时无法动弹，当他反应过来，立刻拿起武器，要杀死姐妹两人。诸神怜悯这对苦命的姐妹，让她们变成了小鸟：姐姐变成了夜莺，总是在哀伤地歌唱，她的歌声格外哀婉动听；妹妹变成了燕子，因为舌头被割掉了，只能叽叽喳喳地鸣叫。国王也变成了鸟，一种长有羽冠的污秽的鸟——戴胜鸟。

罗马人在讲述这个故事时，不知怎么把两姐妹弄混了，妹妹菲洛墨拉变成了夜莺，所以后世英文作品中，她的名字一直是夜莺的同义词。

◇**自由解读**◇

女性主义者如何理解这则神话？ 女性主义者用菲洛墨拉的故事阐释妇女的"沉默"（silence），即被剥夺发言权。

◇**延伸阅读**◇

1. 英国诗人马修·阿诺德（Matthew Arnold，1822—1888）在

《菲洛墨拉》一诗中慨叹：永恒的情欲！永恒的痛苦！

2. 英国诗人史文朋（A. C. Swinburne，1837—1909）的《伊堤斯》从被母亲亲手杀死的孩子的角度入手，谴责了母亲不顾母子亲情残害无辜的幼子。

3. 美国诗人埃兹拉·庞德（Ezra Pound，1885—1972）在长诗《诗章》第四篇中表现了姐妹两人的父亲雅典国王潘狄翁的痛苦。

4. T. S. 艾略特（Thomas Stearns Eliot，1888—1965）的《荒原》引用了这个故事：那是翡绿眉拉（即菲洛墨拉）变了形，遭到了野蛮国王的强暴；但是在那里那头夜莺，她那不容玷辱的声音充满了整个沙漠，她还在叫唤着，世界也还在追逐着，"唧唧"唱给脏耳朵听。

◇ **艺术欣赏** ◇

鲁本斯1636—1638年的作品，现藏于西班牙马德里的普拉多博物馆。

忒柔斯看到儿子的头颅

彼得·保罗·鲁本斯

Peter Paul Rubens

（佛兰德斯画家，1577—1640）

夫妻相疑的悲剧

◇早期文献◇

阿波罗多洛斯在《书藏》第3卷中讲述了这一故事，他讲了妻子因金冠而出轨逃到弥诺斯处，为弥诺斯疗病而得到礼物，回家送给丈夫求得和解，后被误杀，但并没有提到夫妻相疑试探。奥维德的《变形记》第7卷讲述了这对夫妻相疑造成的悲剧。罗马作家许癸努斯（公元前2世纪）的《传说集》中也讲述了这对夫妻的故事。

雅典公主普洛克里斯（Procris）[①]与刻法罗斯（Cephalus）[②]本是一对恩爱夫妻，丈夫英俊不凡，妻子美艳迷人，两人彼此倾慕，蜜月期间好得如胶似漆。可是，刚过了蜜月，刻法罗斯就被黎明女神厄俄斯掳走了。原来这位新郎性喜狩猎，破晓时分就出门去打猎，黎明女神常常见到这位英俊猎手，就爱上了他。但刻法罗斯思念妻子，不肯逢迎女神。女神无奈将他放回，但挑拨说，他的妻子未必像他那么忠贞。这恶毒的话语果然在刻法罗斯心里发了芽，他竟然

---

① 普洛克里斯（Procris）：雅典国王厄瑞克透斯之女，刻法罗斯之妻。
② 刻法罗斯（Cephalus）：神使赫耳墨斯和赫耳塞之子，普洛克里斯的丈夫。

决定乔装打扮去试探妻子。他装扮成了一名外地来的富商，这装扮很成功，当他回到家时，没有人认出他。当他看到妻子因为思念他而憔悴的面容时，差点儿就放弃了自己的计划，然而无法消除的疑心让他坚持了下去。他以异乡人的身份不仅花言巧语地热烈赞美普洛克里斯，而且送了很多精美的礼品来引诱她。普洛克里斯一开始不为所动，她直言自己对丈夫的思念之情，并宣称不管丈夫在何方都忠于他。但时间长了，这位热情追求者一再提醒她说，她丈夫已经抛弃了她。普洛克里斯犹豫了，虽并没有立刻委身于追求者，却对他的亲近半推半就。这时，追求者脱掉了伪装，显露出真容的刻法罗斯指责妻子没有经受住考验。普洛克里斯无地自容，离家出走，逃到了克里特岛上。

岛上的国王弥诺斯被嫉妒的妻子帕西淮诅咒，只要他与别的女人接触，身上就生出毒虫，将对方咬死。普洛克里斯用一种魔药帮助弥诺斯消除了这可怕的病症，作为交换，普洛克里斯得到了一条疾跑如飞的猎犬和一支每投必中的长矛。她回到家中，把这两件宝贝送给丈夫，作为请求原谅的礼物，而刻法罗斯在妻子离开后，意识到自己的所作所为实在糟糕，这时也向妻子谦卑地道歉，于是夫妻两人和好如初。但普洛克里斯总是心中惴惴，怀疑丈夫不再像以前那样爱自己了，怀疑丈夫在外面有了出轨对象。于是，她在丈夫去狩猎时偷偷跟踪。刻法罗斯听见林中有枝叶发出的窸窣声，以为是野兽，就投出了那支百发百中的长矛。结果发现他的妻子被刺中了心脏，倒地而亡。在有的神话版本中，这位伤心的丈夫也投海自尽了。

◇ **自由解读** ◇

如何理解这个夫妻相疑的故事？ 这则故事表明，古希腊人已经认识到了，婚姻中，夫妻二人如果互不信任就会产生悲剧。

◇**延伸阅读**◇

1. 1487 年，意大利的科雷乔（Correggio）将奥维德的故事改编成了戏剧《刻法罗斯》，具有轻快的形式和抒情诗式的格调。

2. 西班牙作家卡尔德隆·德·拉·巴尔卡（Pedro Calderon de la Barca，1600—1681）的作品《最可怕的是嫉妒》重点落在女主人的嫉妒带来的悲剧后果上，而隐去了她的不忠。

淮德拉爱上继子

◇ **早期文献** ◇

阿波罗多洛斯在《书藏》第3卷中讲述了这一故事，在他的版本里淮德拉一开始没有选择死亡，而是打碎卧室的门、撕破自己的衣服去诬告希波吕托斯，然后在一切事发后才自杀。欧里庇得斯著有《淮德拉》，现已遗失，但他取材于同一故事的《希波吕托斯》保存了下来。

希波吕托斯（Hippolytus）① 是阿玛宗的女王希波吕塔（Hippolyta）② 或安提俄珀（Antiope）③ 和雅典国王忒修斯（Theseus）④ 的儿子。他的母亲很早就去世了，父亲晚年又续娶了阿里阿德涅的妹妹淮德拉（Phaedra）⑤。希波吕托斯从小被父亲寄养在外祖父家里，后来

---

① **希波吕托斯（Hippolytus）**：忒修斯和阿玛宗的女王希波吕塔（或安提俄珀）之子。
② **希波吕塔（Hippolyta）**：阿玛宗人的女王，战神阿瑞斯和俄特瑞拉的女儿。她嫁给忒修斯后，阿玛宗人为夺回女王进攻雅典，她与丈夫并肩作战，最终战死。
③ **安提俄珀（Antiope）**：阿玛宗人的女王，有的记载认为她与希波吕塔是同一人，有的则认为她是希波吕塔之妹。
④ **忒修斯（Theseus）**：雅典国王埃勾斯（一说波塞冬）与埃特拉之子。雅典最伟大和最受尊崇的英雄。
⑤ **淮德拉（Phaedra）**：弥诺斯和帕西淮之女，阿里阿德涅之妹，忒修斯的续弦。

他长成英俊威武的美少年。他酷爱运动和打猎，不解风情，只崇拜美丽而贞洁的狩猎女神阿耳忒弥斯，而轻视爱与美的女神阿佛洛狄忒。后者很生气，决心惩罚他，在他回到雅典与父亲忒修斯团圆后，令他的继母淮德拉疯狂地恋上了他。淮德拉为这隐秘的恋情所折磨，几欲寻死，终于怀着一丝希望决定不顾一切地追求他。她派乳母给希波吕托斯送情书，直接大胆地向继子求欢。希波吕托斯本就一贯无视一切温香软玉，这大逆不道的爱情更使他惊恐又厌恶。他当面直斥淮德拉是下贱的女人，断然声称自己绝对不会背叛父亲。绝望的淮德拉选择了自杀，但在写给丈夫忒修斯的绝命书中报复了希波吕托斯，诬陷他对自己不轨。忒修斯信以为真，勃然大怒，但不忍心亲手杀子，遂祈求波塞冬代为行事。海神在希波吕托斯驾着马车沿海行进时，命海怪出现。众马受惊乱跑，希波吕托斯猝不及防，坠下马车，被拖曳而死。后来，忒修斯知道了真相，但是已经悔之莫及。

◇自由解读◇

如何理解这则神话？ 这则神话反映了这样的原型：上了年纪而新娶了年轻妻子的男性对已经成年的儿子的嫉妒和忌惮。

◇延伸阅读◇

17世纪法国新古典主义悲剧大师拉辛有《淮德拉》一剧，1677年上演。

◇艺术欣赏◇

卡巴奈尔于1880年创作，现收藏于法国的法布尔博物馆。他在这幅画中，表现了陷入思春而不可自拔的女子在寂静的夜里烦躁不安的内心。室内的装饰和点亮的油灯显示这应该是在一个宁静夜晚的王宫寝室中，淮德拉是画作的中心，是色彩最亮的部分，她全身赤裸地半卧在床榻上，仅在下半身掩着一袭白纱，曲线优美，富有诱惑力。她半撑着头，双目炯炯，似乎陷入遐思之中。凌乱的头发和寝具暗示了她纷乱的思绪，表现出一个因为爱情而辗转反侧、难以入眠的女人。与她形成对比的是床前困极而眠的黑衣女仆和床尾俯身随时听候呼唤的乳母。

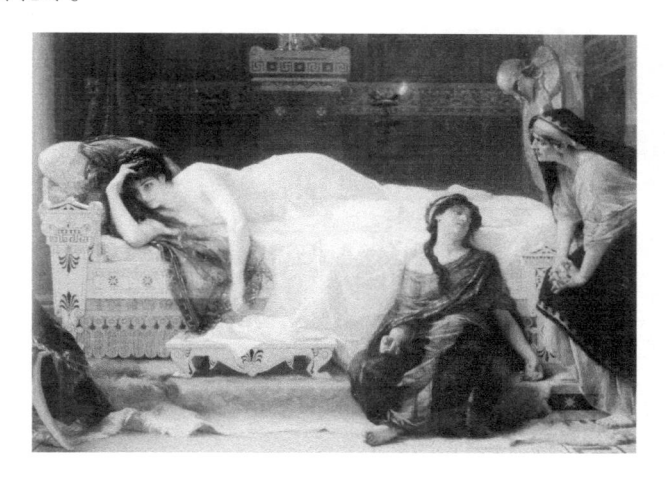

淮德拉

亚历山大·卡巴奈尔

Alexandre Cabanel

（法国画家，1823—1889）

英雄传说

佩耳修斯的故事

◇ **早期文献** ◇

赫西俄德的《神谱》提及佩耳修斯砍下美杜莎头颅的故事。爱琴海凯奥斯岛的抒情诗人西摩尼得斯（Simonides，约公元前556—公元前468）详细讲述了达娜厄的漂泊经历，诗句哀婉动人。荷马、赫西俄德、品达对此也有提及。奥维德的《变形记》第4卷和第5卷都有佩耳修斯的故事，如杀美杜莎、石化阿特拉斯、救安德洛墨达等。阿波罗多洛斯的《书藏》第2卷中也用简明直白的语言详细记叙过这个故事。卢奇安《海神对话》中讲述了佩耳修斯出生、杀美杜莎和英雄救美的故事。

佩耳修斯的出生

阿耳戈斯的国王阿克里西俄斯（Acrisius）[①] 和王后欧律狄刻（Eurydice）[②] 生了个女儿，取名达娜厄（Danae）。达娜厄公主美若天仙，乃世间绝色。她的母亲在生产时去世，父亲将她视为掌上明珠，十分

[①] **阿克里西俄斯（Acrisius）**：阿耳戈斯的国王，欧律狄刻的丈夫，达娜厄的父亲。
[②] **欧律狄刻（Eurydice）**：阿耳戈斯的王后，阿克里西俄斯的妻子，达娜厄的母亲。

宠爱。但国王想要个儿子做继承人，于是去德尔菲神庙向神祈求。可是神谕却告诉国王，他命中无子，而且更不幸的是，他将死于自己的外孙之手。神谕传来的这年，达娜厄公主芳龄十五岁。笃信命运、恐惧死亡的国王因此命人建了一座青铜塔屋，屋顶开一天窗，以便通风和采光。青铜塔屋建好后，国王就将女儿关在其中，屋里仅留一个老妇人侍候，门口有卫兵和恶犬昼夜看守。达娜厄正值青春年少，天生丽质，却像囚徒一样过着不见天日的寂寞生活；她渐渐长大，却既无法在阳光下自由奔跑，也无法获得少女应有的爱情，自然十分痛苦。她经常在这坟墓一样的塔屋中虔诚祈祷，希望众神能听到她的声音，送给她一位如意郎君。众神之王宙斯听到了公主的祈求，看到了公主的容颜，他立刻被打动了，于是化作一阵黄金雨潜入达娜厄的囚室，与之结合。不久，达娜厄生下了一个非常漂亮的男孩，她为孩子起名为佩耳修斯（Perseus）[1]。

智杀美杜莎

一天，国王阿克里西俄斯听到了婴儿的哭声，发现了这个孩子。他并不相信女儿所说——这个孩子是宙斯之子，但一方面终究狠不下心亲手杀死女儿和外孙，另一方面也怕承担弑亲的罪孽，于是就把他们封在一个箱子里扔下了海，任其自生自灭。后来箱子漂流到了塞里福斯，被一位渔夫狄克堤斯（Dictys）[2] 打捞起来。这位好心的渔夫收留了这对母子。狄克堤斯的哥哥——塞里福斯的国王波吕得克忒斯（Polydectes）[3] 是个好色残忍、冷酷阴险的人，他很长一段时间并没

---

[1] **佩耳修斯（Perseus）**：达娜厄和宙斯之子，阿克里西俄斯的外孙，安德洛墨达的丈夫。古希腊最著名和最令人敬佩的英雄之一。
[2] **狄克堤斯（Dictys）**：塞里福斯岛的渔夫，佩耳修斯的养父，后成为国王。
[3] **波吕得克忒斯（Polydectes）**：塞里福斯岛的国王，狄克堤斯的哥哥，后被佩耳修斯杀死。

有留意到这对母子。但随着佩耳修斯逐渐长大，达娜厄外出增多，终于有一天偶遇国王。达娜厄是如此美丽动人，好色的国王一见到就动了觊觎之心。已经长成翩翩少年的佩耳修斯忠心耿耿地守护着与自己相依为命的母亲，成为国王达到卑鄙目的的最大障碍，国王对他是必欲除之而后快。

残暴的国王假称自己要和邻国的公主结婚，要求臣民们每人送他一匹马作贺礼。佩耳修斯家贫，拿不出马来，国王就命他去杀死戈耳工三姐妹之一——蛇发女妖美杜莎，并把她的头带回来作礼物。年轻气盛的佩耳修斯被自尊心所支配，接下了这个几乎不可能完成的任务。这一任务令人望而生畏，是因为没有人知道三位女妖住在哪里，而且任何人只要看她们一眼，就会立刻变成石像。然而，佩耳修斯得到了两位神祇的帮助，这也许是他那位神王父亲宙斯父爱的表现。神使赫耳墨斯首先出现在佩耳修斯面前，指引他去找格赖埃（Graeae）[①]三姐妹问路。这三位女妖是戈耳工的姐妹，她们生来苍老，三个人只有一只眼睛，平日里轮流使用。佩耳修斯遵照赫耳墨斯的指示，躲在三位女妖附近，趁其中一个将那唯一一只眼睛从额头上取下要传给另一个时，伸手将眼睛抢走。为了拿回眼睛，三位女妖有求必应，她们不仅供出了自家姐妹的住处，也告诉佩耳修斯能为他提供装备的北方仙女的方位。佩耳修斯谢过她们，并把眼睛还了回去。他根据三姐妹的指引找到了北方仙女，得到了三件装备：一双能让人行走如飞的带翼飞鞋；一顶能使人隐形的神奇头盔；还有一个能够根据所装物品大小随意伸展的魔法皮袋，它还能隔绝美杜莎目光的石化魔力，用来装美杜莎的头最合适不过了。眼看佩耳修斯完成了准备工作，赫耳墨斯又现身了，他送给了佩耳修斯一把锋利的宝剑，这把宝剑削铁如

---

① **格赖埃（Graeae）**：也称灰衣女妖，包括厄倪俄、佩佛瑞多和得诺三姐妹。她们是地母该亚与最早的海神蓬托斯的孙女，第二代海神福耳库斯和刻托之女，戈耳工三女妖的姐妹。

泥，戈耳工三女妖坚如金石的鳞片也抵挡不住。佩耳修斯由衷地感谢神使，但他仍有疑虑：女妖的目光能使人石化，再绝妙的武器只怕也发挥不了效用啊！这时，另一位神祇出现在他身旁。智慧的女战神把自己胸前那面亮光闪闪的盾牌摘下来递给了他。当光洁的盾面立在佩耳修斯面前时，这位被雅典娜眷顾的少年英雄瞬间顿悟了它的妙用。他欣喜若狂地谢过了女神，穿戴上装备，拿好武器，斗志昂扬地出发了。

有带翼飞鞋的帮助，佩耳修斯很快就飞越大洋，来到了戈耳工三姐妹居住的岛屿。恰巧，三姐妹都在睡觉。佩耳修斯抓住时机，通过观察镜子一样明亮的盾牌反射的倒影，潜到美杜莎身边，一剑砍下了她那可怖的头颅，并将其放在了魔法皮袋中。被惊醒的另外两位戈耳工看到妹妹无头的尸体，大为震怒，咆哮着要将凶手碎尸万段。可佩耳修斯戴着隐身帽，携着美杜莎的头颅，轻巧地从她们身边溜走，很快就跑得无影无踪了。

英雄救美

在回家的途中，佩耳修斯路过西天，见到了正在扛着天的阿特拉斯（Atlas）①。他以宙斯之子的名义请求在此地休息。但阿特拉斯痛恨宙斯，非常粗暴地断然拒绝，喝令他滚开。佩耳修斯一怒之下，举起了美杜莎的头颅，将阿特拉斯整个庞大的身躯都变成了石头，形成了阿特拉斯山（Atlas Mountains）②。

佩耳修斯继续赶路，当他路过埃塞俄比亚时，发现了一位美丽的少女被赤身裸体地缚在海边的巨石上，少女的脸上泪水涟涟。原来她

---

① **阿特拉斯（Atlas）**：提坦巨神之一，是第一代天帝乌拉诺斯和地母该亚的孙子，提坦神伊阿珀托斯和司法律、正义和预见的提坦女神忒弥斯的儿子，普罗米修斯、厄庇墨透斯的兄弟，宙斯的堂兄弟，赫斯珀里得斯姐妹的父亲。
② **阿特拉斯山（Atlas Mountains）**：位于非洲西北部，是阿尔卑斯山系的一部分。

是当地的公主安德洛墨达（Andromeda）①，她的母亲王后卡西俄珀亚（Cassiopea）②曾夸耀其美貌胜过海中仙女，冒犯了海神波塞冬，海神派出海怪吞食当地人。神谕说，只有将安德洛墨达献祭给海怪，才能平息这次灾难。于是，人们逼迫国王刻甫斯（Cepheus）③交出了自己的女儿。佩耳修斯正是在这千钧一发之际赶到的，他弄清了原委，就主动请缨出战，一番搏斗之后用宝剑杀掉了海怪。获救的公主与救美的英雄两情相悦，在得到国王和王后的应允后，决定结为夫妻。但在婚宴上，国王的弟弟菲纽斯（Phineus）④带领一支武装冲了进来，叫嚷着要抢回自己的未婚妻。佩耳修斯不明所以，国王向他解释："菲纽斯确实曾与安德洛墨达有婚约，但当他在海怪面前舍弃了自己的未婚妻时，也就等于放弃了这个婚约。"随后，国王回过头来斥责自己的兄弟："当安德洛墨达被绑在岩石上面临死亡的时候你去哪里了？你没有勇气对抗海怪，怎么有脸向胜利者索要奖品呢？"菲纽斯无言以对，却仍不甘心放弃。他看佩耳修斯孤身一人，就意图以众欺寡。佩耳修斯势单力薄，在奋勇杀死对方数人后，不得不拿出了终极武器——美杜莎的头颅，将菲纽斯一行全部石化。

　　佩耳修斯有了娇妻后，回去见母亲的心情更为迫切了。可当他日夜兼程回到家中时，却发现母亲达娜厄正在渔夫狄克堤斯的掩护下四处躲藏。因为国王波吕得克忒斯终于露出了他丑恶的嘴脸，逼迫达娜厄嫁给他。怒不可遏的佩耳修斯再次拿出了美杜莎的头颅，将国王和他那些助纣为虐的臣子都变成了石像。此后，佩耳修斯举行祭祀感谢

---

① **安德洛墨达**（Andromeda）：埃塞俄比亚国王刻甫斯和王后卡西俄珀亚之女，佩耳修斯的妻子，二人婚后，十分恩爱，共生六子一女。
② **卡西俄珀亚**（Cassiopea）：埃塞俄比亚国王刻甫斯的妻子，安德洛墨达的母亲。
③ **刻甫斯**（Cepheus）：柏罗斯之子，埃塞俄比亚国王，卡西俄珀亚之夫，安德洛墨达之父。
④ **菲纽斯**（Phineus）：埃塞俄比亚国王刻甫斯的弟弟，安德洛墨达的叔父和未婚夫。

众神，把装备和武器还了回去，并把美杜莎的头送给了雅典娜女神，女神将它镶在了盾牌上。

误杀外祖父

在扶持养父狄克堤斯成为新的国王之后，佩耳修斯决定带着母亲和妻子回阿耳戈斯，与外祖父和解。归途中，他们路过北方一个名为拉里萨的小国。当地正在举行运动会，佩耳修斯一时技痒，参加了掷铁饼比赛。只见他掷出的铁饼飞得又高又远，竟然超出了赛场，落到了观众席上，正好砸在一位老人头上，使其一命呜呼。谁也没有料到，这位老人正是佩耳修斯的外祖父阿克里西俄斯。神谕以这种出乎意料的方式实现了，佩耳修斯十分伤心。他是外祖父留下的阿耳戈斯王位的第一继承人，但这个悲剧使他不愿意留在这个令人伤心的国度。于是，佩耳修斯与邻国迈锡尼国王交换了国土，带着家人在迈锡尼定居，做了那里的国王。许多年过去了，佩耳修斯和安德洛墨达始终恩爱如初，生育了众多儿女。

◇词汇履历◇

1. 金雨（golden rain）一词由此而来，意指意外出现的大量金钱。
2. 佩耳修斯的成就（Accomplishment of Perseus）意为辉煌的成就，杰出的贡献。

◇星空知识◇

佩耳修斯死后化为了英仙座（Perseus），他的妻子安德洛墨达则变成了仙女座（Andromeda），他的岳父刻甫斯化为仙王座（Cepheus），他的岳母卡西俄珀亚成为仙后座（Cassiopeia），但据说海神波塞冬并没有原谅卡西俄珀亚对海中仙女的冒犯，所以仙后座一年中大部分时候都是头下脚上被吊在空中。此外，那头被佩耳修斯杀死的海怪也在天空有了个位置，变成了鲸鱼座（Cetus）。

◇**自由解读**◇

1. 如何理解达娜厄的被囚与受孕？ 这则神话传说反映了父权对女性的绝对控制。也曲折反映了用金钱交易女性的现象。因为有一种听起来庸俗却也颇有道理的解释，把黄金雨看作贿赂看守的钱财。

2. 神话—仪式学派是如何理解这则神话的？ 神话—仪式学派认为，佩耳修斯杀死美杜莎（代表着邪恶的怪物）可能与驱除害虫和疾病的巫术仪式有关。

◇**延伸阅读**◇

1. 17世纪新古典主义悲剧大师高乃依创作过悲剧《安德洛墨达》，据说莫里哀还出演过其中的角色佩耳修斯。

2. 佩耳修斯的故事具备了童话中吸引孩子的一切要素——英雄、公主、怪兽和魔法装备，所以常被改写传播，如美国作家纳撒尼尔·霍桑（Nathaniel Hawthorne，1804—1864）就在《杂林别墅里的希腊神话》第1章用更纯真、更美好的方式讲述了这个故事。

3. 美国后现代主义作家约翰·巴思（John Barth，1930— ）的小说《客迈拉》中第二部分"英仙座流星"塑造了一位中年危机的佩耳修斯，他回忆自己的过去，承认自己的过错和失败，从而超越自我而升天成神，并和重生为美女的美杜莎成为伴侣。

4. 美国导演路易斯·莱特里尔执导的电影《诸神之战》和《诸神之怒》都是以英雄佩耳修斯为主角展开的故事。

5. 达娜厄有时被视为基督教传说中"圣母受孕"（处女怀胎）的原型，即因神的意志而怀孕的纯洁女性。

◇周边链接◇

中世纪最受尊崇的英雄骑士圣乔治的传说显然脱胎于佩耳修斯与安德洛墨达的神话：美丽的公主被献祭给恶龙，圣乔治杀死恶龙，英雄救美并俘获公主芳心。

◇艺术欣赏◇

图1—图7. 唯美主义画家爱德华·伯恩·琼斯对佩耳修斯的题材情有独钟，创作了系列画作。琼斯是罗塞蒂的门生，他的画比老师的更富装饰性，也更精美。他的画作构图细致入微，色彩运用细腻，笔下人物哀而不伤、优雅倦怠，表现出一种远离人间烟火的超世俗的美。图1是他1888年的作品，现收藏于英国的凯尔文格罗夫艺术画廊和博物馆，模特是玛利·斯巴达利。这幅画作选择了达娜厄偷看铜塔建造的一幕，达娜厄一手撑着下巴，一手无意识地攥着衣襟，反映了她紧张而犹疑的心情。图2—图6现收藏于英国南安普敦市美术馆。图2是佩耳修斯正在乘机夺取灰衣女妖的眼珠，画作布局和谐，三女妖虽身着灰衣，却未呈老态，衣褶和手臂的曲线优雅，有翩翩起舞之感。图3是北方仙女送给佩耳修斯装备。图4是佩耳修斯砍掉美杜莎的头，从她的脖腔中生出神马佩伽索斯和克律萨俄耳（Chrsaor），皆为波塞冬之子。图5是佩耳修斯发现了被缚的安德洛墨达。图6是佩耳修斯斗海怪救安德洛墨达。图7现收藏于德国斯图加特艺术博物馆，是佩耳修斯和安德洛墨达从水的倒影中看美杜莎的头。

图8. 伦勃朗1636年的作品，现藏于俄罗斯艾尔米塔什博物馆。画中达娜厄仿佛本来正趴在枕头上绝望地哭泣，突然听到或看到了什么，于是丰满的身体从床上微微抬起，眼眸含情、手臂前伸，期待着突如其来的欢乐和幸福。在她上方，有一个身有双翼的小爱神，这个小爱神不仅愁眉苦脸，而且双手被缚，没有拿他的小弓箭，其中意味

令人深思，也许反映的是被束缚或被压抑的爱。

　　1985年，一名立陶宛青年用匕首和硫酸破坏这幅伦勃朗的《达娜厄》，使画作的中央部分遭受了毁灭性的损坏。该青年最终因有精神错乱症而被判无罪。这桩事件被解释为，画作以其震撼性美感带给破坏者强烈的感官压抑，从而导致其发狂。

　　图9. 罗丹1889年的作品，现收藏于阿根廷的国家美术博物馆。在罗丹的雕塑中，通过美丽的少女那曼妙动人的肉体被凝固在冰冷僵硬的大理石上，表现的是对人性的摧残，是被禁锢的灵与肉的无奈抗争。

图1

图 2　　　　　　　　　图 3

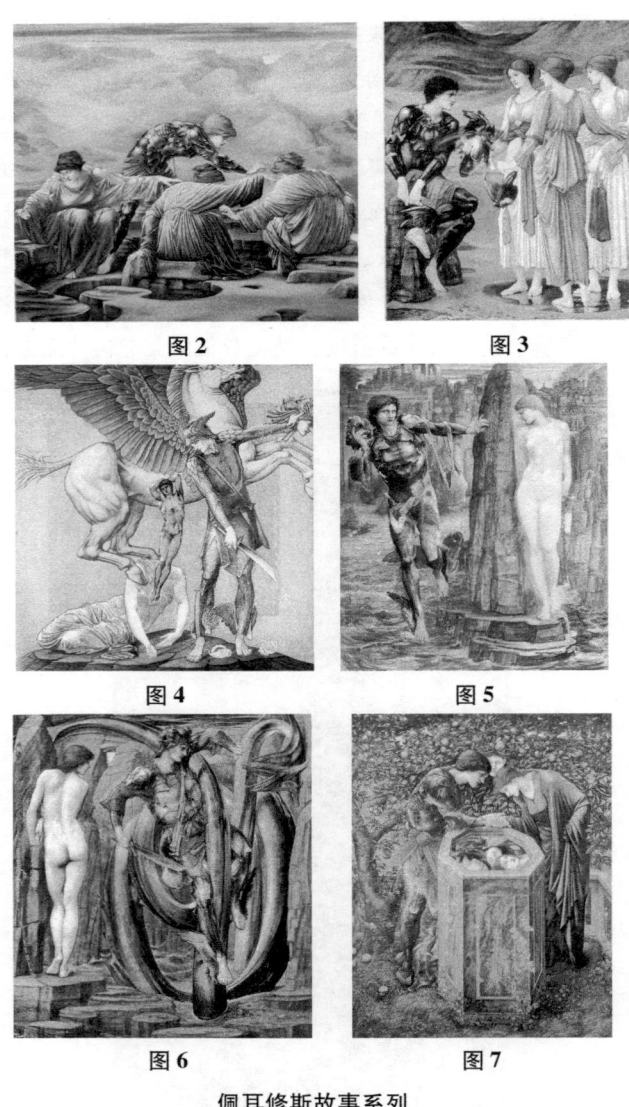

图 4　　　　　　　　　图 5

图 6　　　　　　　　　图 7

佩耳修斯故事系列

爱德华·伯恩·琼斯

Edward Burne-Jones

(英国画家，1833—1898)

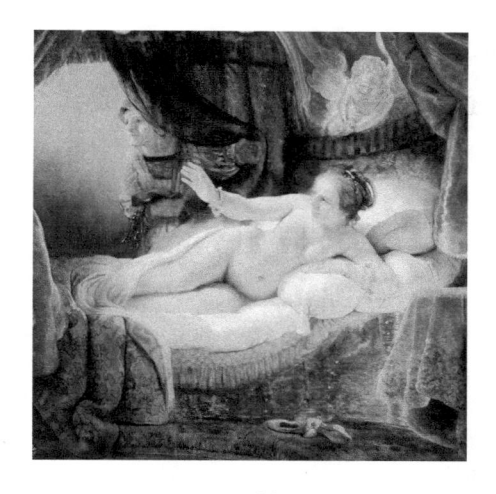

图 8　达娜厄

伦勃朗·梵·莱茵

Rembrandt van Rijn

（荷兰画家，1606—1669）

图 9　达娜厄

奥古斯特·罗丹

Auguste Rodin

（法国雕塑家，1840—1917）

大力神赫拉克勒斯

◇ **早期文献** ◇

托名赫西俄德所作的《赫拉克勒斯之盾》提及赫拉克勒斯的出生。阿波罗多洛斯的《书藏》完整地讲述过赫拉克勒斯的生平。奥维德的《变形记》第9卷讲述了赫拉克勒斯的出生、他与河神阿刻罗俄斯比武争妻、杀死人马涅索斯和最后死亡的故事。关于这位大英雄的故事，奥维德写得比较简短，一贯简洁的阿波罗多洛斯反而写得比较细腻。卢奇安在《诸神对话》中用讽刺的口吻提到，宙斯为了亲近阿尔克墨涅而令太阳神和月亮女神改变常规日程的情形。品达的《涅嵋凯歌》和忒奥克里图斯的作品提到过赫拉克勒斯在襁褓中杀死蛇的故事。欧里庇得斯的剧作《疯狂的赫拉克勒斯》讲述了赫拉克勒斯杀妻杀子的故事，另一剧作《阿尔刻斯提斯》则以赫拉克勒斯救活阿尔刻斯提斯的故事为题材。赫西俄德的佚诗《列女传》讲到得伊阿尼拉误杀赫拉克勒斯的情形。索福克勒斯的剧作《特剌喀斯少女》也描写了赫拉克勒斯死亡的经过。塞内加著有剧作《疯狂的赫拉克勒斯》和《奥塔山的赫拉克勒斯》，在后一部剧作中，赫拉克勒斯在火焰中由凡人蜕变成天神。

赫拉克勒斯的出生

赫拉克勒斯（Heracles）是古希腊最伟大的英雄，世界上最强壮的人。他的母亲是迈锡尼的公主阿尔克墨涅（Alcmene），外祖父是迈锡尼国王厄勒克特律翁（Electryon）[①]，曾祖父是大英雄佩耳修斯。阿尔克墨涅公主美丽娴雅，兰心蕙质。希腊的许多英雄都倾慕她，而她则心系自己的堂兄——英俊睿智的提任斯王子安菲特律翁（Amphitryon）[②]。

迈锡尼邻近的海岛上有一个名叫普忒瑞劳斯（Pterelaus）[③] 的部落首领，也是佩耳修斯的后人。他企图染指迈锡尼的王位，被国王厄勒克特律翁拒绝之后，就指使自己的儿子们抢夺迈锡尼的牲畜，并打死了前来讨还牲畜的王子们，只有最小的王子幸免于难。伤心欲绝的国王宣布，谁能夺回牲畜，为王子们报仇，就把公主嫁给谁。安菲特律翁用智慧和金钱未经作战就赎回了畜群，得到国王的首肯，同意把阿尔克墨涅许配给他。但就在安菲特律翁把畜群还给岳父厄勒克特律翁时，一头牛突然发疯暴走，他将手中的棍棒掷向疯牛，却被牛角弹回，恰恰击中了岳父的头部，使其当场死亡。由于误杀国王，安菲特律翁被逐出了迈锡尼，幸运的是阿尔克墨涅倾心相与，愿随他一起离开。

安菲特律翁带着妻子来到忒拜，这里的国王克瑞翁（Creon）[④] 是他的舅舅，克瑞翁经过祭祀解除了安菲特律翁的杀人罪。但阿尔克墨涅发过誓不报兄仇就不与丈夫同床，安菲特律翁只好埋头筹划，终

[①] **厄勒克特律翁（Electryon）**：佩耳修斯和安德洛墨达的儿子，墨斯托耳的兄弟，迈锡尼国王。他与妻子生有六子一女。

[②] **安菲特律翁（Amphitryon）**：提任斯国王阿尔开俄斯和阿斯坦达弥亚的儿子，佩耳修斯的孙子，厄勒克特律翁的侄子，阿尔克墨涅的堂兄。

[③] **普忒瑞劳斯（Pterelaus）**：佩耳修斯之子——墨斯托耳的曾外孙，其父（或其外祖）是海神波塞冬。

[④] **克瑞翁（Creon）**：墨诺叩斯之子，伊俄卡斯忒的哥哥。多次担任忒拜的摄政王，在俄狄浦斯家族的人都死亡之后，成为忒拜国王。

于等到机会去复仇。在安菲特律翁出征的日子里，宙斯发现了美丽聪慧的阿尔克墨涅，选中她做自己儿子的母亲。因为宙斯得到神谕：只有他生下一个英勇的凡人儿子，才能在与巨灵神的战斗中获胜。当安菲特律翁旗开得胜凯旋而归的消息传来时，宙斯化身为安菲特律翁的模样进入了阿尔克墨涅的香闺。他命令太阳神和月亮女神都放长假，使这个洞房花烛夜有平时的三倍长。翌日，真正的安菲特律翁归来，与阿尔克墨涅亲热后，发现妻子已经失贞。他勃然大怒，欲对不忠的妻子施行火刑，但就在柴堆被点燃时，天降瓢泼大雨。安菲特律翁得到神谕，知道妻子是被宙斯眷顾，只好按下嫉妒之心。

不久，阿尔克墨涅发现怀孕了，她孕有一对双胞胎。宙斯知道，这对双胞胎中属于他的那个孩子必将成长为一位大英雄，是在诸神与巨灵神的战斗中起决定性作用的关键人物。所以，在阿尔克墨涅要生产的这一天，他忍不住得意地向众神宣布说："今天会有一位伟大的英雄诞生，他将统治佩耳修斯的所有后裔。"作为神王，宙斯金口玉言，不能为虚。嫉妒的天后赫拉利用这一点，派女儿分娩女神厄勒提亚即刻赶往安菲特律翁家里使阿尔克墨涅难产，推迟这个被宙斯期待和看重的私生子出生。于是厄勒提亚坐在产房外的神坛边做法，她两脚交叉，双手紧握，令阿尔克墨涅连续七天七夜都没把孩子生出来。同时，赫拉安排佩耳修斯的另一个孙子欧律斯透斯（Eurystheus）[①]在这一天早产，成为宙斯预言的统治者。在阿尔克墨涅分娩的第八天，一位名叫伽兰提斯（Galanthis）的聪明的黄发女仆，发现了神坛边的分娩女神有蹊跷，就欺骗她说主母已经把孩子生出来了。分娩女神一惊之下停止了作法，阿尔克墨涅才生下了一对孪生子，其中一个是安菲特律翁的孩子伊菲克勒斯（Iphicles）[②]；另一个就是宙斯的孩

[①] **欧律斯透斯（Eurystheus）**：提任斯和迈锡尼的国王，佩耳修斯的孙子，斯忒涅罗斯和尼喀珀之子。他是一个心胸狭窄、软弱无能、胆小如鼠的人。

[②] **伊菲克勒斯（Iphicles）**：安菲特律翁和阿尔克墨涅之子，赫拉克勒斯的孪生兄弟。

子——大力神赫拉克勒斯（Heracles），不过他小时候的名字是阿尔喀得斯（Alcides），意为"阿尔开俄斯的后裔"，因为人们以为他是安菲特律翁的儿子，阿尔开俄斯的孙子。两个孩子呱呱落地后，分娩女神发现自己受了骗，一怒之下将伽兰提斯变成了黄鼠狼。

赫拉克勒斯的成长

赫拉未能让赫拉克勒斯胎死腹中，心有不甘，依然在设法要除掉这个孩子。宙斯为妻子如此敌视他的这个凡人儿子十分不安，于是偷偷设计赫拉，让其为赫拉克勒斯喂了一次奶，因为他听说女性会对自己哺育过的孩子产生感情。但是赫拉并没有对这个孩子心软，仍然要置他于死地。她派出两条大蛇偷偷溜进育婴室，想把这时仅八个月大的小家伙咬死在摇篮里。摇篮里的孪生兄弟俩正睡得香甜，突然惊醒，看到大蛇，伊菲克勒斯吓得大声哭叫、战栗发抖，赫拉克勒斯却毫无惧色，伸出手去，一手捉住了一条。当阿尔克墨涅听到孩子的哭声冲进育婴室时，天生神力的赫拉克勒斯已经把两条蛇都捏死了，笑呵呵地把蛇尸交给母亲。不过，有的神话版本说，是安菲特律翁把蛇放在床上的，他想知道哪个孩子是自己的，果然得到了答案。

安菲特律翁意识到赫拉克勒斯命中注定必将成就不凡的事业，于是遍请名师来教导他。自己亲自教他驾车，请盗圣奥托吕科斯（Autolycus）[①] 教他摔跤，号称阿波罗之子的神射手欧律托斯（Eurytus）[②] 教他射箭，拳击大师卡斯托尔（Castor）[③] 教他近身格斗，等等。大

[①] **奥托吕科斯（Autolycus）**：赫耳墨斯与代达利翁的女儿喀俄涅所生的儿子，安提克勒亚的父亲，奥德修斯的外祖父。从其父赫耳墨斯处学得偷盗和欺诈之术，成为希腊最著名的盗贼。

[②] **欧律托斯（Eurytus）**：俄卡利亚（Oechalia）国王，著名的射手，因其箭术卓越被称为阿波罗之子。后来赫拉克勒斯想娶他的女儿伊俄勒，但被他拒绝，师徒两人反目成仇。

[③] **卡斯托尔（Castor）**：丽达和廷达瑞俄斯之子，狄俄斯库里（Dioscuri）兄弟之一，丽达与宙斯之子波吕丢刻斯的孪生弟弟。天生力大，武艺高强，以优秀的拳斗士而闻名。

多数老师为这个学生学得又快又好而骄傲，唯有教他竖琴的著名乐师利诺斯（Linus）① 例外。赫拉克勒斯不喜欢这门功课，在利诺斯因其学不好音乐而体罚他时，他一气之下还了手，结果一下就把老师给打死了。后来这桩命案闹上法庭，根据一条拉达曼提斯（Rhadamanthus）② 定下的法律"正当防卫者无罪"，赫拉克勒斯没有被追究责任。但他懊悔不迭，独自跑到荒野上去放牧来惩罚自己。十八岁时，他独自杀死了喀泰戎（Cithaeron）山的一头大狮子。从此，他用狮皮做铠甲穿在身上，把狮头当作头盔顶在头上。

杀狮归来的赫拉克勒斯还为忒拜人赶跑了欺压他们的弥倪亚人（Minyan），国王克瑞翁为了表示感谢，把女儿墨伽拉（Megara）③ 嫁给了他。赫拉克勒斯和妻子很恩爱，生了三个孩子。这时他家庭幸福，被当作英雄受到崇拜和敬仰，过着他一生中最安宁的一段日子。满怀妒意的赫拉看不得他如此美满，施法使他发了疯，疯狂中他亲手杀死了自己的孩子，也波及了企图保护孩子的妻子。他清醒过来时，只看到自己血淋淋的双手，以及身旁四具至爱之人的尸体。当他知道自己是杀妻弑子的凶手时，痛不欲生，决心以命相偿。这时，他的朋友忒修斯（Theseus）④ 赶到，向他伸出了友谊之手。忒修斯愿意分担赫拉克勒斯的罪行，诚恳地安慰他，并邀请他到雅典居住。尽管忒修斯以一个人在不自觉状态下杀人不算有罪为赫拉克勒斯辩护，但赫拉克勒斯本人并不因此而自觉无罪，只是不忍拒绝朋友的一番好意，他同意坚强地活下去。

---

① **利诺斯（Linus）**：阿波罗之子，著名歌手和乐师。
② **拉达曼提斯（Rhadamanthus）**：宙斯和欧罗巴的二儿子。他以英明公正而闻名，据说他参与制定了克里特岛的法律，所以死后也成为冥界的三位判官之一。
③ **墨伽拉（Megara）**：忒拜王克瑞翁之女。
④ **忒修斯（Theseus）**：雅典国王，最受雅典人爱戴的英雄，埃勾斯（一说波塞冬）与埃特拉之子。

十二大功绩

随同忒修斯前往雅典后，赫拉克勒斯到德尔斐神庙去请求神谕，询问如何赎罪。神庙中的女祭祀首次将他称为赫拉克勒斯——意思是"赫拉所成就的荣耀"，并按照神谕，命赫拉克勒斯回到提任斯，为欧律斯透斯服役十二年，做十件大事。

欧律斯透斯在赫拉的授意下，向赫拉克勒斯下达了一项又一项任务，都是最难、最危险的苦差事，被称为"赫拉克勒斯的苦役"（The 12 Labors of Hercules），同时也成就了传说中的十二大功绩。

第一项任务是杀死涅墨亚狮子（Nemean Lion）①。这妖狮钢筋铁骨，浑身刀枪不入，但赫拉克勒斯徒手用蛮力活活扼死了它。当他把这巨大的狮尸扛回提任斯城时，欧律斯透斯吓坏了，从此不准他进城，只通过传令官向他发号施令。

第二项任务是杀死九头蛇许德拉（Hydra）②。这怪蛇住在沼泽地里，浑身巨毒。它长了九颗脑袋，中间的那颗永生不死，另外八颗也有再生功能。赫拉克勒斯带了侄子伊俄拉俄斯（Iolaus）③做助手，每当他砍掉一颗蛇头，就命侄子用火把炙烤伤口，从而使新头无法长出。最后九颗头全被砍下，中间那颗长生不死的头被埋在一块巨石下面，再也不可能复活了。赫拉克勒斯还把自己的箭在蛇胆里蘸，使其具有见血封喉之毒——这毒箭大大增强了他的杀伤力，后来也因此酿

---

① **涅墨亚狮子（Nemean Lion）**：万怪之父提丰和万怪之母厄喀德娜之子。它居住在涅墨亚山上，经常祸害周围地区，最终被赫拉克勒斯杀死。

② **许德拉（Hydra）**：也称为勒耳那水蛇（Hydra of Lerna），万怪之父提丰和万怪之母厄喀德娜之子。它居住在勒耳那沼泽时，常常窜到平原上，伤害人畜，祸害庄稼，最终被赫拉克勒斯杀死。

③ **伊俄拉俄斯（Iolaus）**：赫拉克勒斯的孪生兄弟伊菲克勒斯之子，赫拉克勒斯的侄子及伙伴。他一生陪伴赫拉克勒斯四处漫游，完成众多功绩。在赫拉克勒斯死后，他还不辞辛苦地帮助其后代。

成了一些悲剧。但是，这项任务却被欧律斯透斯以有人帮助为名不予承认，赫拉克勒斯只得再接九项任务。

第三项任务是活捉刻律涅金鹿（Ceryneian Hind）。这是月亮女神阿耳忒弥斯的金角圣鹿，因出没于刻律涅山而得名。它十分机警，而且跑得飞快。赫拉克勒斯要杀死它很容易，但要活捉它却十分困难。他不得不花费了一年的工夫，才成功地捕获了它。

第四项任务是抓捕厄律曼托斯野猪（Erymanthian Boar）。这头为害乡里的大野猪，住在厄律曼托斯山上，臭名远扬，但实力不算太强，赫拉克勒斯没费太大的力气就成功捉住了它。

第五项任务是一天之内清扫干净奥革阿斯的牛圈（Augean stables）。奥革阿斯（Augeas）① 是厄利斯（Elis）的国王，他的牛圈里养了足有三千头牛，三十年未曾打扫。粗中有细的赫拉克勒斯先找到国王谈好了报酬，得到承诺后，他改变了附近两条河的河道，使河水流经牛圈，一下就把里面的污物冲刷得干干净净了。但欧律斯透斯却又以他索要了报酬为由，赖掉了这项任务。

第六项任务是赶走斯廷法利斯怪鸟（Stymphalian Birds）。这些怪鸟住在斯廷法利斯湖畔的树林里，非常凶狠，以食人肉为生。它们长着铜爪铜喙以及青铜羽翼，羽毛能射出伤人。赫拉克勒斯用雅典娜女神送他的铜钹惊起鸟群，然后箭无虚发，射死了许多，余下的都受惊离开了老巢。

第七项任务是捉拿克里特公牛（Cretan Bull）②。这头牛是海神波塞冬送给克里特国王弥诺斯的礼物，由于弥诺斯违诺，海神十分生

---

① **奥革阿斯（Augeas）**：伯罗奔尼撒的厄利斯国王，太阳神赫利俄斯（或波塞冬）和许耳弥涅之子。

② **克里特公牛（Cretan Bull）**：这头牛的来历不凡。当年弥诺斯为了和他的兄弟争王位，祈求海神波塞冬当众降下神物以证明他受神佑，于是波塞冬送给弥诺斯这头美丽的公牛。但是弥诺斯起了贪心，没有依约把它献祭给海神。后来，波塞冬施法让弥诺斯的妻子帕西淮爱上了它。详见本书《王后恋上牛》

气,于是施法让它发了疯,为祸克里特。赫拉克勒斯前往克里特制服了它,带它渡海回来交给了欧律斯透斯。

第八项任务是带回狄俄墨得斯母马(Mares of Diomedes)。这些马是特拉刻国王狄俄墨得斯(Diomedes)[1]用人肉饲养的,十分凶残。赫拉克勒斯杀死了视人命如草芥的狄俄墨得斯,赶回了他的马群。

第九项任务是取来希波吕忒的腰带(Belt of Hippolyte)。希波吕忒(Hippolyte)[2]是阿玛宗的女王,也是女中豪杰。当赫拉克勒斯来到她的国度说明来意后,也许是惺惺相惜,女王非常友好地接待了他,并把腰带送给了他。但赫拉不愿看到赫拉克勒斯如此顺利地完成任务,便从中作梗,使阿玛宗女战士们以为这外乡人要把她们的女王带走,于是去围攻其船只。赫拉克勒斯受到攻击后,误以为是女王的诡计,就杀掉了她,并打退了其他人,带着腰带回程了。

第十项任务是赶回革律翁牛群(Cattle of Geryon)。革律翁(Geryon)[3]是住在西方厄律提亚(Erythia)岛上的三身怪物,有三头六臂六腿。他养了一群十分漂亮的红牛,平时由巨人欧律提翁(Eurytion)[4]和双头狗俄耳托斯(Orthus)[5]替他看守。赫拉克勒斯千里迢迢跋涉至地中海尽头,据说他在那里立了两块大石柱,作为到此一游的标记,这就是后世传说中的"赫拉克勒斯之柱",现在位于直布罗陀海峡的休达港。赫拉克勒斯先用大棒打死了看守牛群的巨人和双头狗,又用箭射瞎了赶来帮忙的革律翁,使这个凶悍的怪物也很快一命呜

---

[1] **狄俄墨得斯(Diomedes)**:特拉刻国王,战神阿瑞斯和库瑞涅之子。

[2] **希波吕忒(Hippolyte)**:阿玛宗人的女王,战神阿瑞斯和俄特瑞拉的女儿。在有的传说中,她没有被赫拉克勒斯杀掉,而是被其嫁给了雅典王忒修斯。

[3] **革律翁(Geryon)**:海神波塞冬之子克律萨俄耳和卡利洛厄之子,是具有三头六臂六腿的巨人。

[4] **欧律提翁(Eurytion)**:凶狠的巨人,为革律翁放牧红牛群。

[5] **俄耳托斯(Orthus)**:有两个头的怪狗,万怪之父提丰和万怪之母厄喀德娜之子。他又和生母厄喀德娜结合生下了狮身人面怪斯芬克斯。

呼，最终成功带回了牛群。

第十一项任务是前往西天取赫斯珀里得斯金苹果（Apples of the Hesperides）①。这件任务尤为困难，不仅因为金苹果树所在的圣园中有赫斯珀里得斯姐妹和巨龙拉冬守护，而且还因为它地处隐秘之所，十分难寻。赫拉克勒斯找到了擎天的阿特拉斯帮忙，他代替阿特拉斯扛起天宇，请阿特拉斯帮他去摘金苹果，因为看守的女神是阿特拉斯的女儿。阿特拉斯顺利地拿到了金苹果，但他突然意识到自由的可贵，不愿再重新扛上重任。赫拉克勒斯看透了阿特拉斯的心思，他假意同意接替阿特拉斯的工作，但请求在肩上垫一块垫子。天真的阿特拉斯接过重担，让其能够腾出手来垫垫子。孰料赫拉克勒斯马上拾起三个金苹果，消失得无影无踪。阿特拉斯只好继续负重忍耐。

第十二项任务是带回冥府三头犬刻耳柏洛斯（Cerberus）②。赫拉克勒斯设法找到了前往冥界的道路，在这过程中还救了因想抢冥后佩尔塞福涅而被囚的忒修斯，最后见到了冥王哈得斯。哈得斯许诺，只要他能在不使用武器的情况下抓住刻耳柏洛斯，就可以带走它。赫拉克勒斯只得徒手捉恶犬，当然他成功了。当他把这地狱之犬带回时，欧律斯透斯吓坏了，慌忙叫他将其送回地狱。

至此，十项任务全都完成了，由于欧律斯透斯的狡诈，赫拉克勒斯实际上是完成了十二项工作。在完成这些苦役的过程中，赫拉克勒斯其实还做了许多事，而这些事情的发生都充分地体现了赫拉克勒斯的性格。

如在他执行第四项任务去抓厄律曼托斯野猪的路上发生的事，就表现了他好酒斗狠、容易冲动、难以自制的性格。这种性格使他有时会伤及无辜，铸成大错。而当他恢复理智后往往会懊悔不迭，或是心

---

① **赫斯珀里得斯金苹果（Apples of the Hesperides）**：详见本书《善妒的天后赫拉》。
② **刻耳柏洛斯（Cerberus）**：守卫地狱入口的狗，据说有三个头，是万怪之父提丰和万怪之母厄喀德娜之子。

甘情愿地接受惩罚，或是竭尽全力地去补偿受害者。

当时，赫拉克勒斯曾到肯陶洛斯人（Centaurus）① 福罗斯（Pholus）② 家做客。福罗斯热情地招待他，亲自烤肉给他吃。在赫拉克勒斯要求美酒佐餐时，福罗斯恭敬地回答说，家里确实有些好酒，但属于全体肯陶洛斯人，不能妄动。赫拉克勒斯承诺会保护福罗斯，催促他打开了酒坛，一时酒香四溢。粗鲁野蛮的肯陶洛斯人很快循味而来，攻击偷酒喝的二人。酒兴正浓的赫拉克勒斯见他们直接动手、不听解释，也激起了火气，拿起武器，大开杀戒。肯陶洛斯人被他杀得落荒而逃，而赫拉克勒斯杀得兴起，一路追了过去。肯陶洛斯人逃到他们的领袖喀戎（Chiron）③ 处，喀戎是许多英雄的老师，也教导过赫拉克勒斯。但赫拉克勒斯一开始没有看见人群中的老师，他的飞箭伤到了喀戎的膝盖。尽管赫拉克勒斯懊悔万分，却一筹莫展，因为他的箭上有九头蛇许德拉的毒液，再神奇的药也无能为力。喀戎虽是不死之身，但毒伤使他痛苦万分，只求一死解脱④。这时，随后赶到的福罗斯好奇地拿起一支箭细看，不明白它为何见血封喉，结果不慎划伤，也一命呜呼。赫拉克勒斯只因贪酒，又酒后斗勇，却无意间害了两位朋友，其懊恼可想而知。

在完成十二项苦役的间隙，赫拉克勒斯曾参加过阿尔戈远征⑤，但因他的随从美少年许拉斯（Hylas）⑥ 失踪而急得几欲发狂，冲出去

---

① **肯陶洛斯人（Centaurus）**：也称人马，外形半人半马，人的头颅、上身和双臂，马的躯体和四蹄。他们大多是伊克西翁和化身为赫拉的云女神涅斐勒的后代，性情暴虐、野蛮好色。但喀戎、福罗斯与他们出身不同，性情也大不相同。

② **福罗斯（Pholus）**：酒神幼年时期的老师西勒诺斯和一位墨利亚树木女仙的儿子，为人忠厚和善，热情好客。

③ **喀戎（Chiron）**：克洛诺斯和菲吕拉之子，住在忒萨利亚的佩利翁山的山洞里。他是最富智慧的人马，学识渊博，为人公道和善。

④ 喀戎的结局详见本书《普罗米修斯造人和盗取天火》

⑤ 详见本书《伊阿宋和金羊毛》。

⑥ **许拉斯（Hylas）**：美少年，赫拉克勒斯的随从。因其容貌美丽，在打水时被水泽仙女看中拉入水底。

寻找，越走越远，把同伴和寻找金羊毛的任务忘得一干二净。感情真挚由此可见一斑，但行动起来只凭情感支配而不顾及后果的一面也显而易见。

而在执行第八项任务前往捉狄俄墨得斯母马的途中所发生的事，最生动地表现了赫拉克勒斯单纯、鲁莽、重义，以及对自己武力绝对自信的性格。当时他路过斐赖，前往王宫拜访自己的朋友国王阿德墨托斯（Admetus）①。国王虽然穿着丧服，却仍热情地接待了他，当他询问时，国王只说家中有人亡故，但不是什么重要的亲人。国王离开去参加葬礼之时，吩咐仆人好好侍奉英雄用餐和住宿。赫拉克勒斯虽然一个人饮宴，但酒美饭香，兴致越来越高，甚至忘记了自己身处丧宅而高声歌唱。直到他酒足饭饱，才发觉王宫中人人悲容满面。他心生疑惑，向仆人追问原因，但仆人却支支吾吾，他用拳头威胁，才知道王后新亡，国王虽悲痛万分却仍殷勤周到地接待了他，并不准任何人告诉他真相。

原来，国王阿德墨托斯也是太阳神阿波罗的朋友。当年阿波罗因宙斯用雷电劈死了自己的儿子医神阿斯克勒庇俄斯②而迁怒于造雷电的独眼巨人库克罗普斯，杀死了他们为子报仇。宙斯于是罚他在人间服役，而他人间的主人就是阿德墨托斯，阿德墨托斯虽然不知他的身份，却待他非常好，与他结成好友，阿波罗还帮助阿德墨托斯娶到了心仪的公主阿尔刻斯提斯（Alcestis）③。当阿波罗知道这位好友寿命将尽时，去向命运女神求情，请求她们暂缓剪断他的生命之丝，命运女神同意如果有人愿意替他去死，他就可以活下去。阿德墨托斯得信

---

① **阿德墨托斯（Admetus）**：斐赖国王，斐瑞斯之子，因好客而闻名。
② 详见本书《起死回生的医神阿斯克勒庇俄斯》。
③ **阿尔刻斯提斯（Alcestis）**：伊俄尔科斯国王佩利阿斯和阿那克西比亚之女，阿德墨托斯之妻。她在闺中时就美名远扬，很多人前来求婚。她的父亲提出，谁能用狮子和野猪驾车，便将女儿嫁给谁。阿德墨托斯在阿波罗的帮助下，履行了国王的要求，赢得了美丽贤惠的公主，得到了美满的婚姻。

之后，就开始为自己找替身，但他的朋友、臣民都拒绝了他，甚至他的父母虽然年老病弱、苟延残喘，也不愿为了儿子献出生命。最终，唯有深爱着他的妻子自愿替他赴死。赫拉克勒斯到来之时，这位贤惠的妻子刚刚离世。

赫拉克勒斯深感国王对自己的厚意，又敬佩王后的深情，更懊恼自己的糊涂失礼，居然只顾酗酒作乐而无视朋友的悲痛。他要想办法赎罪，决定从死神手中夺回王后。他毫不犹豫地立刻行动，果然追上了塔那托斯（Thanatos）①。死神不是天生神力的英雄的对手，只好将王后交出。赫拉克勒斯将还阳的王后带回王宫交到国王手中，喜滋滋地欣赏着朋友欣喜若狂的表情和夫妻二人幸福的拥抱。

此后，在执行第九项任务取回希波吕忒的腰带而经过特洛伊时，赫拉克勒斯还曾像他的曾祖佩耳修斯一样英雄救美。这位被缚在海岸边等待海怪吞噬的美人是特洛伊国王拉俄墨冬（Laomedon）② 的女儿赫西俄涅（Hesione）③。当年阿波罗和波塞冬因为反抗宙斯而被罚到下界为特洛伊修城墙，但吝啬的拉俄墨冬却不肯支付酬金。作为报复，阿波罗降下瘟疫，波塞冬派来一个海怪。有预言说只有拉俄墨冬将他的女儿赫西俄涅送去喂海怪，才能消除这些灾难。赫拉克勒斯愿意救公主，但要求用宙斯抢走美少年伽尼墨得斯后送来的神马作报酬，拉俄墨冬同意了。但事成之后，拉俄墨冬却拒绝履行诺言。后来，愤怒的赫拉克勒斯攻占了特洛伊，杀掉了拉俄墨冬，把公主送给

---

① **塔那托斯（Thanatos）**：死神，夜神尼克斯之子，睡神修普诺斯（Hypnos）的孪生兄弟。

② **拉俄墨冬（Laomedon）**：特洛伊国王，伊罗斯二世和欧律狄刻之子，他儿女众多，其中包括普里阿摩斯和赫西俄涅。赫拉克勒斯后来杀死了他和除普里阿摩斯外所有的儿子。

③ **赫西俄涅（Hesione）**：拉俄墨冬之女，被赫拉克勒斯奖给第一个攻上特洛伊城头的忒拉蒙为妻。赫拉克勒斯当时容许赫西俄涅赎回一个奴隶，赫西俄涅把自己唯一尚存的弟弟波达耳刻斯赎出，后者从此得名普里阿摩斯。

了他的朋友忒拉蒙（Telamon）①。

在执行第十一项任务千里迢迢去取金苹果的途中，赫拉克勒斯遇到了所向无敌的巨人安泰俄斯（Antaeus）②。这位蛮横的巨人强迫过路的异乡人和他摔跤，并杀死失败者，用他们的头盖骨装饰海神波塞冬的神庙。安泰俄斯立于不败之地的秘诀是：只要接触大地母亲，力气就用之不竭。赫拉克勒斯在与他搏斗的过程中发现了这一秘密，因为他每次摔倒在地，起来时就浑身又充满新的力量。于是赫拉克勒斯把他举到空中，用双手活活扼死。

接下来，赫拉克勒斯在路过高加索山③时，还射死了啄食普罗米修斯肝脏的鹰，解救了这位英雄。作为报答，睿智的盗火神告诉了他金苹果园的所在地，并建议他去找擎天之神阿特拉斯帮忙取苹果。

在这些故事中，这位大英雄的性格非常鲜明，他不爱动脑筋，鲁莽糊涂，喜欢用拳头说话，却又重情重义，为自己鲁莽行为造成的后果悔恨交加，愿意不计一切地将功补过，哪怕别人已经原谅了他，他自己也不肯苟且。正因如此，他生命中的大部分时间都在接受惩罚，用以赎罪，谁也没有像他那样接受这么多惩罚。实际上，没有他的同意，任何人都不可以让他乖乖从命。可是在接受惩罚的过程中，他毫无怨言地去执行几乎不可能完成的任务。正是这些特质，使他虽然不能成为一位统治者，一位国王，却不妨碍他成为一位伟大而可亲可爱的英雄。

赫拉克勒斯之死

赫拉克勒斯好不容易完成了十二项苦役，本可享受一段平静的生

---

① **忒拉蒙（Telamon）**：埃阿科斯和人马喀戎的女儿恩得伊斯之子，佩琉斯和阿尔喀玛刻的兄弟。

② **安泰俄斯（Antaeus）**：海神波塞冬和地母该亚之子，利比亚国王。

③ 希腊神话中的高加索山在非洲西部沿海一带，和今天欧亚分界处的高加索山并不是一回事。

活,但赫拉并没有忘记继续加害于他,于是再一次让他发疯杀人,杀的是少年时弓箭师傅欧律托斯的儿子伊菲托斯(Iphitus)①。当时赫拉克勒斯想要娶欧律托斯之女伊俄勒(Iole)②,并在比武招亲中获胜,然而欧律托斯顾虑他的杀妻史拒绝了他,唯有伊菲托斯为他说话。但赫拉克勒斯后来疯病发作,把这位朋友从城墙上推下摔死了,其清醒后的懊悔之心可想而知。为了赎罪,赫拉克勒斯自愿被卖给吕底亚女王翁法勒(Omphale)③做了三年奴隶。翁法勒常常自己披上赫拉克勒斯的狮皮,而让赫拉克勒斯穿上女人的衣服纺纱织布。赫拉克勒斯耐心地服役,却把受到的折辱算到了欧律托斯身上,发誓报仇。

三年后,赫拉克勒斯重获自由,他仍然想要成家,这次看上的是天姿国色的卡吕冬公主得伊阿尼拉(Deianira)④。当时公主正为一个求婚者——河神阿刻罗俄斯(Achelous)⑤所困扰。这位河神擅长变形,得伊阿尼拉公主不喜欢他,却又不敢拒绝他。此时,赫拉克勒斯出现了,他向河神挑战,河神先是变蛇,后又变牛,但无论捉蛇还是斗牛,赫拉克勒斯都经验丰富,最终取得胜利,也成功赢得了公主的芳心,两人大婚。

赫拉克勒斯带着妻子回家,路上经过一条河,人马涅索斯(Nessus)⑥在这里担当摆渡人。赫拉克勒斯将妻子交给了他,但这位好色的怪物来到对岸,却企图将得伊阿尼拉拖进林子里强暴。得伊阿尼拉吓得尖叫起来,赫拉克勒斯当即张弓搭箭射死了涅索斯。临死时,涅

---

① **伊菲托斯(Iphitus)**:俄卡利亚国王欧律托斯之子,神射手,赫拉克勒斯的朋友。
② **伊俄勒(Iole)**:俄卡利亚国王欧律托斯之女。
③ **翁法勒(Omphale)**:吕底亚女王,国王伊阿耳达诺斯之女,特摩罗斯的遗孀。
④ **得伊阿尼拉(Deianira)**:卡吕冬国王俄纽斯和阿尔泰亚之女,墨勒阿革耳之妹,赫拉克勒斯的第二位妻子,许罗斯之母。赫拉克勒斯在前往地狱活捉三头犬时,遇到了墨勒阿革耳的亡魂,这亡魂向他介绍自己妹妹的美貌,并拜托他照顾妹妹。
⑤ **阿刻罗俄斯(Achelous)**:河神,俄刻阿诺斯和忒堤斯的三千个儿子中的长子。
⑥ **涅索斯(Nessus)**:人马,伊克西翁和云女神涅斐勒之子。

索斯蛊惑得伊阿尼拉收集他的一些鲜血当魔药,以防止赫拉克勒斯爱上别的女人。

当赫拉克勒斯和得伊阿尼拉的儿子许罗斯(Hyllus)[①] 长大成人后,赫拉克勒斯决心报仇。他出兵攻打俄卡利亚,将欧律托斯和他的儿子们都杀死了,并带回了公主伊俄勒。深爱着他的妻子得伊阿尼拉见到年轻美丽的公主,害怕赫拉克勒斯移情别恋,想起了人马给她的魔药,于是将其涂在一件华丽的袍子上,派信差送给丈夫。

赫拉克勒斯不疑有他,欣然穿上长袍,却立刻感到焚身之痛。在难当的剧痛中,赫拉克勒斯狂叫着要找妻子问个明白,为什么要谋杀他。可他回到家时,得伊阿尼拉已经因悔恨而自杀了。得知妻子是为人所骗且已以死赎罪时,赫拉克勒斯平静了下来。他命人将自己抬到奥塔山顶,安放在架起的一堆木柴上。当柴堆被点燃时,他十分安详,烈焰腾空中,他终于得到了彻底解脱。

据说,他被带到了天庭上,与天后赫拉和解,并娶了青春女神赫柏为妻。

◇ 词汇履历 ◇

1. 赫拉克勒斯的苦役(The 12 Labors of Hercules),比喻特别艰巨、几乎难以完成的任务。

2. 许德拉(The Hydra),作为邪恶、阴险、黑暗、狡猾的意义存在。例如,在漫威系列电影中,是超级反派组织的名字。

3. 赫拉克勒斯对抗九头蛇许德拉时,天后赫拉还派了一只巨蟹偷袭他,他一度腹背受敌,不得不喊他的侄子来帮忙,所以有"即使是赫拉

[①] **许罗斯(Hyllus)**:赫拉克勒斯和得伊阿尼拉之子,遵从父亲的临终遗言娶伊俄勒为妻。

克勒斯也无法以一敌二"(Even Heracles cannot fight against two)的说法，意思是"双拳难敌四手"。

4. 奥革阿斯的牛圈（Augean stables），比喻藏污纳垢之所，或长期积累、难以解决的问题。

◇ **星空知识** ◇

1. 宙斯为赫拉记恨自己的凡人儿子赫拉克勒斯很发愁，听说女性会对自己哺育过的孩子产生母子之情，于是偷偷地把小赫拉克勒斯带上天宫，放在熟睡的妻子胸前，小家伙立刻拼命地吮吸起来。赫拉被惊醒，将他推开，但他吮吸的力量很大，赫拉的奶水飞溅而出，变成了银河（Milky Way）。

2. 作为希腊最伟大的英雄，赫拉克勒斯离开人世后，他的形象被置于夜空，成为武仙座（Hercules）。

3. 赫拉克勒斯杀死的涅墨亚狮子，后来成了天上的狮子座（Leo）。

4. 赫拉克勒斯杀死的九头蛇，被放在天上成了长蛇座（Hydrus）。在赫拉克勒斯与九头蛇作战的过程中，赫拉还派一只巨大的螃蟹悄悄从后方偷袭他，赫拉克勒斯吃痛，猛地一脚将它踩死，它也被置于天上成为巨蟹座（Cancer）。

5. 赫拉克勒斯射死啄食普罗米修斯的恶鹰所用之箭，后来成为天箭座（Sagitta）。

◇ **自由解读** ◇

1. 阿尔克墨涅背叛了她的丈夫吗？ 从主观上讲，阿尔克墨涅并没有背叛她的丈夫，因为她看到的始终是一个人。

2. 如何理解赫拉克勒斯的地位？ 赫拉克勒斯的地位介于英雄与神之间，受到两种方式的祭祀。他的身上同时也表现了自然和文化二者的冲突。古罗马斯多葛派哲学家爱比克泰德（Epictetus，约55—约

135）认为，赫拉克勒斯是生活在地上的神，他的主要职能是守护世界的和谐、公正和良善。

3. 如何理解赫拉克勒斯在翁法勒处服役时着女装纺织？ 赫拉克勒斯与女王翁法勒的异装癖也许是对男人的女性气质与女人的男性气质的一种表现，或是与母系制社会相关，或是与某种仪式相关。

◇**延伸阅读**◇

1. 古罗马作家普劳图斯最早借用宙斯变身安菲特律翁接近阿尔克墨涅的题材创作了喜剧。1668 年，法国剧作家莫里哀（Moliere，1622—1673）以此为题创作过一部轻快的社会喜剧，而且为了讨好当时的国王，在剧中将风流多情的太阳王路易十四（Louis XIV）比作神王宙斯。英国作家约翰·德莱顿（John Dryden，1631—1700）也借此题材以仆人间的误会为核心，创作了喜剧。德国海因里希·冯·克莱斯特创作喜剧《安菲特律翁——福从天降》，在莫里哀文本之上，加入了悲剧因素，聚焦于阿尔克墨涅的内心。在其中，阿尔克墨涅的内心始终忠于自己的丈夫，她认为与之鱼水相欢的始终是安菲特律翁，没有任何第三者的存在。所以，在这部剧中真正的失败者是宙斯。1935 年，它被搬上银幕。法国作家让·吉罗杜（Jean Giraudoux，1882—1944）创作了《安菲特律翁38》，因为他称其版本是对此古典题材的第38次改编。在这次改编中，安菲特律翁和阿尔克墨涅以他们之间忠贞不渝的爱情向神发起了反击。德国剧作家彼得·哈克斯（Peter Hacks，1928— ）笔下的安菲特律翁是一名现代的普通市民，关心工作和前途甚于妻子，而阿尔克墨涅识破了变成丈夫模样的神，她向丈夫和神都提出了挑战。

2. 德国作曲家克里斯托夫·维利巴尔德·格鲁克（Christoph Willibald Gluck，1714—1781）创作了歌剧《阿尔刻斯提斯》，力图突出这个为救丈夫献出生命的故事的悲剧意味。

3. 瑞士作家弗雷德里希·迪伦马特（Friedrich Dürrenmatt, 1921—1990）著有时事批判广播剧《赫拉克勒斯与奥革阿斯王的牛圈》，加以喜剧因素进行讽刺。

4. 美国作家埃兹拉·庞德（Ezra Pound, 1885—1972）根据索福克勒斯的同名剧作写过《特剌喀斯少女》。海纳·米勒（Heiner Müller, 1929—1995）创作过两幕剧《赫拉克勒斯》。

5. 1969 年，有制片公司看中了健美先生施瓦辛格，让他出演赫拉克勒斯，从而有了一部喜剧《大力神在纽约》（Hercules in New York）。

6. 1997 年，迪士尼的第 35 部影片，是以赫拉克勒斯的故事为蓝本改编的《大力士》（Hercules）。

7. 英国女作家简妮特·温特森（Jeanette Winterson, 1959— ）的《重量》通过重述阿特拉斯受罚和赫拉克勒斯从他肩头接过苍天又以诡计放回去的故事，探讨了孤独、责任、重负和自由等问题。

8. 2014 年，由布莱特·拉特纳执导，道恩·强森主演的《宙斯之子：赫拉克勒斯》上映，表现了赫拉克勒斯疯狂之后的自我怀疑与重新寻求身份之路。

9. 安菲特律翁常被用来作为处于情感的尴尬处境的男人原型。

◇艺术欣赏◇

图 1. 鲁本斯 1637 年的作品，现藏于西班牙普拉多博物馆。宙斯躲在了孔雀拉的天后神车后窃喜，脚下抓着霹雳的神鹰显示了他的身份；画作中心赫拉有一种母性的光辉，人物的动态和光线，营造出生动欢快的气氛。

图 2. 丁托列托的作品，现藏于英国国家美术馆。除了鹰和孔雀表明人物身份外，有一个小丘比特手中拿网，暗示宙斯对赫拉设下了圈套。另一个小丘比特身上的红腰带是阿佛洛狄忒有魔力的爱情腰带。

图 1　银河的起源
彼得·保罗·鲁本斯
Peter Paul Rubens
（佛兰德斯画家，1577—1640）

图 2　银河的起源
丁托列托
Jacopo Robusti Tintoretto
（意大利画家，1518—1594）

图 3 和图 4. 被誉为 18 世纪罗马"画家王子"巴托尼的两幅作品。他的画作结合了洛可可风格和新古典主义，细节精致、色彩鲜艳、十分优雅。图 3 是巴托尼 1743 年的作品，现收藏于意大利佛罗伦萨的皮蒂宫，从中可以看到他对提香的借鉴以及对光线的巧妙运用。画作整体呈现"提香色"，一盏油灯使光线聚集在小赫拉克勒斯身上。图 4 是巴托尼 1748 年的作品，现收藏于奥地利维也纳的列支敦士登博物馆，主题是"十字路口的赫拉克勒斯"。色诺芬在《回忆苏格拉底》中提到过这个故事，苏格拉底引用它来对青年人进行教谕。大意是讲：赫拉克勒斯成年后开始思考自己该选择什么样的生活道路，这时两位女神走近他，一位是娇嫩性感的恶德女神，愿意为他提供一条轻松的享受之途，可以不劳而获，穷奢极欲；另一位是端庄大方的美德女神，愿意提供一条高尚的荣耀之途，但途中必将充满艰难险阻。一般有关这一主题的构图都是赫拉克勒斯位于中间，两位风格迥异的女神位于两侧。

图 5. 鲁本斯 1639 年的作品，现藏于罗马尼亚国家艺术博物馆。肢

体动作幅度大，冲突激烈，尤其对动物皮毛、肌肉和头部刻画细致。

图 3　扼住蛇的赫拉克勒斯
庞培奥·巴托尼
Pompeo Batoni
（意大利画家，1708—1787）

图 4　赫拉克勒斯在十字路口
庞培奥·巴托尼
Pompeo Batoni
（意大利画家，1708—1787）

图 6. 文艺复兴时期佛罗伦萨画派画家布拉伊奥罗 1475 年的作品，现藏于意大利佛罗伦萨的乌菲兹美术馆。赫拉克勒斯身披狮皮，手持大棒，一身经典装扮，恶斗九头蛇，表现出抗争精神。

图 7. 象征主义画家莫罗 1865 年的作品，现藏于法国鲁昂美术馆。选择了赫拉克勒斯以其人之道还治其人之身，将狄俄墨得斯丢给他的母马噬咬的一幕。

图 8. 爱沙尼亚浪漫主义画家约翰·克勒的作品，现收藏于爱沙尼亚艺术博物馆。以背景的黑、红色和人物的动态来烘托冥界的恐怖和战况的激烈。

图 9. 沃特豪斯 1896 年的作品，现藏于英国曼彻斯特美术馆。英

俊的少年和美丽的少女组成梦幻的一幕，少女含情脉脉地看着少年，用自己的美捕获他，少年被她们迷惑，终于背弃了自己的主人。整幅画作笔触柔媚，构图精致，每一片荷叶都在恰当的位置，充满了美和诱惑力。

图10. 洛可可艺术画家勒穆瓦纳1724年的作品，现藏于法国卢浮宫。这幅画作显然受鲁本斯影响，人物丰硕有力，节奏轻松，色彩富丽。赫拉克勒斯披着女装，手拿纺织用具，而翁法勒却穿着他的狮皮，手持大棒。

图11. 圭多·雷尼1621年的作品，现收藏于法国卢浮宫。强壮有力的人马与娇柔的公主的身体形成对比，满天翻滚的乌云既象征了这一刻的紧张气氛，也预示了他们不祥的命运。

图5 赫拉克勒斯大战涅墨亚猛狮
彼得·保罗·鲁本斯
Peter Paul Rubens
（佛兰德斯画家，1577—1640）

图6 赫拉克勒斯与九头蛇
安东尼奥·德尔·布拉伊奥罗
Antonio del Pollaiolo
（意大利画家，1431—1498）

图 7　赫拉克勒斯与狄俄墨得斯母马

古斯塔夫·莫罗

Gustave Moreau

（法国画家，1826—1898）

图 8　赫拉克勒斯从冥府带回刻耳柏洛斯

约翰·柯勒

Johann Koler

（爱沙尼亚画家，1826—1899）

图 9　许拉斯与水泽仙女

约翰·威廉·沃特豪斯

John William Waterhouse

（英国画家，1849—1917）

图 10　赫拉克勒斯与翁法勒
弗朗索瓦·勒穆瓦纳
Francois Lemoyne
（法国画家，1688—1737）

图 11　涅索斯的劫持
圭多·雷尼
Guido Reni
（意大利画家，1575—1642）

卡德摩斯创建忒拜

◇ **早期文献** ◇

阿波罗多洛斯的《书藏》第 3 卷简洁又清晰地讲述了卡德摩斯的生平经历。悲剧大师欧里庇得斯在《腓尼基妇女》中提到忒拜城的建立过程,在《酒神的伴侣》中提到过卡德摩斯夫妇的最终归宿。奥维德在《变形记》第 3 卷中讲述了卡德摩斯杀龙和建造忒拜城的故事,第 4 卷中讲述了赫拉迫害伊诺以及卡德摩斯夫妇变蛇的故事。

在神王宙斯变成公牛劫走了美丽的公主欧罗巴①之后,她的父亲腓尼基(Phoenicia)② 国王阿革诺尔(Agenor)③ 命令四个儿子都出去寻找她,找不到就不准回来。其中卡德摩斯(Cadmus)④ 走得最远,找

---

① 详见本书《欧洲因她而得名》。
② **腓尼基(Phoenicia)**:是古代地中海东部沿岸城邦组成的一个国家,它位于亚洲西南部,即今天的叙利亚和黎巴嫩境内。腓尼基这个名字来源于这里海中出产的一种紫红色染料,这种染料染的布匹不易掉色,在古代名扬四海。腓尼基人以善于航海和经商而闻名于世。
③ **阿革诺尔(Agenor)**:利比亚(Libya)和海神波塞冬的儿子,柏罗斯(Belos)的孪生兄弟。他的外祖父是宙斯和伊娥的儿子厄帕福斯(Epaphus)。当柏罗斯继承了埃及王位后,就定居叙利亚,后来成了腓尼基的国王。
④ **卡德摩斯(Cadmus)**:腓尼基国王阿革诺尔的儿子,欧罗巴的兄弟,忒拜城的建造者。

得最尽心尽力，然而他同样一无所获。卡德摩斯不敢回家，于是前往德尔斐神庙请求阿波罗赐予神谕。神谕指示他，不要再找欧罗巴了，让他出了神庙跟随一头小母牛走，在它停下休息的地方建立一座城。

卡德摩斯遵照神的指示到了城邦的建址后，准备向神献祭以示感激。祭祀需要水，于是他派自己的随从们去找水。随从们很快发现附近有一眼甘泉，但当他们取水时，却被一头守护泉水的恶龙杀死了。卡德摩斯久候无果，循踪而至，发现所有同伴都惨遭杀害。他悲愤莫名，经过一番苦斗，终于杀死恶龙报了仇。随后，雅典娜女神现身指导他将龙牙播撒在地里，尽管他不明所以，但还是依言照办了。很快，他惊恐地发现，地里长出了许多全副武装的战士。卡德摩斯正要拿起武器自卫，却发现他们根本没有注意到他。雅典娜女神命卡德摩斯偷偷向这些人中间扔一块石头，结果这些战士互相厮杀起来。这场自相残杀非常血腥，许多人都同归于尽了，最后只有五人活了下来，即后来传说中的"龙牙五战士"。他们听从雅典娜女神的命令，做了卡德摩斯的助手，协助其建立起一座城，这就是后来的忒拜（Thebes）① 城。卡德摩斯是位英明的国王，在他的治理下，忒拜城日益繁荣昌盛，成为显赫的城邦。

宙斯赏识卡德摩斯的英明强干，主持他娶了战神阿瑞斯和爱神阿佛洛狄忒的女儿哈尔摩妮娅（Harmonia）② 为妻。众神都出席了他们

---

① **忒拜（Thebes）**：又称底比斯，由卡德摩斯创建。
② **哈尔摩妮娅（Harmonia）**：战神阿瑞斯和爱与美的女神阿佛洛狄忒的私生女。宙斯亲自把她许配给忒拜国王卡德摩斯，有一个版本的神话中提到这是因为卡德摩斯在宙斯与提丰之战中吹笛子引开了提丰的注意力从而使赫耳墨斯偷回了宙斯的筋。众神参加了他们的婚礼，并送来贺礼（其中最著名的是一个面网和一串项链，在七将攻忒拜中起过重要作用）。和谐（harmony）一词来自哈尔摩妮娅，因为阿瑞斯代表男性，阿佛洛狄忒代表女性，他们又是力与美的象征，所以他们结合的产物是和谐的。

的婚礼并送了礼物，其中最精美的是火神赫淮斯托斯打造的一条精美绝伦的项链和一个金面网，日后成了卡德摩斯家族的传家宝。但由于火神嫉恨战神与爱神通奸，在这项链上附加了诅咒，从而给这一家族的后人招来了极大的祸患。

卡德摩斯结婚后与妻子非常恩爱，生了四女一子，然而夫妻两人却不得不常常经历白发人送黑发人之痛。他们唯一的儿子波吕多洛斯（Polydorus）[①] 早亡，只得将王位传给了外孙彭透斯（Pentheus）[②]。他们的女儿中最出名的是塞墨勒，被宙斯真身发出的雷电烧死。[③] 还有一个女儿叫伊诺（Ino）[④]，因为曾哺育妹妹塞墨勒的儿子酒神狄俄尼索斯而被赫拉记恨，赫拉使她丈夫发疯杀子，她则不得不抱着儿子跳海而亡。卡德摩斯的女儿中最可怜的是阿高厄，她亲手撕裂了自己的儿子彭透斯。[⑤] 而另一个女儿奥托诺厄（Autonoe）[⑥] 则眼睁睁地看着儿子阿克泰翁年纪轻轻就悲惨地死去。[⑦]

家庭里的系列悲剧使卡德摩斯夫妇晚年十分悲痛，他们选择离开

[①] **波吕多洛斯（Polydorus）**：卡德摩斯和哈尔摩妮娅之子，娶龙牙五战士的后人倪克忒斯为妻，生子拉布达科斯（Labdacus），拉布达科斯的儿子是拉伊俄斯（Laius）。

[②] **彭透斯（Pentheus）**：忒拜国王，厄喀翁和阿高厄之子，卡德摩斯的外孙。

[③] 详见本书《美女焚身与酒神诞生》。

[④] **伊诺（Ino）**：卡德摩斯和哈尔摩妮娅之女，塞墨勒的妹妹。伊诺嫁给了玻俄提亚国王阿塔玛斯（Athamas）。阿塔玛斯有过妻子，是云女神涅斐勒（Nephele），育有两个孩子佛里克索斯（Phrixus）和赫勒（Helle）。后来阿塔玛斯移情别恋爱上伊诺，涅斐勒只得离开。伊诺不喜前任留下的两个孩子，就安排了一条毒计：偷偷交给农民煮熟的种子，导致庄稼颗粒无收，再假传神谕，说只有将两个孩子献祭才能解除灾荒。阿塔玛斯依言照办，涅斐勒派来金山羊营救，带着两个孩子飞上天空。佛里克索斯安全抵达科尔喀斯，赫勒却不慎掉入海中淹死。伊诺后来也遭了报应，因为哺育幼年酒神，被赫拉惩罚。赫拉使阿塔玛斯发了疯，亲手杀死自己的大儿子，伊诺抱着小儿子跳海而亡。后来宙斯救活了两母子，使他们成了海神，救助遭遇海难的水手，奥德修斯就得到过他们的帮助。

[⑤] 详见本书《彭透斯被肢解》。

[⑥] **奥托诺厄（Autonoe）**：卡德摩斯和哈尔摩妮娅的女儿，塞墨勒的妹妹。她嫁给了阿波罗与女仙库瑞涅之子阿里斯泰俄斯，生子阿克泰翁。

[⑦] 详见本书《阿克泰翁变鹿》。

了忒拜城。他们来到了遥远的蛮族地区，卡德摩斯在那里又做了一段时间国王，最后夫妻二人都化作了大蛇。

◇ 词汇履历 ◇

1. 播种龙牙（sow the dragon's teeth），意为"播下不和的种子"或"引起纠纷"。

2. 卡德摩斯的创造（the creations of Cadmus），意为"相互抵消、同室操戈"。卡德摩斯的胜利（Cadmean victory），意为"付出惨重代价得来的胜利"。

3. 哈尔摩妮娅的项链（Necklace of Harmonia），意为"不祥之物"。

◇ 周边链接 ◇

根据历史学家希罗多德的说法，是卡德摩斯将字母传入希腊的。

◇ 艺术欣赏 ◇

图 1. 格兹乌斯的作品，现藏于丹麦国家美术馆。画作中的卡德摩斯的穿戴似乎模仿大英雄赫拉克勒斯，但其皮肤、肌肉和动作尚欠英武气势。

图 2. 约尔丹斯 1636 年到 1638 年间的作品，现收藏于西班牙的普拉多博物馆。约尔丹斯曾在鲁本斯画室工作过，这幅画作就是他按照鲁本斯的草稿完成的。

图 3. 摩根 1877 年的作品，现收藏于英国的怀特威克庄园。图中的哈尔摩妮娅身上缠绕的蛇应该是卡德摩斯所化，故她脸上表情忧伤。

图 1　卡德摩斯屠龙

亨德里克·格兹乌斯

Hendrick Goltzius

（荷兰画家，1558—1617）

图 2　卡德摩斯与雅典娜

雅各布·约尔丹斯

Jacob Jordaens

（比利时画家，1593—1678）

图 3　哈尔摩妮娅

艾弗林·德·摩根

Evelyn de Morgan

（英国画家，1855—1919）

俄狄浦斯弑父娶母

◇ **早期文献** ◇

索福克勒斯的《俄狄浦斯王》以精妙绝伦的方式将这个故事讲得十分动人。阿波罗多洛斯的《书藏》第3卷则简介了俄狄浦斯的生平。在《奥德赛》中奥德修斯在冥府见过俄狄浦斯的母亲，略述过这个故事，但里面并没有俄狄浦斯自惩刺瞎双眼和自我流放的情节。

俄狄浦斯的出生

忒拜国王拉伊俄斯（Laius）① 娶了龙牙武士之后墨诺叩斯（Menoeceus）② 的女儿伊俄卡斯忒（Iocaste）③，但婚后多年没有儿女。他

---

① **拉伊俄斯（Laius）**：卡德摩斯的曾孙，拉布达科斯之子，伊俄卡斯忒的丈夫，俄狄浦斯的父亲，忒拜国王。其父死时，拉伊俄斯尚幼，朝政被其外祖父吕科斯把持，后安菲翁和仄托斯兄弟为母安提俄珀报仇，杀了吕科斯并占领了忒拜城。拉伊俄斯被迫逃到皮萨的佩罗普斯国王处避难。在安菲翁和仄托斯死后，拉伊俄斯被请回国继位，却拐走了国王的小儿子克律西波斯。这位美少年不堪受辱自杀身亡，佩罗普斯因此诅咒拉伊俄斯，果然后者最终遭到报应，死在自己的亲生儿子手中。

② **墨诺叩斯（Menoeceus）**：地生人龙牙五战士的后代俄克拉索斯之子，伊俄卡斯忒和克瑞翁的父亲。

③ **伊俄卡斯忒（Iocaste）**：墨诺叩斯之女，克瑞翁的妹妹，拉伊俄斯之妻，俄狄浦斯的母亲和妻子。

前往德尔斐神庙求神谕，神谕告诉他，他不会绝嗣，但厄运会向他袭来，他将死在自己的儿子手中。忧心忡忡的拉伊俄斯回宫后不久，王后就怀孕了，十个月后生下一个健壮的男婴。但拉伊俄斯牢记神谕，在得子三天后，便将孩子的脚踝用铁丝刺穿绑住，然后命一个牧羊人将其抛到喀泰戎山上任野兽吞食。他自以为战胜了预言，直到后来死于非命之时，也没有意识到杀死他的人就是当年被他抛弃的婴儿。

这个可怜的婴儿被软心肠的牧羊人偷偷交给邻国科林斯城邦的一个牧羊人，后来又被没有子嗣的科林斯国王波吕玻斯（Polybus）① 和王后墨洛珀（Merope）② 收养。国王和王后对他很好，完全当作亲生儿子来抚养，并给他取名俄狄浦斯（Oedipus）③，意为"肿脚的人"。俄狄浦斯长大成人，成为国人心目中英俊勇敢、聪明正直的好王子。国王和王后没有别的孩子，也一如既往地疼爱他，他从没有怀疑过自己的身世。在一次宴会上，有人酒后说他并非国王的亲生儿子。他并不相信，但仍决定前往阿波罗神庙求问，好堵住闲言碎语。可是事与愿违，他得到了一个十分可怕的神谕！神谕并没有指出他的真实身份，而是预言他将杀父娶母。俄狄浦斯是个孝顺的儿子，绝不能允许自己伤害最亲爱的父王母后，为了逃避这种可怕的命运，他决心远离科林斯。

杀父娶母

一日，因不得不离开父母和故土而心情惆怅的俄狄浦斯来到了帕那耳索斯山下的一个三岔路口处，前往忒拜、科林斯与德尔斐神庙三个地方的道路在这里交会。这时一个头发花白的老人坐在马车上疾驰而来，他身边跟着四个趾高气扬的侍从。老人嫌俄狄浦斯挡路，暴躁

---

① **波吕玻斯（Polybus）**：科林斯国王，俄狄浦斯的养父。
② **墨洛珀（Merope）**：科林斯王后，俄狄浦斯的养母。
③ **俄狄浦斯（Oedipus）**：忒拜最悲惨的英雄和国王，拉伊俄斯和伊俄卡斯忒之子。

地用手杖打他。年轻气盛的王子夺过手杖，反手一掀，老人从马车上翻落在地，顿时气绝身亡。侍从们大哗，围攻王子，结果三个被打死了，只有一个寻机逃跑了。

这剩下的一个侍从惊惶失措地逃回忒拜城邦，大声号哭着报告国王的死讯。原来，这位暴躁的老人正是拉伊俄斯，神谕在见面不相识的父子俩都茫然不觉的情况下已经实现了。报信的侍从为了逃避护卫不力的罪责，谎称国王和其余侍从都被外邦"一伙强盗"杀死了。忒拜人为国王之死而悲悼，但他们还有更大的麻烦，一只可怕的怪物正威胁着他们的安全，它的名字叫斯芬克斯（Sphinx）[①]，是狮身人面妖。斯芬克斯蹲踞在进出忒拜必经的山崖上，要求过往行人都要猜它的谜语，这谜语非常难，没有人能猜得出来，于是来往之人都被它撕碎吃掉了。拉伊俄斯之所以行色匆匆，正是为了去德尔斐神庙询问除掉此妖的方法。现在忒拜人无计可施，只得张贴告示，求助于过往的英雄好汉。王后的兄弟、担任摄政王的克瑞翁（Creon）[②]承诺，谁能成功除妖，就可成为忒拜人的新国王，并得到新寡的王后。

漫游经此的俄狄浦斯正处在无家可归、百无聊赖之际，见此情形，就毅然决定孤身上山，除妖降魔。在山上，斯芬克斯问他："什么动物早上用四只脚走路，中午用两只脚，晚上用三只脚？"聪明的俄狄浦斯回答："人！幼年四肢爬行，成年后直立行走，晚年用拐杖辅助。"被猜中谜语的斯芬克斯羞愤交加，竟然从山崖上跳下去摔死了。

感恩的忒拜人一致拥戴俄狄浦斯为新国王，他还娶了拉伊俄斯的遗孀伊俄卡斯忒。俄狄浦斯这时感觉踌躇满志，开始了新生活，他并不知道自己所恐惧的神谕已经完全实现了。这对新婚夫妇看上去

[①] **斯芬克斯（Sphinx）**：狮身人面妖，万怪之母厄喀德娜和其子皮同的女儿。她上半身像美女，背后有双翅，下半身是狮子，还有一条蛇尾。

[②] **克瑞翁（Creon）**：墨诺叩斯之子，伊俄卡斯忒的哥哥。多次担任忒拜的摄政王，在俄狄浦斯家族的人都死亡之后，成为忒拜国王。

十分恩爱，他们一起生了四个孩子：儿子波吕尼刻斯（Polynices）①和伊托克利斯（Eteocles）②，女儿安提戈涅（Antigone）③和伊斯墨涅（Ismene）④。作为国王，俄狄浦斯不负众望，他英明公正、精明强干。忒拜城邦在他的统治下过了近二十年国泰民安的日子。

俄狄浦斯自惩

有一年，忒拜突然暴发瘟疫，一时间大地颗粒无收，死神处处夺走生命。俄狄浦斯急忙命克瑞翁前往德尔斐神庙祈求神谕，神谕指出只有追查出杀害老国王的凶手，才可使忒拜城摆脱灭顶之灾。俄狄浦斯于是开始积极地追查这件多年前发生的命案。他请来著名的老预言家忒瑞西阿斯（tiresias）⑤，向他询问找出凶手的办法。但无论他如何请求，这位年迈的盲人先知却始终不肯回答。性急的俄狄浦斯指控他三缄其口的原因是他本人参与了那次谋杀，被激怒的先知将他本来不想吐露的真相说了出来，他直斥俄狄浦斯："你自己就是那凶手！"可俄狄浦斯却怀疑这位先知是克瑞翁为了阴谋篡位而找来造谣的，并与克瑞翁激烈地争吵了起来。王后连忙来劝架，为了安抚俄狄浦斯，她将早年拉伊俄斯因神谕而杀子的事说了出来，总结说："无论是先知还是神谕，说的都不一定是真相。因为先王是在通往德尔斐的一个三岔路口被强盗杀死的，而非如神谕所示被儿子

---

① **波吕尼刻斯（Polynices）**：俄狄浦斯与伊俄卡斯忒之长子，安提戈涅、伊斯墨涅和伊托克利斯的哥哥。

② **伊托克利斯（Eteocles）**：有时也译为厄忒俄克勒斯，俄狄浦斯与伊俄卡斯忒的次子，波吕尼刻斯的弟弟，安提戈涅、伊斯墨涅的哥哥。

③ **安提戈涅（Antigone）**：俄狄浦斯与伊俄卡斯忒之女，伊斯墨涅的姐姐，波吕尼刻斯和伊托克利斯的妹妹。其名意为"不屈服、不妥协"。

④ **伊斯墨涅（Ismene）**：俄狄浦斯与伊俄卡斯忒之女，安提戈涅、波吕尼刻斯和伊托克利斯之妹。有一传说提到，她与一个名叫忒俄克吕墨诺斯的忒拜青年相爱，在约会时被提丢斯杀死。

⑤ **忒瑞西阿斯（tiresias）**：欧厄瑞斯和卡里克罗之子，希腊神话中著名的预言家。

杀死。"

但是，俄狄浦斯听了她的话，却感到了从未有过的恐惧，他详细询问了先王的相貌和被杀时的情景。他听说当年有一个目击者生还，连忙让人去寻找。正在这时，从科林斯来了一位信使，带来了国王去世的消息，请俄狄浦斯回去继承王位。虽然已无杀父之忧，但俄狄浦斯仍惧娶母之虑，拒绝回国。信使问明了俄狄浦斯不肯回国的原因，为了打消他的顾虑，告诉他不必害怕，因为他并不是波吕玻斯的亲生儿子。俄狄浦斯连忙追问，才知原来正是这信使把尚是婴儿的自己从忒拜的一个牧羊人手里接过，然后又送给了国王。

这时伊俄卡斯忒露出了恐惧的神色，她苦苦恳求俄狄浦斯不要再追究下去了。可是执拗的俄狄浦斯为了弄明白自己到底是谁，也为了拯救全城人民，坚持要追查到底。一脸苍白的伊俄卡斯忒突然转身，奔回了寝宫。

正在这时，当年先王凶案的目击者被带来了，而科林斯的信使认出了他就是当年忒拜的牧羊人。这位关键性的双重证人吓得战栗不已，试图否认当年的事，但在俄狄浦斯的逼迫下，终于吞吞吐吐地说出了真相。一切真相大白！俄狄浦斯如遭五雷轰顶，原来自己才是真正的罪魁祸首，是杀父娶母的罪人！

俄狄浦斯几欲疯狂，他在寝宫找到了妻子兼母亲伊俄卡斯忒，这位可怜的王后已经自尽。俄狄浦斯也欲寻死，却自觉无颜去冥府见父母，于是用王后衣襟上的金别针刺瞎了自己看不清真相的双眼，并请求忒拜人把他放逐，永远地离开了这块伤心地。

◇ 词汇履历 ◇

1. 斯芬克斯之谜（riddle of Sphinx、Sphinx's riddle），指难解之谜，常被用来比喻复杂、神秘或无法攻破的问题。

2. 俄狄浦斯情结（Oedipus complex），指恋母情结，指男性小时候都有独占母亲、仇视父亲的情结。这是奥地利精神分析学家弗洛伊德提出的著名理论。

◇延伸阅读◇

1. 塞内加、高乃依、伏尔泰、歌德、贾图等都曾从这个故事中获得过灵感,对这个故事进行过再创作。

2. 英国作家约翰·德莱顿(John Dryden,1631—1700)的《忒拜》有很大篇幅讲述了俄狄浦斯的故事。

3. 法国作家安德烈·纪德(André Gide,1869—1951)的短剧《俄狄浦斯》(1931)中主人公是俄狄浦斯与预言家忒瑞西阿斯,他们是政治较量的对手。

4. 奥地利作家霍夫曼斯塔尔(Hugo von Hofmannsthal,1874—1929)于20世纪初创作了悲剧《俄狄浦斯与斯芬克斯》。

5. 法国作家、导演让·科克托(Jean Cocteau,1889—1963)的超现实主义戏剧《地狱机器》和英国作家 T. S. 艾略特(Thomas Stearns Eliot,1888—1965)的诗剧《政界元老》是以弗洛伊德精神分析法为切入点的俄狄浦斯剧。

◇当代应用◇

俄狄浦斯效应:英国哲学家卡尔·波普尔在《历史决定论的贫困》一书中,用来指称"预测本身可以影响被预测事件"的现象。

◇艺术欣赏◇

图 1. 这座很有爱的大理石雕塑现藏于法国卢浮宫。

图 2. 法国画家莫罗 1864 年的作品,现藏于美国大都会美术馆。有着美女上半身的斯芬克斯跳到俄狄浦斯胸前,似在调情,又似在请

求英雄的宽恕。而手持武器的俄狄浦斯怒视对方，显然不为所动。近景最下方露出被她撕裂的尸体残肢，背景是悬崖。

图3. 法国学院派画家加拉波特1842年的作品，现藏于马赛美术学院艺术博物馆。画作的中心是双目失明、身着麻布的俄狄浦斯在女儿的搀扶下离开忒拜，而周围群众的表情是憎恶、鄙夷甚至仇恨，他们的动作显示他们如同躲避瘟疫一样地避之唯恐不及，甚至指斥喝骂。

图1 牧羊人与俄狄浦斯大理石雕塑

图2 俄狄浦斯和斯芬克斯

古斯塔夫·莫罗
Gustave Moreau
（法国画家，
1826—1898）

图 3　安提戈涅和俄狄浦斯
查尔斯·弗朗索瓦·加拉波特
Charles Francois Jalabert
（法国画家，1819—1901）

安提戈涅的反抗

◇ **早期文献** ◇

埃斯库罗斯的《七雄攻忒拜》提到了安提戈涅不顾禁令安葬波吕尼刻斯的事情,索福克勒斯的《俄狄浦斯在科罗诺斯》和《安提戈涅》详尽地讲述了这个故事,欧里庇得斯的《乞援人》也提及这个故事。阿波罗多洛斯的《书藏》第3卷也有所涉及。

饱受命运捉弄之苦的俄狄浦斯在埋葬了伊俄卡斯忒之后,宣布将自己放逐出忒拜。他的两个儿子波吕尼刻斯和伊托克利斯本是王位的继承人、受人尊敬的王子,现在也不得不放弃王位,由克瑞翁摄政。他们想要摆脱父亲的牵连,也迫不及待地要把父亲赶出城去。只有两个女儿仍然忠于父亲,姐姐安提戈涅告别自己的未婚夫海蒙(Haemon)[①],陪父流浪,照顾老父;妹妹伊斯墨涅则留在忒拜,以便随时向父亲通报最新的消息。

俄狄浦斯和安提戈涅流浪了很长一段时间之后,来到了雅典附近风光秀丽的科罗诺斯。这里有一块复仇女神的圣地,是神许诺给俄狄

---

① **海蒙(Haemon)**:忒拜摄政王克瑞翁之子,安提戈涅的未婚夫。

浦斯的最终安息地。俄狄浦斯为自己的苦难即将结束而欣慰,闻讯而来的雅典国王忒修斯(Theseus)①对他礼遇有加,俄狄浦斯十分乐意自己的墓地会为这个最终收留他的地方带来福祉。

这时,伊斯墨涅带来了新的消息和神谕。随着时间的推移,父亲的阴影逐渐散去,俄狄浦斯的两个儿子开始争夺王位。伊托克利斯虽是次子,却得到了克瑞翁的支持,从而成功登位,并将兄长赶出了忒拜。波吕尼刻斯前往阿耳戈斯,在那里娶了公主,并募集了七路人马,组成一支军队,准备攻打忒拜。而这时德尔斐神庙发布了新的神谕:只有得到俄狄浦斯支持的一方才会胜利。

波吕尼刻斯、克瑞翁也先后赶来。波吕尼刻斯忏悔自己先前虐待伤残的老父,祈求他的原谅,却遭到俄狄浦斯的严厉斥责。这位饱受磨难的父亲还诅咒了不孝的两兄弟,波吕尼刻斯羞愧地离去。随后赶到的克瑞翁为了帮助他所支持的伊托克利斯,让俄狄浦斯回国,威逼利诱无所不用其极,甚至强行抓走了俄狄浦斯的两个女儿。幸好忒修斯及时赶到,救下了她们,克瑞翁无功而返。俄狄浦斯告别了两个哭泣的女儿,在忒修斯的陪伴下走入圣地深处长眠,这位饱受耻辱、无家可归的英雄终于得到了安宁。在忒修斯的保护下,他的陵墓也将不再受到打扰。

俄狄浦斯去世后,两姐妹在忒修斯的帮助下安全回到了家乡。可是,家乡正处于战火之中。她们的长兄正在攻打忒拜,次兄则领兵防卫。攻城的长兄本来更有资格成为忒拜国王,次兄现在却为保卫忒拜而战,因此两姐妹无法偏袒任何一方,只能袖手旁观。最终的结果是两兄弟在决斗中两败俱亡,摄政王克瑞翁继承了王位。他下令厚葬了伊托克利斯,却宣布攻城者一律不准下葬,违令为其收尸者要被处死。波吕尼刻斯的遗体因此被弃之野外,遭受虫咬兽食。

---

① 忒修斯(Theseus):雅典国王埃勾斯(一说波塞冬)与埃特拉之子。其名原意为"有物为证"。

安提戈涅和伊斯墨涅听到这命令惊骇不已，因为死者若是未经安葬，其亡魂就无法渡过冥间的阿刻戎河去接受审判，只能成为孤魂野鬼，永世不得安息。安葬死者被认为是每个人应尽的神圣职责，人们甚至要为偶遇丧生的陌生人代行葬礼，安葬自己的亲人更是应有之义。伊斯墨涅虽然为长兄将受摧残的遗体和无处容身的亡魂哭得肝肠寸断，但畏惧克瑞翁的强权和群众的舆论而不敢有所行动。勇敢的安提戈涅却孤身出城，独自安葬了波吕尼刻斯。卫兵把她带到克瑞翁面前，克瑞翁指责她违抗法令，但安提戈涅说："那是你的法令，而不是天上正义之神的法令。"克瑞翁恼羞成怒，命人将她关押起来择日处死，丝毫不顾及她是自己儿子海蒙的未婚妻和心上人。伊斯墨涅跑来请求与姐姐分担惩罚被他拒绝，海蒙前来求情他也不为所动。不久，安提戈涅在囚室里自尽而死，而海蒙随之殉情。克瑞翁大恸之际，又传来了他的妻子欧律狄克（Eurydice）[①] 听闻儿子死讯后自杀的噩耗。

◇ **自由解读** ◇

1. 古希腊社会如何理解安提戈涅？ 索福克勒斯的《安提戈涅》创作于公元前441年，当时的希腊法制和民主观念已经非常发达，哲学家和政治家已经注意到了法律、国家义务和人类良知之间的冲突，并为之争论不休。索福克勒斯像同时代的其他戏剧家一样，借助神话传说探讨现实问题、寄托言外之意。自此之后，安提戈涅被视为个人反对国家专制暴力的典型，是正义勇敢之士的象征。

2. 女性主义者如何理解安提戈涅？ 由于安提戈涅是一位女性，而她充沛的情感和对私人领域责任的重视，使她超越理性的思考，不顾及国家法令，这与以男性为主的城邦的普遍认识形成了尖锐的冲突，也就造成了女性主义和反女性主义之间的争论。

[①] 欧律狄克（Eurydice）：忒拜摄政王克瑞翁之妻，海蒙之母。

◇延伸阅读◇

1. 17世纪新古典主义大师拉辛以此为题材写过《忒拜依特》，他的作品并没有把安提戈涅设为中心人物。因为在他的时代，文学为王权服务，以理性为中心，宗教与世俗、法律与道德之间的矛盾关系被认为已经达到平衡。

2. 1922年，法国作家让·科克托（Jean Cocteau，1889—1963）曾创作《安提戈涅》。1944年，在德军占领法国时期，法国剧作家让·阿努伊（Jean Anouilh，1910—1987）的《安提戈涅》，使道德和法律再次成为中心问题。

3. 1947年，瓦尔特·哈森克勒费尔（Walter Hasenclever，1890—1940）创作了《安提戈涅》，以第一次世界大战为背景，表达反战思想。

4. 1947年，德国诗人贝托尔特·布莱希特（Bertolt Brecht，1898—1956）再次诠释这一故事，表达反法西斯思想。

5. 罗尔夫·霍赫胡特（Rolf Hochhuth，1931— ）创作了小说《柏林的安提戈涅——一部小说》。

6. 法国—瑞士作曲家阿瑟·霍内格（Arthur Honegger，1892—1955）的歌剧《安提戈涅》1927年于布鲁塞尔首演。

7. 德国作曲家卡尔·奥尔夫（Carl Orff，1895—1982）以德国诗人弗雷德里希·荷尔德林（Friedrick Hölderlins，1770—1843）的译本为基础创作了歌剧《安提戈涅》，1949年在萨尔茨堡首演。

◇艺术欣赏◇

图1. 法国画家吉鲁斯特1788年的作品，现藏于美国得克萨斯州达拉斯艺术博物馆。画作截取了俄狄浦斯斥骂并赶走波吕尼刻斯的一幕。波吕尼刻斯表情羞愧，小妹妹伊斯墨涅伏在父亲膝上撒娇，劝

阻父亲，而更有主见的大妹妹安提戈涅伸手抓住了因畏惧父亲瑟缩不前的哥哥。可见两个妹妹都对他感情颇深，因为他是两兄弟当中更有人情味的一个。

图 1 俄狄浦斯在科罗诺斯

让－安东尼－西奥多·吉鲁斯特

Jean – Antoine – Théodore Giroust

（法国画家，1753—1817）

图 2. 提埃波罗 1728—1730 年的作品，现藏于维也纳艺术博物馆。画作选取了兄弟二人在战斗中互相刺穿的一刻，以明暗对比和一站一卧的构图凸显了戏剧化的悲剧场面。

图 3. 希腊画家李垂斯的作品，现藏于雅典国家美术馆。在黑暗的大海和阴沉的天空构成的背景下，波吕尼刻斯的尸体被抛置在海滩的岩石上，身着丧服的安提戈涅悲痛地看着他。

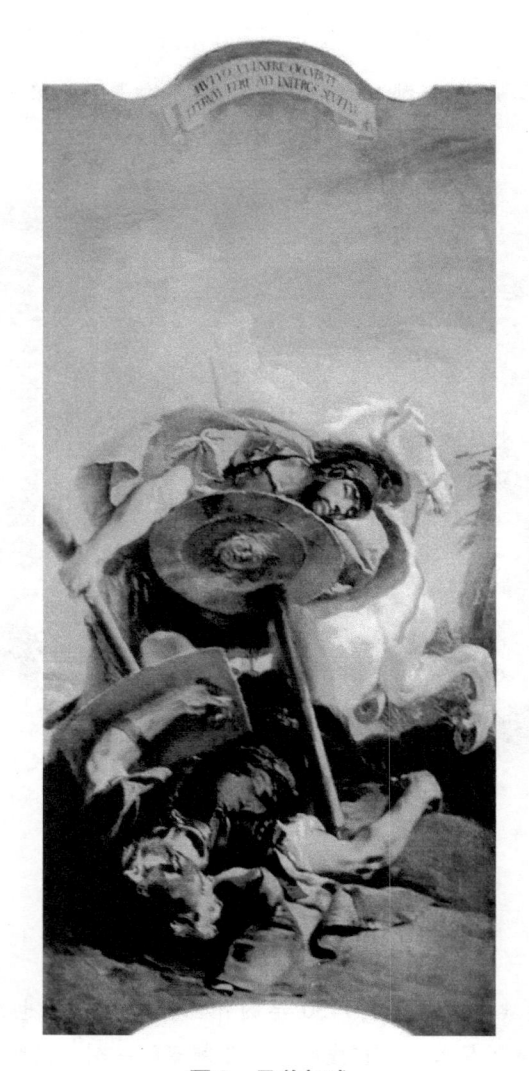

图 2　兄弟相残

乔万尼·巴蒂斯塔·提埃波罗

Giovanni Battista Tiepolo

(意大利画家，1696—1770)

图 3　安提戈涅

尼基福罗斯·李垂斯

Nikiforos Lytras

(希腊画家，1832—1904)

柏勒洛丰跌宕起伏的一生

◇早期文献◇

赫西俄德的《神谱》中有怪兽喀迈拉的故事，荷马的《伊利亚特》第6卷中讲述过斯忒涅玻亚的单恋和柏勒洛丰的结局，品达的《奥林匹克颂》第13首讲述过柏勒洛丰的事迹。欧里庇得斯的悲剧《斯忒涅玻亚》详细讲述了同名女主人公单恋引发的英雄事迹，剧作最后，斯忒涅玻亚试图乘柏勒洛丰的飞马佩伽索斯逃走，结果掉到大海里淹死了。阿波罗多洛斯的《书藏》第2卷也讲述过这个故事。

柯林斯有一位叫柏勒洛丰（Bellerophon）① 的少年英雄，他是西绪福斯的孙子，英俊勇武，受人爱戴，有人传言说他的父亲是海神波塞冬。柏勒洛丰少年时任侠使气杀了人，于是前往提任斯，请那里的国王普洛托斯（Proetus）② 为他净罪。普洛托斯欣赏这位少年，欣然为他净了罪。可谁也没有想到，普洛托斯的妻子王后斯忒涅玻亚

---

① **柏勒洛丰（Bellerophon）**：西绪福斯之孙，格劳科斯（传说他真正的父亲是波塞冬）和欧律墨得之子。原名希波诺俄，因为杀死了科林斯为富不仁的柏勒洛斯，被称为柏勒洛丰（希腊语意为"杀死柏勒洛斯的人"）。

② **普洛托斯（Proetus）**：提任斯国王，阿巴斯和阿格莱亚之子，阿克里西俄斯之弟。因与其兄争权失败，逃往吕喀亚，娶了当地公主斯忒涅玻亚。在岳父的支持下与其兄继续斗争，最后阿克里西俄斯治理阿耳戈斯，普洛托斯统治提任斯。

（Stheneboea）①爱上了年轻俊美的客人。柏勒洛丰敬重国王，对斯忒涅玻亚丝毫不假辞色，断然拒绝她的求爱。斯忒涅玻亚因爱生恨，向自己的丈夫诬陷柏勒洛丰对她心怀不轨、恣意欺侮。普洛托斯信以为真，十分生气，但诸神的法令使他不能杀掉自己净过罪的人。他想出一条计策来借刀杀人，让柏勒洛丰送信给他的岳父吕喀亚国王伊俄巴忒斯（Iobtes）②，信中请岳父帮他杀掉送信人。

柏勒洛丰带着信来到吕喀亚，伊俄巴忒斯盛情款待了他九天，第十天才看了信。这位老国王也为难了，因为宙斯痛恨那些对同桌用餐的客人使用暴力的人。老国王同样运用了借刀杀人之计，请求少年英雄去杀死怪兽喀迈拉（Chimaera）③。喀迈拉是上古魔神提丰与万怪之母厄喀德娜之子，它狮头、羊身、龙尾，口中喷火，伤人无数。

侠气的柏勒洛丰痛快地接受了这个任务。他仔细考察后，制订了作战计划，准备从空中袭击。这个计划需要有一个会飞的坐骑辅助实施，他看上了飞马佩伽索斯（Pegasus）④。但抓住并驯服这样一个神奇的生灵并不容易，柏勒洛丰花了很长时间在它常出没的地方设伏，但每次都没等他接近，飞马就警觉地冲上云端了。后来，柏勒洛丰得到科林斯先知波吕伊多斯（Polyidus）⑤的指点，前往雅典娜神庙祈愿。他虔诚地祈求女神的帮助，随后因疲累睡了过去。当他醒来后，发现面前放着一副纯金马笼头。柏勒洛丰拿着这神物，果然轻松地接近了飞马，并毫不费力地给它套上了笼头。有了飞马，柏勒洛丰轻松地杀死了喀迈拉。因为他采用了突袭策略，根本不需要接近这只浑身是火的怪

---

① **斯忒涅玻亚（Stheneboea）**：提任斯国王普洛托斯之妻，吕喀亚国王伊俄巴忒斯之女。她与普洛托斯生了女儿普洛提得斯姐妹和儿子墨伽彭忒斯。
② **伊俄巴忒斯（Iobtes）**：吕喀亚国王，斯忒涅玻亚和菲罗诺厄之父。
③ **喀迈拉（Chimaera）**：万怪之父提丰与万怪之母厄喀德娜之子，狮头、羊身、龙尾，口中喷火，在吕喀亚一带危害人畜。
④ **佩伽索斯（Pegasus）**：神马，波塞冬和美杜莎之子。
⑤ **波吕伊多斯（Polyidus）**：科林斯著名的预言家和医生。

物，只骑着飞马在它的头顶放箭发出攻击，很快就把它射死了。

柏勒洛丰回到了吕喀亚，伊俄巴忒斯不得不想其他办法除掉他，请他出征邻近的敌国或攻打阿玛宗女战士，但柏勒洛丰最终都凯旋而归。伊俄巴忒斯越来越欣赏这位少年英雄了，不仅再无害他之心，还把自己的小女儿菲罗诺厄嫁给了他，百年之后，把自己的王位也传给了他。

成为国王的柏勒洛丰幸福地生活了许多年，但是巨大的成功令他自满，生出狂妄之心。他想要骑着佩伽索斯飞上奥林匹斯神山，在那里获得一席之地，这自大的举动触怒了众神。于是在柏勒洛丰飞天途中，飞马将他摔了下去。他被摔得又瞎又瘸，在大地上流浪了很久，直到死亡降临。

◇词汇履历◇

1. 因喀迈拉（Chimaera）具有四不像的外貌，所以它一直有"子虚乌有的怪物"的意思，引申为"幻想""异想"之义。

2. 据说，缪斯女神所居住的赫利孔山听到女神们美妙的歌声，得意忘形，渐渐上升，有逼近天穹之势。宙斯命佩伽索斯将它踩回到原高度，佩伽索斯踩过的地方，形成一处泉水，诗人饮之可获灵感，所以佩伽索斯（Pegasus）在英语中有诗兴的意思。

◇自由解读◇

如何理解柏勒洛丰的形象？ 从不同的角度，可以有不同的理解。一方面，柏勒洛丰妄图上神山被摔下来，成为狂妄自大、不自量力者的典型。另一方面，柏勒洛丰骑神马飞天的举动，是人类飞翔愿望的一种表现，在当代也被视为艺术家或科学家不惧权威、勇敢开拓的象征。

◇延伸阅读◇

1. 法籍意大利作曲家吕利（Jean-Baptiste Lully，1632—1687）著

有戏剧作品《柏勒洛丰》(1680) 讲述英雄的冒险经历。

2. 德国诗人席勒有诗《枷锁下的佩伽索斯》，写这匹神马被牵到市场上卖，但买家认为翅膀碍事，要求绑起来或砍掉，而且神马不愿拉车送货，最后倒在耕犁前。说明唯有诗人才能真正驾驭这匹神马，使它飞上天。

3. 英国作家威廉·莫里斯 (William Morris, 1834—1896) 的《地上乐园》中也有两首诗写到佩伽索斯。

4. 美国后现代主义作家约翰·巴思的《喀迈拉》中第三部分《柏勒洛丰》，用后现代主义元叙述和解构的方式重讲了这个故事，塑造了一个经历中年危机、试图重铸辉煌，但无法超越自我，最终因模仿英雄失败而沉沦的柏勒洛丰形象。

◇艺术欣赏◇

伊万诺夫 1829 年作品，现藏于俄罗斯国家博物馆。伊万诺夫是进步画家，因毕业画作影射十二月党人被处决而面临流放。彼得堡美术学院的学院总裁奥列宁出面让他画一幅柏勒洛丰杀死喀迈拉的命题画，想让他表现的主题是沙皇尼古拉一世重用英雄，征服带来革命之火的怪物。但画家对此十分愤慨，表现的人物与尼古拉一世毫无相似之处。画作完成后，画家被迫背井离乡，始终遭受着沙皇政府的怀疑和迫害。

柏勒洛丰出发去杀死怪物喀迈拉
亚历山大·安德烈耶维奇·伊万诺夫
Alexander Andreyevich Ivanov
（俄国画家，1806—1858）

伊阿宋和金羊毛

◇ **早期文献** ◇

公元前3世纪罗得岛的诗人阿波罗尼俄斯的四卷长诗《阿尔戈英雄纪》(*Argonautica*) 中详细讲述了阿尔戈英雄寻找金羊毛的全部经过。阿波罗多洛斯的《书藏》第1卷从金羊毛的来历一直讲到美狄亚离去,简约平直。而品达在他著名的颂歌中讲述了这个故事的前半部分,即伊阿宋和佩利阿斯的故事。欧里庇得斯的杰作《美狄亚》则讲述了这个故事的后半部分。这部悲剧是西方文学中第一次把女性作为主角的作品,也是古希腊最动人的作品之一。剧中,美狄亚在经历了一切之后,不禁发出如斯感慨:"在一切有理智、有灵性的生物当中,我们女子算是最不幸的。"古罗马诗人塞内加(Seneca,公元前4—公元65)的同一主题悲剧中,美狄亚更加疯狂和绝望。奥维德的《变形记》第7卷也讲述了美狄亚和伊阿宋之间的爱恨情仇。

金羊毛的来历

玻俄提亚国王阿塔玛斯(Athamas)[①] 娶了云女神涅斐勒(Neph-

[①] **阿塔玛斯(Athamas)**:玻俄提亚国王,埃俄罗斯之子,海伦之孙。他有过三位妻子:云女神涅斐勒、伊诺、忒弥斯托。

ele)① 为妻，与她育有两个孩子，男孩佛里克索斯（Phrixus）② 和女孩赫勒（Helle）③。后来阿塔玛斯移情别恋，爱上忒拜的公主伊诺（Ino）④，涅斐勒只得离开，但她很担心自己的孩子。果然，新王后伊诺不喜前任留下的两个孩子，尤其佛里克索斯作为长子，是她亲生子继位的最大障碍。于是她安排了一条毒计：她偷偷将王宫发放给农民播种的种子煮熟，导致庄稼颗粒无收。她又贿赂使者假传神谕，说只有将这两个身份尊贵的孩子献祭才能解除灾荒。被蒙在鼓里的国王阿塔玛斯为了避免民众因饥荒而造反，只得依言照办。始终关注着儿女安全的涅斐勒在关键时刻派了一只神奇的金山羊⑤来营救，它带着两个孩子飞上了天空。当他们越过海峡时，可怜的小公主赫勒不慎掉入海中淹死了，后来人们就把这里称为赫勒斯旁托斯（Hellespont）海峡。王子佛里克索斯安全抵达黑海边的科尔喀斯，当地国王埃厄忒斯（Aeetes）⑥ 热情地接待了他，还把自己的一个女儿许配给他。佛里克索斯安定下来后，竟把救了自己性命的金山羊杀掉作为祭品献给

---

① **涅斐勒（Nephele）**：希腊语意思是"云"，涅斐勒是云的化身，被称为云女神。宙斯让她幻化成赫拉，与伊克西翁生了人马。后来嫁给阿塔玛斯，生佛里克索斯和赫勒。

② **佛里克索斯（Phrixus）**：玻俄提亚国王阿塔玛斯和云女神涅斐勒之子，赫勒的哥哥。

③ **赫勒（Helle）**：玻俄提亚国王阿塔玛斯和云女神涅斐勒之女，佛里克索斯的妹妹。乘金山羊过海时掉下淹死，其坠入的海峡从此被称为赫勒斯旁托斯海峡。

④ **伊诺（Ino）**：卡德摩斯和哈尔摩妮娅之女，塞墨勒的妹妹。伊诺嫁给了玻俄提亚国王阿塔玛斯。伊诺后来因为哺育幼年酒神，被赫拉惩罚。赫拉使阿塔玛斯发了疯，亲手杀死自己的大儿子，伊诺抱着小儿子跳海而亡。后来宙斯救活了两母子，使他们成了海神，救助遭遇海难的水手，奥德修斯得到过他们的帮助。

⑤ **金山羊**：波塞冬与美少女忒俄佛拉涅之子，海神把女孩变成牝羊以迷惑营救她的追求者们，后来自己又化身为一只巨大的牡羊强暴了她，后者生下了这头浑身金毛的非凡的小山羊。

⑥ **埃厄忒斯（Aeetes）**：科尔喀斯国王，太阳神赫利俄斯和海中女仙佩耳塞斯之子，女巫喀耳刻和帕西淮（弥诺斯之妻）的哥哥，美狄亚、卡尔喀俄珀和阿布绪耳托斯的父亲。

了宙斯，把珍贵的金羊毛赠给了国王埃厄忒斯。埃厄忒斯很珍视这礼物，命人将它放在战神阿瑞斯圣林中的一棵大橡树上，并派了一条毒龙看守着。

穿一只凉鞋的人

前面所讲的那个抛妻献子的国王阿塔玛斯有个兄弟叫克瑞透斯（Cretheus）[①]，他建造了伊俄尔科斯（Iolkos）国。在他去世后，他的长子埃宋（Aeson）[②] 本应是伊俄尔科斯的合法国王，但王位被其同母异父的哥哥佩利阿斯（Pelias）[③] 夺走了。埃宋的幼子名叫伊阿宋（Jason）[④]，从小跟着马人喀戎学艺。长大以后，他决定作为合法的王位继承人回国向邪恶的伯父讨还王位。

篡位者佩利阿斯得到过一道神谕：他将死在只穿一只凉鞋的人手中。他不解其意，只是将其暗暗记在心里。佩利阿斯曾在赫拉神庙中杀人，这是渎神行为，因此赫拉一直想要惩罚他。赫拉看中了伊阿宋作为施罚者，想要考验他，于是变成了一位老妇人，站在伊阿宋将要渡过的河边作发愁状。伊阿宋热心地伸出援手，愿意背老妇人过河。河水又急又凉，老妇人也出乎意料地沉重，但伊阿宋没有退缩，咬着牙坚持把老妇人背到了对岸，只是他的一只鞋子陷在淤泥中。赫拉对伊阿宋很满意，从此以后一直佑护着他。

伊阿宋光着一只脚回到故乡，他英俊的外貌、健美的身材吸引了众人的注意。国王佩利阿斯也听说来了这样一位外乡人，并注意

[①] **克瑞透斯（Cretheus）**：伊俄尔科斯城的建造者，埃俄罗斯和厄那瑞忒之子，埃宋之父，伊阿宋的祖父。他娶了兄弟萨尔摩纽斯的女儿堤洛为妻，生了三个儿子：埃宋、斐瑞斯和阿密塔翁。他还收养了堤洛和海神波塞冬的孪生子佩利阿斯和涅琉斯。

[②] **埃宋（Aeson）**：伊俄尔科斯国王克瑞透斯之子，伊阿宋之父。

[③] **佩利阿斯（Pelias）**：伊俄尔科斯国王，波塞冬和堤洛之子，埃宋的同母异父哥哥。娶比斯的女儿阿那克西比亚为妻，生一子阿卡斯托和四女佩利阿得斯姐妹。

[④] **伊阿宋（Jason）**：伊俄尔科斯国王埃宋和阿尔喀墨得（波吕墨得）之子。

到来人只穿了一只凉鞋,非常警惕。但他装出一副热情的模样,招待来人,打听其来意。伊阿宋说出自己的身份,礼貌地要求国王归还王位和权杖,提议用正义的律法指引行为,而不要用武器来解决争端。佩利阿斯和颜悦色地表示同意,但要求伊阿宋取来金羊毛证明他的能力。伊阿宋欣然允诺,并立刻开始招募英雄和他一起进行这次历险。

艰难的旅程

这次历险是欧洲文学中第一次伟大的长途旅行,它比《奥德赛》中的旅行早了几十年。希腊的英雄们纷纷加入探险队伍,其中有大英雄赫拉克勒斯、音乐大师俄耳甫斯、双子星座的卡斯托耳与波吕刻斯兄弟、阿喀琉斯之父佩琉斯等。他们乘坐"阿尔戈号"起航,决心建立一番功勋。

英雄们首先来到兰诺斯(Lemnos)岛。他们惊讶地发现这是个女儿国,没有男人。原来岛上的女人们忘了祭祀阿佛洛狄忒,女神降下惩罚,使她们的男人都移情别恋,恋上了征战色雷斯带回来的女俘虏。于是,嫉妒的女人们杀死了岛上所有的男人及其情妇。只有国王托阿斯(Thoas)① 的女儿许普西皮勒(Hypsipyle)② 心存善念,偷偷放走了父亲。这位国王被装在一个大箱子中,放到海里,最终漂到安全的地方。不过,这些凶残的女人对阿尔戈英雄倒是十分欢迎,盛情接待他们,邀请他们欢度良宵。如果不是赫拉克勒斯当头棒喝,也许英雄们就沉溺在温柔乡中不愿再度出发了。

依依不舍地告别了兰诺斯岛的女人们后,英雄们又失去了赫拉克

---

① **托阿斯(Thoas)**:兰诺斯岛的国王,狄俄尼索斯和阿里阿德涅之子,密里娜的丈夫,许普西皮勒的父亲。
② **许普西皮勒(Hypsipyle)**:兰诺斯岛女王,托阿斯和密里娜之女,狄俄尼索斯和阿里阿德涅的孙女。她后来为伊阿宋生了两个儿子:欧纽斯和托阿斯。

勒斯的帮助。这位大英雄身边跟着一个深受他宠爱的随从，是位绝世美少年，叫许拉斯（Hylas）①。当许拉斯独自一人前往一眼清泉旁取水时，泉中的水泽仙女们被他的英俊深深地迷住了，伸手搂住他的脖子，把他拖进水中。赫拉克勒斯发现许拉斯失去踪影后，急得几欲发狂，大声呼喊着他的名字，四处寻找，越走越远。他完全忘记了本来的任务，也忘记了同伴们。阿尔戈号始终没有等到他回归，只好继续航行。

接下来，阿尔戈英雄们又遭遇了名为哈耳皮埃（Harpyiae）② 的人面鹰爪鸟妖。英雄们停船过夜的地方，住着一位骨瘦如柴的老人。他自称是色雷斯的国王兼预言家，名叫菲纽斯（Phineus）③，因为得罪了宙斯而受罚，终日被哈耳皮埃骚扰。只要他准备用餐，这可恶的鸟妖就猛扑下来抢夺食物，还降下秽物使剩下的食物发出恶臭。可怜的菲纽斯如今已经饿得皮包骨头，但他凭借自己的预言能力，知道阿尔戈英雄中的两位会解除他的苦难。北风神玻瑞阿斯（Boreas）④ 的两个儿子泽特斯（Zetes）和卡拉伊斯（Calais）⑤ 知道自己就是这老人的救星后，热情地保证一定会帮助他。他们俩都有翅膀，所以在哈耳皮埃又来捣乱时，他们像风一样追了上去，抓住了怪物。英雄们想要把这怪物碎尸万段，彩虹女神伊里斯阻止了他们，不过从此以后，

---

① **许拉斯（Hylas）**：美少年，赫拉克勒斯的随从。因其容貌美丽，在打水时被水泽仙女看中拉入水底。

② **哈耳皮埃（Harpyiae）**：陶马斯和厄勒克特拉之女，长有少女的头、秃鹫的身子和锋利的爪子。

③ **菲纽斯（Phineus）**：色雷斯国王，波塞冬之子，克勒俄帕特拉（北风神玻瑞阿斯之女）的丈夫，后又续娶伊代亚（达耳达洛斯之女）。

④ **玻瑞阿斯（Boreas）**：北风神，阿斯特赖俄斯和黎明女神厄俄斯之子，西风神仄费洛斯、东风神欧洛斯和南风神诺托斯的兄弟。抢俄瑞堤伊亚（雅典国王厄瑞克透斯之女）为妻，生下儿子卡拉伊斯和泽特斯（玻瑞阿代兄弟）、女儿克勒俄帕特拉（菲纽斯的妻子）和喀俄涅（波塞冬的情人）。

⑤ **泽特斯（Zetes）和卡拉伊斯（Calais）**：北风神玻瑞阿斯和俄瑞堤伊亚的孪生儿子，生有双翼。

这怪物再也没出现过。

菲纽斯没有了心腹大患,感激莫名,他教给阿尔戈英雄通过"撞岩"的方法。"撞岩"位于英雄们的必经之路上,是两座对峙的浮岛,它们一会儿聚拢在一起,一会儿分开,毫无规律可言,很多海船在这里被碾成碎片。英雄们按着菲纽斯的指示,放飞了一只鸽子,在看到鸽子平安地通过撞岩后,用最快的速度跟了上去。鸽子只有尾羽被夹掉了一些,阿尔戈船也只是被夹断了尾部的饰物。据说,自从阿尔戈船顺利通过之后,撞岩就停止了运动,再也没有危害过往水手。

在随后的旅程中,阿尔戈英雄们基本没再遇到强敌。他们经过阿玛宗女战士的国家,因为顺风,没有靠岸,也就没产生冲突。他们还用赫拉克勒斯的方法,用声音吓走了廷法利斯怪鸟,救下了佛里克索斯的儿子们,这四兄弟答应帮忙向外祖父求取金羊毛。接着,他们还经过了高加索山,看到了受难的普罗米修斯,听到了啄食他内脏的恶鹰的扇翅声。终于,他们抵达了目的地——科尔喀斯国。

智取金羊毛

英雄们对于如何取得金羊毛一筹莫展,只能暂且决定先礼后兵,视情况行事。这时,赫拉也在设法帮助她的宠儿伊阿宋。她向阿佛洛狄忒求助,于是爱与美之女神用一只漂亮的珐琅球诱使小爱神厄洛斯听令行事。长翅膀的小箭手高高兴兴地答应了,立刻拿起自己的弓箭飞向了科尔喀斯王宫。

科尔喀斯国王在王宫中迎接了远方来客,设宴感激他们救了自己的外孙。在众英雄推杯换盏之际,公主美狄亚(Medea)[①] 好奇地溜

[①] **美狄亚(Medea)**:科尔喀斯国王埃厄忒斯之女,太阳神赫利阿斯的孙女,女巫喀尔刻的侄女。

了进来。当她的目光落到伊阿宋身上时,小爱神听从母命射出了爱的金箭,公主的心中立刻产生了炽热的爱火。她几乎是跟跄地回到寝宫,不知该如何是好。宫中饮宴仍在进行,一开始宾主尽欢,但当国王知道这些异乡人是来讨要金羊毛时,不禁怒火中烧。不过伊阿宋一直彬彬有礼,国王一时也不好在餐桌上翻脸,只得施行拖延之计。他要求英雄们用两头口中喷火的铜蹄神牛耕地,而且播下的种子是毒龙的牙齿,会长出好战的龙牙武士。

　　阿尔戈英雄们不得不答应这一条件,却不知该如何完成这险恶的任务。这时,他们救下的国王的外孙出主意,让他们向美狄亚公主求助,并告诉他们,这位公主会施巫术,本领非凡。伊阿宋抱着一线希望求见公主,他还不知道爱神已经出手相助了。美狄亚见到伊阿宋,爱情的火焰燃烧得更加猛烈,几乎不用伊阿宋多费口舌,就已经决定全力相助。她交给伊阿宋一瓶魔药,详细地说明了用法。伊阿宋欣喜若狂,热情地许诺自己必将千百倍地回报于她。美狄亚一边怀着爱情的甜蜜,一边为自己背叛父亲而流下悔恨的眼泪,辗转反侧,一夜无眠。

　　第二天,伊阿宋涂上魔药,立刻觉得全身充满了力量。他来到了田边,可怖的铜蹄巨牛喷着火冲了过来,却被他用手抵住牛角,强压着跪倒,套上了轭头和犁耙。他牢牢按着犁耙,赶着神牛飞快地耕好了田地,并将龙齿播种在犁沟中。很快,一群彪悍的龙牙武士长了出来。伊阿宋按美狄亚的吩咐,把一块大石头扔到了他们中间。立刻,田地里刀光剑影,武士们自相残杀起来。最后,伊阿宋圆满地完成了国王的任务。

　　愤怒的国王回到宫中,继续计划谋害阿尔戈英雄,可是被爱情冲昏了头脑的美狄亚已经完全站在了伊阿宋一边。她乘夜来到阿尔戈船边,告诫英雄们必须马上取得金羊毛离开,否则会被她的父王杀死。伊阿宋立刻请求她的帮助,并允诺回到希腊就娶她为妻。美狄亚指引英雄们来到圣林，她用魔咒使守护恶龙睡着了，让伊阿宋取下了树上那金光闪闪的宝物。英雄们在破晓时分启航悄悄离开海岸，用最快的速度向家乡的方向划去。

归　途

国王派儿子阿布绪耳托斯（Absyrtus）[①] 率快船队追击，这时美狄亚为了帮助希腊人逃跑做了一件可怕的事情。她假意悔悟，写信给弟弟说愿意帮助他取回金羊毛。这单纯的年轻人毫无戒心，独自来见姐姐，却被事先埋伏好的伊阿宋杀死，鲜血染红了美狄亚的长袍。美狄亚命人把弟弟分尸，扔进大海中，使科尔喀斯军队不得不停下来收集王子的肢体，阿尔戈号乘机逃脱。

回程经过克里特岛时，美狄亚还帮助英雄们除掉了青铜巨人。这巨人是当初宙斯送来保护欧罗巴的，他全身刀枪不入，力大无穷。美狄亚指点英雄们拔掉了他一只脚踝处的铜钉，他全身的鲜血都迅速从这里流走了，最终轰然倒地而亡。

历经千险，终于回归故里。英雄们各自回家，伊阿宋也带着美狄亚回到王宫。佩利阿斯见到金羊毛非常高兴，却只字不提归还王位的事情。伊阿宋决定报复，向美狄亚求助，美狄亚从未让他失望。美狄亚对佩利阿斯的女儿们佩利阿得斯（Peliades）姐妹说，她知道令人返老还童的秘方。为了证明她的话，她将一只老公羊放进一锅所谓的魔汤中煮，当魔汤沸腾时，一只小羊羔从中跳了出来，蹦蹦跳跳地跑了。天真的公主们对她的话信以为真，给她们的父亲服下了强力安眠药后放进了锅中煮，然而当水煮沸时，得到的却是父亲的尸体。

[①] **阿布绪耳托斯（Absyrtus）**：科尔喀斯国王埃厄忒斯和厄伊底伊亚之子，美狄亚的弟弟。

美狄亚的报复

佩利阿斯死后，伊阿宋和美狄亚因为弑君罪，无法得到王位，只得逃亡。他们来到了科林斯，在这里定居。美狄亚为伊阿宋生下了两个孩子，虽然她做了很多可怕的事情，但这都是为了爱情，现在爱人就在身边，一切似乎都是值得的。然而，伊阿宋并不满足，当他知道当地国王克里翁有意招他为婿，让他继承王位时，立刻毫不犹豫地答应了。国王当然不能让女儿与别的女人共侍一夫，于是下令让美狄亚离开。美狄亚简直不能相信，自己叛国杀弟倾心以待的爱人会这样卑鄙地背叛自己。恬不知耻的伊阿宋甚至对美狄亚说，他的联姻是为了让美狄亚和孩子过上更好的生活，只是由于美狄亚不识好歹，话语间得罪了公主，才被驱逐，而这也是全靠他尽力求情，才使美狄亚避免了被处死的命运。

这实在太过分了，任何一个女人都无法忍受，何况生性高傲的美狄亚。她决心报复，而她从来不缺手段。她不再与伊阿宋费口舌，而是假装认命，甚至为了表示和解，献给公主一件精致美丽的长袍。伊阿宋为她的识时务感到满意，竟然丝毫没起疑心，就把礼物带给了公主。可是公主刚把长袍穿在身上，就中毒而亡。国王抱着公主痛哭，同样中毒死去。

惊慌失措的伊阿宋暴怒地找美狄亚算账，却震惊地发现她还做了一件更可怕的事：她亲手杀死了他们的两个孩子。这位被推向绝境的母亲宁肯亲手杀死自己的孩子，也不愿他们终生受人欺侮。伊阿宋百般诅咒美狄亚，已经心如死灰的美狄亚坐上龙车飞走，甚至没有再看这个负心汉一眼。后来，伊阿宋也只得逃离科林斯，四处流浪。最终他来到阿尔戈号船边，回忆着自己当年的辉煌，孤独地死去。

◇词汇履历◇

1. 伊阿宋（Jason）既是取金羊毛的英雄，又是抛妻弃子、最终惨死的悲剧人物，因此他的名字是具有双重人格或双重结构的人物的代名词。而成为伊阿宋（to be a Jason），意指抛弃了妻子，做了负心汉、薄情郎。

2. 金羊毛（the Golden Fleece）指历经艰险才能获得的宝物。

◇星空知识◇

1. 载着佛里克索斯飞越大洋的金山羊被献祭给宙斯后，宙斯将它升至夜空，变成了白羊座（Aries）。

2. 为了纪念这次伟大的航海历险，阿尔戈号的形象后来被置于星空，成为南船座（Argo – Navis），包括船底座（Carina）、船帆座（Vela）、船尾座（Puppis）、罗盘座（Pyxis）四个小星座。

3. 守护金羊毛的毒龙后来被置于夜空，成为天龙座（Draco）。《哈利·波特》中同名主人公有一个与他作对的同学叫德拉科·马尔福（Draco Malfoy），名字来源于此。

◇延伸阅读◇

1. 法国新古典主义悲剧大师皮埃尔·高乃依（Pierre Corneille, 1606—1684）的悲剧《美狄亚》中女主人公发出这样的呼喊：

他怎能在我做了如此多的善举之后离开我？
他怎敢在我犯下如此多的罪行之后离开我？

让人欣慰的是，最后她心中的母爱超越了愤怒和怨恨，没有杀死孩子，而是带着他们一起离开了负心的伊阿宋。

2. 奥地利作家弗朗茨·格里尔帕策（Franz Grillparzer，1791—1872）创作过悲剧三部曲《金羊毛》，包括《东道主》、《阿尔戈英雄》和《美狄亚》。

3. 德国作家汉斯·埃尼·雅恩（Hans Henny Jahnn，1894—1959）、美国作家罗宾逊·杰弗斯（Robinson Jeffers，1887—1962）、法国作家让·阿努伊（Jean Anouilh，1910—1987）都以这一故事为题材进行过创作。杰弗斯把美狄亚描写成被性冲动和杀戮欲所支配而扭曲为复仇女神的美丽女子。阿努伊则把她塑造为廉价激情犯罪的典型。

4. 德国女作家克里斯塔·沃尔夫（Christa Wolf，1929—2011）的《美狄亚·声音》颠覆传统，为美狄亚翻案，将其塑造成高贵善良、美丽智慧的女性。她背弃国家和父亲，是因为不想与罪恶为伍，而杀弟杀子完全是别人嫁祸于她的罪名。小说视角新颖，通过美狄亚、伊阿宋、公主、国王的两位天文师和美狄亚的学生等多重声音讲述了一个充满罪恶和权力之争的悲惨故事。整部作品构思精巧，立意深刻，充斥着女性主义主题。

5. 意大利作曲家路易吉·凯鲁比尼（Luigi Cherubini，1760—1842）的歌剧《美狄亚》情感丰富，给人印象深刻，是一部杰作。

6. 美国作家约翰·加德纳（John Gardner，1933—1982）著有小说《伊阿宋与美狄亚》（1973），重写了这个被亏待的妻子向负心汉报仇的故事。

7. 伊阿宋是西方的陈世美，是为了荣华富贵抛妻弃子的负心汉原型。

8. 美狄亚是不得不面对丈夫始乱终弃、喜新厌旧的愤怒妻子的原型，是狠心报复的妻子的原型。这一类妻子往往比较强势，是丈夫成功的重要功臣。在被无情抛弃后充满仇恨与愤怒，于是进行严厉报复。她们令人们无比同情，但其行为有时会过激甚至触犯法律。

◇周边链接◇

美狄亚后来到了雅典,嫁给了埃勾斯,并试图毒死前来寻父的忒修斯。失败后,她逃回到了科尔喀斯,还用匕首和魔法,废黜了霸占她父亲王位的珀西斯(Perses),让自己和埃勾斯生的儿子墨多斯(Medos)登上了王位。

◇艺术欣赏◇

图1. 托瓦尔森于1802—1828年创作的大理石雕塑,现藏于丹麦哥本哈根的托瓦尔森博物馆。托瓦尔森的作品有着很鲜明的新古典主义风格,这座伊阿宋雕像将英雄塑造的如同凡人中的阿波罗,既俊美又英武。他头戴罗马式头盔,右手持矛,左手臂挂着金羊毛,意气风发,长身玉立,是美与力的结合。

图2. 莫罗1889年的画作,现藏于法国巴黎的奥赛博物馆。画作中美狄亚含情脉脉地注视着伊阿宋,而伊阿宋却只关注手中的金羊毛。整幅画作充满东方风情和神秘色彩。

图3. 德国新古典主义画家费尔巴哈的作品,现藏于德国慕尼黑的新绘画陈列馆。怀抱孩子的美狄亚在回忆当年的阿尔戈船队,身边正在捂脸哭泣的黑衣妇人象征着不幸的事情正在发生。

图4. 浪漫主义大师德拉克洛瓦1862年的作品,现藏于法国里尔美术博物馆。德拉克洛瓦是法国古典主义画派雅克-路易·大卫的学生,但他的画作具有强烈的感情色彩,是浪漫主义的杰出代表。画作中的女主人公美狄亚脸上流露出受到伤害的野兽般的疯狂神色,她一手持匕首,一手压制着两个孩子,头转向山洞外,似乎还在盼着负心汉在关键时刻回心转意。

图 1　拿着金羊毛的伊阿宋

巴特尔·托瓦尔森

Bertel Thorvaldsen

（丹麦雕塑家，1770—1844）

图 2　美狄亚和伊阿宋

古斯塔夫·莫罗

Gustave Moreau

（法国画家，1826—1898）

图 3　美狄亚

安塞姆·弗雷德里克·费尔巴哈

Anselm Friedrich Feuerbach

（德国画家，1829—1880）

图 4　愤怒的美狄亚

欧仁·德拉克洛瓦

Eugène Delacroix

（法国画家，1798—1863）

代达罗斯和伊卡洛斯

◇早期文献◇

荷马在《伊利亚特》第 18 卷中提及代达罗斯。奥维德的《变形记》第 8 卷讲述了弥诺斯造迷宫和代达罗斯父子飞行的故事。阿波罗多洛斯《书藏》第 3 卷讲述了代达罗斯早年的罪行和后来的经历。

代达罗斯（Daedalus）[①] 是希腊著名的能工巧匠，技艺精湛，无人能及。有很多人拜他为师，学习他的技艺，其中包括他的外甥塔罗斯（Talos）。塔罗斯聪明过人，心灵手巧，很快就掌握了舅舅传授的技艺，甚至还从蛇的颚骨得到启示发明了锯。代达罗斯非常嫉妒，担心这年轻人会取代自己的地位，于是把塔罗斯从雅典卫城上推下去摔死了。后来，他的罪行败露，只得匆忙外逃，从雅典一路逃到了克里特岛，在那里成了国王弥诺斯御用的建筑师和雕刻家。他曾为王后帕

---

① **代达罗斯（Daedalus）**：雅典人，厄瑞克透斯的后代。古希腊有名的能工巧匠。既是建筑师、雕刻家，又是许多工具的发明者。

西淮制造中空母牛，使其接近克里特公牛。① 在弥诺陶洛斯出生后，他奉命建造了一座迷宫把牛头怪藏在里面。后来代达罗斯送给阿里阿德涅（Ariadne）② 一个线团，忒修斯（Theseus）③ 就是借助这个线团，在杀死怪物后，走出迷宫的。④ 弥诺斯得知忒修斯成功逃离后，认为一定是代达罗斯帮助了他，就把代达罗斯与他的儿子伊卡洛斯（Icarus）关进了迷宫。弥诺斯相信哪怕是迷宫的建设者也无法走出迷宫。但代达罗斯还是找到了出路，他决定和儿子从空中逃生。他用蜡把羽毛黏结起来，为自己和儿子各做了一对翅膀，父子俩一起飞离了克里特岛。代达罗斯再三叮嘱儿子，一定要注意飞行的高度，因为过低会使翅膀上的羽毛沾上海水而变重，过高会使固定羽毛的蜡被太阳烤化。但伊卡洛斯飞得兴起，忘记了父亲的警告，越飞越高，结果阳光把蜡熔化，翅膀散架，他坠海而死。悲痛的代达罗斯平安地到达了西西里岛，受到当地国王科卡罗斯（Cocalus）的热情欢迎和款待。弥诺斯也跟踪而至，但国王为了保护神匠，不承认收留了他。弥诺斯想出了一个主意，他发布了一个有重赏的任务：将丝线穿过蜗牛壳。国王的女儿们向代达罗斯请教，代达罗斯将丝线系在一只蚂蚁身上，然后让这只蚂蚁穿过曲折的蜗牛壳。公主们交出了成果，弥诺斯也由此知道了天才的工匠的下落。他带着舰队开赴西西里，逼迫国王交出逃亡者。而公主们这时已经因代达罗斯技艺高超而爱上了他，决定保护他。于是，她们假意款待弥诺斯，趁其沐浴将其杀死。为了表示感谢，代达罗斯便一直留在西西里岛，为她们建造了许多精致的建筑。

---

① 详细故事见本书《王后恋上牛》。
② **阿里阿德涅（Ariadne）**：克里特岛国王弥诺斯和王后帕西淮之女。
③ **忒修斯（Theseus）**：雅典国王埃勾斯（一说波塞冬）与埃特拉之子。其名原意为"有物为证"。
④ 详细故事见本书《雅典英雄忒修斯》。

◇词汇履历◇

伊卡洛斯（Icarus）指目空一切、骄傲自大的人。伊卡洛斯的蜡翼（the Icarus'Wings）指不可靠的、最终会失败的东西。

◇自由解读◇

1. 如何看待代达罗斯的发明？ 代达罗斯的发明救了父子两人，但伊卡洛斯离太阳太近，送掉了性命。其中涉及一个对技术运用要适度的问题。

2. 如何理解伊卡洛斯的向日飞行？ 伊卡洛斯向日飞行是人类亘古具有的飞翔愿望的一种表现，在年轻的浪漫主义者看来，他是不惧危险、拒绝平庸、蔑视界规、努力追求最高极限的真正的英雄。

◇延伸阅读◇

1. 詹姆斯·乔伊斯（James Joyce, 1882—1941）的长篇小说《一个青年艺术家的画像》和《尤利西斯》中都有一个名为斯蒂芬·代达罗斯的主人公，而这个名字显然不是胡乱取的，它具有明显的神话寓意。

2. 意大利诗人劳洛·德·波西斯（Lauro de Bosis, 1901—1931）著有悲剧《伊卡洛斯》（1927），歌颂伊卡洛斯父子的创造力和对崇高的追求。诗人本人在第二次世界大战中驾驶飞机在罗马上空抛撒反法西斯传单，随后连人带机不知所踪，像伊卡洛斯一样在翱翔中走向了生命的终结。

3. 德国诗人沃尔夫·比尔曼（Wolf Bierrmann, 1936—   ）著有诗集《普鲁士的伊卡洛斯》。

4. 代达罗斯是能工巧匠的原型，伊卡洛斯经常成为鲁莽的年轻人的原型。

女英雄阿塔兰塔

◇早期文献◇

公元前7世纪有一首托名赫西俄德的诗中讲过阿塔兰塔赛跑招亲和金苹果的故事。荷马的《伊利亚特》中有猎杀卡吕冬野猪的情节。阿波罗多洛斯比较详尽地讲述了阿塔兰塔的故事,他在《书藏》第3卷中介绍了阿塔兰塔的身世、事迹和婚姻。奥维德则在《变形记》第8卷中讲述了卡吕冬狩猎的故事以及墨勒阿革耳的死亡,第10卷中讲述了阿塔兰塔拾金苹果的故事。

阿耳卡狄亚国王伊阿索斯只想要儿子,但他的王后给他生了个女儿,这就是阿塔兰塔(Atalanta)①。这个不被期许的女孩被她的亲生父亲命人扔到了荒凉的帕耳忒农山上,任其自生自灭。幸运的是,一头母熊用奶水喂养她,还像对待自己的幼崽一样保护她、照顾她。后来,一群好心的猎人发现了她,带她回家一起生活。阿塔兰塔学了一身好武艺,甚至超过了她的养父们,但对纺织烹饪等女性技能却丝毫不感兴趣。有一次,两个好色的人马看到她孤零零一个人在山间,欲行不轨。人马人

---

① **阿塔兰塔(Atalanta)**:阿耳卡狄亚的著名女猎手,国王伊阿索斯和墨娜路斯(一说斯科纽斯)之女。

高马大,速度快,体力充沛,一般男人都不是他们的对手。可是阿塔兰塔临危不惧,沉着地张弓搭箭,正中目标,两个人马都被她射死了。

当著名的"卡吕冬狩猎大会"开始时,阿塔兰塔已经成长为一位女英雄。卡吕冬狩猎大会是为了除掉一头野猪而召开的。卡吕冬的国王俄纽斯(Oeneus)① 祭祀诸神时漏掉了狩猎女神阿耳忒弥斯,女神于是派来这头野猪踩踏土地、伤害人畜。俄纽斯只得召开大会,遍邀英雄豪杰相助。阿塔兰塔也赶来参加大会,她英姿飒爽,完全没有一般女性的娇柔,这种与众不同的美吸引了很多男性的目光,其中俄纽斯的儿子墨勒阿革耳(Meleager)② 最为痴迷,对她一见钟情。但阿塔兰塔崇拜月亮女神阿耳忒弥斯,决定像她一样永葆贞节,对婚姻不屑一顾。

狩猎开始了。一些英雄对有女人参与其中感到不满,只因墨勒阿革耳坚持才没赶走阿塔兰塔。不久,他们就发现了阿塔兰塔的不可或缺。当野猪飞快地从山林中冲出时,英雄们猝不及防被它拱得阵容大乱、死伤无数。阿塔兰塔冷静地射出一箭,第一个伤到了这畜生。墨勒阿革耳乘机冲上去,把刀刺进了它的心窝。墨勒阿革耳认为除掉野猪的荣誉应该属于阿塔兰塔,执意把野猪皮送给她。墨勒阿革耳的这一举动引起了他的两位舅舅的不满,他们对一个女孩拿到奖品这件事感到屈辱,与外甥争执了起来,在混乱中被外甥杀死了。他们的姐姐、墨勒阿革耳的母亲阿尔泰亚(Althaea)③ 听说了这件事,为了替兄弟报仇,拿出了一根秘密保存的圆木扔进了火里。原来在墨勒阿革耳出生时,命运女神现身,在他家的炉子里放进了这根木头,并说这个新生儿的寿命将和这根圆木一样长。阿尔泰亚当即从火里抽出这根木头,

---

① **俄纽斯(Oeneus)**:卡吕冬国王。与阿尔泰亚生了儿子图斯刻俄斯、堤瑞俄斯、克吕墨诺斯和墨勒阿革耳以及女儿戈耳革和得伊阿尼拉。后续娶佩里玻亚,生堤丢斯。

② **墨勒阿革耳(Meleager)**:卡吕冬国王俄纽斯和阿尔泰亚之子,曾参加阿尔戈远航。

③ **阿尔泰亚(Althaea)**:忒斯提俄斯之女,卡吕冬国王俄纽斯之妻,墨勒阿革耳的母亲。

用水浇灭它，多年来一直精心保存着它。如今狂怒攫住了她的心，她眼睁睁地看着木头被烧为灰烬，随即就传来了儿子倒地而亡的消息。最终，这位后悔莫及的母亲用刀子亲手终结了自己的生命。就这样，卡吕冬狩猎行动以悲剧告终。但是，阿塔兰塔一战成名。

阿塔兰塔成名后，伊阿索斯认回了这个女儿，因为她比儿子也毫不逊色。阿塔兰塔成了公主，又艺高貌美，很快就有络绎不绝的倾慕者前来求婚。为了不伤和气地摆脱他们，阿塔兰塔宣布：谁能在赛跑中胜过她，她就嫁给谁。从小在山林中长大，阿塔兰塔健步如飞，她自信没人可以赢得了她。

然而一位名为希波墨涅斯（Hippomenes）[1]的青年受到爱与美之女神阿佛洛狄忒的眷顾，得到了三个金苹果，机灵地运用到了比赛中。比赛开始了，阿塔兰塔如离弦之箭冲了出去。她长发飘飘、衣襟飞扬，吸引了所有求婚者的注意力。但希波墨涅斯没有忘记自己的计划，他扔出一个金苹果，让它滚到公主脚前。没人能拒绝得了这金光闪闪的宝贝，阿塔兰塔也忍不住停下脚步，弯腰去捡。如是三次，希波墨涅斯用金苹果拖缓了阿塔兰塔疾奔的脚步，赢得了比赛，阿塔兰塔成了他的妻子。

但是，心愿得偿的希波墨涅斯忘记了感谢女神的帮助，没有向她献祭。女神为惩罚这忘恩负义之徒，使这对夫妻在地母该亚的神庙中情欲大发，玷污了神庙。愤怒的大地女神把渎神的二人变成了狮子。不过在这之前，阿塔兰塔已经生了一个儿子叫帕耳忒诺派俄斯（Parthenopaeus）[2]，他是七将攻忒拜中的一位。

◇ **词汇履历** ◇

阿塔兰塔的金苹果（The golden apple of Atalanta），比喻为了眼前

---

[1] **希波墨涅斯（Hippomenes）**：翁刻斯托城国王墨伽柔斯和墨洛珀之子。
[2] **帕耳忒诺派俄斯（Parthenopaeus）**：希波墨涅斯与阿塔兰塔之子，在七将攻忒拜之役中被波塞冬的儿子佩里克吕墨诺斯杀死。

利益或次要之物而分散了注意力，忽略了奋斗的目标。

◇延伸阅读◇

1. 英国维多利亚时期诗人史文朋（Algernon Charles Swinburne，1837—1909）于1865年创作了诗体剧《阿塔兰塔在卡吕冬》。

2. 阿塔兰塔因捡金苹果而输掉比赛不得不嫁人，因此成了因眼前利益而误断终身的女性原型。

◇艺术欣赏◇

雷尼1618—1619年的作品，现藏于西班牙马德里的普拉多博物馆。画家选取了决定胜负的一刻，希波墨涅斯抛下金苹果，引得阿塔兰塔俯身拾取，从而后来居上。

希波墨涅斯和阿塔兰塔

圭多·雷尼

Guido Reni

（意大利画家，1575—1642）

雅典英雄忒修斯

◇早期文献◇

忒修斯是最受雅典人爱戴的英雄,很多作家创作过有关他的故事。荷马在《奥德赛》中提到忒修斯,并提到阿里阿德涅没有被遗弃,而是被女神阿耳忒弥斯杀死了。欧里庇得斯的三部剧作提到阿德拉斯托斯求援、赫拉克勒斯发疯、希波吕托斯之死等情节,忒修斯都是重要人物,是一位具有美德的理想国王形象。而索福克勒斯的剧作《俄狄浦斯在科罗诺斯》中有忒修斯收留俄狄浦斯的情节,忒修斯同样慷慨义气、有同情心。奥维德的《变形记》第7卷讲述了忒修斯与埃勾斯父子相认的故事,第12卷详细记述了忒修斯帮助朋友与肯陶尔人作战的情形。阿波罗多洛斯在《书藏》第3卷和节本中曾详细叙述他的生平,并提到埃特拉怀孕那晚,海神波塞冬也与她同寝,认为忒修斯也许是海神之子。公元1世纪中叶的希腊史学家普鲁塔克的《希腊罗马名人传》中第一位人物就是讲的忒修斯,从他出生写到死亡。

忒修斯的出生

忒修斯（Theseus）[1] 是雅典国王埃勾斯（Aegeus）[2] 经过希腊南部的特洛曾时，与国王庇透斯（Pitteus）[3] 之女埃特拉（Aethra）[4] 春风一度的结果。其时，埃勾斯多年无子，前往德尔菲神庙祈求神谕。祭司给出的谕示神秘难懂："返回雅典之前，伟大的首领，不要松开皮酒囊突出的脖颈。"埃勾斯百思不得其解，在归国路上拜访朋友庇透斯，寻求他的参谋。庇透斯理解了神谕，于是把女儿送给埃勾斯侍寝，认定会得到一个伟大的外孙。在归国之前，埃勾斯将自己的剑和一双鞋压在了一块巨大的石头底下，对埃特拉说，如果她怀孕了，而且生的是个男孩，等这孩子强壮到能够掀起这块石头时，就可以拿起这些装备前往雅典认父。至于他为什么不带埃特拉回国，大概与他有五十个野心勃勃的侄子有关。为了孩子的安全，还是让他不为人知地长大成人后再回国吧。

十个月后，埃特拉果然生下一个男孩，他就是日后名扬天下的大英雄忒修斯。忒修斯似乎从小就比别的孩子强壮，外祖父还为他请来世上最好的老师人马族族长喀戎教他十八般武艺。他七岁时，他的表兄大力神赫拉克勒斯前来做客。赫拉克勒斯解下身上披的狮皮放在桌上，经过客厅的小孩子都以为是真狮子，吓得四处逃散，唯有忒修斯拿起斧头朝着狮皮挥舞。忒修斯自小英勇过人，又学得一身好武艺，所以当他十六岁跟随母亲来到巨石旁边时，轻而易举

---

[1] **忒修斯（Theseus）**：雅典国王埃勾斯（一说波塞冬）与埃特拉之子。其名原意为"有物为证"。

[2] **埃勾斯（Aegeus）**：雅典国王，刻克洛普斯之孙，潘狄翁之子，忒修斯之父。他曾先后娶墨塔和卡尔喀俄珀为妻，但一直没有孩子，而觊觎他王位的兄弟却有五十个儿子。

[3] **庇透斯（Pitteus）**：佩罗普斯和希波达弥亚之子，阿耳戈斯的特洛曾国王，以学识渊博、才能卓著而闻名，据说还有预言才能。

[4] **埃特拉（Aethra）**：庇透斯之女，忒修斯之母。

就搬开了石头。于是，母亲告诉了他当年埃勾斯留下的嘱托，让他去雅典寻父。

忒修斯的六大功绩

初出茅庐的少年英雄忒修斯出发去寻父了，他没有选择更安全轻松的水路，而是义无反顾地踏上了危险重重的陆路。因为忒修斯从小就把表兄赫拉克勒斯视为自己的人生偶像，也要干一番业绩，成就大英雄的美名。这果然是一趟成名之旅，忒修斯为民除害，六战六胜。他的战术简单有效，就是"以彼之道，还施彼身"。

第一个拦路贼是"棒子手"佩里斐忒斯（Periphetes）①。他是火神赫淮斯托斯的儿子，像他父亲一样腿脚略有不便，以其父制作的大铁棒作拐杖和武器，往往趁行人不备，举棒袭击。忒修斯见他行动不便，彬彬有礼地上前想要提供帮助，而假装感谢的佩里斐忒斯却寻机抡起了他的大铁棒。忒修斯身手敏捷，不仅避过当头一棒，而且反手抢下凶器，砸碎了行凶者的头颅。那根大铁棒后来一直被忒修斯带在身边，成了他的常规装备。

第二个被反制的是"扳松贼"辛尼斯（Sinnis）②。此人身材巨大且一身蛮力，他劫持过往的路人，将人绑在两棵被他扳弯的松树的树梢上，然后放手让树反弹的力量将人活活撕裂。忒修斯以其人之道还治其人之身，辛尼斯也被撕成了两半。

第三个遭遇的是斯刻戎（Sciron）③。他强迫俘虏给自己洗脚，然后将他们踢下海去喂一只巨大的海龟。忒修斯假意屈膝，然后抓住斯

---

① **佩里斐忒斯（Periphetes）**：赫淮斯托斯和安提克勒亚之子，厄庇道洛斯地方的大盗。

② **辛尼斯（Sinnis）**：波塞冬之子，科林斯地方的伊斯特摩斯一带的强盗。

③ **斯刻戎（Sciron）**：波塞冬之子，科林斯强盗，住在墨伽拉地方一个叫斯刻洛尼亚的悬崖附近。

刻戎的脚扔下海，使他也葬身龟腹。

第四个被忒修斯制服的是暴君刻耳库翁（Cercyon）[1]。刻耳库翁力量超人，喜欢强迫过路人和自己比武，然后将人活活打死。结果和忒修斯比武的时候，被高高举在空中，扔到地上摔了个一命呜呼。

第五个是害人精"铁床匪"达玛斯忒斯（Damastes）[2]。他把受害人缚在一张铁床上，将长者截短，短者抻长。忒修斯如法炮制，使达玛斯忒斯也死在了这张铁床上。

第六个倒霉的是克洛密俄尼亚母猪（Crommyonian Sow）[3]。忒修斯应克洛密翁一带被这妖孽危害的百姓所求出手除害。

父子相认

除掉了六大恶人的忒修斯来到雅典时，其声望已经高到让国王埃勾斯产生忌惮的程度。埃勾斯并不知这位少年英雄是自己的亲生儿子，他接受了情人美狄亚（Medea）[4] 的建议请忒修斯入宫赴宴，意图毒死他。因为美狄亚这时已经为埃勾斯生了一个儿子，她凭借巫术知悉忒修斯的身世，害怕他会危及自己母子的地位，所以出此毒计。但当美狄亚将毒酒递给忒修斯时，忒修斯拔出了他的剑，埃勾斯认出了这信物，立刻打翻了酒杯。美狄亚阴谋败露，慌忙携子逃跑。埃勾斯宣布忒修斯是雅典王位的继承人，其弟帕拉斯（Pal-

---

[1] **刻耳库翁（Cercyon）**：阿瑞斯或波塞冬之子，厄瑞西斯的暴君。

[2] **达玛斯忒斯（Damastes）**：波塞冬之子，绰号普洛克儒斯忒斯（Procrustes，意为"开黑店的强盗"）。他在墨伽拉到雅典的路上开了一处旅店，残害过往旅客。

[3] **克洛密俄尼亚母猪（Crommyonian Sow）**：危害科林斯的克洛密翁一带的大母猪，据说是万怪之父提丰和万怪之母厄喀德娜所生；或以"母猪"为外号的女强盗。

[4] **美狄亚（Medea）**：科尔喀斯国王埃厄忒斯之女，太阳神赫利阿斯的孙女，女巫喀尔刻的侄女。她曾用魔法帮助阿尔戈英雄们取得了金羊毛，并嫁给了伊阿宋。在被丈夫背叛后，她杀死了丈夫的新欢，以及自己与伊阿宋所生的两个儿子，然后乘龙车来到雅典。

las)① 的五十个早对王位虎视眈眈的儿子发兵谋反，被单枪匹马的忒修斯全部杀死。随后，忒修斯还捕捉了四处祸害百姓的马拉松公牛②，献祭给了海神波塞冬。

杀死牛头怪

忒修斯成为王子并迅速平定了叛乱，雅典人民为有这样一位英雄王子而额手称庆。但欢乐的日子转瞬而逝，又到了向克里特进贡少男少女的日子。原来几年前，克里特国王弥诺斯的儿子安德洛革俄斯（Androgeos）③ 拜访雅典时，埃勾斯请他去制服为害一方的马拉松公牛（大概是因为他与埃勾斯的侄子们交好，威胁了王位），结果他没能完成任务，反而把命给送掉了。遭受丧子之痛的弥诺斯愤而发兵，攻占了雅典，并要求雅典人每隔九年都要进贡七对少男少女。这些少年人一到克里特岛，就会被送给迷宫中的牛头怪弥诺陶洛斯（Minotaurus，或称弥诺陶耳 Minotour）④ 当食物。侠义心肠的忒修斯决定自己充当其中的一员，寻机杀死牛头怪，永除后患。埃勾斯非常舍不得刚认回的儿子去冒险，却无力阻止，只得与儿子约定，如果他成功回来就用白帆取代一贯的黑帆。这样，他可以在这艘载着年轻牺牲者的船靠岸之前就早早地知道儿子是否安然。

---

① **帕拉斯（Pallas）**：潘狄翁最小的儿子，埃勾斯之弟。他有五十个儿子，称为帕兰提代兄弟。
② **马拉松公牛**：这头牛的来历不凡。当年弥诺斯为了和他的兄弟争王位，祈求海神波塞冬当众降下神物以证明他受神佑，于是波塞冬送给弥诺斯这头美丽的公牛。但是弥诺斯起了贪心，没有依约把它献祭给海神。波塞冬施法让弥诺斯的妻子帕西淮爱上了它，又使它发了疯继续为祸克里特。赫拉克勒斯前往克里特制服了它，带它渡海回来交给了欧律斯透斯。后来，它又来到马拉松继续为害乡里。
③ **安德洛革俄斯（Androgeos）**：克里特国王弥诺斯和王后帕西淮之子。
④ **弥诺陶洛斯（Minotaurus，或称弥诺陶耳 Minotour）**：帕西淮与克里特公牛之子，牛头人身，被弥诺斯关在代达罗斯建造的迷宫中，后被雅典王子忒修斯杀死。

年轻英俊的忒修斯抵达克里特,弥诺斯的女儿、公主阿里阿德涅(Ariadne)[①]对他一见钟情。她交给忒修斯一个线团,让他把线团的一端拴在迷宫入口处,一边走一边放线。忒修斯依言而行,来到了迷宫深处,在那里找到了牛头怪。经过一番厮杀,忒修斯成功打死了这头怪物。随后,他带着其余的少男少女们沿着线团顺利走出了迷宫。忒修斯带着大家和阿里阿德涅逃到了船上,启航返回雅典。途经那克索斯岛时,因酒神狄俄尼索斯看中了阿里阿德涅,忒修斯不得不趁她睡觉时悄悄启程离开,将她丢弃在那岛上。

当远航的船终于回到雅典附近时,可能是由于死里逃生令忒修斯喜不自禁,也可能是为离开阿里阿德涅而悲伤难耐,总之他忘记了换上白帆。自儿子远去后就日日在城楼远眺的埃勾斯国王看到黑帆,以为儿子失败身死,便从一座高崖上跳海自杀。为了纪念他,他坠入的这片海从此被称为爱琴海(the Aegean Sea)。

忒修斯成为新的雅典国王,他贤明公正,崇尚民主、自由。据说,就是他创建了共和国,建立民主制度,让王权从此受到议会的制衡。与古希腊其他英雄和国王相比,忒修斯不仅勇敢智慧,而且富有同情心,乐于帮助弱者,他的身上体现了雅典人的思想观念。他接纳了被驱逐的俄狄浦斯,帮助因发疯而杀妻弑子的赫拉克勒斯,在"七将攻忒拜"中,为阿耳戈斯人挺身而出,迫使忒拜人同意埋葬死者。

忒修斯之死

成为国王之后,忒修斯仍然热衷冒险。他曾前往阿玛宗女儿国,

[①] **阿里阿德涅(Ariadne)**:克里特岛国王弥诺斯和王后帕西淮之女,后来成为酒神狄俄尼索斯的妻子。

与阿玛宗的女王安提俄珀（Antiope）① 或希波吕塔（Hippolyta）② 喜结良缘，生有一子名为希波吕托斯（Hippolytus）③。妻子去世后，忒修斯继娶了阿里阿德涅的妹妹淮德拉（Phaedra）④，但却造成了一家人的悲剧。⑤ 忒修斯还曾是阿尔戈英雄之一，参加了寻找金羊毛的历险。也参加过"卡吕冬大狩猎"，在那里结识且救了拉庇泰国王佩里托俄斯（Peirithous）⑥，并结为好友。后来，佩里托俄斯结婚，请他去参加婚宴，结果前来祝贺的人马们酩酊大醉后，企图抢劫拉庇泰的女人，其中一个叫欧律托斯的甚至试图抢走新娘。忒修斯拔刀相助，与佩里托俄斯领导的拉庇泰英雄们一起把马人打得落花流水，将他们驱逐出境。

这两位好友在他们的原配妻子去世之后，还一同发誓要娶宙斯之女为妻。忒修斯相中尚且年幼的海伦，佩里托俄斯则决意去冥界抢夺佩耳塞福涅。他们果然从斯巴达劫走了海伦（后海伦的两个哥哥狄俄斯库里兄弟又将她找回），但在冥界夺美时却被冥王哈得斯禁锢在"遗忘之椅"上，赫拉克勒斯救了忒修斯，而佩里托俄斯永远留在了椅子上。

忒修斯被困冥界时，雅典人对忒修斯崇尚个人英雄主义，总是沉迷于冒险感到不满，于是支持被埃勾斯放逐的佩透斯（Peteus）⑦ 的

---

① **安提俄珀（Antiope）**：阿玛宗人的女王，有的记载认为她与希波吕塔是同一人，有的则认为她是希波吕塔之妹。
② **希波吕塔（Hippolyta）**：阿玛宗人的女王，战神阿瑞斯和俄特瑞拉的女儿。她嫁给忒修斯后，阿玛宗人为夺回女王进攻雅典，她与丈夫并肩作战，最终战死。
③ **希波吕托斯（Hippolytus）**：忒修斯和希波吕塔（或安提俄珀）之子。
④ **淮德拉（Phaedra）**：弥诺斯和帕西淮之女，阿里阿德涅之妹，忒修斯的续弦。
⑤ 详见本书《淮德拉爱上继子》。
⑥ **佩里托俄斯（Peirithous）**：拉庇泰的国王，狄亚和伊克西翁（一说宙斯）之子。
⑦ **佩透斯（Peteus）**：半人半兽的怪物。厄瑞克透斯的孙子，俄耳努斯之子，墨涅斯透斯之父。潘狄翁死后，他夺取了雅典政权，后来被埃勾斯驱逐。

儿子墨涅斯透斯（Menestheus）① 夺取了雅典的政权。从冥界回来的忒修斯对此非常愤怒，于是他离开了自己的国家，前往斯库洛斯岛。岛上的国王吕科墨得斯（Lycomedes）② 是忒修斯的朋友，但他最终却丧生于这位朋友之手。吕科墨得斯带他到一座高崖俯瞰风景，趁其不备，将他推下海淹死。大概是因为忒修斯声名太盛，吕科墨得斯害怕他危及自己的统治，所以下此毒手。

后来，忒修斯之子摩福翁夺回雅典政权。忒修斯遗骸于公元前5世纪被运回雅典，在其陵墓上修建了忒修斯神庙。

◇词汇履历◇

1. 忒修斯式的雄心（Thesean ambition），被用来表示"大志向"。
2. 忒修斯的业绩（Thesean undertakings），指"雄心万丈的事业"。
3. 阿里阿德涅线团（Ariadne's Clew），意为"指点迷津"或"能够解决复杂问题的办法"。
4. 普罗克斯忒斯之床（Procrustean bed, make the Procrustean bed, stretch on the Procrustean bed, fit the Procrustean bed, place on the Procrustean bed）等，意为"无礼苛求"、"逼人就范"或"削足适履"，均指"按照同一标准强求一致"。

◇自由解读◇

1. 为什么有些神话传说认为忒修斯其实是波塞冬的儿子？ 后世有人认为这是雅典为抬高自己身价而进行的宣传。另外一种解释是埃

---

① **墨涅斯透斯（Menestheus）**：佩透斯之子，忒修斯被囚冥界之时，狄俄斯库里兄弟为了报复忒修斯的夺妹之仇，将墨涅斯透斯从流放地接回来并辅助他当了雅典国王。

② **吕科墨得斯（Lycomedes）**：斯库洛斯岛国王，因为害怕忒修斯的威望高过自己会篡权夺位而将他害死。

特拉未婚先孕，庇透斯为了避免闲话，就用这个说法来粉饰丑闻。不管怎么说，雅典人很喜欢这种说法，如欧里庇得斯的《希波吕托斯》中，忒修斯就呼唤父神波塞冬来惩罚儿子。

2. 如何理解埃勾斯留下的两件信物？ 埃勾斯留给自己未来儿子的两件信物都有其意义。剑的意义比较好理解，是希望儿子成长为英雄。鞋的含义涉及一次初始征程，一是让儿子启程去寻父，二是开始英雄事业的征程。

3. 忒修斯为什么是雅典人最崇拜的英雄？ 忒修斯不仅智勇双全，而且富有同情心，崇尚自由、民主，典型体现了雅典人的特质和理想，自然成为雅典人最崇拜的英雄。

4. 神话—仪式学派是如何理解忒修斯穿越迷宫的？ 神话—仪式学派认为，忒修斯穿越迷宫可能与参与某教派入会礼的考验仪式有关。

5. 忒修斯离开阿里阿德涅的原因是什么？ 忒修斯离开阿里阿德涅的原因有两种说法。一种是说忒修斯忘恩负义，遗弃了阿里阿德涅。但这种说法不太说得通，因为一则忒修斯作为雅典著名的大英雄，一向人品出众，几乎没有瑕疵，应该不会做出此类事情。二则阿里阿德涅出身高贵，美丽聪明，忒修斯此前又无心上人或婚约，于情于理都不会遗弃这位公主。所以，一般采纳的传说是，狄俄尼索斯看上了阿里阿德涅，就在梦中显身，警告忒修斯放弃阿里阿德涅，忒修斯不敢和神对抗，只好悄悄溜之大吉。

◇ **延伸阅读** ◇

1. 薄伽丘的史诗《苔塞伊达》(*Theseide*)、莎士比亚的《仲夏夜之梦》、让·拉辛的《菲德拉和希波律特斯》中充满形像各异的忒修斯。

2. 英国作家乔叟（Geoffrey Chaucer，1343—1400）的诗歌《贤妇传奇》(*The Legend of Good Women*) 中讲到了阿里阿德涅的故事。

3. 17 世纪，意大利音乐家蒙特维尔第（Laudio Monteverdi，1567—

1643）著有歌剧《哀歌》（*Lamento*）表现了被爱人遗弃的阿里阿德涅。

4. 法国作家安德烈·纪德（André Gide，1869—1951）于 1946 年发表小说《忒修斯》，以英雄本人的视角回顾自己的一生，他不再是人们印象中的古典英雄形象，而是具有一种玩世不恭的平庸。

5. 理查·斯特劳斯著有歌剧《那克索斯岛的阿里阿德涅》。

◇艺术欣赏◇

图 1. 拉海尔 1635—1640 年间的作品，现收藏于匈牙利的布达佩斯艺术博物馆。画作选取了忒修斯搬起巨石的一刻，大石下可以看见鞋子和武器，似乎还是崭新的，没有压痕也没有污迹。

图1　忒修斯和埃特拉

洛朗·德·拉海尔

Laurent de La Hyre

（法国画家，1606—1656）

图2. 卡诺瓦1804—1819年的大理石雕塑作品，现收藏于奥地利维也纳的艺术史博物馆。忒修斯英武不凡，将怪物彻底压制，风格严谨，造型优美，人物理想化。

图2 忒修斯和弥诺陶耳

安东尼奥·卡诺瓦

Antonio Canova

（意大利雕塑家，1757—1822）

婚礼上的金苹果

◇ **早期文献** ◇

现可知最早有关特洛伊战争的描写有八部史诗,依照故事内容发展的先后顺序为:《塞普路斯之歌》(*Cypria*)、《伊利亚特》、《阿玛宗尼亚》(*Amazonia*)、《小伊利亚特》(*Little Iliad*)、《特洛伊沦陷》(*Iliu Persis*)、《返乡》(*Nostoi*)、《奥德赛》与《特勒戈尼亚》(*Telegonia*)。但现在只有《伊利亚特》《奥德赛》还能看到完整版本。荷马的《伊利亚特》对特洛伊战争讲得最详细也最精彩,阿喀琉斯的愤怒是整个故事的主题。但其中基本没有讲述忒提斯的婚姻、帕里斯的裁决和伊菲革涅亚的献祭等。阿波罗多洛斯《书藏》第3卷也全面而生动地概述了特洛伊战争。

奥维德的《变形记》第11卷讲述了佩琉斯与忒提斯的故事。欧里庇得斯的剧作《特洛伊女子》中通过海伦之口讲述了帕里斯的裁决。卢奇安的《诸神对话》用讽刺的口吻详细讲述了三女神贿赂和帕里斯裁决的场面。

忒提斯(Thetis)① 是年老的海神涅柔斯(Nereus)② 和海中女神

---

① **忒提斯(Thetis)**:海上老人涅柔斯和多里斯之女,是五十个涅瑞伊得斯中最美丽的一位,有美发女神和银脚女神之称。后来,嫁给了人间英雄佩琉斯,生下了阿喀琉斯。

② **涅柔斯(Nereus)**:海神,海上老人之一。地母该亚和最早的海神蓬托斯之子,陶玛斯、福耳库斯、刻托和欧律比亚的兄弟,多里斯的丈夫,海中女仙们的父亲。他是仁慈明智的神,有预言和变形的本领。

多里斯（Doris）① 的女儿。她既美丽又善良，在古希腊神话中，她帮助过很多神和英雄。宙斯和波塞冬都很喜欢她，曾向她求爱。但他们从普罗米修斯那里听说，忒提斯生的儿子会比父亲强大。宙斯最害怕自己重蹈祖父和父亲的覆辙，所以不仅对这位海中仙女失去了兴趣，而且认为她不应该与任何神结婚，决定将她嫁给凡人。宙斯选中了弗里亚国王佩琉斯（Peleus）②。

佩琉斯为降临在自己身上的艳运欣喜万分，他很担心女神看不上自己这个凡人。于是，他向外祖父——智慧的人马族族长喀戎求助。喀戎将他送到忒提斯最喜欢的一处洞穴里，并告诉他征服女神的办法。佩琉斯依计而行。他果然在这里找到了忒提斯，趁其不备上前抱住了她，并倾诉自己的恋慕之情。忒提斯变成了火、水、母狮、蛇和墨鱼等，但佩琉斯就是不松手。最后，女神屈服了，做了他的妻子。

佩琉斯与忒提斯的婚礼是在位于希腊东北的佩利翁山上举行的，婚礼遍邀众神。因为一位女神嫁给凡人的情况很少见，所以几乎所有的神都到神山参加婚礼。但是，不和女神厄里斯（Eris）③ 被有意无意地排除在邀请名单之外。她很生气，不请自至，并投下了一个金苹果，上面写着"献给最美的女神"，赫拉、雅典娜和阿佛洛狄忒立即争夺了起来。她们找宙斯评判，明智的宙斯并不愿做这个裁判，让神使赫尔墨斯将这些女神领到位于小亚细亚爱琴海滨的特洛伊，令号称美女鉴赏家的美少年帕里斯（Paris）④ 去了结此事。帕里斯本是特洛

---

① **多里斯（Doris）**：提坦神中大洋流神俄刻阿诺斯和特堤斯的女儿，涅柔斯的妻子，海洋女仙们的母亲。
② **佩琉斯（Peleus）**：忒萨利亚地方的弗里亚国王，埃癸那国王埃阿科斯和人马喀戎的女儿恩得伊斯之子，忒拉蒙的弟弟，福科斯的同父异母哥哥。后来娶了忒提斯，生子阿喀琉斯。
③ **厄里斯（Eris）**：不和女神，争吵和冲突的化身，黑夜女神尼克斯的女儿。
④ **帕里斯（Paris）**：特洛伊王子，国王普里阿摩斯和王后赫卡柏的次子。曾同河神的女儿俄诺涅结婚，但后来抛弃了她。

伊王子，出生时，他的母亲王后赫卡柏（Hecabe）[①] 梦见腹中生出一团大火焚毁了特洛伊。预言家警告他的父王普里阿摩斯（Priamus）[②]，这个即将出生的孩子会带来亡国之祸。他一降生国王就命人把他杀死，但是行刑人心软，只把他弃于荒野。一只母熊哺育了帕里斯，后来一位牧羊人捡到了他，并收养了他。长大后，帕里斯娶了一位河神的女儿俄诺涅（Oenone）[③] 为妻，在伊达山上过着牧羊为生的清闲日子。

三位女神并不相信这个少年的判断力，她们企图贿赂他。赫拉许诺让他主宰世界，雅典娜提出让他每战必胜，阿佛洛狄忒则许给他世上最美的女人。帕里斯毫不迟疑地做出了选择，他把金苹果给了爱神。

◇词汇履历◇

1. "不和的苹果"（an apple of discord），喻指不和的根源，发生纠纷的事端，祸根。

2. "帕里斯的裁决"（judgment of Paris），指不爱江山爱美人的选择。

◇延伸阅读◇

法国诗人伯努瓦·德·圣-莫尔（Benoit de Sainte-Maure）创作

[①] **赫卡柏（Hecabe）**：特洛伊王普里阿摩斯的第二个妻子，佛律癸亚国王底马斯（一说特剌刻国王喀修斯）之女。她子女众多，据说有五十个儿子和十二个女儿。

[②] **普里阿摩斯（Priamus）**：特洛伊的末代国王，拉俄墨冬的小儿子，赫西俄涅的弟弟。他原来的名字叫波达耳斯，当赫拉克勒斯征讨特洛伊时，杀死了拉俄墨冬和他的儿子们，只有公主赫西俄涅和她这个最小的弟弟幸免，公主嫁给了赫拉克勒斯的好朋友忒拉蒙，她要求赎回小弟弟作为结婚礼物，从此波达耳斯改名为普里阿摩斯（意为"赎回的"）。普里阿摩斯先娶了阿里斯柏，后又娶赫卡柏。据说他有五十个儿子和十二个女儿。

[③] **俄诺涅（Oenone）**：女仙，河神刻布壬之女，有预言和医治的本领。与帕里斯结婚并育有一子科律托斯。

于约 1160 年的《特洛伊传奇》(*The Roman of Troy*),改变了《荷马史诗》中立的立场,将希腊人塑造为侵略者。故事从一部分阿尔戈号英雄在寻找金羊毛的旅程中洗劫了特洛伊写起,随后普里阿摩斯重建特洛伊,而他的姐姐赫西俄涅被希腊人绑架了,作为报复,特洛伊人劫走了海伦,特洛伊战争爆发。

◇ **当代应用** ◇

有一款 2009 年上市的智能手机名为 HTC Eris,据说销量还不错。但 Eris 在希腊神话中是不和女神、纷争女神,给手机取这个名字的人究竟有何用意呢?是不是只追求名字的酷,却忽略了背后的深意。

◇ **艺术欣赏** ◇

图 1. 约尔丹斯 1636—1638 年的作品,现藏于西班牙普拉多博物馆。在画作中,最右端是忒提斯和佩琉斯这对新人,他们旁边是神王夫妇。宙斯手拿金苹果,天后赫拉似乎在伸手索要。在神王夫妇对面,小爱神依偎着的是裸体的爱与美之女神阿佛洛忒狄,她用手指着自己,似乎在说,这个金苹果应该归她。在她身后,一身甲胄的雅典娜女神俯身向前,伸手欲拿金苹果。神王夫妇的背后上方有一个长有双翼的女神,就是挑起这一争端的不和女神。

图 2. 鲁本斯 1638 年的作品,现藏于西班牙普拉多博物馆。画作左端,手持金苹果的是神使赫耳墨斯,手持牧羊杖的是帕里斯。帕里斯手托下巴,似乎在认真品评三位女神谁更美。背后的牧羊犬和远处的羊群,说明他现在的身份是牧羊人。画作最右端身旁有孔雀的女神是天后赫拉,她手中紫色的外袍显示了她尊贵的身份;居中一位是爱与美之女神阿佛洛狄忒,她风姿绰约、神态怡然;另一位身披薄纱的女神就是女战神雅典娜,她的脚边有脱下的铠甲。两个长翅膀的小天使中,身背弓箭的是小爱神厄洛斯;另外一个拿着花

环，正欲给阿佛洛狄忒戴上，预示着她是最后的获胜者。

图 1　忒提斯和佩琉斯的婚礼

雅各布·约尔丹斯

Jacob Jordaens

（比利时画家，1593—1678）

图 2　帕里斯的裁决

彼得·保罗·鲁本斯

Peter Paul Rubens

（佛兰德斯画家，1577—1640）

绝世美女海伦

◇**早期文献**◇

荷马的《伊利亚特》中从未正面描绘过海伦的美貌，但是通过见过她的人的反映，可见其艳冠群芳。甚至连一群特洛伊长老见到她时，也不禁认为男人应该为这样一位美丽绝伦的女子战斗。希腊作家斯特西科罗斯（Stesichorus）和历史学家希罗多德等人认为，海伦是被帕里斯强行劫走的，但她根本没有被带到特洛伊，诸神用云彩变成了海伦的模样。战后，墨涅拉俄斯在埃及发现了海伦，把她带回了希腊。这种说法强调了战争的荒谬性，一个幻影居然造成了整场战争！奥维德的《列女志》中有一封情书是帕里斯抛弃的原配妻子水泽仙女俄诺涅写给他的，以不同寻常的方式讲述了这一故事。

阿佛洛狄忒得到了金苹果，心满意足，决定实现自己的承诺，帮助帕里斯得到世上最美的女人，这个绝顶美人就是海伦（Helen）[1]。海伦是宙斯和丽达[2]的女儿，她自幼就美名远扬，十二岁时曾被闻名

---

[1] **海伦（Helen）**：宙斯与丽达之女，狄俄斯库里兄弟和克吕泰涅斯特拉的妹妹，斯巴达国王墨涅拉俄斯之妻，生女赫耳弥俄涅。

[2] 宙斯与丽达的故事，详见本书《丽达和天鹅》。

而来的雅典国王劫走，幸而忒修斯在与海伦结婚之前为了帮助挚友抢冥后佩尔塞福涅为妻而身陷冥府，海伦才得以被她的两个哥哥狄俄斯库里兄弟夺回。在她到了适嫁年龄时，几乎所有的希腊国王和王子（合计大约三十个）都来向她求婚。她人间的父亲斯巴达国王廷达瑞俄斯担心会出现混乱，向智慧的奥德修斯（Odysseus）① 求教，奥德修斯教他让所有求婚者宣誓：不但要尊重海伦的选择，而且要联合起来共同惩罚任何一个将她抢走的人。廷达瑞俄斯采取了奥德修斯的建议，作为报答，他把自己的侄女佩涅罗佩（Penelope）② 嫁给了奥德修斯。最终，海伦选中了墨涅拉俄斯（Menelaus）③。墨涅拉俄斯是富有的迈锡尼国王阿伽门农（Agamemnon）④ 的兄弟。后来，廷达瑞俄斯把王位传给了女婿墨涅拉俄斯，墨涅拉俄斯和海伦成了斯巴达的国王和王后。

此后不久，帕里斯参加特洛伊一次全国竞赛，获得了胜利。国王普里阿摩斯和王后赫卡柏召见优胜者时，认出帕里斯是当年被弃的儿子，重新接纳了他，承认他为特洛伊的王子。于是，帕里斯抛弃了原有的妻子水泽仙女俄诺涅。这位深爱自己丈夫的仙女苦苦地哀求他，但他不为所动，于是俄诺涅预言无情的负心人总有一天会来求她。此后，爱与美的女神阿佛洛狄忒指使帕里斯到斯巴达访问。墨涅拉俄斯

---

① **奥德修斯（Odysseus）**：伊塔刻岛国王，希腊神话中最有智谋的英雄，宙斯的孙子莱耳忒斯和赫耳墨斯的孙女安提克勒亚之子，也有传说认为，西绪福斯在安提克勒亚婚前曾占有她，所以奥德修斯是西绪福斯之子。他的妻子是佩涅罗佩，生子忒勒玛科斯。他也是喀戎的学生。奥德修斯的罗马名为尤利西斯（Ulysses）。

② **佩涅罗佩（Penelope）**：伊卡里俄斯和女仙佩里玻亚之女，奥德修斯的妻子，忒勒玛科斯的母亲。

③ **墨涅拉俄斯（Menelaus）**：斯巴达国王，阿特柔斯和阿厄洛珀之子，阿伽门农的弟弟，海伦的丈夫，赫耳弥俄涅的父亲。

④ **阿伽门农（Agamemnon）**：迈锡尼国王，阿特柔斯和阿厄洛珀之子，墨涅拉俄斯的哥哥，海伦的姐姐克吕泰涅斯特拉的丈夫，伊菲革涅亚、厄勒克特拉、克律忒弥斯和俄瑞斯忒斯之父。

和海伦热情地接待了这位王子，完美地履行了主人的职责。九天后，墨涅拉俄斯外出去参加外祖父的葬礼。帕里斯却在女神的帮助下引诱了王后海伦，并将她连同大量金银珠宝从斯巴达宫殿中拐走，一起带回了特洛伊。

◇词汇履历◇

特洛伊的海伦（Helen of Troy），因为导致了这场旷日持久的战争而被视为"红颜祸水、倾国尤物"的代名词

◇延伸阅读◇

1. 德国诗人歌德的《浮士德》在"美的悲剧"一幕中，将海伦视为"古典美"的象征，使浮士德在魔鬼靡非斯特的帮助下与海伦相爱结合。

2. 英国作家阿尔弗雷德·丁尼生（AlfredLord Tennyson，1809—1892）曾多次写诗哀悼俄诺涅。

3. 法国作家让·吉罗杜（Hippolyte Jean Giraudoux，1882—1944）的戏剧《特洛伊战争不会爆发》以反神话的手法进行创作，剧中海伦漠视伦理道德，花心薄幸，一来到特洛伊就不再爱帕里斯了，而把目标转向帕里斯的弟弟特洛伊罗斯（Troilus）。

4. 1939年，理查·斯特劳斯的歌剧《埃及的海伦》上演，探究婚姻的枷锁问题。最终墨涅拉俄斯意识到，他爱妻子，就要同时接受她的神性之美和人性脆弱，于是原谅了妻子，夫妻二人重归于好。

5. 海伦成为不贞的妻子或勾引男人的荡妇的原型，这类人物风华绝代，道德感不强。只要她想，举手投足之间就能够诱惑男性。

◇艺术欣赏◇

大卫1788年的作品，现藏于法国卢浮宫。背景是极富古典情趣

的内宫，画作的中心是美丽的斯巴达王后和英俊的特洛伊王子，他们的面部表情极其微妙传神，海伦的沉醉和帕里斯的惊喜昭然若揭。画作选择的这一场景富有张力，似乎帕里斯的竖琴余音未尽，海伦已禁不住爱情的诱惑，倒向他的怀抱。

海伦和帕里斯的爱情

雅克-路易·大卫

Jacques-Louis David

（法国画家，1748—1825）

群雄应召希腊联军

◇早期文献◇

荷马的《伊利亚特》和阿波罗多洛斯的《书藏》第3卷有相关内容。古罗马诗人普布利乌斯·帕皮努纽斯·斯蒂提乌斯（Publius Papinius Stitius，约45—96）未完成的《阿喀琉斯》，试图囊括这位英雄的整个命运，但只完成了一小部分，重点讲述了阿喀琉斯男扮女装时，与公主戴达米亚（Deidameia）之间的爱情故事。

墨涅拉俄斯回来后，发现爱妻和客人都已经不见踪影，立刻明白了发生的变故。于是他寻求兄长阿伽门农的帮助，阿伽门农号召全体希腊人伸出援手。各地首领遵守当年的誓约，纷纷率兵来到斯巴达，准备渡海前往特洛伊抢回美人。但有两位重要人物没有露面，其中一位是伊塔刻国王奥德修斯。奥德修斯当年帮助廷达瑞俄斯出主意，从而娶到了贤惠美丽的佩涅罗佩，如今两人恩爱非常，又新得一子。明智的奥德修斯不愿为了一个不忠的女人离开自己的爱妻娇子，去参加这次不知归日的冒险，因此他装疯卖傻。当希腊联军的使者帕拉墨得斯（Palamedes）①来要求他遵守盟约时，只见这位国王正在耕田，他不仅牵着一头驴和一头牛拉犁，而且播撒的是食盐。但精明的使者怀疑这是个骗局，他将不满周岁的小王子放在犁道上，那做父王的害怕伤到爱子立刻调转了犁的方向，自然露了馅。被识破的奥德修斯没有办法，只得收拾行装，告别妻子，踏上征途。

另外一位英雄虽非己所愿，却也在逃避出征，他是佩琉斯与忒提斯之子阿喀琉斯（Achillies）②。当年，忒提斯与佩琉斯结婚后，生下了阿喀琉斯。女神不满足自己的儿子只是个凡人，于是把他浸在冥界的守誓之河里，使他浑身刀枪不入，又意图用魔汤煮掉他身上凡人的部分。一日，佩琉斯无意撞见妻子把儿子放进沸汤的举动，惊叫阻止。丈夫对自己缺乏信任使忒提斯痛心。一气之下，她丢下父子俩回到海里。成为单亲父亲的佩琉斯只好把儿子托付给喀戎教育。十几年后，喀戎将阿喀琉斯培养成了文武双全的大英雄。这时，神谕告知忒提斯，她的儿子如果参加这次特洛伊远征，注定战绩辉煌，但也必定战死沙场；若他不参加征战，一生会平安顺遂，性命久长。于是忒提斯把儿子打扮成少女送到了邻国国王吕科墨得斯（Lycomedes）③那里，藏在公主们中间。奥德修斯奉命去寻找阿喀琉斯，请他参加联军。尽管奥德修斯本人也不情愿参加远征，但预言家卡尔卡斯（Calchas）④预言希腊人要打赢这次战争，必须有阿喀琉斯的加入，故而奥德修斯不得不尽心尽力完成任务。聪明的奥德修斯准备了许多礼物送给公主们，其中大多是精美的衣饰，也有几套兵器。在公主们围着

---

① **帕拉墨得斯（Palamedes）**：国王瑙普利俄斯和克吕墨涅之子，喀戎的学生。后被奥德修斯设计让希腊人认为他投敌而被杀死。
② **阿喀琉斯（Achillies）**：希腊神话中最伟大的英雄之一，佩琉斯与忒提斯之子，涅俄普托勒摩斯（皮洛斯）之父，喀戎的学生。
③ **吕科墨得斯（Lycomedes）**：斯库洛斯岛国王。
④ **卡尔卡斯（Calchas）**：著名的预言家，忒斯托耳之子，阿波罗的孙子。在阿喀琉斯九岁时，就预见了特洛伊战争的发生，后来还预言这场战争只有在第十年才能结束。

礼物兴致勃勃地欣赏之时，他突然大喊"敌军来袭！"少女们吓得四处逃散，只有一位个子高挑的立刻拿起了武器。这样，奥德修斯轻而易举地认出了阿喀琉斯，并巧舌如簧地说服他与自己同往希腊军营。其实说服阿喀琉斯一点儿也不费事，当他听到前来劝阻自己的母亲说明了预言时，毫不犹豫地选择了战绩辉煌地战死沙场，而拒绝碌碌无为地安享富贵长寿。

◇**艺术欣赏**◇

巴托尼1745的作品，现藏于意大利佛罗伦萨乌菲兹美术馆。前景中阿喀琉斯长身玉立，正在拔剑细看；中景的三位公主呈三角形构图，浑然一体，注意力集中在衣饰上。两组人物形成对照。

吕科墨得斯宫廷中的阿喀琉斯

庞培奥·巴托尼

Pompeo Batoni

（意大利画家，1708—1787）

伊菲革涅亚的献祭

◇ 早期文献 ◇

埃斯库罗斯的剧作《阿伽门农》感情充沛地讲述了伊菲革涅亚的故事。

希腊联军一切俱备，只欠东风。可是左等右等，能够送船队起航的风就是不来，大海上风平浪静，希腊英雄们心急如焚。这时，先知卡尔卡斯宣布了神谕：女神阿耳忒弥斯因联军统帅阿伽门农曾猎杀她的爱鹿而愤怒，必须将阿伽门农的长女——美丽的伊菲革涅亚（Iphigenia）[①]公主献祭，才能平息她的怒气，获得联军的船队所需要的风。阿伽门农一开始不忍心让心爱的女儿送死，但最终为了他的职责、名声和野心屈服了，他同意了这可怕的交易。

他写信给妻子，称自己为女儿相中了一位好夫婿，即阿喀琉斯，让妻子把女儿送来成亲。他的妻子克吕泰涅斯特拉（Clytaem-

[①] **伊菲革涅亚（Iphigenia）**：阿伽门农和克吕泰涅斯特拉的长女，厄勒克特拉和俄瑞斯忒斯的姐姐。

nestra)① 兴高采烈地带着女儿来相看女婿，得到的却是要女儿送死的真相。她痛哭流涕，大骂丈夫和阿喀琉斯。阿喀琉斯同样刚刚知道实情，他立刻表示绝不拿少女的生命去换取功绩，允诺保护这位被骗的公主。可是，天性善良的少女愿意为了父亲和联军牺牲自己，她从容地走上了祭台。阿耳忒弥斯女神也被她感动了，在祭刀落下的一瞬间摄走了这牺牲品。随后，风起了，希腊船队起航了，只余本来满心欢喜来为豆蔻年华的女儿送嫁的母亲带着悲痛和仇恨独自回转家乡。

◇ 延伸阅读 ◇

1674年，拉辛的悲剧《伊菲革涅亚》歌颂了伊菲革涅亚的牺牲，同时还加入了女主人公与阿喀琉斯恋爱的内容。

◇ 艺术欣赏 ◇

图1. 佩里耶1633年的作品，现收藏于法国第戎美术馆。佩里耶的画作选择了非常有戏剧性的瞬间：祭司已经磨刀霍霍了，伊菲革涅亚斜靠在祭台上，一副待宰羔羊的柔顺姿态。她的母亲克吕泰涅斯特拉在她身后悲痛地跪地祈祷，她的父亲阿伽门农似乎

图1 伊菲革涅亚的牺牲
弗朗索瓦·佩里耶
Francois Perrier
（法国画家，1590—1650）

---

① **克吕泰涅斯特拉（Clytaemnestra）**：斯巴达国王廷达瑞俄斯和丽达之女，狄俄斯库里兄弟和海伦的姐妹，阿伽门农之妻，伊菲革涅亚、厄勒克特拉、克律忒弥斯和俄瑞斯忒斯之母。

正在对回头看他的祭司下达开始的命令,下方一个仆从已经把接祭血的瓶子准备好了。画作的上方,月亮女神正准备以鹿来交换献祭的少女,在她的周围,小风神已经开始吹风。

  图2. 提埃波罗1757年于意大利瓦尔马拉纳艾纳尼别墅的壁画作品。祭司的刀正要刺进伊菲革涅亚的胸膛,下方的仆从已经端起盘子准备接祭血。突然有小天使携着替代少女作祭品的神鹿疾驰而来,众人的动作都因惊讶而凝固。唯有画作最右端一位英雄因为不忍目睹少女的牺牲而错过了这惊险一幕,他就是大英雄阿喀琉斯。此时他用衣袍遮住了脸,似乎为自己身为男人和战士却无法阻止无辜少女的牺牲而羞愧难当。

图2　伊菲革涅亚的牺牲
乔万尼·巴蒂斯塔·提埃波罗
Giovanni Battista Tiepolo
(意大利画家,1696—1770)

阿喀琉斯的愤怒

◇ **早期文献** ◇

在荷马的《伊利亚特》中,阿喀琉斯的愤怒是整个故事的主题。

希腊联军的上千艘船只在特洛伊的西摩伊斯河河口登陆了,特洛伊的英雄们也已经严阵以待。特洛伊的统帅是赫克托耳(Hector)[①]王子,他是普里阿摩斯国王的长子。他高贵英勇,对弟弟帕里斯背信弃义、置国家于危难之中的做法十分不满,但在希腊人兵临城下时,义无反顾地承担起保家卫国的责任。战争伊始,赫克托耳建议帕里斯与墨涅拉俄斯一对一决斗,赢者获得海伦和财物。但是,帕里斯在受伤被阿佛洛狄忒女神救回后却躲进城里,不肯遵守诺言。希腊英雄们大怒,奋起攻城,赫克托耳只好应战。

九年的时间过去了,特洛伊和希腊各有胜负,哪一方也没有获得决定性的优势。但在第十个年头,胜利的天平似乎开始向特洛伊倾斜。起因还是由于一位美女被劫!她的名字叫克律塞伊斯(Chryseis)[②],是

[①] **赫克托耳(Hector)**:特洛伊最伟大的英雄,特洛伊国王普里阿摩斯和王后赫卡柏的长子,帕里斯、卡珊德拉的哥哥,安德洛玛刻的丈夫,阿斯提阿那克斯的父亲。他是特洛伊的统帅,为人高贵、有勇有谋、有情有义。

[②] **克律塞伊斯(Chryseis)**:太阳神阿波罗的祭司之女,身材苗条,皮肤白嫩。

阿波罗神庙祭司之女，被阿伽门农抢来做了女俘。她的父亲向阿波罗祷告，这位强大的神祇向希腊军营降下了瘟疫。阿喀琉斯在希腊联军会议上提出让阿伽门农归还克律塞伊斯，以平息阿波罗的怒气。阿伽门农迫于众怒不得不答应，却心有不甘，要求阿喀琉斯把女俘布里塞伊斯（Briseis）① 送给他作补偿。阿喀琉斯怒而拔剑欲攻击阿伽门农，却被雅典娜女神制止。他遵神令妥协，交出了布里塞伊斯，但愤而退出了战斗。

忒提斯也为儿子受到的不公而生气，她飞上天庭请求宙斯为儿子出气。这对宙斯并不困难，他甚至不必亲自出面，只需召回卷入这场战争的神祇即可。其实，宙斯早就要求诸神不要介入人间的这场战争，但诸神却根据自己的喜好分成两派，帮助自己青睐的英雄们。拿到金苹果的女神阿佛洛狄忒自然站在帕里斯一方，天后赫拉和智慧女神雅典娜理所当然地与她对立；战神阿瑞斯帮助情人爱神，怒火中烧的丈夫赫淮斯托斯站在与他们对立的一方；阿波罗欣赏赫克托耳，他的孪生姐姐与他一起帮助特洛伊人；海神波塞冬则偏袒希腊人，因为他们是航海的民族。如今，宙斯强令所有神祇都留在奥林匹斯神山。希腊联军失去了阿喀琉斯的帮助，战斗力大为削弱，而特洛伊英雄却在空前神勇的赫克托耳的率领下士气高昂。这一天，希腊联军节节败退，到了傍晚双方收兵时，几乎已经退至他们的战船旁边。

阿伽门农绝望地主张休战，想要带领联军返回希腊。然而年长睿智的英雄涅斯托耳（Nestor）② 指出，正是阿伽门农激怒阿喀琉斯才造成了联军败退，他说："与其蒙羞返乡，不如请阿喀琉斯息怒参战。"阿伽门农在大家的纷纷附和声中承认了错误，并愿意送回布里

---

① **布里塞伊斯（Briseis）**：吕耳涅索斯国王兼祭司布里修斯之女，身材修长丰满，皮肤黝黑。与克律塞伊斯是两种不同风格的美女。

② **涅斯托耳（Nestor）**：皮洛斯国王，涅琉斯和克罗里斯之子。他的寿命很长，他的母亲是蔑视勒托而受惩罚的尼俄柏的女儿，其十二个兄弟姐妹都被阿波罗和阿耳忒弥斯射杀。为了弥补这一过重的惩罚，阿波罗将这十二人的寿命都给予了涅斯托耳。

塞伊斯，外加许多精美礼物，请奥德修斯等英雄去劝说阿喀琉斯。但是余怒未息的阿喀琉斯断然拒绝了阿伽门农的求和，这使得之后几天希腊联军依然节节败退。

其间，赫拉想要抵制特洛伊的频频获胜，一度设法蒙蔽宙斯以帮助希腊人。她向爱神阿佛洛狄忒借了那条蕴含着爱之魅惑的金腰带，又将自己打扮得美艳绝伦，摇曳生姿地从宙斯面前走过。宙斯果然被她吸引住，与她在伊达山欢好，然后酣然入睡，将忒提斯的拜托抛到了九霄云外。同时，与赫拉同盟的海神波塞冬下凡帮助希腊人，使赫克托耳晕倒退出战场，希腊人终于把特洛伊人赶回特洛伊城。但好景不长，宙斯醒来，大发雷霆，命太阳神阿波罗去帮助赫克托耳，将希腊英雄杀回船边。希腊人退无可退，只能背水一战。

阿喀琉斯的好友帕特洛克罗斯（Patroclus）[①] 看到希腊人溃败，无法坐视不理，他向阿喀琉斯借了盔甲，冲上战场。特洛伊人都认识阿喀琉斯的盔甲，因惧怕不战而逃，只有赫克托耳勇敢地上前迎战。尽管帕特洛克罗斯也骁勇善战，但他还是敌不过这位视死如归的英雄王子，最后被刺身亡。赫克托耳剥下他的盔甲，才发现对手不是盔甲真正的主人。这时希腊英雄赶来想抢回盔甲，双方一番恶战后，希腊一方只带回了帕特洛克罗斯的尸体，而赫克托耳把那标志性的大英雄的盔甲穿到了自己身上。

阿喀琉斯听到好友的死讯悲痛欲绝，决心重上战场为其复仇。他穿上母亲忒提斯请求赫淮斯托斯为他打造的新盔甲，全身辉煌灿烂，令人望而生畏。希腊英雄们看他走出呆坐许久的营帐都欢呼雀跃、士气大振，跟随他向特洛伊发起了猛烈地进攻。诸神也知道这是两军之间的决定性一战，都摩拳擦掌参与其中：雅典娜将阿瑞斯打倒在地，前来助阵的阿佛洛狄忒也被她一拳轰走；赫拉夺过阿耳忒弥斯的弓，

[①] **帕特洛克罗斯（Patroclus）**：阿喀琉斯的亲密朋友，墨诺提俄斯之子，埃癸娜和阿克托耳的孙子。

用它猛抽了对方几记耳光;波塞冬嘲笑阿波罗,惹得阿波罗愤而出手。战局越来越不利于特洛伊人,战士们纷纷溃败,退回城内。只有赫克托耳不顾父王母后的呼唤,坚守在城外。他决定绝不苟且偷生,要承担主帅的责任,战斗到底,宁死不屈。

这时神王宙斯拿出了金天平,把赫克托耳和阿喀琉斯两人的命运之筹放置两边,赫克托耳的一边沉了下去,这表示他命定要先死。即使是神也不能违抗命运,阿波罗只得离开了自己一直在庇护的高贵王子。赫克托耳意识到了自己必死的命运,但他并未因此颓废,仍要血战至死,留下伟大的事迹供后人传颂。于是他勇敢地迎战阿喀琉斯,一番厮杀之后,被对方的标枪刺到要害,倒在地上。临终之时,赫克托耳请求阿喀琉斯把自己的尸体交还父母,但被满怀仇恨的阿喀琉斯断然拒绝。阿喀琉斯剥下了这战死的王子的盔甲,把他的遗骸拖在自己的战车后面泄愤。

当天晚上,特洛伊老王普里阿摩斯独自悄悄来到阿喀琉斯的营帐,请求他归还自己儿子的尸体。这位伤心的父亲放下自己的身份和荣誉,来向一个杀死了他许多英勇儿子的仇人乞怜,他如钢浇铁铸的勇气令阿喀琉斯敬佩,他那深切的爱子之心更令阿喀琉斯感动。阿喀琉斯想到了在家乡苦苦等待自己归家的白发苍苍的父亲,也不由落下了眼泪,答应了老人的请求。希腊和特洛伊达成协议:双方暂时休战,为英雄举行葬礼。

◇ 延伸阅读 ◇

1. 英国作曲家迈克尔·蒂皮特(Michael Tippett,1905—1998)著有歌剧《普里阿摩斯国王》以特洛伊战争为背景,重点塑造了赫克托耳王子的形象。

2.《荆棘鸟》的作者考琳·麦卡洛(Colleen McCllough,1937—2015)写过《特洛伊之歌》,是一部杰出的现代神话重述小说。

3. 英国作家大卫·盖梅尔（David Gemmell，1948—2006）创作了《特洛伊三部曲》，改编了古老的神话，补充了这场著名的战争发生之前的故事。

4. 2004 年，美国电影《特洛伊》上映。导演是沃尔夫冈·彼德森，主演为布拉德·皮特。

◇**艺术欣赏**◇

安格尔 1811 年的作品，现藏于法国艾克斯市的格拉内博物馆。忒提斯女神一手摸着宙斯的下巴，一手抚着他的膝盖，向他撒娇。宙斯宝相庄严，手持权杖，身着红袍，颇具王者尊严。

忒提斯与宙斯

让-奥古斯特·多米尼克·安格尔

Jean-Auguste Dominique Ingres

（法国画家，1780—1867）

阿喀琉斯的脚踝

◇早期文献◇

公元前7世纪，米利都的阿尔科提诺斯（Arktinos von Milet）创作史诗《埃西俄丕斯》（*Aithiopis*）描写过阿喀琉斯和彭忒西勒亚的故事及阿喀琉斯之死。古希腊的历史学家帕萨尼亚斯也提到过这个故事。

在赫克托耳牺牲之后，有两支大军前来增援特洛伊，但是都被阿喀琉斯率领希腊联军打败了。其中一支是阿玛宗（亚马逊）的女战士组成的军队，她们的女王是美丽又英勇的彭忒西勒亚（Penthesilea）[1]。她在一次不幸的失误中害死了自己的姐妹，是特洛伊老国王普里阿摩斯为她净了罪。作为回报，她带着国人支援特洛伊，对抗希腊军队。在战斗中，彭忒西勒亚与阿喀琉斯一见钟情，可惜立场相悖，两位英雄注定要在战场厮杀。最终，阿喀琉斯杀死了女王，他非常伤心，迟迟不愿离开女王的尸体。一个叫忒耳西忒斯（Thersites）[2]的希腊人竟然责骂阿喀琉斯哀悼敌人，而且哀悼的"不过"是个女人！奥德修斯痛打了这

---

[1] **彭忒西勒亚（Penthesilea）**：战神阿瑞斯之女，阿玛宗人的女王。曾在一次狩猎中误杀了自己的姐妹。

[2] **忒耳西忒斯（Thersites）**：卡吕冬人。他长相丑陋，驼背瘸腿，而且爱讥讽别人。在有的神话版本中，他因用矛尖挖出女王彭忒西勒亚的眼睛，而被愤怒的阿喀琉斯一拳打死。

个没有感情，不懂得尊重爱情和悲伤的小人。前来增援的另外一支军队是埃塞俄比亚的王子门农（Memnon）①，他同样被阿喀琉斯在一次搏斗中杀死了。此后，阿喀琉斯再一次把特洛伊人赶回了城内，而帕里斯这时站在城墙上向他射出了一支箭。在阿波罗的帮助下，这支箭正好射中了阿喀琉斯身上唯一会受伤的地方——脚踝。当年阿喀琉斯的母亲忒提斯女神把儿子放在冥河里浸泡以使他刀枪不入，可是女神忽视了手握着的脚踝部分没有浸到水。受伤的阿喀琉斯奋起最后的神勇，杀掉了周围几个特洛伊将领后，倒地死去。奥德修斯奋力挡住涌来的特洛伊人，另一位希腊英雄埃阿斯（Ajax）②把阿喀琉斯的尸体抢回了营地。希腊英雄们将阿喀琉斯的遗体焚化装入骨灰瓮，然后和帕特洛克罗斯的骨灰瓮一起下葬，实现了这一对好友"生前同居，死后同穴"的誓言。

紧接着，在希腊营盘中又发生了一起惨剧。奥德修斯和埃阿斯都想要阿喀琉斯的装备，于是全体将士投票决定其归属，结果奥德修斯得遂心愿。埃阿斯自觉受辱，愤怒蒙蔽了他的心智，竟生出杀死同伴的念头。幸好雅典娜女神施了障眼法，使他把牛羊当作军队杀了个精光，又把一只大公羊当作奥德修斯痛打了一顿。当他清醒过来，为自己的行为感到羞愧难当，为自己的暴怒、愚蠢和疯狂感到极度的耻辱，于是拔剑自刎。

◇词汇履历◇

阿喀琉斯之踵（the heel of Achilles，Achilles'heel），意为伟大人物的唯一薄弱环节或致命弱点。

◇自由解读◇

1. 希腊人的命运观是什么？ 希腊人相信命运，所以英雄再伟大，

---

① 门农（Memnon）：黎明女神厄俄斯和提托诺斯之子，埃塞俄比亚国王。
② 埃阿斯（Ajax）：萨拉密斯国王忒拉蒙之子，是希腊联军中武力仅次于阿喀琉斯的将领。

也逃脱不了命运的安排。但他们也强调人的意志,阿喀琉斯和赫克托耳都是在必死的阴影下坚持战斗。

2. 如何理解关于阿玛宗人的神话故事? 阿玛宗人的神话故事是女子第一次以平等的战士形象出现,希腊人对此既恐惧又迷恋。亚马逊一词有"失去胸部"的意思。据说她们为了方便张弓射箭,会把右胸灼掉。她们会找外乡男人来帮助孕育孩子,事后杀掉或赶走。产下男婴一律杀死,女婴被抚养长大,自小习武。

◇ **延伸阅读** ◇

1. 莎士比亚的悲喜剧《特洛伊罗斯和克瑞西达》中塑造的阿喀琉斯居功自傲、暴躁易怒、不讲信义。莎士比亚以此来表现英雄理想的幻灭,阐明其反战思想。

2. 在希腊西北的克西拉岛上,奥地利皇后茜茜兴建了一座夏宫,以阿喀琉斯的故事为主题,名为阿喀琉斯宫。

3. 中世纪时的弑龙者齐格弗里德以龙血沐浴,从而能够刀枪不入,可惜一片落在背上的橡树叶子让他拥有了"阿喀琉斯之踵"。

4. 19 世纪德国戏剧家海因里希·冯·克莱斯特(Heinrich von Kleist, 1777—1811)在 1808 年发表的戏剧《彭忒西勒亚》中,描写阿喀琉斯和女主人公之间的爱情,尤其是女性的心理。他设计的情节是这样的:两人都决定,在战斗中让对方活下去。最终,身负重伤的女王恍惚中以为自己战胜,却表达了向英雄臣服的意愿:"我放弃女人的法则——追随这位男子至此。"这种对爱的生死相随,是作家内心的真切体现:1811 年,克莱斯特因为怀念死去的恋人亨丽埃特·福格尔而自杀殉情。这部戏剧由于作家对于极端情感的表现,为当时严谨理性的德国观众所抵触,甚至歌德也发文严厉批评。但后来,它却成为德国舞台上最成功的剧作之一,还被拍成了电影。奥地利作曲家雨果·沃尔夫(Hugo Wolf, 1860—1903)和瑞士作曲家奥特马尔·舍克(Othmar Schoeck, 1886—

1957）都以克莱斯特的作品为基础创作过《彭忒西勒亚》。

5. 马里亚·简尼切克（Maria Janitschek，1859—1927）著有小说《亚马逊人战役》，描写19世纪末20世纪初的社会中男女之间的冲突与矛盾，以及女权主义者反抗男权社会的主题。

6. 荷兰抒情诗人卡雷尔·范·德·武斯泰纳（Karel van de Woestijine，1878—1929）曾写诗歌颂这一对女王和英雄的爱情。

◇**艺术欣赏**◇

图1. 图2. 鲁本斯曾以八幅系列画作呈现阿喀琉斯的一生，这是其中两幅，现藏于荷兰鹿特丹的博伊曼斯·范伯宁恩博物馆。图1以前景中的三头犬和后景中的渡船，暗示地点是冥界。图2以扭曲的身体和苍白的肤色展现阿喀琉斯垂死的状态。后方放暗箭的帕里斯头顶上是太阳神阿波罗，说明他得到了神的帮助。

图1 忒提斯在冥河浸泡阿喀琉斯
彼得·保罗·鲁本斯
Peter Paul Rubens
（佛兰德斯画家，1577—1640）

图2 阿喀琉斯之死
彼得·保罗·鲁本斯
Peter Paul Rubens
（佛兰德斯画家，1577—1640）

帕里斯之死与木马屠城

◇早期文献◇

荷马的《奥德赛》记述了这个故事，保持了一贯中立的态度。维吉尔的《埃涅阿斯纪》第 2 卷以特洛伊人的视角对这座城市的沦亡讲得最为简明生动，表现出悲壮的尚武精神。其余的情节出自悲剧诗人索福克勒斯和欧里庇得斯的剧作《特洛伊妇女》，这两位大师更加关注战争中凸显出的人性和战争带来的不幸。索福克勒斯的《菲罗克忒忒斯》则讲述了奥德修斯等人去找赫拉克勒斯弓箭的故事，歌颂了同名主人公的大公无私，而颇为诟病狡诈的奥德修斯。

阿喀琉斯和埃阿斯这两位英雄的相继离世使希腊联军士气低落，这时有预言家告诉大家，只有得到大英雄赫拉克勒斯的弓箭才有可能获得最后的胜利。当年赫拉克勒斯临终前把弓箭送给了帮他点燃火葬堆的菲罗克忒忒斯（Philoctetes）[①] 王子。这位王子也参加了联军，

[①] **菲罗克忒忒斯（Philoctetes）**：墨利玻亚国王，波阿斯和得摩那萨之子，赫拉克勒斯的朋友。

但在大军经过兰诺斯岛时被蛇咬伤，伤势非常严重。为了不耽搁行军，希腊人只得把他孤零零地留在了那里。联军英雄们为这种类似遗弃的举动感到心虚和后悔，意识到很难轻易取得王子手中那珍贵的武器，于是派他们中间最狡猾的奥德修斯去执行这项任务。奥德修斯带着阿喀琉斯年少的儿子涅俄普托勒摩斯（Neoptolemus）[1] 用计赚得了弓箭，又说服了弓箭的主人跟他们回营。军中的神医波达利里俄斯（Podalirius）[2] 治好了菲罗克忒忒斯王子的伤，他终于再度踏上战场，而且很快就立下一项战功——用赫拉克勒斯的弓箭射伤了帕里斯。帕里斯发现这箭上有九头蛇许德拉（Hydra）[3] 之毒后，请人带他去找被他抛弃的前妻俄诺涅。他知道前妻有一种神奇的魔药，什么伤都能治好。但俄诺涅不肯原谅他的无情无义，拒绝医治他。她眼睁睁地看着负心的帕里斯死去，然后也自杀了。

帕里斯的死虽然无足轻重，但他是引起战争的罪魁祸首，希腊英雄感到这是胜利有望的好兆头。不过，特洛伊城的城墙是海神波塞冬和太阳神阿波罗所造，牢不可破。奥德修斯意识到只能从内部攻破它，并想出了一个好办法。奥德修斯请希腊联军中最出色的工匠制作了一匹巨大的木马，木马的腹部是空的。他和一部分将领躲在马腹中，而另一部分将领率领大军拔营开船，做出要渡海返乡的样子。特洛伊人看到希腊大军乘船远去，认为对手放弃攻城回希腊去了，不由欢呼雀跃。他们蜂拥出城去参观被留在希腊营地的奇怪的大木马，不知该如何处置它。这时，有人发

---

[1] **涅俄普托勒摩斯（Neoptolemus）**：阿喀琉斯被他母亲男扮女装藏在斯库洛斯岛上时和国王吕科墨得斯之女戴达米亚生的儿子。

[2] **波达利里俄斯（Podalirius）**：医神阿斯克勒庇俄斯和厄庇俄涅（或兰珀提亚）之子，玛卡翁的兄弟。他是内科医生，玛卡翁是外科医生。

[3] **许德拉（Hydra）**：也称勒耳那水蛇（Hydra of Lerna），万怪之父提丰和万怪之母厄喀德娜之子。它的毒液剧毒无比，赫拉克勒斯将它杀死后，将自己的箭蘸了毒液，从而制成了最可怕的毒箭。

现了一个叫西农（Sinen）[①]的希腊人，把他带到了特洛伊老王普里阿摩斯面前。西农其实是奥德修斯特意留下来的，他口才极好，对特洛伊人讲述了奥德修斯精心设计的一套说辞。他说，希腊人要回家了，希望得到雅典娜女神的庇护，于是把他当作祭品，他趁希腊联军退兵的混乱逃了出来。他宣称自己不想再当希腊人了。特洛伊人同情他，表示愿意接纳他。西农表现得感激涕零，继续向特洛伊人表忠心，告诉他们，这木马也是希腊人祭献给雅典娜女神的，之所以造得那么大，是为了防止特洛伊人把它拖进城。他暗示说，如果特洛伊人这样做了，女神就会保佑特洛伊人。特洛伊人相信了他，开始商量如何把木马拖进城。卡珊德拉公主预言木马会给特洛伊带来危险，但没有人相信她。祭司拉奥孔（Laocoon）[②]警告大家小心西农和木马，但海面上突然冒出两条可怕的大蛇，将他和他的两个儿子活活缠死了。人们吓得目瞪口呆，认为他是由于反对木马进城而受到神罚，于是齐心协力把木马拖进了城，安置在王宫附近。

当天夜里，希腊将领从木马腹中爬出，打开城门，悄悄从海上返回的希腊大军就这样顺利地开进了征战十年也没能攻破的城池。随后，就是一夜血腥的屠杀，完全没有准备甚至仍在睡梦中的特洛伊英雄几乎被屠杀殆尽，只有埃涅阿斯（Aeneas）[③]在他母亲爱神阿佛洛狄忒的帮助下背着老父牵着幼子逃了出来。

第二天，这座繁华的城市变成了一片废墟，城中到处是女人们悲伤的哭声，她们失去了丈夫和孩子，自己也沦为了异族的奴隶。海伦被带回给她的丈夫墨涅拉俄斯，幸运的是她丈夫重新接纳了她。而可怜的

---

① **西农（Sinen）**：埃西摩斯之子，以狡猾奸诈、口才好著称。埃西摩斯是奥德修斯的舅舅，所以西农是奥德修斯的表兄弟。

② **拉奥孔（Laocoon）**：特洛伊城太阳神阿波罗的祭司，卡皮斯之子，安提俄珀之夫，安提法斯和廷布拉俄斯之父。

③ **埃涅阿斯（Aeneas）**：特洛伊英雄安喀塞斯和女神阿佛洛狄忒之子。

安德洛玛刻（Andromache）①却眼睁睁地看着年幼的儿子阿斯堤阿那克斯（Astyanax）②——赫克托耳之子被从她怀中夺走扔下了城墙！

◇词汇履历◇

1. 特洛伊木马（the Trojan horse），指暗藏的诡计，奸细，卧底。在计算机范畴内，指一种恶意程序，一种计算机病毒。

2. 希腊人的礼物（Greek Gift），喻指阴谋害人的礼物，类似中国俗语"黄鼠狼给鸡拜年——不安好心"。

◇延伸阅读◇

1. 公元12世纪，法国诗人伯努瓦·德·圣－莫雷（Benoit de Sainte-More）创作过长诗《特洛伊传奇》。

2. 法国作家拉辛著有悲剧《安德洛玛刻》，讲述了安德洛玛刻被俘成为女奴后，为了保全儿子性命和为丈夫守节而做的努力，把她塑造成理性的典范。同时谴责了为满足情欲而置国家利益于不顾的希腊爱庇尔国王卑吕斯等人。

3. 法国音乐家柏辽兹创作过歌剧《特洛伊人》，以木马计使特洛伊沦陷和埃涅阿斯逃出并在意大利建国为题材。

4. 法国作家纪德于1893年完成的《菲罗克忒忒斯》，描写同名主人公独自在小岛上的生活与思考，有一种尼采式的个人主义。

◇艺术欣赏◇

图1. 图2. 提埃波罗1760年的作品，现藏于英国国家美术馆。

---

① **安德洛玛刻（Andromache）**：忒拜国王厄提翁之女，赫克托耳之妻，阿斯堤阿那克斯之母。

② **阿斯堤阿那克斯（Astyanax）**：赫克托耳与安德洛玛刻之子。

以宏大的构图、饱满的色彩和人物的动态表现出建造木马和木马被拉进特洛伊城时的场面。

图1　制作特洛伊木马

乔万尼·多米尼克·提埃波罗

Giovanni Domenico Tiepolo

（意大利画家，1727—1804）

图2　特洛伊的木马游行

乔万尼·多米尼克·提埃波罗

Giovanni Domenico Tiepolo

（意大利画家，1727—1804）

奥德修斯的归家之路

◇早期文献◇

荷马的《奥德赛》对这个故事讲得最详细也最精彩。

特洛伊被木马计攻下后,希腊的英雄们启程返乡,但他们的返乡之路并不顺畅,这是因为他们在屠城时过于凶残,而且忘了向神祭祀,从而失去了诸神的欢心。其中,小埃阿斯(Ajax)[①] 把躲进雅典娜神庙中的卡珊德拉公主拖出施暴的行为,更是大大触怒了原本眷顾希腊英雄的雅典娜女神。女神请求海神波塞冬帮助自己惩罚这些渎神者,于是波塞冬使希腊人回航的途中遇到了可怕的暴风雨。阿伽门农失掉了许多船只,墨涅拉俄斯被迫在埃及登陆,小埃阿斯更是淹死在海中。奥德修斯则历尽九死一生,用了整整十年时间才回到家乡。

从特洛伊起航后,经历了九天九夜的暴风雨,第十天奥德修斯的

[①] **小埃阿斯(Ajax)**:罗克里斯国王俄伊琉斯之子,为与身材高大的大埃阿斯区别,人称小埃阿斯。

船队来到了一个海岛，上面居住着食忘忧果人（lotus-eaters）。奥德修斯派出打探消息的使者吃了当地人送给他们的忘忧果，马上对这甜蜜的果实上了瘾，忘记了一切烦恼，也忘记了自己的任务和故土，只想留在这里。奥德修斯不得不让人把他们强行拖上船，用铁链紧紧绑住，然后匆忙起航离开。

几天后，船队来到了独目巨人库克罗普斯（Cyclops）①的海岛，奥德修斯带人上岛查看，被一个名叫波吕斐摩斯（Polyphemus）②的巨人抓住，关在了山洞里。眼看着同伴被巨人当作点心一个个吃掉，奥德修斯绞尽脑汁，设法逃跑，他终于想到了一个好主意。他将同伴们身上的酒全部收集起来，献给巨人。巨人喝得开心，认为这个献酒的人很识趣，决定最后吃他，于是问他的名字，奥德修斯假说自己叫"没有人"。当巨人喝醉睡熟后，奥德修斯和同伴一起把一棵大树锯倒，一头削尖，放在火堆里点着，然后用力刺进巨人的眼睛。巨人痛得大声吼叫，住在附近的巨人纷纷赶来，在山洞外问他："谁伤害了你，波吕斐摩斯？"受伤的巨人大叫："没有人骗我！没有人伤害我！"外面的巨人一边嘟囔着："没有人害你，你乱喊什么？"一边散开回家去了。奥德修斯见计谋成功十分高兴，但是巨人用大石头堵住了洞口，他们还是逃不出去。奥德修斯又生一计，他和伙伴们躲在了羊肚子下面。第二天，巨人推开石头，放羊去吃草，他忍着痛，仔细地摸着每头羊的羊背，但一无所获。来到海边，奥德修斯等人把羊群赶到船上，扬帆启航。这时，巨人才察觉到他们，循声投出大石，差点砸中船舵。奥德修斯命众人拼命划桨，终于远离了巨人。但那暴怒的巨人向他的父亲海神波塞冬告状，使海神对奥德修斯一

---

① **库克罗普斯（Cyclops）**：独目巨人三兄弟，第一代天帝乌拉诺斯与地母该亚之子，提坦巨神和百臂巨神的兄弟，世界上最好的工匠。后来代指所有的独目巨人。

② **波吕斐摩斯（Polyphemus）**：独眼巨人之一，波塞冬和女仙托俄萨的儿子。在《奥德赛》中被奥德修斯设计戳瞎了眼睛。

行更是穷追不舍。

接着，奥德修斯一行来到埃俄利亚岛，诸风的主宰埃俄洛斯（Aeolus）[①]居住在这里。这位热情的风神送给了奥德修斯一只装满了风的牛皮袋，袋口被束住，只有和缓的西风吹出来。奥德修斯小心地保管着牛皮袋，亲自掌舵。航行了九天后，家乡在望。但就在这时，奥德修斯的船员因为好奇趁他睡觉时打开了牛皮袋，各种风不受控制地冲出来，把他们的船吹到了很远的地方。几天后，他们终于看到了陆地，却是食人族的地盘，只有奥德修斯本人乘坐的船幸免于难。

不久，惊魂未定的幸存者来到埃亚海岛，他们不知道这里也住着一位危险人物——女妖喀耳刻（Circe）[②]。被奥德修斯派去探路的人受到这位美貌女妖的热情招待，但吃了她准备的美味佳肴却变成了猪，被关进猪圈里。幸好其中一人很谨慎，没有进屋，他逃回来把看到的一切告诉了奥德修斯。奥德修斯作为领袖，绝不肯抛弃受难的伙伴，但没有人愿意跟他一起去，他只能独自去救人。路上，他遇到赫耳墨斯，好心的神使送给他一种魔花，可以抵御喀耳刻女妖的魔法。奥德修斯吃了它，然后去赴喀耳刻的宴席，果然没有被魔药影响。当女妖为屡试不爽的巫术失效而惊诧不已时，奥德修斯拔剑威胁她，让她放了自己的部下。喀耳刻这时竟然爱上了勇敢的英雄，不仅将他的同伙变回了原形，而且做了他的情人，款待了这些漂泊者整整一年。

一年后，奥德修斯思家心切，要求启航。喀耳刻为他们准备了亡灵喜欢的羊血，让奥德修斯前往冥界的入口处，用这血液诱出先知忒瑞

[①] **埃俄洛斯（Aeolus）**：波塞冬的儿子，诸风的主宰者，埃俄利亚岛的统治者。
[②] **喀耳刻（Circe）**：埃亚岛上的女巫师，太阳神赫利俄斯和佩耳塞斯之女，埃厄忒斯和帕西淮的妹妹。与奥德修斯生有一子忒勒戈诺斯和一女卡西福涅。

西阿斯（Teresias）① 的亡魂，询问返乡的方法。奥德修斯依计而行，果然见到了那已经去世的先知。先知警告他：一定不要伤害老太阳神赫利俄斯的圣牛。奥德修斯牢牢记在心里。这时，许多亡灵都循味前来痛饮鲜血。奥德修斯看到了因为思念他悲哀而亡的母亲安提克勒亚（Anticlea）②，当年他出发时，母亲还健在；还见到了阿伽门农，这统帅诉说了自己的死因，提醒他小心妻子的背叛；阿喀琉斯随后出现，悲痛地表示："宁在世间为奴，不愿阴间为王！"此后，阴魂越聚越多，奥德修斯相继看到了俄里翁（Orion）③、提堤俄斯（Tityus）④、坦塔罗斯（Tantalus）⑤、西绪福斯（Sisyphus）⑥ 等。他们的数量之多让人恐惧，奥德修斯一行急忙回到船上，扬帆启航。

他们的下一站必须经过海妖塞壬（Siren）⑦ 的岛屿，这些吃人的海妖歌声美妙绝伦，闻者皆无法抵御其诱惑，主动驾船前往她们所在之地，而枉送了性命。奥德修斯用蜡封住了所有同伴的耳朵，但他自己却想听一听这天籁之音，于是命人把自己牢牢地绑在了桅杆上。船驶近了小岛，那歌声果然勾魂夺魄，奥德修斯也产生了不可遏制的渴慕之情。幸好他的同伴充耳不闻，而他又被捆住，才安全渡过了这场危机。据说，那些塞壬女妖因此羞愤交加，纷纷投海而死。接下来，他们又通过了危险的斯库拉岩，付出了牺牲六名水手的代价，但更可

---

① **忒瑞西阿斯（Teresias）**：欧厄瑞斯和卡里克罗之子，希腊神话中著名的预言家。
② **安提克勒亚（Anticlea）**：大盗奥托吕科斯之女，莱耳忒斯之妻，奥德修斯之母。
③ **俄里翁（Orion）**：玻俄提亚国王许里俄斯之子。曾与月亮女神阿耳忒弥斯谈恋爱，后被其误杀。
④ **提堤俄斯（Tityus）**：宙斯与仙女厄拉剌（Elara）之子。他意欲非礼暗夜女神勒托，而被坠入地狱，有一大鹫每天啄食他的心肝。
⑤ 详见本书《坦塔罗斯的痛苦》。
⑥ 详见本书《西绪福斯的苦役》。
⑦ **塞壬（Siren）**：女妖，缪斯女神墨尔波墨涅与河神阿刻罗俄斯之女。以美妙的歌声诱惑水手，一说美女头鸟身，一说上半身美女，下半身鱼尾。她们原来都是美丽的少女，佩耳塞福涅的同伴，因为没有在女神被冥王劫掠时予以援手，受到农神得墨特耳惩罚而变形。

怕的祸事接踵而至。

这只多灾多难的船停靠在老太阳神赫利俄斯的岛上，水手们由于饥饿，竟然趁奥德修斯熟睡之时偷宰圣牛来吃。这一举动，立刻引来了赫利俄斯的报复，船只刚离开岛屿，就被一道雷霆击碎，除了奥德修斯，所有人都葬身大海。奥德修斯大难不死，漂流到了仙女卡吕普索（Calypso）①的岛上，仙女爱上了他，自愿委身于他，还承诺赐予他长生不老，但奥德修斯始终思念家乡和妻子，总是坐在海滩上流泪远眺。几年后，雅典娜在宙斯面前为奥德修斯说情，宙斯于是让赫耳墨斯命卡吕普索放行。仙女尽管恋恋不舍，也只得奉命行事。但波塞冬知道了却怒火中烧，再次掀起海浪摧毁了奥德修斯的船。在海上漂流了几天后，奥德修斯终于上了岸，这时他赤身裸体，狼狈不堪，幸好遇到了当地国王阿尔喀诺俄斯（Alcinous）②的女儿——美丽善良的公主瑙西卡（Nausicaa）③。公主送给他衣物，把他带回了王宫。第二天，国王设宴招待这远方的客人。席间，天才的盲诗人歌唱特洛伊战争的故事，奥德修斯听到伙伴们和自己的英雄事迹，不禁潸然落泪。国王十分疑惑，向他询问。奥德修斯坦诚了自己的身份，并讲述了自己这十年漂泊的经历。国王非常敬重英雄，为他准备了坚固的大海船和五十二名水手，还送了许多礼物，亲自送他启航。这次航行非常顺利，奥德修斯终于回到了阔别二十年的家乡。

这二十年来，奥德修斯的家人面临的情形也越来越糟糕。特洛伊陷落后，人们久久不见奥德修斯归来，于是猜测他已经死了。他的妻子佩涅罗佩美貌与财富兼备，被很多人觊觎。近百人赶来向她求婚，妄图财色双收。这些居心不良的求婚者强行住在宫中，吃喝玩乐，挥

---

① **卡吕普索（Calypso）**：俄古癸亚岛的女仙，提坦神阿特拉斯和普勒俄涅之女。
② **阿尔喀诺俄斯（Alcinous）**：斯刻里亚岛淮阿喀亚人的国王，波塞冬的孙子，阿瑞忒的丈夫，有五个儿子和一个女儿瑙西卡。
③ **瑙西卡（Nausicaa）**：阿尔喀诺俄斯和阿瑞忒之女。

霍奥德修斯的财物。佩涅罗佩忠于丈夫,但她身为弱女子,膝下只有一个还未成年的幼子忒勒玛科斯(Telemachus)①,无力驱赶这些无耻之徒,只得设法拖延。她提出要为公公织好寿布后再考虑再婚的事,但实际上她白天坐在织布机前织布,夜里又把白天织好的布拆掉,就这样拖延了几年。然而,一个背叛的侍女把这个秘密泄露给了求婚者,于是他们开始变本加厉地施加压力,要求佩涅罗佩改嫁。幸运的是,忒勒玛科斯已经长成一位健壮勇敢的小伙子,他痛恨这些蛀虫一般的求婚者,决定亲自去寻父。他来到斯巴达,拜见了墨涅拉俄斯,墨涅拉俄斯给他讲了自己的返乡经历。特洛伊之战后,希腊英雄们忘记祭祀神,遇到风暴而失散,墨涅拉俄斯在海上老人普洛透斯(Proteus)②之女厄多忒亚(Eidothea)③的帮助下,抓住博学多知的海上老人迫使他教给自己祭祀神从而得到神宽恕的方法。墨涅拉俄斯也是从海上老人那里得知,奥德修斯被仙女卡吕普索羁留在岛上,无法归家。

忒勒玛科斯得知父亲还健在的消息,兴冲冲地回到家乡,在雅典娜女神的指引下,与父亲重逢。父子两人激动万分,相拥而泣。平静下来之后,他们决定用武力赶走求婚者。第二天,奥德修斯扮成一位年老的乞丐来到王宫,佩涅罗佩听说有异乡人到来,请他去谈话,想知道有无丈夫的消息。一条老狗和一位来为异乡人洗脚的老保姆认出了奥德修斯,但心烦意乱的王后并没有注意到。这位忠贞的王后再次想出了一条计策对付求婚者,她拿出了奥德修斯的硬弓,允诺她将嫁给能用这张弓射出一箭穿过十二只斧头的孔眼的人,她知道除了她神勇的丈夫无人能够做到。果然,求婚者中最强壮的人也无法拉开这张

---

① **忒勒玛科斯**(Telemachus):伊塔刻岛国王奥德修斯和佩涅罗佩之子。后来娶了墨涅拉俄斯和海伦之女赫耳弥俄涅(Hermione),生子提萨墨诺斯。
② **普洛透斯**(Proteus):海中老人,俄刻阿诺斯和忒提斯之子,海洋女神普萨玛忒的丈夫。他能够预知未来,会变形。
③ **厄多忒亚**(Eidothea):女海神,普洛透斯之女。

弓。这时，奥德修斯出现了，他轻松地拉开弓，一箭穿过了十二只斧头的孔眼。接着，他和儿子趁着求婚者们惊愕之时把他们都杀了。佩涅罗佩听说丈夫回来了，十分激动，但二十年未见，她已经不能认出丈夫，于是她故意命人将卧室里的床搬出。奥德修斯听了立即说："我的床没有任何人能搬动，因为它是用原来就长在那里的巨型橄榄树做成的。"这是只有他们夫妻两人才知道的秘密，佩涅罗佩终于确认了丈夫回归，她流着幸福的眼泪投入丈夫的怀抱。一家人阔别二十载，终于团聚。

◇周边链接◇

《书藏》中关于奥德修斯的结局还有两种不同的说法。一种是他与喀耳刻所生的儿子忒勒戈诺斯（Telegonus）前来寻父时为了抢夺一群牛无意中把前来阻止的奥德修斯杀死了。另一种是他因杀死众多求婚者受到控告而被流放到埃托利亚（Aetolia），在那里又娶妻生子，一直活到很老才死去。

《书藏》中关于佩涅罗佩也有两种不同的说法。一是佩涅罗佩受到了安提诺俄斯的侮辱，被奥德修斯送回了娘家，后来在阿耳卡狄亚（Arcadia）与赫耳墨斯相恋，生下了潘。另一种是佩涅罗佩被安菲诺摩斯玷污，结果妒恨的奥德修斯竟然将无辜的妻子杀死了。

◇词汇履历◇

1. 塞壬（Siren），有"妖妇，妖冶而危险的女子"的意思，还代指"危险的诱惑"。因为塞壬与船只、声响有关，故而siren还有汽笛、警报的意思。塞壬的歌声（the song of Siren），指蛊惑人心但不可信任的声音和理念。

2. 会变形的海上老人普洛透斯（Proteus）的名字，在现代英语中意思是"多变的人（或物）"或"反复无常的人"。形容词 protean 意思是"无可比拟的普洛透斯"，比喻变化无穷。

3. 由于佩涅罗佩（Penelope）等了奥德修斯二十年，她的名字成了贞妇的代名词，with a Penelope faith 意为"坚贞不渝"。佩涅罗佩的织物（the web of Penelope，Penelope's web），指一项永远也完不成的工作，有"缓兵之计"的意思。

◇自由解读◇

1. 如何理解奥德修斯对长生不老的拒绝？ 奥德修斯拒绝了仙女卡吕普索赐予他长生不老，代表了古希腊人的俗世精神：宁要人世间有限的成功生活、也不要无益的不朽思想。阿喀琉斯"宁在世间为奴，不愿阴间为王"的宣言同样是这种精神的体现。这与后世的基督教思想是截然相反的。

2. 如何理解佩涅罗佩为丈夫守贞二十年？ 佩涅罗佩的故事类似中国《烈女传》中的故事，是希腊神话中少有的道德意象。说明"一夫一妻制"的新型伦理道德已经在希腊形成，但男权思想占主导地位，只要求女性守贞。

◇延伸阅读◇

1. 17 世纪，法国天主教神学家、诗人和作家弗朗索瓦·费内伦（Francois Fenelon，1651—1715）写过一部著名的散文诗《忒勒玛科斯历险记》（*The Adventures of Telemachus*），叙述了忒勒玛科斯前往俄古癸亚岛寻父，并与仙女卡吕普索的侍女欧卡里斯（Eucharis）相遇、相恋的故事。不过，作品的主要目的是教育。其中，智慧女神伪装成年长的导师，在忒勒玛科斯遭遇道德危险时，提供教导。

2. 爱尔兰作家乔伊斯（James Joyce，1882—1941）的《尤利西斯》借用这个古老神话讲述了当代人的故事。

3. 希腊作家卡赞扎基斯（Nikos Kazantzakis, 1883—1957）在史诗《奥德赛》（1938）中对这个神话进行了再创作，探讨了当代的哲学和世界观问题。

4. 法国作家让·吉奥诺（Jean Giono, 1895—1970）的《奥德赛的诞生》（1938）是对奥德修斯还乡故事反英雄式的重写，主人公是一个神经质而衰老的说谎者，为了掩盖自己与情人厮混多年以致延误归家的真相而编造了冒险故事。

5. 加拿大女作家玛格丽特·阿特伍德（Margaret Atwood, 1939—　）的《佩涅罗佩记》以佩涅罗佩和她那十二个被吊死的女仆的视角重新讲述了这个忠贞的妻子的故事，表现了男权压迫下女性摆脱不掉的失语状态和无法掌控自我命运的悲惨境遇。

◇ **当代应用** ◇

星巴克的Logo双尾鱼形象来自塞壬。元老们初创星巴克时，期望能以航海为主题，以纪念第一家星巴克所在地——航海城市西雅图。所以，他们选择了这个乳房挺翘、拖着两条鱼尾的海妖塞壬的形象，作为星巴克的logo。

◇ **艺术欣赏** ◇

图1. 沃特豪斯1912年的作品，现藏于英国阿伯丁美术馆。众多的求婚者从窗口以鲜花、乐器、首饰等诱惑和讨好佩涅罗佩，但佩涅罗佩对他们完全视若无睹，她心中只有奥德修斯。她专心织布、咬断黑线的动作都仿佛暗示了她的坚定不移。

图2. 沃特豪斯1891年的作品，现藏于澳大利亚墨尔本的维多利亚国家美术馆。画中的塞壬是美人鸟形象。奥德修斯前倾的身体和水手们后仰的姿态形成对照，暗示了他们对塞壬的不同态度。

图1 佩涅罗佩和求婚者

约翰·威廉·沃特豪斯

John William Waterhouse

(英国画家,1849—1917)

图2 尤利西斯和塞壬

约翰·威廉·沃特豪斯

John William Waterhouse

(英国画家,1849—1917)

阿伽门农之死与俄瑞斯忒斯为父报仇

◇ 早期文献 ◇

《伊利亚特》和《奥德塞》都曾提及这个故事，但焦点都集中于埃癸斯托斯的复仇，对俄瑞斯忒斯母子轻描淡写。埃斯库罗斯的剧作《俄瑞斯忒斯》三部曲（含《阿伽门农》、《奠酒人》和《复仇女神》）生动而深刻地讲述了这个血亲杀戮的故事，重心在克吕泰涅斯特拉为女复仇杀死丈夫，以及俄瑞斯忒斯为父复仇杀死母亲，表现了他们的双重困境。索福克勒斯的悲剧《厄勒克特拉》的中心人物是同名女主人公，剧情集中于表现她对复仇的热切，而几乎没有关于弑母合法性的讨论。欧里庇得斯的悲剧《厄勒克特拉》和《俄瑞斯忒斯》则对弑母的态度倾向于批判。此外，阿波罗多洛斯的《书藏》第3卷中也讲述了这个故事。

特洛伊沦陷之后，希腊联军将领中的统帅阿伽门农是返程最顺利的一位。神怒掀起的暴风雨使小埃阿斯等许多英雄死于海难，奥德修斯在海上漂泊了十年，阿伽门农的弟弟墨涅拉俄斯也漂流到了埃及。但这位希腊联军统帅却很快就安然抵达故城，作为胜利的征服者受到臣民的热烈欢迎。然而，世事难料，墨涅拉俄斯从遥远的东方回归后，晚年和海伦一起过着幸福的生活，奥德修斯经历重重磨难之后也与妻儿团聚，最早归来的阿伽门农却无缘再享和平与幸福。

当阿伽门农凯旋的车队回到王宫时，他的王后克吕泰涅斯特拉（Clytaemnestra）① 站在宫门前用最热情的言辞表达对丈夫的深情，她歌颂丈夫的功绩，高声说出自己看到丈夫归来的欣喜。但她的内心却与她外在的表现截然相反，早在十年前目睹女儿伊菲革涅亚被阿伽门农亲手送上祭坛，她就不再忠于丈夫了。阿伽门农在特洛伊征战时，克吕泰涅斯特拉有了一位情人叫埃癸斯托斯（Aegisthus）②。此人与阿伽门农有世仇，他的父亲梯厄斯忒斯（Thyestes）③ 与阿伽门农的父亲阿特柔斯（Atreus）④ 本是一母同胞的兄弟，却为争王位而反目成仇。阿特柔斯最终得到了王位，驱逐了兄弟一家。埃癸斯托斯继承父志，一心要报仇。但是，阿伽门农不知道这些情况，他对妻子的欢迎表示满意，嘱托妻子安置好他的女俘——特洛伊公主卡珊德拉，就放心地入宫休息去了。具有预言本领的卡珊德拉知道这座宫殿里过去发生的骇人听闻的罪恶，也看到了即将发生的血案，甚至是自己的死亡。出于对阿伽门农的仇恨，她选择了缄口不言、与敌偕亡。果然，克吕泰涅斯特拉出于谨慎杀死了她。接着，这位心怀不轨的王后在接风宴上，趁着阿伽门农身心松懈之时行刺，亲手杀死了自己的丈夫。此后，她并没有隐瞒自己的所作所为，因为在她心目中，自己并不是

---

① **克吕泰涅斯特拉（Clytaemnestra）**：斯巴达国王廷达瑞俄斯和丽达之女，狄俄斯库里兄弟和海伦的姐妹，阿伽门农之妻，伊菲革涅亚、厄勒克特拉、克律忒弥斯和俄瑞斯忒斯之母。

② **埃癸斯托斯（Aegisthus）**：梯厄斯忒斯和他的女儿佩罗庇亚乱伦所生的儿子，克吕泰涅斯特拉的情夫。

③ **梯厄斯忒斯（Thyestes）**：佩罗普斯和希波达弥亚之子，阿特柔斯之弟。后来，他和自己的女儿佩罗庇亚生了个儿子，即埃癸斯托斯。

④ **阿特柔斯（Atreus）**：佩罗普斯和希波达弥亚之子，梯厄斯忒斯之兄，阿厄洛珀的丈夫，阿伽门农和墨涅拉俄斯之父。

谋杀者，而是复仇者、行刑者，只不过惩罚了一个杀害自己孩子的凶手。这位志得意满的王后以为从今往后就可以和情人一起成为这个国家的主宰安享尊荣了，但她忘了冤冤相报何时了，邪恶不可能被邪恶所终止。

克吕泰涅斯特拉和阿伽门农有三个孩子，长女是被献祭的伊菲革涅亚，下面还有女儿厄勒克特拉（Electra）[①]和儿子俄瑞斯忒斯（Orestes）[②]。如果这个儿子在国内，一定早就被埃癸斯托斯杀死了，幸好俄瑞斯忒斯生性自由，自小就在外游历。埃癸斯托斯不屑于杀一个女孩，只是把厄勒克特拉当作女奴折辱，这位可怜的公主把全部的身心都寄托在一个希望上：弟弟回来为父复仇！

这一天终于被她盼到了，长大成人的俄瑞斯忒斯回到了故乡，姐弟两人在城外打水的地方相遇了。姐姐把发生的一切告诉了弟弟，鼓动弟弟马上行动起来，为父复仇。而俄瑞斯忒斯立刻意识到他所面临的可怕情势和两难选择：选择为父复仇是儿子的责任，但要为父复仇就要杀死母亲；做儿子的杀死母亲天地不容，但保全母亲就会成为背叛父亲的逆子。究竟哪种行为才是正义的做法？这个问题撕扯着他的心灵。最终，俄瑞斯忒斯做出了选择，决定让一切在自己这里终结！

俄瑞斯忒斯伪装成信差，带着自己的死讯来到王宫，他相信埃癸斯托斯一定害怕他回来复仇，必然想见信差。事情果然如他所料，他出其不意地拔剑行刺，成功地杀死了埃癸斯托斯。当克吕泰涅斯特拉闻讯赶来时，立刻意识到了复仇者是自己的儿子，她选择抛下了武器，力图用亲情打动儿子从而保全自己。俄瑞斯忒斯虽然几乎动摇，但最终仍是狠下心来杀死了她。

　　[①]　**厄勒克特拉（Electra）**：阿伽门农和克吕泰涅斯特拉之女，伊菲革涅亚和俄瑞斯忒斯的姐妹。后来嫁给了俄瑞斯忒斯的挚友皮拉得斯，生子墨冬和斯特洛菲俄斯。
　　[②]　**俄瑞斯忒斯（Orestes）**：阿伽门农和克吕泰涅斯特拉之子，伊菲革涅亚和厄勒克特拉的弟弟。从陶里斯回来后，娶了墨涅拉俄斯和海伦的女儿赫耳弥俄涅。

当俄瑞斯忒斯结束了这一切时,复仇女神厄里尼厄斯立刻盯上了他,她们满头蛇发,眼睛里滴着鲜血,形象可怖,此后几年内始终追逐着他。俄瑞斯忒斯四处流亡,因痛苦而日渐憔悴,但他内心坚强,所以没有像大多数被复仇女神惩罚的人那样发狂。最终,他来到雅典,阿波罗帮助他向雅典娜陈情,而复仇女神担任了起诉人的角色。俄瑞斯忒斯勇敢地承担了罪责,也在努力赎清罪孽。战神山阿瑞俄帕戈斯(Areopagus)法庭①开始表决,雅典长老中认为他有罪和无罪的票数正好相等。雅典娜最后投出了无罪的一票,她认为,经过多年的流浪和痛苦,俄瑞斯忒斯的罪过已经赎清,并劝说复仇女神释放了他。

◇ **自由解读** ◇

1. 如何理解复仇女神的追杀? 复仇女神对杀人犯采取报复行为,依据的是古老的氏族伦理原则,并由此维护了母权制;雅典娜则主张对罪犯进行审讯,考察他杀人的动机,体现了一种民主精神,并由此维护了父权制。所以这个故事,一方面客观上反映了父权制战胜母权制的社会演化过程;另一方面,家族仇杀行为诉诸法律裁判,也意味着野蛮的人类社会开始演变为一种具有法治精神的社会。

2. 如何理解厄勒克特拉的形象? 除了俄瑞斯忒斯以外,厄勒克特拉也是这个故事中很重要的人物。她的形象在不同作家笔下也有差异:在埃斯库罗斯笔下,她在皇宫遭受冷遇,是一位盼弟归来的姐姐;在索福克勒斯笔下,她公开声称崇拜父亲、公然指责母亲有罪,是一位敢于反抗的少女;在欧里庇得斯笔下,她被下嫁给一个农民,胸中燃烧着复仇之火,是一个被仇恨吞噬的激情形象。弗洛伊德将恋

---

① 阿瑞俄帕戈斯(Areopagus)法庭:位于雅典战神山,是雅典最高法庭。

父情结命名为厄勒克特拉情结（Electra Complex），与俄狄浦斯情结（Oedipus Complex）相对。

◇延伸阅读◇

1. 法国启蒙主义作家伏尔泰创作过《俄瑞斯忒斯》（1750），在其中，同名主人公杀死母亲是个意外，后者在他追杀埃癸斯托斯时以身挡剑而亡。

2. 奥地利作家霍夫曼斯塔尔（Hugo von Hofmannsthal，1874—1929）编剧、理查·施特劳斯（Richard Strauss，1864—1949）谱曲的独幕歌剧《厄勒克特拉》于1909年1月25日在德国德累斯顿歌剧院首次公演。

3. 法国作家让-保罗·萨特（Jean-Pawl Sartre，1905—1980）的《苍蝇》以俄瑞斯忒斯的故事阐释存在主义哲学中"自由选择"的理论，将俄瑞斯忒斯视为以自主意识进行自由选择并勇于承担责任的英雄。

4. 1937年，让·吉罗杜（Jean Giraudoux，1882—1944）创作了《厄勒克特拉》。

5. 美国作家尤金·奥尼尔（Eugene O'Neill，1888—1953）的《悲悼》三部曲也取材于这个为父报仇而杀死母亲的故事，其中表现了叔本华的悲观主义，并运用了弗洛伊德和荣格等的精神分析理论，尤其是强调了性压抑的主题。

6. 英国剑桥大学的西蒙·戈德希尔（Simon Goldhill，1957— ）教授著有《俄瑞斯忒斯》，这部古典学论著从文化与语言等多方面对埃斯库罗斯同名剧作进行了深入研究。

7. 爱尔兰作家科尔姆·托宾（Colm Toibin，1955— ）于2017年出版了《名门》，从克吕泰涅斯特拉、俄瑞斯忒斯、厄勒克特拉3个人的视角重新讲述了这个悲剧故事，与母亲、姐姐所具有的坚定的第一人称的声音不同，俄瑞斯忒斯使用的是第三人称，不能在书页中直接发言。

◇**艺术欣赏**◇

图1. 现藏于法国卢浮宫。画家选择了一个戏剧性的瞬间：归家的英雄武器已经高高挂起，正在毫无防备地酣然入梦，而他的妻子手持匕首正准备行刺。画家显然把埃癸斯托斯塑造成一个躲在女人背后的卑鄙小人，自己不敢动手，却挑唆情人弑夫。

图2. 布格罗1878年的作品，现收藏于美国克莱斯勒美术馆。布格罗大部分作品的主题是轻松自然、宁静愉悦的，这幅画作一改以往柔美的风格，动作和表情比较夸张，气氛紧张，是其作品中比较有张力的一幅。画中拿着火把、发中缠蛇的复仇女神不过是俄瑞斯忒斯痛苦内心的外化，表现了他因弑母而不可避免陷入的矛盾和疯狂。

图1 克吕泰涅斯特拉行刺阿伽门农
皮埃尔·纳西斯·格林
Pierre Narcisse Guerin
（法国画家，1729—1785）

图2 俄瑞斯忒斯的杀母与疯狂
威廉·阿道夫·布格罗
William Adolphe Bouguereau
（法国画家，1825—1905）

参考文献

一　中文参考文献

［古希腊］阿波罗多洛斯编撰：《希腊神话》，周作人译，中国对外翻译出版公司1999年版。

［古希腊］阿波罗尼俄斯：《阿尔戈英雄纪笺注》，罗逍然译笺，华夏出版社2011年版。

［古希腊］阿波罗尼俄斯：《阿尔戈英雄纪译文》，罗逍然译笺，华夏出版社2011年版。

［美］阿兰·邓迪斯编：《西方神话学读本》，朝戈金等译，广西师范大学出版社2006年版。

［西］阿图罗·马塞洛·帕斯夸尔、泰奥·戈麦斯：《神话全书：众神与他们的故事》，何泠樾、郝小斐、张奇译，上海文化出版社2020年版。

［古希腊］埃斯库罗斯：《埃斯库罗斯悲剧全集》，陈中梅译，上海译文出版社2016年版。

［古希腊］埃斯库罗斯等：《古希腊悲剧喜剧全集》（1—8），张竹明、王焕生译，译林出版社2007年版。

［古罗马］奥维德：《变形记》，杨周翰译，人民文学出版社1984年版。

［古希腊］柏拉图：《理想国》，郭斌和、张竹明译，商务印书馆 1986 年版。

［美］布尔芬奇：《布尔芬奇讲述神祇和英雄的故事》，姚志永、陆蓉蓉译，东方出版社 2004 年版。

［英］C. S. 路易斯：《裸颜》，曾珍珍译，华东师范大学出版社 2013 年版。

［美］查尔斯·米尔斯·盖雷编著：《英美文学和艺术中的古典神话》，北塔译，上海人民出版社 2005 年版。

稻草人语：《星座神话》，清华大学出版社 2015 年版。

稻草人语：《众神的星空》，清华大学出版社 2014 年版。

［美］菲力普·弗莱曼：《噢，诸神——希腊罗马神话人物现代解读》，冷枞、冷杉译，北京时代华文书局 2015 年版。

［德］格罗尔德·多默穆特－古德里希：《50 经典神话》，黄冰源译，上海人民出版社 2007 年版。

［德］葛斯塔·舒维普：《古希腊罗马神话与传奇》，叶青译，广西师范大学出版社 2003 年版。

［德］古斯塔夫·施瓦布：《希腊神话故事》，陈德中译，陕西师范大学出版社 2002 年版。

［俄］H. A. 库恩：《古希腊的传说和神话》，秋枫、佩芳译，生活·读书·新知三联书店 2002 年版。

［古希腊］荷马：《荷马史诗·奥德赛》，王焕生译，人民文学出版社 1997 年版。

［古希腊］荷马：《荷马史诗·伊利亚特》，罗念生、王焕生译，人民文学出版社 1994 年版。

［古希腊］荷马等：《英雄诗系笺释》，崔嵬、程志敏译，华夏出版社 2011 年版。

［古希腊］赫西俄德：《工作与时日·神谱》，张竹明、蒋平译，商务

印书馆1997年版。

［古希腊］赫西俄德：《赫拉克勒斯之盾笺释》，罗逍然译笺，华夏出版社2010年版。

洪佩奇、洪叶编著：《阿波罗》，江苏人民出版社2014年版。

洪佩奇、洪叶编著：《埃涅阿斯》，江苏人民出版社2014年版。

洪佩奇、洪叶编著：《奥德赛》，江苏人民出版社2014年版。

洪佩奇、洪叶编著：《巴克科斯》，译林出版社2013年版。

洪佩奇、洪叶编著：《狄俄倪索斯》，译林出版社2013年版。

洪佩奇、洪叶编著：《赫拉克勒斯》，江苏人民出版社2014年版。

洪佩奇编著：《特洛伊战争》，译林出版社2010年版。

洪叶编著：《鲁本斯名画版：希腊罗马神话故事》，译林出版社2012年版。

［美］吉尔伯特·海厄特：《古典传统：希腊—罗马对西方文学的影响》，王晨译，北京联合出版公司2015年版。

［英］简妮特·温特森：《重量——阿特拉斯与赫拉克勒斯的神话》，胡亚豳译，重庆出版社2005年版。

江逐浪：《众神的星座：希腊神话与西方艺术》，化学工业出版社2021年版。

江逐浪：《众神的样子：希腊神话与西方艺术》，化学工业出版社2020年版。

江逐浪：《众神的战争：希腊神话与西方艺术》，化学工业出版社2021年版。

［法］居代·德拉孔波等编：《赫西俄德：神话之艺》，吴雅凌译，华夏出版社2004年版。

［英］凯文·奥斯本、丹纳·布尔吉斯：《古典神话》，杨俊峰等译，辽宁教育出版社2000年版。

［澳］考琳·麦卡洛：《特洛伊之歌》，林玉鹏译，译林出版社2000

年版。

［英］柯克（G. S. Kirk）：《希腊神话的性质》，刘宗迪译，华东师范大学出版社2017年版。

［爱尔兰］科尔姆·托宾：《名门》，王晓雄译，上海译文出版社2020年版。

［英］莉茨·格林、朱莉叶·沙曼·伯克：《神话之旅——再铸心灵的神谕和寓言》，李斯译，东方出版社2005年版。

林玲、屈琼：《希腊神话的英语解构》，武汉大学出版社2013年版。

刘小枫：《普罗米修斯之罪》，生活·读书·新知三联书店2012年版。

［古希腊］路吉阿诺斯：《路吉阿诺斯对话集》（上下），周作人译，中国对外翻译出版公司2003年版。

［法］吕克·费希：《神话的智慧》，曹明译，华东师范大学出版社2017年版。

［澳］马尔科姆·戴伊：《古典神话人物100》，冷枞、冷杉译，生活·读书·新知三联书店2009年版。

［加］玛格丽特·阿特伍德：《珀涅罗珀记》，韦清琦译，重庆出版社2005年版。

［古希腊］普鲁塔克：《希腊罗马名人传》，席代岳译，吉林出版集团有限责任公司2009年版。

［俄］普希金：《普希金全集》，查良铮、谷羽等译，浙江文艺出版社2012年版。

曲厚芳、于凤湘编著：《希腊神话》，山东人民出版社2010年版。

［法］让-皮埃尔·维尔南：《希腊人的神话和思想》，黄艳红译，中国人民大学出版社2007年版。

王倩：《20世纪希腊神话研究史略》，陕西师范大学出版总社有限公司2011年版。

王以欣：《神话与历史：古希腊英雄故事的历史和文化内涵》，商务印书馆2006年版。

王以欣：《特洛伊战争》，陕西师范大学出版总社有限公司2011年版。

王以欣：《希腊神话之谜》，陕西师范大学出版总社有限公司2011年版。

［美］维多利亚·林恩·施密特：《经典人物原型45种——创造独特角色的神话模型》（第三版），吴振寅译，中国人民大学出版社2014年版。

吴雅凌撰：《劳作与时日笺释》，华夏出版社2015年版。

吴雅凌撰：《神谱笺释》，华夏出版社2010年版。

［英］西蒙·戈德希尔：《奥瑞斯提亚》，颜荻译，生活·读书·新知三联书店2018年版。

［英］亚瑟·考特瑞尔：《欧洲神话》，俞蔷译，希望出版社2007年版。

严优：《诸神纪》，北京大学出版社2017年版。

晏立农、马淑琴编著：《古希腊罗马神话鉴赏辞典》，吉林人民出版社2006年版。

叶舒宪：《神话意象》，陕西师范大学出版总社有限公司2018年版。

［美］伊万·斯特伦斯基：《二十世纪的四种神话理论》，李创同、张经纬译，生活·读书·新知三联书店2012年版。

［美］依迪丝·汉密尔顿：《神话——希腊、罗马及北欧的神话故事和英雄传说》，刘一南译，华夏出版社2010年版。

［美］依迪丝·汉密尔顿：《希腊精神》，葛海滨译，华夏出版社2014年版。

［美］依迪丝·汉密尔顿：《幽暗的诱惑——品达、晦涩与古典传统》，娄林译，华夏出版社2010年版。

［美］约翰·巴斯：《客迈拉》，邹亚译，上海译文出版社2005年版。

［美］约瑟夫·坎贝尔：《千面英雄》，张承谟译，上海文艺出版社2000年版。

［英］詹姆斯·乔治·弗雷泽：《金枝》，徐育新、汪培基、张泽石译，

中国民间文学出版社 1987 年版。

郑振铎编著:《希腊神话与英雄传说》,上海书店出版社 2006 年版。

郑振铎编著:《希腊罗马神话与传说中的恋爱故事》,上海书店出版社 2006 年版。

卓慧臻:《重写神话——西方女作家的小说奇想》,新星出版社 2011 年版。

二 外文参考文献

Bernal, Martin, *Black Athena: the Afroasiatic Roots of Classical Civilization*, London: Free Association Bools, 1987.

Caldwell, Richard S., *The Origin of the Gods: A Psychoanalytic Study of Greek Theogonic Myth*, New York: Oxford University Press, 1989.

Carpenter, Thomas H., *Art and Myth in Ancient Greece: A Handbook*, London: Thames and Hudson, 1991.

Gimbutas, Marija, *The Living Goddesses*, Berkeley: University of California Press, 1999.

Hard, Robin, *The Routledge Handbook of Greek Mythology*, London & New York: Routledge, 2004.

Hartigan, Karelisa V., *The Myths Behind Our Words-English Vocabulary Derived from the Myths*, London: Frederick Warne, 2002.

Hawthorne, Nathaniel, *A Wonder Book: Heroes and Monsters of Greek Mythology*, New York: Dover Publications, 2003.

Kirk, G. S., *The Nature of Greek Myths*, Woodstock, N. Y.: Overlook Press, 1975.

Lefkowitz, Mary R., *Greek Gods, Human Lives: What We can Learn from Myths*, New Haven: Yale University Press, 2003.

Room, Adrian, *Who's who in Classical Mythology*(古典神话人物词典),

外语教学与研究出版社, 2006.

Sissa, Giulia, and Marcel Detienne, *The Daily Life of the Greek Gods*, Trans. Janet Lloyd, Stanford: Stanford University Press, 2000.

Vernant, Jean-Pierre, and Picrre Vidal-Naquet, *Myth and Tragedy in Ancient Greece*, Trans. Janet Lloyd, New York: Zone Books, 1990.

Vernant, Jean-Pierre, *Myth and Thought among the Greeks*, Trans. Janct Lloycd and Jeff Fort, London, Boston, Melbourne and Henley: Routledge & Kegan Paul, 1983.

Vernant, Jean-Pierre, *The Universe, The God, and Mortals: Ancient Greek Myths*, Trans. Linda Asher, New York: Harper Collins, 2002.

Wolf, Christa, *Cassandra; A Novel and Four Essays*, Trans. Jan van Heurck, London: Virago, 1984.

附录　早期神话作家作品简介

以下是对书中提及的早期神话作家作品的简要说明。

古希腊诗人荷马（Homer，B. C. 9 世纪—B. C. 8 世纪）是古希腊神话作家中最著名的一位。他的作品丰富华美、气韵轩昂，除了详述特洛伊战争的《伊利亚特》和《奥德赛》这两部史诗之外，还有一些关于神和英雄的颂歌也归于他的名下。另一位古希腊诗人赫西俄德（Hesiod，B. C. 9 世纪或 B. C. 8 世纪）在《神谱》中讲述了世界的起源和神的家谱，在《工作与时日》中也涉及很多神、人之间的故事，他文辞朴素，但虔诚庄严。这些神话在比他稍晚的希腊抒情诗人品达（Pindar，约 B. C. 518—B. C. 438）、斯特西科罗斯（Stesichorus，B. C. 6 世纪）①、西蒙尼德斯（Simonides，约 B. C. 556—B. C. 468）②、巴库利德斯（Bacchylides，B. C. 520—B. C. 450）③ 等心目中同样是确凿而庄严的真理。他们在写作中很少完整地复述某个神话故事，因为这些故事每个人都耳熟能详，不需要再完整地讲述。他们往往只是简单地提到某一片段，或者根据自己的需要进行再创作。

古希腊的三位悲剧大师埃斯库罗斯（Aischulos，B. C. 525—B. C. 456）、

---

① 希腊抒情诗人，诗作大多以英雄神话为素材，有 26 卷，可惜均已散佚。
② 希腊凯奥斯岛（Ceos）抒情诗人。
③ 希腊凯奥斯岛（Ceos）抒情诗人，西蒙尼德斯的侄子或外甥。

索福克勒斯（Sophocles，B.C.496—B.C.406）、欧里庇得斯（Euripides，B.C.485?—B.C.406?）的剧作大都以神话为主题，表达了他们对于神和命运的严肃认识和深刻思考。此外，在希腊，喜剧大师阿里斯托芬（Aristophanes，约B.C.450—B.C.385）和哲学家柏拉图（Plato，B.C.427—B.C.347）也常常提及或引述神话。"历史之父"希罗多德（Herodotus，B.C.485?—B.C.425）则考察了不同地区的神话，通过探讨其起源，试图把它们贯通起来。

希腊罗得岛的诗人阿波罗尼俄斯（Apollonius Rhodius，B.C.3世纪）[①]的四卷长诗《阿尔戈英雄纪》（*Argonautica*）叙述了寻找金羊毛的过程，及与之相关的许多神话故事。田园诗人忒奥克里托斯（Theokritos，B.C.310?—B.C.245?）的诗歌也提及一些神话故事。希腊作家阿波罗多洛斯（Apollodorus，B.C.2世纪）[②]著有三卷本的《书藏》（*The library*，或译《文库》），是一部对早期神话作家所著的总结和概述，或者说是当时的神话知识摘要，几乎全面讲述了神和英雄的故事。如果说赫西俄德给神制作了家谱，那么阿波罗多洛斯则是把神的家谱继续往下补充，将英雄们也吸纳进了这个大家谱中。不过，他的作品虽然内容丰富，却几乎都是平铺直叙，不加任何修饰，人名众多，难免令人既感头晕眼花，又觉单调乏味。现在有论者提出，这部作品是在公元2世纪前后被编纂的，所以作者不可能是阿波罗多洛斯，而是某位不知名的作者伪托其名而作。不管怎样，这部作品的珍贵都毋庸置疑。比较晚期的希腊作家卢奇安（也译琉善，Lucian，约125—180）是一位讽刺作家、无神论者，他写过《诸神对话》《海神对话》等作品，把诸神视为笑柄去讽刺，反对敬神。

[①] 罗得岛的阿波罗尼俄斯，公元前3世纪的希腊诗人和学者，亚历山大图书馆馆长，著有《阿尔戈英雄纪》。

[②] 雅典的阿波罗多洛斯，公元前2世纪希腊著名学者，著有神话书册《文库》，也有观点认为此书为后人伪托其名而作。

罗马伟大的诗人维吉尔（Virgil，B. C. 70—B. C. 19）的《埃涅阿斯纪》讲述了英雄埃涅阿斯逃出特洛伊并前往意大利建立了罗马的故事。另一位伟大诗人奥维德（Ovidius，B. C. 43—18）的《变形记》则是古典神话的集大成者，他的风格优雅甚至浮夸，故事讲得详尽甚至冗长。但他只是在讲故事，他并不像早期古希腊作家那样虔诚。罗马作家阿普列尤斯（Lucius Apuleius 普齐乌斯·阿普列尤斯，124？—175？）《金驴记》的风格与奥维德相似，他把故事写得很精彩，但只为娱乐。

后　　记

我自幼喜欢中外古典神话故事，这种兴趣随着年龄的增长越来越浓烈。故而在申请山东省社会科学普及与应用重点项目时，我选择了"古希腊罗马神话21世纪读本"这一课题。本书是在此课题基础上补充修改而成。

在书稿的写作期间，我曾随同我的博导杨守森先生赴法国、意大利等欧洲国家进行学术考察，并有幸获得山东省教育厅的资助于英国剑桥大学访学一年。利用这些可贵的机会，我前往当地博物馆、美术馆、图书馆搜集资料，并欣赏了大量有关古希腊神话故事的美术作品。于是在书中增加了"艺术欣赏"等栏目，进一步提高其系统性、知识性、趣味性和可读性。

感谢山东师范大学文学院的支持和资助，使本书能够有机会付梓。感谢中国社会科学出版社通过了本书的选题论证，使它得以问世。感谢我的硕导王化学先生百忙之中为拙作写了序言。感谢我的责任编辑王小溪博士认真细致的工作。感谢我可爱的学生们在校对中对我的帮助。感谢我的家人，他们的支持是我完成工作的后盾和动力。

因学养所限，本书还存在一些谬误和疏漏，恳请各位读者批评指正。

杨黎红

2022年10月于山东师范大学